普通高等教育“十三五”规划教材

大学信息素养与应用基础

秦洪英　王明蓉　李　彬　主　编
张　雁　赖　娟　罗国平　副主编

科学出版社
北　京

内 容 简 介

本书主要介绍信息、信息技术的基本概念，信息素养的内涵、标准，信息管理、信息出版、使用网络和信息安全的基本素养；计算机基础知识及计算机应用领域的发展情况；操作系统的基础知识及 Windows 7 操作系统的使用；网络基础及网络应用、信息检索及网络安全；办公自动化软件 Word 2010、Excel 2010、PowerPoint 2010 的基本操作及综合应用。每章均配有思考与实践练习，书后附有参考答案。

本书既可作为高等学校非计算机专业学生学习计算机基础及应用技能的教材，也可作为各类计算机培训班的教材，还可作为计算机初学者或办公自动化人员的参考用书。

图书在版编目（CIP）数据

大学信息素养与应用基础/秦洪英，王明蓉，李彬主编. —北京：科学出版社，2018

普通高等教育“十三五”规划教材

ISBN 978-7-03-055610-3

Ⅰ. ①大… Ⅱ. ①秦… ②王… ③李… Ⅲ. ①信息素养-高等学校-教材 Ⅳ. ①G254.97

中国版本图书馆 CIP 数据核字（2017）第 290590 号

责任编辑：宋 芳 王 惠 / 责任校对：王万红

责任印制：吕春珉 / 封面设计：东方人华平面设计部

科学出版社 出版

北京东黄城根北街 16 号

邮政编码：100717

http://www.sciencep.com

新科印刷有限公司 印刷

科学出版社发行　各地新华书店经销

*

2018 年 3 月第 一 版　开本：787×1092 1/16

2020 年 8 月第五次印刷　印张：18 1/4

字数：418 000

定价：45.00 元

（如有印装质量问题，我社负责调换〈新科〉）

销售部电话 010-62136230　编辑部电话 010-62135397-2052

前　言

当前，信息技术日新月异，移动通信、物联网、云计算、大数据等新概念和新技术的出现，在社会经济、人文科学、自然科学的许多领域引发了一系列的革命。由计算机技术和通信技术相结合而形成的信息技术是现代信息社会最重要的技术支柱，对人类的生产方式、生活方式及思维方式都产生了极其深远的影响。因此，作为面向非计算机专业大学生的公共必修课程，“大学信息技术基础”课程有着非常重要的地位。通过该课程的学习，学生可以具备基本的信息素养，了解计算机的基础知识和基本理论，掌握计算机的基本操作和应用，为后续课程中利用计算机解决本专业和相关领域的问题打下良好的基础。同时，该课程对于激发学生的创新意识，培养学生的自主学习能力，锻炼学生的动手实践能力起着极为重要的作用。

本书根据教育部高等学校大学计算机课程教学指导委员会制定的《大学计算机基础课程教学基本要求》，紧跟计算机技术的发展，以在线开放课程为导向，对知识点进行梳理，精选教学内容和案例，在加强基础的同时，更加注重实践，突出应用，引导创新，全面培养和提高学生的自主学习能力、应用计算机处理信息及解决实际问题的能力。

本书的主要特色与创新点如下：结合在线开放课程的需求，以知识点为目标组织教材内容；结合各学科专业特色组织教学案例，内容新颖，图文并茂，完全可以满足学生自主学习的需求；习题覆盖面广，符合在线学习检测要求；以“能力导向，学生主体”为原则，重点突出学生信息素养的培养，以及自主学习能力、计算机应用能力的提升。

本书共分 7 章，第 1 章主要介绍信息与信息化，信息素养的概念、标准、内涵，以及信息管理、信息出版、使用网络、信息安全的基本素养；第 2 章主要介绍计算机基础知识；第 3 章介绍操作系统的基础知识及 Windows 7 操作系统的基本操作；第 4 章介绍网络基础知识及网络应用基础、信息检索及网络安全；第 5～7 章分别介绍办公自动化软件 Word 2010、Excel 2010、PowerPoint 2010 的基本操作方法及综合应用。本书还提供了 PPT 课件、案例素材、实验源文件、效果文件及主要知识点视频（下载网址：http://www.abook.cn），以方便教师教学与学生学习。

本书由秦洪英、王明蓉、李彬担任主编，由张雁、赖娟、罗国平担任副主编。其中，第 1 章、第 6 章由秦洪英编写，第 2 章由王明蓉编写，第 3 章由罗国平编写，第 4 章由张雁编写，第 5 章由李彬编写，第 7 章由赖娟编写。全书由秦洪英负责策划，由所有编者交叉审稿，最后由秦洪英、王明蓉负责统稿及定稿工作。陈建国、苏炳均、李林、蔡宗吟、杜丽君、黄健、苟胜难、张贵红、李勤、魏冬梅、杨霞等也参与了全书目录和大纲讨论及全书审稿工作。

编者在编写本书的过程中，参考了大量文献资料，在此向这些文献资料的作者表示感谢。同时，本书的编写得到了乐山师范学院教务处、乐山师范学院计算机科学学院领导和老师的大力支持，在此向他们表示衷心的感谢。

由于计算机技术发展迅猛，教材建设是一项系统工程，书中内容难免有不完善之处，恳请同行专家、教师和广大读者批评指正，并提出宝贵的建议。

编　者

2017 年 11 月

目　　录

第1章 信息素养概述

本章知识点：

- 基本概念：信息、信息技术、信息化、信息素养。
- 信息与信息化：信息的特征、信息技术的发展及应用、信息化的发展趋势。
- 信息素养：信息素养的标准、内涵，信息意识与情感，信息技能，信息素养的培养。
- 信息管理的基本素养。
- 信息出版的基本素养。
- 使用网络的基本素养。
- 信息安全的基本素养。

当今社会是信息社会，信息就像空气一样，时刻在人们身边，每个人都离不开信息。一个人获取信息、处理信息和利用信息的能力将影响其未来的工作和生活。因此，信息素养是信息时代每个人都应具有的基本素养。信息素养包括信息管理的素养、信息出版的素养、使用网络的素养、信息安全的素养等。

在信息社会，知识转化为生产力的速度是核心竞争力的表现，因此，大学生不仅要善于接受信息，更要善于收集、分析和处理信息，要善于应用已有的知识，进行信息新探索和价值创造，从而实现人生理想。

1.1 信息与信息化

1.1.1 信息的概念和特征

1. 信息的概念

信息（Information）指情报、资料、消息、报道、知识等，泛指人类社会传播的一切内容。在信息时代，人们越来越多地接触和使用信息，但是究竟什么是信息，迄今说法不一，信息使用的广泛性使我们难以给它一个确切的定义。在人类社会中，信息往往以文字、图形、图像、语言、声音等形式出现。人类通过获得、识别自然界和社会的不同信息来区别不同事物，从而认识和改造世界。在一切通信和控制系统中，信息是一种普遍联系的形式。

根据对信息的研究成果，信息的概念可以概括如下：信息是对客观世界中各种事物的运动状态和变化的反映，是客观事物之间相互联系和相互作用的表征，表现的是客观事物运动状态和变化的实质内容。

科学的发展，时代的进步，必将为信息赋予新的内容。如今信息的概念已经与微电子技术、计算机技术、网络通信技术、多媒体技术、信息产业、信息管理等的含义紧密联系在一起。但是，信息的本质是什么，仍需要进一步探讨。

2. 信息的基本特征

信息具有如下基本特征。

（1）可识别性

信息是可以识别的。识别又可分为直接识别和间接识别。直接识别是指通过感官的识别，间接识别是指通过各种测试手段的识别。不同的信息源有不同的识别方法。

（2）可存储性

信息是可以通过各种方法存储的。大脑就是一个天然的信息存储器。人类发明的文字、录音、录像及计算机存储器等都可以进行信息存储。

（3）可传递性

信息可通过电视、网络、电话、书籍、广播等载体进行传播。

（4）可转换性

信息可以从一种形态转换为另一种形态。例如，自然信息可转换为语言、文字和图像等形态，也可转换为电磁波信号或计算机代码。

（5）可共享性

信息具有可共享性，如电视台播放的新闻，全国可能有几亿人在观看、共享，而播报人员却不会因为播报这些信息而失去它们。

1.1.2 信息技术的概念、发展及应用

1. 信息技术的概念

到目前为止，对于信息还没有一个统一的、公认的定义，所以对于信息技术目前也没有公认的定义。人们使用信息的目的、层次、范围、环境不同，对信息技术的表述也各不相同。

根据中国公众科技网上的表述：信息技术是指有关信息的收集、识别、提取、变换、存储、传递、处理、检索、检测、分析和利用等的技术。概括而言，信息技术（Information Technology，IT）是在信息科学的基本原理和方法的指导下扩展人类信息功能的技术，是人类管理、开发和利用信息资源的有关方法、手段与操作程序的总和。信息技术既包括有关信息的产生、收集、表示、检测、处理和存储等方面的技术，也包括有关信息的传递、变换、显示、识别、提取、控制和利用等方面的技术。

在当今信息社会，一般来说，我们所提及的信息技术，又特指以电子计算机和现代通信为主要手段实现信息的获取、加工、传递和利用等功能的技术总和。信息技术是一门多学科交叉综合的技术，计算机技术、通信技术、多媒体技术和网络技术相互渗透、相互作用、相互融合，形成以智能多媒体信息服务为特征的大规模信息网络。

2. 信息技术的发展

信息技术的发展分五个阶段，即五次信息技术革命。

第一次信息技术革命是语言的使用。距今35000～50000年前出现了语言，语言成为人类进行思想交流和信息传播不可缺少的工具。

第二次信息技术革命是文字的创造。大约在公元前3500年出现了文字，文字的出现使人类对信息的保存和传播取得了重大突破，在一定程度上超越了时间和地域的局限。

第三次信息技术革命是印刷术的发明和使用。大约在公元1040年，我国开始使用活字印刷术，欧洲人在1451年开始使用印刷技术。印刷术的发明和使用，使书籍、报刊成为重要的信息存储和传播的媒体。

第四次信息技术革命是电报、电话、广播和电视的发明和普及应用，它使人类进入利用电磁波传播信息的时代。1837年，美国人莫尔斯研制了世界上第一台有线电报机。1864年，英国著名物理学家麦克斯韦发表了一篇论文《电与磁》，预言了电磁波的存在。1876年3月10日，美国人贝尔用自制的电话同他的助手通话。1895年，俄国人波波夫和意大利人马可尼分别成功地进行了无线电通信实验。1894年电影问世。1925年英国首次播放电视。

第五次信息技术革命是电子计算机的普及应用，即计算机与现代通信技术的有机结合和互联网的出现。第五次信息技术革命的时间是从20世纪60年代电子计算机与现代技术相结合开始至今。

我们现在所说的信息技术一般特指第五次信息技术革命中的技术，是狭义的信息技术。对于狭义的信息技术而言，从开始到现在不过几十年的时间，它经历了从计算机技术到网络技术再到计算机技术与现代通信技术相结合的过程。目前，以多媒体和网络技术为核心的信息技术掀起了新一轮的信息革命浪潮。未来多媒体、机器人、网络、3D打印等技术的发展速度将远远超出人们的想象。

3. 信息技术的应用

信息技术的应用领域十分广泛，主要体现在以下几个方面。

（1）信息化管理与电子商务

信息化管理如学生学籍管理、医院收费管理、超市和网吧收费管理、高速公路收费管理等。

电子商务如网上购物、网上支付、移动支付等。常用购物网站有淘宝、天猫、京东等，常用支付方式有支付宝、百度钱包等。

（2）辅助教育与娱乐

通过网络技术，可以实现网上授课、视频点播、网上交流、电视电话会议等。

（3）辅助设计与制造

辅助设计与制造如在汽车、机械、家电、玩具等行业利用计算机控制机床等设备，完成产品的加工、装配、检测和包装等制造过程。

（4）数据处理

数据处理方面可以通过信息技术收集、分析、汇总各方数据，得到需要的统计结果，如全国人口普查、中国人均GDP计算等。

（5）通信与信息服务

通过网络技术，人们可以随时了解各类信息，随时与他人交流和学习。

（6）军事、航天

卫星、火箭发射、太空探测、导弹发射等都离不开计算机控制技术的应用。

1.1.3 信息化与信息化社会

信息化是以现代通信、网络、数据库技术为基础，将所研究对象各要素汇总至数据库，供特定人群在进行生活、工作、学习、辅助决策等各种行为时使用的一种技术。使用该技术可以极大地提高各种行为的效率，为推动社会进步提供极大的技术支持。

1. 信息化的概念

关于信息化的表述，中国学术界和政府相关部门做过较长时间的研讨。1997 年召开的首届全国信息化工作会议，将信息化和国家信息化定义为“信息化是指培育、发展以智能化工具为代表的新的生产力并使之造福于社会的历史过程。国家信息化就是在国家统一规划和组织下，在农业、工业、科学技术、国防及社会生活各个方面应用现代信息技术，深入开发、广泛利用信息资源，加速实现国家现代化进程”。实现信息化就要构筑和完善包含 6 个要素（开发利用信息资源、建设国家信息网络、推进信息技术应用、发展信息技术和产业、培育信息化人才、制定和完善信息化政策）的国家信息化体系。

从信息化的定义可以看出，信息化代表了一种信息技术被高度应用、信息资源被高度共享，从而使人的智能潜力及社会物质资源潜力被充分发挥，个人行为、组织决策和社会运行趋于合理化的理想状态。同时，信息化也是在信息技术产业发展与信息技术在社会经济各部门中扩散的基础之上，不断运用信息技术改造传统的经济、社会结构，从而通往如前所述的理想状态的一段持续的过程。

2. 信息化社会

信息化社会也称信息社会，是脱离工业社会以后，信息起主要作用的社会。

在农业社会和工业社会中，物质和能源是主要资源，人类所从事的是大规模的物质生产。而在信息社会中，信息成为比物质和能源更为重要的资源，以开发和利用信息资源为目的的信息经济活动迅速扩大，逐渐取代工业生产活动成为国民经济活动的主要内容。

信息经济在国民经济中占据主导地位，并构成社会信息化的物质基础。以计算机、微电子和通信技术为主的信息技术革命是社会信息化的动力源泉。

3. 现代信息化的发展趋势

展望未来，现代信息化主要有以下几个发展趋势。

1）高速、大容量。速度越来越高、容量越来越大，无论是通信还是计算机的发展都是如此。

2）综合化。其包括业务综合及网络综合。

3）数字化。现在数字化发展非常迅速，如数字化世界、数字化地球等。数字化最主要的优点就是便于大规模生产和综合。

4）个人化。个人化即可移动性和全球性。一个人在世界任何一个地方都可以拥有同样的通信手段，可以利用同样的信息资源和信息加工处理手段。

1.2 信息素养

1.2.1 信息素养的概念

信息素养（Information Literacy）是一个自21世纪开始兴起的新名词，是一种知识管理的策略。

信息素养是一种基本能力，是一种对信息社会的适应能力。美国教育技术CEO论坛2001年第4季度报告提出，21世纪的能力素质包括基本学习技能（指读、写、算）、信息素养、创新思维能力、人际交往与合作精神、实践能力。信息素养是其中一个方面，它涉及信息的意识、信息的能力和信息的应用。

信息素养是一种综合能力，它涉及各方面的知识，是一种特殊的、涵盖面很宽的能力。它包含人文的、技术的、经济的、法律的诸多因素，和许多学科有着紧密的联系。

信息技术支持信息素养，通常信息技术强调对技术的理解、认识和使用技能，而信息素养的重点是内容、传播、分析，包括信息检索及评价，涉及面更宽。它是一种了解、搜集、评估和利用信息的知识结构，既需要通过熟练的信息技术技能，也需要通过完善的调查方法，利用鉴别和推理来完成。

1.2.2 信息素养的标准

1998年，美国图书馆协会和教育传播协会制定了学生学习的九大信息素养标准，概括了信息素养的具体内容。

标准一：具有信息素养的学生能够有效和高效地获取信息。

标准二：具有信息素养的学生能够熟练和批判地评价信息。

标准三：具有信息素养的学生能够精确地、创造性地使用信息。

标准四：成为独立学习者的学生具有信息素养，并能探求与个人兴趣有关的信息。

标准五：成为独立学习者的学生具有信息素养，并能欣赏作品和其他对信息进行创造性表达的内容。

标准六：成为独立学习者的学生具有信息素养，并力争在信息查询和知识创新中做得最好。

标准七：对学习型社区和社会有积极贡献的学生具有信息素养，并能认识信息对民主化社会的重要性。

标准八：对学习型社区和社会有积极贡献的学生具有信息素养，并能实行与信息和信息技术相关的符合伦理道德的行为。

标准九：对学习型社区和社会有积极贡献的学生具有信息素养，并能积极参与小组的活动探求和创建信息。

1.2.3 信息素养的内涵

信息素养的最重要组成部分是信息系统。信息系统是由硬件、软件与人 3 个要素组成的一个整体，3 个要素之间必须十分协调地工作，才能充分发挥信息系统的效能，达到预期目标。

硬件是对信息系统的所有物理设施的统称，包括信息存储设备、信息传输设备、信息输入/输出（I/O）设备及信息处理设备等几类。信息在传播之前需要存储起来，如用于存放声音、图像、程序与数据的计算机内存储器和外存储器都是信息存储设备。网络是人们社会生活中的重要信息传输通道。输入设备包括字符输入设备、位置输入设备、图形图像信息输入设备、声音信息输入设备、各种传感器等。信息处理功能最为全面与强大的工具是计算机设备。

软件是信息技术系统中用于控制和指示硬件进行信息采集、信息处理、信息存储、信息传播与信息产生等工作内容的部分。

人是信息系统中最重要的因素。作为一个有信息素养的人，应了解信息技术的基本常识（各种术语、各种技术、信息技术的特点、信息技术的发展历史与趋势等）、信息系统的工作原理（数字化原理、程序、算法与数据、信息传播原理）、信息系统的结构与各个组成部分（硬件、软件、系统）、信息技术的作用与影响（使用信息技术的利弊、局限性等）、与信息技术有关的法律与道德常识。

1.2.4 信息素养的信息意识与情感

要具备信息素养，无疑要学会运用信息技术，但不一定必须精通信息技术。随着科学技术的发展，信息技术正朝向大众化方向发展，各种信息工具的操作也越来越简单，可以为人们提供各种及时可靠的信息。现代人信息素养的高低，取决于其信息意识与情感。信息意识与情感主要包括积极面对信息技术的挑战，不畏惧信息技术；以积极的态度学习操作各种信息工具；了解信息源并经常使用信息工具；能迅速而敏锐地捕捉各种信息，并乐于把信息技术作为基本的工作手段；相信信息技术的价值与作用，了解信息技术的局限及负面效应，从而正确对待各种信息；认同与遵守信息交往中的各种道德规范和约定。

1.2.5 信息素养的培养

信息素养教育要以培养学生的创新精神和实践能力为核心。因此，信息技术课程必须在基于自主学习和协作学习的环境中，即学生自主探究、主动学习，教师成为课程的设计者和学生学习的指导者，让学生真正成为学习的主体。教师可以利用网络和多媒体技术构建信息丰富的、反思性的，有利于学生自主学习、协作学习和研究性学习的学习环境，开发学生自主学习的策略，允许学生进行自由探索，极大地促进他们批判性、创造性思维的养成和发展。

以慕课（Massive Open Online Courses，MOOC，大规模开放式在线课程）为代表的在线教育模式自 2012 年诞生以来，在全世界范围内方兴未艾，掀起了一场轰轰烈烈的教育革命。国内各高校在建设慕课的同时，也在尝试结合本学校及专业实际进行私播课（Small

Private Online Course，SPOC，小规模限制性在线课程）的教学。无论是 MOOC 还是 SPOC，都是以学生为主导的学习方式，分别适用于不同的教学目标和教学对象。

1.3 信息管理的基本素养

信息管理是指用计算机对各种形式的信息（如文字、数值、图像和声音等）进行收集、存储、加工、展示、分析和传送的过程。当今社会，计算机广泛应用于信息管理，对办公自动化、管理自动化乃至社会信息化都有积极的促进作用。同时，随着信息化进程的推进，信息管理中的信息过滤、分析，以及其在支持智能决策等方面的应用，在商业各部门、管理部门中的作用日益重要，成为衡量社会信息化水平的重要依据。

信息管理重在数据的管理。现代社会是数据的社会，用数据说话、用数据决策、用数据创新已形成社会的一种常态和共识。数据已经渗透到当今每一个行业和业务领域，与人们的生活密切相关。例如，股民会密切关注股票指数、股票动态交易数据，通过股票买卖获取收益；连锁商店会密切关注通过销售终端 POS 机获取的每日或每月商品销售数据，通过优化重组货源，提高销售数量和销售收入。

现代科学技术为数据收集和数据运用提供了诸多手段。例如，借助移动终端与移动网络，可以收集相关人员的实际地理位置及其变化信息，进而为终端持有者提供各种基于位置的服务，如导航、就餐、住宿等，也可以为公共管理部门提供特定人员的位置追踪服务、搜救服务等。又如，物联网技术可以将货物状态信息实时连入 Internet，进而可支持大规模收发货双方动态地、实时地追踪交通工具所在的位置和货物所在的位置等，同时又可支持第三方物流公司有效地聚集不同来源的货物提高车辆的配送效率；交通路口的摄像头、测速仪、流量监控仪等既可有效地约束车辆驾驶者遵章驾驶，又可为交通管理者提供大量的道路负载情况，并利用其制定有效的道路通行政策，疏导交通拥堵。再如，Internet 即时消息、微博、网页等，记录了人们之间的交流互动、对不同主题的关注度、对不同人物不同事件的喜好等，有效地分析这些数据可产生意想不到的结果。

将数据管理与应用系统相结合才能发挥巨大的作用。目前常见的数据库管理系统（DataBase Management System，DBMS）有 SQL Server、Oracle、Sybase、DB2 等。对于一般工作人员来说，熟练应用微软公司出品的 Excel 电子表格处理软件即可实现数据的分析和管理操作。

现在各种信息资源都被聚集成库，如图像数据库、视频数据库、工程数据库、地理数据库等，当大规模数据聚集成为可能时，人们的思维也可能会产生变化，各种数据信息的管理也会发生相应的变化。

1.4 信息出版的基本素养

信息出版是人们在信息时代很重要的一种素养。编排和出版自己的作品，将研究成果和经验加以总结并以各种出版物的形式出版发表，使更多的人受益，体现自己对社会的贡献，已经成为现代社会知识积累和传播的一个重要组成部分。

传统媒介出版通常指以传统印刷技术为基础的纸质出版，需要将内容物化在以纸张为代表的载体上。电子媒介出版是指利用计算机相关技术产生的各种电子文件的出版，它需要将电子文件存储于磁盘、光盘等载体上，利用网络技术进行电子文件的传播与推广，利用配备了特定软件的计算机或终端设备来阅览和处理。

目前，纸质载体的出版物也借助电子文件的处理手段进行前期处理，只是在后期将其输出到纸质载体上。因此，电子媒介出版不仅能够处理传统媒介的图书、期刊等出版物，还能以电子媒介的方式处理相应的电子图书、电子期刊等。目前典型电子媒介出版物的形态主要有电子文件（如 Word 文件、PowerPoint 文件、PDF 文件、WPS 文件等）、多媒体文件（如图像文件、音频文件、视频文件等）、网页文件（如个人主页、博客等）、网络游戏、电子书等。

信息出版物的基本要素主要有文字、段落、插图、表格、公式、页眉与页脚、电子讲演稿的动画、链接等。传统出版物通常被认为是线性组织内容的一种手段，仅能按某一种线索组织相关的内容，多数情况下以文字描述为主体，辅之以插图进行展现，音频、视频虽然也可以组织起形象化、动态化的内容，但通常也仅仅以某一线索为主进行组织。而电子出版物可有效地突破这一局限，形成一种网络化的、纵横交错的关联关系，这种关联关系在传统出版物中难以实现，但在电子出版物环境下借助多媒体技术、Web 技术是可以实现的，在阅读时可顺着不同的链接、不同的线索方便地进行联想与追踪，实现文档声、图、文的联合展现。这就是电子出版物与传统出版物的不同之处。

信息出版物通常借助各种文字处理软件来实现不同编排要求。目前常用的文字处理软件主要有 Word、WPS 等，常用的演示文稿制作软件有 PowerPoint。

1.5 使用网络的基本素养

Internet 的发展极大地改变了人们工作和生活的习惯，Internet 成为创新的牵引者和原动力。百度（Baidu）、新浪（Sina）、腾讯（Tencent）、淘宝等一大批互联网公司的成功，使人们更加关注 Internet。

现在，人们都习惯用社交软件与他人沟通和交流；当不清楚但又想了解某一方面知识的时候，习惯于上网求助于百度、搜狗；当有大量信息需要记忆的时候，可能不关注信息本身的记忆，而只记忆从哪里能够获取这些信息，即提供信息的网址；获取新闻的传统方式逐渐被网上新闻所取代；传统的书店购书方式逐渐被网上购书所取代；传统的寻人问路的方式逐渐被联网导航所取代；网上交易、网上娱乐、社交等使人们日益离不开网络，网络已经改变了人们的思维方式。

Internet 是一个庞大的信息库和资源库，通过 Internet，人们可以发现所需要的各种信息、软件、产品等。基于 Internet 的信息管理、信息发现、资源整合已经成为一种新型的工作与生活模式。

掌握网络连接方法，理解信息获取、信息交换、信息发布的基本手段，理解 Internet 信息搜索与网络化服务，理解网络对社会、个人的深远影响等，是当代大学生使用网络的基本素养。

1.6 信息安全的基本素养

计算机及网络应用越来越广泛，安全问题也日益突出，信息安全已经成为全世界关注的热点问题之一。

在信息时代，信息安全的目的是确保以电磁信号为主要形式的，在计算机网络化系统中进行获取、处理、存储、传输和应用的信息内容在各个物理及逻辑区域安全存在，并不发生任何侵害行为。国际标准化组织（International Standardization Organization，ISO）对信息安全的定义是“在技术上和管理上为数据处理系统建立的安全保护，保护信息系统的硬件、软件及相关数据不因偶然或恶意的原因遭到破坏、更改及泄露”。

在信息安全领域，网络安全占有极其重要的地位。Internet 规模的扩大，各种基础网络应用、计算机系统、Web 程序的漏洞层出不穷，以及普通网民安全意识及相关知识的匮乏，都为网络上的不法分子提供了入侵和偷窃的机会。

另外，由于 Internet 具有虚拟性、隐蔽性、发散性、渗透性和随意性等特点，越来越多的网民愿意通过这种渠道来表达观点、传播思想。一旦 Internet 的这些特点被一些别有用心的人加以利用，不仅影响普通民众的生活、工作，而且可能会全面渗透到国家的政治、经济、军事等各个领域，给国家带来危害。

一个国家越发达、信息化程度越高，整个国民经济对信息资源和信息基础设施的依赖程度也越高。美国著名未来学家阿尔文·托夫勒说过：“谁掌握了信息、控制了网络，谁将拥有整个世界。”然而，随着信息化的发展，计算机病毒、网络攻击、垃圾邮件、系统漏洞、网络窃密、虚假有害信息和网络违法犯罪等问题也日渐突出，如果应对不当，就会给国家经济、社会稳定甚至军事安全带来严重的影响。

可见，网络安全严重影响一个国家的健康发展。如何加强对网络的安全管理已成为当前重要的、刻不容缓的研究课题。

总之，信息安全不是一个孤立静止的概念，具有系统性、相对性和动态性，其内涵随着人类信息技术、计算机技术及网络技术的发展而不断发展，如何有效地保障信息安全是一个长期的、发展的话题。

思考与实践 1

简答题

1. 什么是信息？信息的特征是什么？
2. 什么是信息技术？信息技术的发展经历了哪几个阶段？
3. 信息技术主要应用在哪些方面？
4. 现代信息化的发展趋势是什么？
5. 信息素养的内涵是什么？
6. 如何培养信息素养？
7. 当代大学生应该具备哪些基本信息素养？

第 2 章
计算机基础知识

本章知识点：

- 计算机的发展历史。
- 计算机的基本分类。
- 计算机的特点、应用。
- 计算机系统的组成。
- 键盘的使用。
- 软件的安装和卸载。
- 数制的概念、计算机中常用的数制及数制转换。
- 计算机中数据的存储。
- 英文字符编码、汉字编码。

计算机（Computer）是 20 世纪人类社会伟大的发明之一，引发了信息技术革命，极大地推动了人类社会的进步与发展。21 世纪是以计算机技术为基础的信息时代。信息技术的迅猛发展和普及应用，促进了社会的信息化进程。作为信息技术的核心，计算机技术在信息处理中发挥着巨大的作用，已应用到社会的各个领域，并影响和改变着人们的工作、学习和生活方式。本章将简要介绍计算机的基础知识。

2.1 计算机概述

2.1.1 初识计算机

1. 计算机的发展历史

1946 年，为解决新式火炮试验所涉及的复杂弹道计算问题，美国宾夕法尼亚大学的莫奇利和埃克特领导的研究小组研制成功了世界上第一台电子数字积分计算机（Electronic Numerical Integrator and Calculator，ENIAC[①]），如图 2-1 所示。这台计算机使用了 1700 多个电子管，每秒能执行 5000 次加法运算，占地面积 170 多平方米，重约 30 吨，功耗约 150 千瓦。

---

① 1973 年，美国联邦地方法院注销了 ENIAC 的专利，并认定世界上第一台计算机为 ABC（Atanasoff-Berry Computer，阿塔纳索夫-贝瑞计算机）。

图 2-1 ENIAC

根据计算机使用的逻辑元器件的不同，可以把计算机的发展分为如下几个阶段。

（1）第一代计算机（1946～1957 年）

第一代计算机是电子管计算机。其基本特征是采用电子管作为计算机的逻辑元器件，主要用于军事和科学计算。其缺点是体积庞大、耗电量大、价格昂贵、可靠性差，每秒运算速度仅为 5000～30 000 次，内存容量仅几千字节，但它奠定了计算机技术的基础。

（2）第二代计算机（1958～1964 年）

第二代计算机是晶体管计算机。其基本特征是逻辑元器件用晶体管代替电子管，内存储器采用磁芯，外存储器开始使用磁鼓和磁盘。由于采用了晶体管，计算机体积大大缩小，成本降低，功能增强，功耗减小，可靠性提高。第二代计算机的运算速度达每秒几十万次，内存容量扩大到几十千字节。

（3）第三代计算机（1965～1970 年）

第三代计算机是集成电路计算机。其基本特征是逻辑元器件采用小规模集成电路和中规模集成电路，内存储器采用半导体存储器，磁盘成了不可缺少的外存储器。第三代计算机的运算速度可达每秒几十万次至几百万次。

（4）第四代计算机（1971 年至今）

第四代计算机称为大规模集成电路计算机。其基本特征是逻辑元器件采用大规模集成电路和超大规模集成电路，内存储器依旧采用半导体存储器，外存储器包括磁盘、光盘等。在此阶段，微处理器和微型计算机诞生，计算机的运算速度可以达到每秒上千万次至十亿亿次。

20 世纪 70 年代开始使用的微型计算机属于第四代计算机，包括人们使用的个人台式计算机和笔记本式计算机。

从 20 世纪 80 年代开始，日本、美国等国家开展了新一代智能计算机的系统研究，研究者普遍认为新一代计算机应该是智能型的，它能模拟人的智能行为，理解人类自然语言，具有推理、联想、判断、决策、学习等功能，并将其称为第五代计算机。它不仅涉及计算机科学与技术学科的所有专业和方向，而且与电子信息、自动控制、机械工程、材料科学等许多学科相关和交叉。第五代计算机的发展与人工智能、知识工程和专家系统等的研究紧密相连，必将突破传统的体系结构，帮助人们进行判断、决策，开拓未知领域和获得新的知识。第五代计算机将是计算机发展史上的一次重要革命，与前四代计算机有着本质的区别，将更加适应未来社会信息化的要求。

2. 计算机的基本分类

计算机的种类有很多，按计算机规模可划分为巨型计算机、大型计算机、小型计算机和微型计算机。

巨型计算机也称为超级计算机，是目前速度最快、处理能力最强的计算机，主要用于军事、气象、生物信息、地震监测、地球科学、天体物理、公共健康、材料科学等领域。超级计算机是解决国家经济建设、社会发展、国防建设等领域重大挑战性问题的重要工具，已成为世界各国争夺的一个战略制高点。

我国于 1983 年研制出第一台超级计算机“银河一号”，成为继美国、日本之后第三个能独立设计和研制超级计算机的国家。目前我国的超级计算机有银河、天河、曙光、神威和深腾等系列。

世界超级计算机 500 强榜单始于 1993 年，是对全球已安装的超级计算机进行排序的知名排行榜，由美国与德国超级计算机专家联合编制，每半年发布一次。2010 年，“天河一号”让中国第一次拥有了全球最快的超级计算机。2017 年 6 月 19 日，在世界超级计算机 500 强榜单上，实现核心部件全部国产的中国“神威·太湖之光”（每秒 12.5 亿亿次的峰值计算能力）和“天河二号”（计算速度达每秒 3.39 亿亿次）第三次携手夺得前两名。

下一步超级计算机将朝着百亿亿次计算能力发展，这些下一代超级计算机将是一个全新的品种，不仅速度快，而且以全新方式处理大数据，从而开辟人工智能、数据科学和模拟的新途径，给人们带来新的见解。

大型计算机是用来处理大容量数据的计算机，通常使用专用的处理器指令集、操作系统和应用软件。现代大型计算机并非主要通过运算速度来衡量性能，而是通过可靠性、安全性、向后兼容性和 I/O 性能来衡量性能。大型计算机一般应用于大、中型企事业单位的中央主机。

小型计算机是指采用精简指令集处理器，性能和价格介于 PC（Personal Computer，个人计算机）服务器和大型主机之间的一种高性能计算机，是封闭的、专用的计算机系统。与大型计算机相比，小型计算机具有结构简单、成本较低、维护方便等特点，适用于中、小型企业的服务器。

微型计算机又称个人计算机，其价格便宜、功能齐全，广泛应用于个人用户、一般企事业单位的普通用户，是目前最普及的机型。日常生活中所使用的台式计算机、笔记本式计算机等均为微型计算机。近年，联想集团最先提出一体台式计算机概念，将传统分体台式机的主机集成到显示器中，从而形成一体台式计算机。一体台式计算机具有节省空间、节能等优点，但同时也具有与传统台式计算机相比性价比低、升级维护困难等缺点。

2.1.2 计算机的特点

1. 运算速度快

运算速度是衡量计算机性能的一项重要指标，一般用 MIPS（Million Instructions Per Second）表示，即每秒执行多少百万条指令。在一些需要大量浮点运算的科学运算中，也用每秒所执行的浮点运算次数（Floating-point Operations Per Second，FLOPS）来表示计算机的运算速度，如 Core i7 980X Extreme 拥有每秒约 800 亿次的峰值计算能力。

2. 计算精度高

目前常用计算机的字长为 64 位二进制，通常位数越多，计算精度越高。配合相关的软件，计算机可以实现指定有效数字的相关运算。例如，2011 年日本人近藤茂利用家中的计算机将圆周率计算到小数点后 10 万亿位。

3. 记忆能力强

计算机的存储器（内存储器和外存储器）能够记忆大量的信息。它能存入数据、程序，对数据进行处理和计算，并将结果保存起来。目前常用 PC 的内存储器的容量多为 4GB、8GB、16GB，而外存储器单个硬盘容量已达到 8TB。只要外存储器不损坏，其中的信息可长期保存。

4. 逻辑判断能力强

逻辑判断能力是计算机的一个基本能力，在程序执行过程中，计算机能够进行各种基本的逻辑判断，并根据判断结果决定下一步执行哪条指令。这种能力保证了计算机信息处理的高度自动化。

2.1.3 计算机的应用领域

1. 科学计算

科学计算也称为数值计算，是指用计算机完成科学研究和工程技术中所提出的数学问题。它是计算机最原始的应用领域，也是计算机重要的应用之一。

2. 信息处理

信息处理也称为数据处理，是指用计算机对原始数据进行收集、整理、分类、选择、存储、制表、检索、输出等加工过程，它是计算机应用最广泛的领域。其特点是要处理的原始信息量很大，而运算相对简单，如企业管理、情报检索、医疗诊断、办公自动化等。

3. 过程控制

过程控制也称为实时控制，是指利用计算机及时搜集检测数据，按最佳值迅速对控制对象进行自动控制或自动调节。利用计算机进行过程控制，不仅提高了控制的自动化水平，而且提高了控制的及时性和准确性。

4. 计算机辅助系统

计算机辅助系统为设计工作自动化提供了广阔的前景，受到了普遍的重视。

计算机辅助设计（Computer Aided Design，CAD）系统：利用计算机的计算和逻辑判断等能力，帮助设计人员进行工程设计的系统。这种系统可以缩短设计周期、提高设计质量，已广泛应用于建筑工程设计、服装设计、机械制造设计、船舶设计等行业。

计算机辅助制造（Computer Aided Manufacture，CAM）系统：利用计算机进行生产设备的管理、控制与产品制作，从而提高产品质量、降低生产成本、缩短生产周期的系统。

计算机辅助教学（Computer Assisted Instruction，CAI）系统：利用计算机辅助完成教学计划或模拟某个试验过程的系统。它在现代教育技术中起着相当重要的作用。

5. 人工智能

人工智能（Artificial Intelligence，AI）是研究、开发用于模拟、延伸和扩展人的智能的理论、方法、技术及应用系统的一门新的技术科学。

人工智能是计算机科学的一个分支，它试图了解智能的实质，并生产出一种新的能以与人类智能相似的方式做出反应的智能机器，该领域的研究包括机器人、语言识别、图像识别、自然语言处理和专家系统等。

在人工智能领域有一位明星——阿尔法围棋（AlphaGo），它是由 Google 利用“深度学习”原理开发的一款人工智能程序，也是第一个击败人类职业围棋选手并战胜围棋世界冠军的人工智能程序。2016 年 3 月，阿尔法围棋与围棋世界冠军、职业九段棋手李世石进行围棋人机大战，以 4∶1 的总比分获胜；2017 年 5 月，在中国乌镇围棋峰会上，它与排名世界第一的世界围棋冠军柯洁对战，以 3∶0 的总比分获胜。

6. 多媒体应用

计算机多媒体技术是当今信息技术领域发展最快、最活跃的技术，是新一代电子技术发展和竞争的焦点。多媒体技术融计算机、声音、文本、图像、动画、视频和通信等多种功能于一体，借助日益普及的高速信息网，可实现计算机的全球联网和信息资源共享，因此被广泛应用于咨询服务、图书、教育、通信、军事、金融、医疗等诸多行业，并潜移默化地改变着人们的生活面貌。

7. 网络应用

计算机网络利用通信线路将分布在不同地点的计算机互连起来，形成能互相通信的一组计算机系统，从而实现资源共享，大大提高计算机系统的使用效率和各种资源的利用率。人们熟悉的全球信息查询、邮件传送等都是依靠计算机网络来实现的。计算机网络已进入千家万户，给人们的生活、学习带来了极大的方便。其代表性的应用如下。

（1）电子商务

电子商务是指在广泛的商业贸易活动中，在开放的网络环境下，基于浏览器/服务器应用模式，买卖双方互不谋面地进行各种商贸活动，实现消费者的网上购物、商户之间的网上交易和在线电子支付，以及各种商务活动、交易活动、金融活动和相关综合服务活动的一种新型的商业运营模式。通过淘宝、京东、美团、去哪儿等知名的电子商务网站，人们可以方便地完成衣、食、住、行等各方面需求的在线交易。

（2）网络教学

随着网络的普及和大规模开放在线课程的推出，学生可以免费或以比较低的费用参与中国名师乃至世界名师的课程学习和讨论。网络教学突破了空间条件的限制，拓宽了视野，降低了相关费用。

8. 虚拟现实

虚拟现实技术是一种可以创建和体验虚拟世界的计算机仿真系统，它利用计算机生成一种模拟环境，是一种多源信息融合的、交互式的三维动态视景和实体行为的系统仿真，并使用户沉浸到该环境。

2.2 计算机系统的构成及相关操作

2.2.1 计算机系统的基本构成

一个完整的计算机系统由硬件系统和软件系统两部分组成，如图 2-2 所示。硬件系统是组成计算机系统的各种物理设备的总称，是计算机系统的物质基础。软件系统是为了运行、管理和维护计算机而编制的各种程序、数据和相关文档的总称。通常把不安装任何软件的计算机称为裸机。普通用户所面对的一般不是裸机，而是在裸机上配置若干软件之后构成的计算机系统。计算机系统的各种功能是由硬件和软件共同完成的。

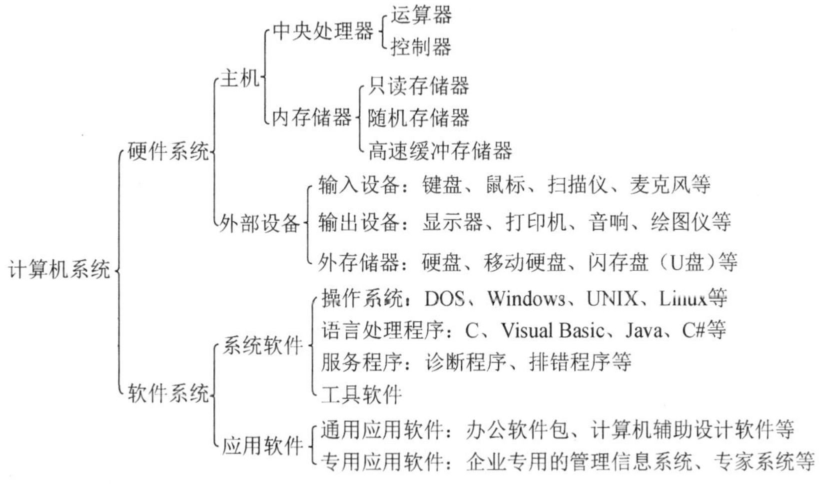

图 2-2 计算机系统的组成

1. 硬件系统

计算机的硬件系统可以分为主机和外部设备两大部分。主机包括中央处理器（Central Processing Unit，CPU）和内存储器，这和人们通常所讲的主机略有区别。生活中，人们所讲的主机是指主机箱及安装在机箱内部的部件，这些部件主要包括主板、CPU、内存储器、硬盘和显卡等设备。外部设备包括外存储器、输入设备和输出设备三部分，如鼠标、键盘、显示器、打印机和扫描仪等设备。计算机各部件的连接示意图如图 2-3 所示。计算机的外部设备，尤其是输入/输出（I/O）设备，因需求而异，但鼠标、键盘、显示器、硬盘为必需设备。

（1）运算器

运算器的主要功能是对二进制数据进行运算，包括算术运算（加、减、乘和除等）和逻辑运算（与、或、非、异或和比较）两类，因而运算器又称算术逻辑单元。

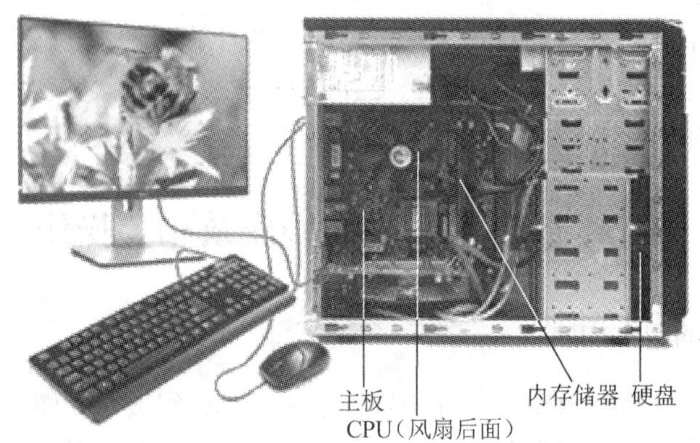

图 2-3　计算机各部件的连接示意图

（2）控制器

控制器是计算机的指挥中心，负责从存储器中取出指令，并对指令进行译码；根据指令的要求，按时间的先后顺序，负责向其他各部件发出控制信号，保证各部件协调一致地工作。

通常，人们把运算器和控制器集成在一起，形成 CPU。

（3）存储器

存储器的主要功能是存放程序和数据，是计算机记忆或暂存数据的部件。计算机中的全部信息，包括原始的输入数据、经过初步加工的中间数据及最后处理完成的有用信息都存放在存储器中。而且，指挥计算机运行的各种程序也存放在存储器中。按作用的不同可将存储器分为内存储器和外存储器。

通常，将信息从存储器中取出，而又不破坏存储器内容的过程称为读操作；将信息存入存储器的过程称为写操作。

1）内存储器。内存储器又称主存储器（简称主存），如图 2-4 所示，是计算机系统的信息交流中心。从使用功能上分，内存储器可分为只读存储器（Read Only Memory，ROM）和随机存取存储器（Random Access Memory，RAM）。

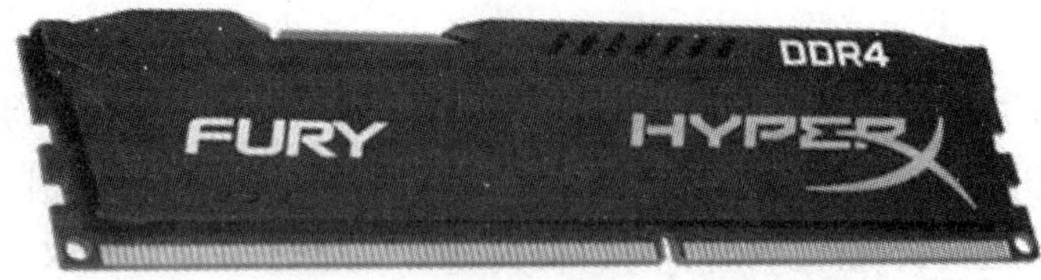

图 2-4　微型计算机的内存储器（金士顿 FURY DDR4 2400Hz 8GB）

ROM 的特点是只能读出原有内容，不能由用户写入新内容。ROM 的数据是厂家在生产芯片时，以特殊的方式固化的，用户一般不能修改。即使断电，ROM 中的数据也不会丢失。

RAM 的主要特点是既可以从中读出数据又可以写入数据，读出时并不损坏原来存储的内容，只有写入时才修改存储的内容；断电后，存储内容立即消失，即其具有易失性。

2）外存储器。外存储器又称辅助存储器，一般具有存储容量大、可以长期保存程序和数据、信息存储性价比高等特点。通常，外存储器只与内存储器交换数据，而且存取速度相对较慢。常用的外存储器有硬盘（图 2-5）、移动硬盘（图 2-6）、闪存盘（图 2-7）等。

图 2-5 硬盘

图 2-6 移动硬盘

图 2-7 闪存盘

内存储器的特点是可直接与 CPU 交换信息，存取速度快、容量小、价格高；外存储器的特点是容量大、价格低、存取速度较慢，不能直接与 CPU 交换信息。内存储器用于存放立即要用的程序和数据，外存储器用于存放暂时不用的程序和数据。内存储器和外存储器之间常常频繁地交换信息。需要指出的是，外存储器中的数据只有先调入内存储器，才能被 CPU 处理。

（4）输入设备

输入设备是指向计算机输入数据和信息的设备，是计算机与用户或其他设备之间通信的桥梁。常见的输入设备有以下几种。

1）键盘。键盘是最常见的输入设备。标准键盘上的按键可以分为 5 个区域：功能键区、主键盘区、编辑键区、辅助键区（数字键区）和状态指示区。

2）鼠标。鼠标是一种很常用的计算机输入设备，它可以对当前屏幕上的游标进行定位，并通过按键和滚轮装置对游标所经过位置的屏幕元素进行操作。按照工作原理的不同，可以将鼠标分为机械鼠标和光电鼠标。鼠标的基本操作有 4 种：指向、单击、双击和拖动。

3）扫描仪。扫描仪是一种光电一体化的设备，属于图形式输入设备。

4）传声器。传声器是采集声波信号并将其转换为电信号的设备，常用于录音、演出、会议和语音聊天等领域。

5）摄像头。摄像头是一种将光学图像信号转换为电信号的设备，并能进一步将模拟电信号转换为计算机能识别的数字图像信号。

（5）输出设备

输出设备可以将计算机处理的结果转变为人们所能接受的形式。常见的输出设备有以下几种。

1）显示器。显示器是微型计算机不可缺少的输出设备。按照工作原理的不同，可以将显示器分为阴极射线管（Cathode Ray Tube，CRT）显示器、液晶显示器（Liquid Crystal Display，LCD）、等离子显示器（Plasma Display Panel，PDP）。目前微型计算机上多用 LCD，如图 2-8 所示。

显示器的显示方式是由显卡来控制的。显卡标准有 MDA 标准、CGA 标准、EGA 标准和 VGA 标准等，目前常用的是 VGA 标准。根据显卡的存在形式不同，可以将显卡分为集成显卡和独立显卡。集成显卡将显示芯片、显卡内存及其相关电路都集成在主板上。独立显卡将显示芯片、显卡内存及其相关电路单独做在一块电路板上，作为一块独立的板卡存在，它需占用主板的扩展插槽（ISA、PCI、AGP 或 PCI-E）。从性能上看，独立显卡一般优于集成显卡，特别是对于图像处理和三维创作来说，集成显卡一般是不能胜任的。图 2-9 是台式计算机的独立显卡。

图 2-8　LCD

图 2-9　台式计算机的独立显卡

2）打印机。打印机是将计算机中的文字信息或图像信息输出到纸质介质的设备。按工作原理的不同，可将打印机分为击打式打印机和非击打式打印机两类。目前，家庭、办公领域常用的喷墨打印机、激光打印机就属于非击打式打印机。

2. 软件系统

软件是一系列按照特定顺序组织的计算机数据和指令的集合。软件可以对硬件进行管理、控制和维护。根据用途的不同，可将软件分为系统软件和应用软件。计算机系统的层次关系如图 2-10 所示。

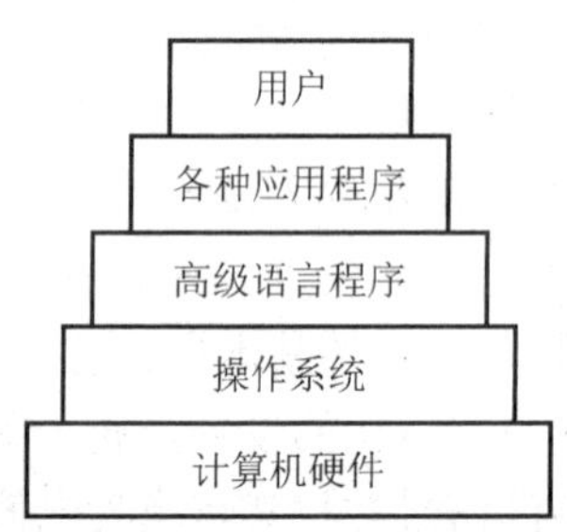

图 2-10　计算机系统的层次关系

（1）系统软件

系统软件能够调度、监控和维护计算机资源，扩充计算机功能，提高计算机运行效率。系统软件是用户和裸机的接口，主要包括操作系统、语言处理程序、数据库管理系统等，其核心是操作系统。

1）操作系统。操作系统（Operating System）是最基本、最重要的系统软件，是用来管理和控制计算机系统中硬件和软件资源的大型程序，是其他软件运行的基础。目前比较流行的操作系统有 Windows、UNIX、Linux 等。

2）语言处理程序。人与人交流需要语言，人与计算机之间交流同样需要语言。人与计算机之间交流信息使用的语言称为程序设计语言。根据对硬件的依赖程度不同，可将程序设计语言分为机器语言、汇编语言和高级语言三大类。

3）数据库管理系统。数据库管理系统主要解决数据处理的非数值计算问题，并对计算机中存放的大量数据进行组织、管理、查询。目前，常用的数据库管理系统有 SQL Server、Oracle、MySQL 等。

（2）应用软件

应用软件是用户为解决各种实际问题而编制的计算机应用程序及其有关资料，如微软公司的 Office 系列软件，就是针对办公应用的软件。

2.2.2 键盘的使用

1. 键盘简介

键盘包括主键盘区、功能键区、编辑键区、数字键区和状态指示区，如图 2-11 所示。

图 2-11 键盘

（1）主键盘区

主键盘区是键盘的主体部分，包括字母键、数字键、字符键和控制键，除了空格键，字符键和数字键均为双字符键，主要用于在文档中输入数字、文字和符号等文本。下面对几个特殊的键及其用法做简单介绍，如图 2-12 所示。

图 2-12 主键盘区的特殊键

1）【Caps Lock】键又称大写字母锁定键，位于主键盘区左边。该键是一个开关键，用来转换字母大小写状态。每按一次该键，键盘右上角的 Caps Lock 指示灯会在亮、灭之间切换。如果 Caps Lock 指示灯亮，则键盘处于大写字母锁定状态，这时按下字母键，输入的为大写字母；如果 Caps Lock 指示灯灭，则大写字母锁定状态被取消，这时按下字母键，输入的为小写字母。

2）【Shift】键又称换挡键，位于主键盘区两侧，主要用于输入双字符键的上挡字符。

对于字母键而言，当 Caps Lock 指示灯灭时，按住【Shift】键的同时再按字母键，输入的是大写字母，如按【Shift+S】组合键会输入大写字母 S。

3)【Backspace】键又称退格键，位于主键盘区的右上方。其作用是删除当前光标左侧的字符。每按一次该键，删除一个字符。

4)【Tab】键又称跳格键或制表键，每按一次该键，光标将移动到下一个制表位（制表位分别为第 1 列、9 列、17 列、25 列……）。

5)【Ctrl】键单独使用不起任何作用，结合其他键可以有不同的功能（如【Ctrl+C】组合键的功能为复制，【Ctrl+V】组合键的功能为粘贴，【Ctrl+X】组合键的功能为剪切等）。

（2）功能键区

功能键区位于键盘最上方，包括【Esc】键、【F1】~【F12】键、【Print Screen】键。

1)【Esc】键又称取消键或退出键，位于键盘左上方，用于取消目前所执行的功能或输入。

2)【F1】键又称帮助键，如在 Windows 系统桌面按【F1】键可以打开“Windows 帮助和支持中心”窗口。

其他功能键在不同程序或软件中的功能是不一样的，需要具体情况具体分析，这里不再介绍。

3)【Print Screen】键又称屏幕打印键或拷屏键。按下该键可以截取全屏图像，与【Alt】键同时使用可以截取当前窗口的图像。

（3）编辑键区

编辑键区位于主键盘区的右侧，主要用来移动光标和翻页。编辑键区包括 4 个方向键、【Insert】键、【Delete】键、【Home】键、【End】键、【Page Up】键、【Page Down】键，共 10 个编辑专用键。下面介绍几个常用的编辑键区按键。

1)【Insert】键又称插入键，按一次该键，即可进入字符插入状态；再按一次，则取消字符插入状态。例如，在 Word 中默认情况下是插入状态，在键盘上按下该键之后，Word 的状态将变为改写状态，输入新的文字时，将会替换光标右侧的文本，再次按下该键即可将状态恢复为插入状态。

2)【Delete】键又称删除键，用于删除光标右侧的字符。按一次该键，可以删除一个字符。该键也可用来删除选定的文件、文件夹等。

3)【Page Up】键又称向上翻页键，用于浏览当前屏幕显示的上一页内容。

4)【Page Down】键又称向下翻页键，用于浏览当前屏幕显示的下一页内容。

（4）数字键区

数字键区在键盘的最右边，设计该区主要是为了便于输入数字，另外其还具有编辑、光标控制及运算功能。该区的【Num Lock】键对应状态指示区的第一个指示灯，指示灯亮时该区数字键生效，指示灯灭时该区编辑功能生效。

（5）状态指示区

状态指示区位于键盘的右上角，包含 3 个状态指示灯，从左至右依次指示【Num Lock】键、【Caps Lock】键及【Scroll Lock】键的状态。

2. 键盘指法

键盘指法是指运用 10 个手指击键的方法，即规定每个手指分别负责击打哪些键位，以充分调动 10 个手指，使其发挥作用，并实现盲打，从而提高击键的速度。

（1）键位及手指分工

输入时，左右手的 8 个手指（两个大拇指除外）从左至右自然平放在【A】键、【S】键、【D】键、【F】键、【J】键、【K】键、【L】键、【;】键 8 个基准键位上，如图 2-13 所示。

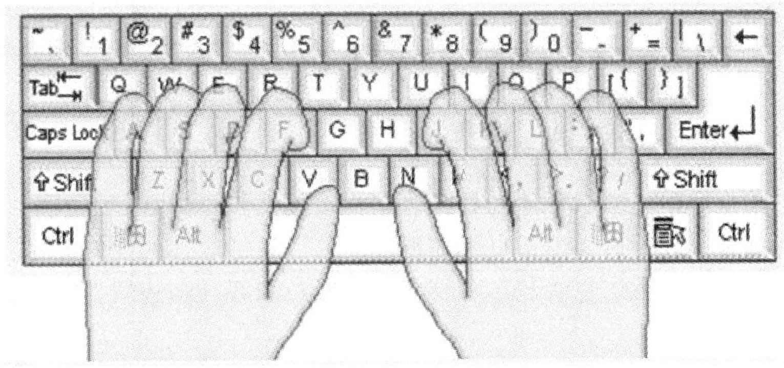

图 2-13 基准键位

（2）正确的击键方法

键盘的主键盘区可分成两个部分，左手击打左半部分，右手击打右半部分，且每个键都由固定的手指负责，如图 2-14 所示。左手大拇指和右手大拇指同时负责击打【Space】键。

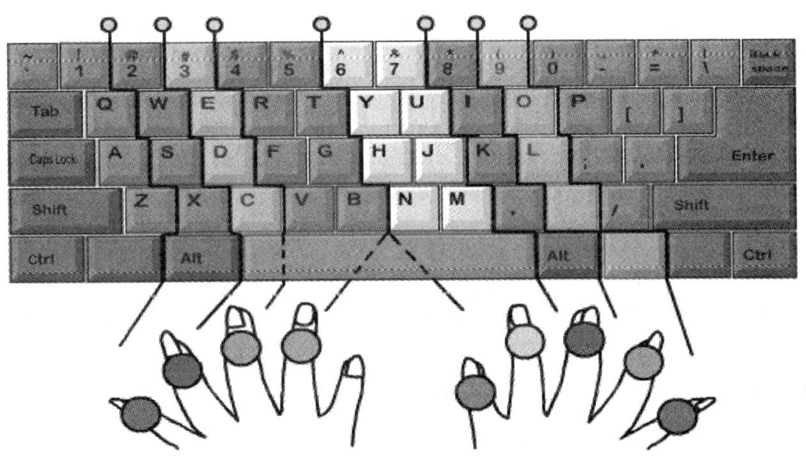

图 2-14 各手指负责的键位区域

2.2.3 软件的安装和卸载

部分应用软件可以直接下载使用，不需要安装，移除后也不会将任何记录（注册表消息等）留在本地计算机上，这就是绿色软件。而大部分软件需要下载安装包，安装后才能使用。对不再使用的软件，可以将其从计算机中彻底删除，称为卸载。

1. 软件的安装

解压软件安装包后会发现，其中通常包括一个 Setup.exe 或 Install.exe 文件，这就是安装可执行文件，双击它即可开始软件的安装。软件的安装一般有图形化的安装向导，在向导的提示下一步一步进行操作即可完成安装。安装过程中，通常需要为软件指定一个专用的安装位置（也称安装目录，一般不设在 C 盘，通常将所有软件的安装目录集中设在某一个分区，如 D 盘，以方便管理），而不是使用安装向导所设置的默认位置。需要说明的是，在安装过程中，除了在安装目录中写入软件运行的必要文件外，还要在操作系统注册表中写入必要的配置信息，这些配置信息也是运行软件必需的。因此，对于需要安装的软件，仅复制安装目录中的文件到其他计算机上是无法运行的。

2. 软件的卸载

对于无法正常使用或不再使用的软件，用户可以选择将它从计算机中彻底删除。所谓彻底删除是指与该软件有关的信息都要彻底清除，包括软件的快捷方式、安装目录中的文件和注册表中的相关信息等，这种彻底删除又称卸载。卸载软件的方法通常有以下两种。

（1）通过软件自带的卸载工具进行卸载

有些软件本身提供卸载功能，一般情况下在“开始”菜单中可以找到软件自带的卸载工具。

（2）通过“控制面板”窗口进行卸载

用户也可以通过计算机中的“控制面板”窗口中的“卸载程序”功能对软件进行卸载。

2.3 信息编码

2.3.1 数值在计算机中的表示

1. 数制的基本概念

数制是指用一组固定的符号和统一的规则来表示数值大小的方法。按进位的方法进行计数，称为进位计数制。生活中常用十进制数，计算机中采用二进制数。下面介绍数制的相关概念。

1）基数：在一种数制中，一组固定不变的不重复数字的个数称为基数（用 R 表示）。

2）位权：某个位置上的 1 代表的数值大小。

一般来说，如果数值只采用 R 个基本符号，则称为 R 进制。进位计数制的编码遵循“逢 R 进一”的原则。各位的权是以 R 为底的幂。对于任意一个具有 n 位整数和 m 位小数的 R 进制数 N，按各位的权展开可表示如下。

$$(N)_R = a_{n-1}R^{n-1} + a_{n-2}R^{n-2} + \cdots + a_iR^i + \cdots + a_1R^1 + a_0R^0 + a_{-1}R^{-1} + \cdots + a_{-m}R^{-m}$$

式中，i 为数位的编号；a_i 为各个数位上的数，其取值范围为 0～R-1；R 为计数制的基数。

2. 计算机中常用的数制

（1）十进制

十进制的计数方法是“逢十进一”。十进制数位权为 10 的幂（即个、十、百、千位……的位权为 10^0、10^1、10^2、10^3……），基数为 10。例如：

$$(3251.28)_{10} = 3\times10^3 + 2\times10^2 + 5\times10^1 + 1\times10^0 + 2\times10^{-1} + 8\times10^{-2}$$

（2）二进制

二进制的基数为 2（符号 0、1），计数方法是“逢二进一”，位权为 2 的幂。例如：

$$(11001.011)_2 = 1\times2^4 + 1\times2^3 + 0\times2^2 + 0\times2^1 + 1\times2^0 + 0\times2^{-1} + 1\times2^{-2} + 1\times2^{-3}$$

（3）八进制

八进制的基数为 8（符号 0～7），计数方法是“逢八进一”，位权是 8 的幂。例如：

$$(4257.25)_8 = 4\times8^3 + 2\times8^2 + 5\times8^1 + 7\times8^0 + 2\times8^{-1} + 5\times8^{-2}$$

（4）十六进制

十六进制的基数为 16（符号 0～9 及 A、B、C、D、E、F，其中 A～F 分别代表数值 10～15），计数方法是“逢十六进一”，位权为 16 的幂。例如：

$$(A1D5.2E)_{16} = 10\times16^3 + 1\times16^2 + 13\times16^1 + 5\times16^0 + 2\times16^{-1} + 14\times16^{-2}$$

表 2-1 给出了几种进位制数的对应关系。

表 2-1 几种进位制数的对应关系

十进制	0	1	2	3	4	5	6	7	8	9	10	11	12	13	14	15
二进制	0	1	10	11	100	101	110	111	1000	1001	1010	1011	1100	1101	1110	1111
八进制	0	1	2	3	4	5	6	7	10	11	12	13	14	15	16	17
十六进制	0	1	2	3	4	5	6	7	8	9	A	B	C	D	E	F

3. 不同数制之间的转换

（1）二进制数转换为十进制数

将二进制数转换成十进制数，只要使用公式将二进制数各位按权展开求和即可。

例如，将二进制数 1101.011 转换为十进制数。

$$\begin{aligned}(1101.011)_2 &= 1\times2^3 + 1\times2^2 + 0\times2^1 + 1\times2^0 + 0\times2^{-1} + 1\times2^{-2} + 1\times2^{-3}\\ &= 8 + 4 + 1 + 0.25 + 0.125\\ &= 13.375\end{aligned}$$

结果为$(1101.011)_2$=$(13.375)_{10}$。

（2）十进制数转换为二进制数

将十进制数转换为二进制数时，分为整数部分的转换和小数部分的转换。

基本原理：整数部分采用“除 2 倒取余法”，即将十进制整数不断除以 2 取余数，直到商为 0 为止，最先得到的余数排在最低位。小数部分采用“乘 2 顺取整法”，即将十进制小数不断乘以 2 取整数，直到小数部分为 0 或达到所求的精度为止（小数部分可能永远不会得 0），最先得到的整数排在最高位。例如，将十进制数 234.69 转换为二进制数（结果保留 4 位有效数字），如图 2-15 所示。

由图 2-15 可知，结果为$(234.69)_{10} = (11101010.1011)_2$。

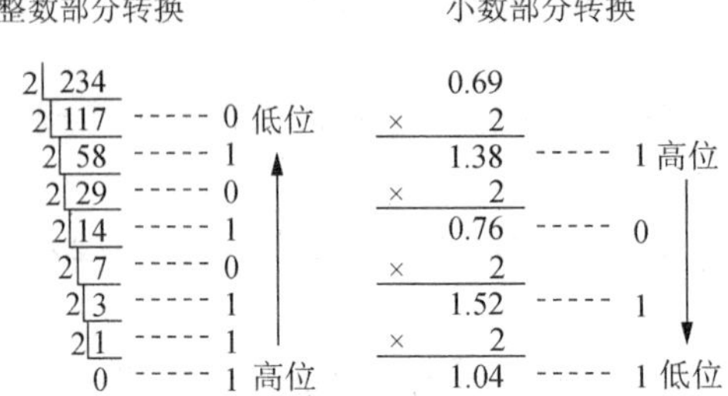

图 2-15　十进制数转换为二进制数

（3）二进制数转换为八进制数

基本原理：一位八进制数可由 3 位二进制数表示，将二进制数转换为八进制数，只需从它的最低位开始，每 3 位为一组，不足 3 位时左边补 0，再转换成八进制数，便得到等值的八进制数。如果有小数部分，则从小数点开始，分别向左右两边按照上述方法进行转换。需要注意的是，若小数末尾不足 3 位，则末尾补 0。例如：

$$(1010111.1101)_2 = (001\ 010\ 111.110\ 100)_2 = (127.64)_8$$

1　2　7 . 6　4

（4）八进制数转换为二进制数

基本原理：将八进制数的每一位数字转换为 3 位二进制数，不足 3 位时左边补 0 即可。例如：

$$(4104.15)_8 = (100\ 001\ 000\ 100.001\ 101)_2$$

4　1　0　4 . 1　5

（5）二进制数转换为十六进制数

基本原理：一位十六进制数可由 4 位二进制数表示，将二进制数转换为十六进制数时，只需从它的最低位开始，每 4 位为一组，不足 4 位时左边补 0，转换成十六进制数，即可得到等值的十六进制数。如果有小数部分，则从小数点开始，分别向左右两边按照上述方法进行转换。若小数末尾不足 4 位，则在末尾补 0。

每位十六进制数等于 4 位二进制数。例如：

$$(100101.0011101)_2 = (0010\ 0101.0011\ 1010)_2 = (25.3A)_{16}$$

2　5 . 3　A

（6）十六进制数转换为二进制数

基本原理：将十六进制数的每一位数字转换为 4 位二进制数，不足 4 位时左边补 0 即可。例如：

$$(4B3D.3C)_{16} = (0100\ 1011\ 0011\ 1101.0011\ 1100)_2$$

2.3.2　计算机中数据的存储

所有的信息在计算机内部都是以二进制形式表示的。二进制的每一位（即 0 或 1）是组成二进制信息的最小单位，称为一比特（bit，位）。比特是计算机中处理、存储、传输信息的最小单位。每 8 位称为一字节（byte），用 B 表示，它是表示存储空间大小的基本单位。

计算机处理二进制信息时使用的单位除了比特和字节之外，还经常使用字（word）作为单位。字是 CPU 一次能够处理的二进制位数。必须注意，不同的计算机，字的长度和组成不完全相同。常用的固定字长有 8 位、16 位、32 位和 64 位等。

存储二进制信息时的度量单位要比字节或字大得多，经常使用的单位如下。

KB（千字节），1 KB=2^{10}B=1024B。

MB（兆字节），1 MB=2^{20}B=1024KB。

GB（吉字节），1 GB=2^{30}B=1024MB。

TB（太字节），1 TB=2^{40}B=1024GB。

2.3.3 英文字符编码

在计算机中，英文字母与常用的运算符号及控制符号是按一定的规则用二进制编码来表示的。目前计算机中普遍采用美国信息交换标准（American Standard Code by Information Interchange，ASCII）码。ASCII 码是用一个 8 位（1 字节）二进制数表示一个字符，基本 ASCII 码每字节只占用了 7 位，最高位恒为 0。7 位 ASCII 码可以表示 128（2^7）种字符，其中通用控制字符 34 个，阿拉伯数字 10 个，大、小写英文字母 52 个，各种标点符号和运算符号 32 个。当编码最高位为 1 时，形成扩充的 ASCII 码，它的表示范围为 128～255，可表示 128 种字符。表 2-2 为基本 ASCII 码表。

表 2-2 基本 ASCII 码表

高 3 位 / 低 4 位		0	1	2	3	4	5	6	7
		000	001	010	011	100	101	110	111
0	0000	NUL	DLE	SP	0	@	P	`	p
1	0001	SOH	DC1	!	1	A	Q	a	q
2	0010	STX	DC2	"	2	B	R	b	r
3	0011	ETX	DC3	#	3	C	S	c	s
4	0100	EOT	DC4	$	4	D	T	d	t
5	0101	ENQ	NAK	%	5	E	U	e	u
6	0110	ACK	SYN	&	6	F	V	f	v
7	0111	BEL	ETB	'	7	G	W	g	w
8	1000	BS	CAN	(	8	H	X	h	x
9	1001	HT	EM	)	9	I	Y	i	y
A	1010	LF	SUB	*	:	J	Z	j	z
B	1011	VT	ESC	+	;	K	[	k	{
C	1100	FF	FS	,	<	L	\	l	|
D	1101	CR	GS	-	=	M	]	m	}
E	1110	SO	RS	.	>	N	^	n	~
F	1111	SI	US	/	?	O	_	o	DEL

2.3.4 汉字编码

1. 区位码

为了解决汉字的编码问题，1980 年我国公布了 GB 2312—1980《信息交换用汉字编码字符集 基本集》，在此标准中，共收录了 6763 个简化汉字和 682 个汉字符号。所有的国标汉字与符号组成一个 94×94 的矩阵。在此矩阵中，每一行称为一个区，每一列称为一位，因此，这个矩阵实际上组成了一个有 94 个区（区号分别为 1～94），每个区内有 94 位（位号分别为 1～94）的汉字字符集。一个汉字所在的区号和位号简单地组合在一起就构成了该汉字的区位码。在汉字的区位码中，高两位为区号，低两位为位号（用十六进制表示）。

2. 汉字的机内码

保存一个汉字的区位码要占用 2 字节，区号、位号各占 1 字节。区号、位号都不超过 94，所以这 2 字节的最高位都是 0。为了避免汉字的区位码与 ASCII 码无法区分，汉字在计算机内的保存采用了机内码，也称汉字的内码。目前占主导地位的汉字机内码是将区码和位码分别加上数 A0H 作为机内码，这样汉字机内码的 2 字节的最高位均为 1，很容易与西文的 ASCII 码区分。以 GB 2312—1980 国家标准制定的汉字机内码又称 GB 2312 码。它和国标区位码的换算关系是机内码=区位码+A0A0H。

3. 汉字输入码

汉字输入码又称外码，是为了将汉字输入计算机而设计的编码。汉字具有字量大、同音字多的特点，怎样实现汉字的快速输入也就成为各输入法需解决的重要问题之一。为此，不少个人或团体发明了多种多样的汉字输入方法，如智能 ABC 输入法、五笔字型输入法和搜狗拼音输入法等。选择不同的输入方法输入同一汉字，击键次数和输入速度均有所不同。

4. 汉字字形码

汉字字形码又称汉字字模，它是指一个汉字供显示器和打印机输出的字形点阵代码。要在屏幕上或打印机上输出汉字，汉字操作系统必须输出以点阵形式组成的汉字字形码。汉字点阵有多种规格：简易型 16×16 点阵、普及型 24×24 点阵、提高型 32×32 点阵和精密型 48×48 点阵，点阵规模越大，字形越清晰、美观，在字模库中占用的空间也越大。

计算机对汉字的输入、保存和输出过程如下：在输入汉字时，操作者在键盘上输入汉字输入码，计算机通过汉字输入码找到汉字的国标区位码，再计算出汉字的机内码并保存。而当显示或打印汉字时，首先从指定地址取出汉字的机内码，根据机内码从字模库中取出汉字的字形码，然后通过一定的软件转换，将字形输出到屏幕或打印机上。

思考与实践 2

一、判断题

1. 计算机辅助设计和计算机辅助制造的英文缩写分别是 CAM 和 CAD。　　（　　）

2. 未来的计算机将是半导体、超导、光学、仿生等多种技术相结合的产物。（　　）
3. 计算机的发展经历了四代，“代”是根据计算机的运算速度来划分的。（　　）
4. 世界上第一台计算机采用的电子元器件主要是晶体管。（　　）
5. 操作系统既是硬件与其他软件的接口，又是用户与计算机之间的接口。（　　）
6. 计算机必须要有主机、显示器、键盘和打印机 4 部分才能进行工作。（　　）
7. 计算机的外部设备就是指计算机的输入设备和输出设备。（　　）

二、单选题

1. 按逻辑元器件划分计算机的发展史，第一代计算机是（　　）计算机。
   A. 集成电路　B. 晶体管　C. 电子管　D. 超大规模集成电路
2. 电子计算机 ENIAC 诞生于（　　）年。
   A. 1927　B. 1936　C. 1946　D. 1951
3. 第二代计算机使用的逻辑元器件是（　　）。
   A. 电子管　B. 晶体管　C. 集成电路　D. 超大规模集成电路
4. 目前普遍使用的微型计算机所采用的逻辑元器件是（　　）。
   A. 电子管　B. 大规模和超大规模集成电路
   C. 晶体管　D. 小规模集成电路
5. 世界上的第一台计算机诞生于（　　）。
   A. 中国　B. 日本　C. 德国　D. 美国
6. 从第一台计算机诞生到现在，计算机的发展经历了（　　）个阶段。
   A. 3　B. 4　C. 5　D. 6
7. 计算机的发展阶段通常是按计算机所采用的（　　）来划分的。
   A. 内存容量　B. 逻辑元器件
   C. 程序设计语言　D. 操作系统
8. 计算机具有强大的功能，但它不可能（　　）。
   A. 高速准确地进行大量数值运算　B. 高速准确地进行大量逻辑运算
   C. 对事件做出决策分析　D. 取代人类的智力活动
9. 计算机辅助教学的英文缩写是（　　）。
   A. CAD　B. CAE　C. CAM　D. CAI
10. 计算机硬件系统中不包括（　　）。
    A. 控制器　B. 存储器　C. I/O 设备　D. 文件夹
11. 计算机中既可作为输入设备又可作为输出设备的是（　　）。
    A. 打印机　B. 显示器　C. 鼠标　D. 磁盘
12. 下列关于计算机存储器的说法中，正确的是（　　）。
    A. 计算机的存储器分为 RAM 和 ROM 两类
    B. 硬盘属于外存储器
    C. 关机后 RAM 中数据依然存在
    D. 外存储器可直接与 CPU 交换信息

13．微型计算机的硬件由（　　）组成。

A．运算器、控制器、存储器和 I/O 设备

B．CPU、运算器、控制器、主存和 I/O 设备

C．CPU、控制器、主存、打印机和 I/O 设备

D．CPU、运算器、主存、显示器和 I/O 设备

14．计算机突然停电，则计算机（　　）中的数据会全部丢失。

A．硬盘　　B．光盘　　C．RAM　　D．ROM

15．微型计算机系统包括（　　）。

A．硬件系统和软件系统　　B．CPU 和外部设备

C．主机和各种应用程序　　D．闪存、ROM 和 RAM

16．ASCII 码其实就是（　　）。

A．美国标准信息交换码　　B．国际标准信息交换码

C．欧洲标准信息交换码　　D．以上都不是

17．下列关于字节的叙述中，正确的是（　　）。

A．字节通常用英文单词 bit 来表示，有时也可以写作 b

B．目前广泛使用的 Pentium 的字长为 5 字节

C．计算机中将 8 个相邻的二进制位作为一个单位，这种单位称为字节

D．计算机的字长并不一定是字节的整数倍

18．在计算机中，1KB 等于（　　）。

A．1000B　　B．1024 个二进制位

C．1000 个二进制位　　D．1024B

19．7 位 ASCII 码共有（　　）个不同的编码值。

A．126　　B．124　　C．127　　D．128

20．计算机中信息的表示形式是（　　）。

A．八进制　　B．十进制

C．十六进制　　D．二进制

21．将十进制数 125 转换为二进制数，正确的是（　　）。

A．1111001　　B．1111101　　C．111000　　D．1011110

22．32 位微型计算机中的 32 指的是（　　）。

A．存储单位　　B．内存容量

C．CPU 型号　　D．机器字长

23．计算机用来表示存储空间大小的最基本单位是（　　）。

A．baud　　B．bit　　C．byte　　D．word

24．汉字在计算机中是以（　　）形式输出的。

A．内码　　B．外码　　C．国标码　　D．字形码

25．下列（　　）不是存储器的存储容量单位。

A．位　　B．字节　　C．字　　D．升

三、多选题

1．关于软件系统，下列说法正确的是（　　）。

A．系统软件的功能之一是支持应用软件的开发和运行

B．操作系统由一系列功能模块组成，专门用来控制和管理全部硬件资源

C．如不安装操作系统，仅安装应用软件，则计算机只能做一些简单的工作

D．应用软件处于软件系统的最外层，直接面向用户，为用户服务

2．微型计算机的主板上安装的主要部件有（　　）。

A．处理器　　B．内存条

C．处理 I/O 的芯片　　D．一些扩展槽

3．下列软件中，（　　）是系统软件。

A．用 C 语言编写的求解圆面积的程序

B．UNIX

C．用汇编语言编写的一个练习程序

D．Windows

第 3 章 Windows 7 操作系统

本章知识点：

- 基本概念：操作系统、资源管理器。
- Windows 7 基本操作：桌面、窗口、对话框、快捷方式的操作等。
- Windows 7 文件及文件夹管理操作：新建、选定、移动、复制、删除、恢复、重命名、查找等。
- 常用附件的使用：计算器、画图、记事本。
- 汉字输入法的安装与删除、搜狗拼音输入法的使用。

3.1 操作系统概述

操作系统是计算机系统配置的最基本的软件，它在整个计算机系统软件中占有核心地位。操作系统的质量，直接影响整个计算机系统的性能和用户对计算机的使用。一个精心设计的操作系统能极大地扩充计算机系统的功能，充分发挥系统中各种设备的作用，提高系统工作的可靠性。操作系统的作用是对计算机系统进行统一的调度和管理，提供各种强有力的系统服务，为用户创造既灵活又方便的使用环境。操作系统是所有其他软件与计算机硬件的唯一接口，是控制和管理计算机硬件、软件资源，合理组织计算机工作流程及方便用户使用的大型程序。

3.1.1 操作系统的功能及分类

1. 操作系统的基本功能

1）处理机管理：操作系统能合理、有效地管理、调度处理机，使其发挥最大的功能。

2）存储器管理：主要是对内存储器的管理，它根据用户程序的要求分配内存区域，保证各用户的程序和数据互不干扰。

3）设备管理：对外部设备的管理。

4）文件管理：操作系统具有对文件按名存取的功能，为用户的使用提供了便利。文件管理支持对文件的共享、保密和保护等功能。

5）作业管理：为处理机管理做准备，包括对作业的组织、调度和运行控制。作业是一次算题过程中或一个事务处理过程中要求计算机系统完成的工作的集合，包括要执行的全部程序模块和需要处理的全部数据。

2. 操作系统的分类

（1）单用户操作系统

单用户操作系统一次只能支持一个用户程序运行。单用户操作系统向用户提供联机交互式的工作环境，如MS-DOS就是一个经典的单用户操作系统。

（2）多用户操作系统

现代操作系统一般属于多用户操作系统，即同一台机器可以为多个用户建立各自的账户，也允许拥有这些账户的用户同时登录这台计算机。多个用户能够同时访问和使用同一台计算机，其中有一个用户具有管理所有用户账户和整个计算机资源的权限，在Windows操作系统中这个具有管理其他用户账户和计算机资源的用户一般称为超级用户或系统管理员（Administrator）。

（3）批处理操作系统

批处理是指用户将一批作业提交给操作系统后就不再干预，由操作系统控制它们自动运行。这种采用批量处理作业技术的操作系统称为批处理操作系统。批处理操作系统分为单道批处理操作系统和多道批处理操作系统。批处理操作系统不具有交互性，它是为了提高CPU的利用率而提出的一种操作系统。

（4）分时操作系统

分时操作系统是利用分时技术的一种联机的多用户交互式操作系统，每个用户可以通过自己的终端向系统发出各种操作控制命令，完成作业的运行。分时是指把处理机的运行时间分成很短的时间片，按时间片轮转的方式把处理机分配给各联机作业使用。

（5）实时操作系统

能够在指定或确定的时间内完成系统功能，以及对外部或内部事件在同步或异步时间内做出响应的系统称为实时操作系统。实时就是对响应时间有严格要求，要以足够快的速度进行处理。

（6）网络操作系统

网络操作系统是网络用户与计算机网络之间的接口，是计算机网络中管理一台或多台主机的软硬件资源、支持网络通信、提供网络服务的程序集合。除实现单机操作系统的全部功能外，网络操作系统还具有管理网络中的共享资源、实现用户通信及方便用户使用网络等功能，是网络的心脏和灵魂。

（7）分布式操作系统

分布式操作系统是一种以计算机网络为基础，将物理上分布的具有自治功能的数据处理系统或计算机系统互连起来的操作系统。分布式操作系统中各台计算机无主次之分，若干台计算机可以并行运行同一个程序。分布式操作系统用于管理分布式系统资源。

3.1.2 常用的操作系统

1. DOS

DOS是Disk Operation System（磁盘操作系统）的简称。它是最初的操作系统，是一个基于磁盘管理的操作系统。它盛行于1981～1995年，是纯命令式的对话界面，需要一定的计算机基础知识。DOS靠输入命令进行人机对话，并通过命令的形式将指令传给计算机，让计算机实现相应操作。

2. Windows操作系统

Windows操作系统是由微软公司开发的，大多数台式计算机和笔记本式计算机安装了这种操作系统。Windows操作系统是一种图形用户界面操作系统，其发展经历了很多版本，其中比较典型的是Windows XP、Windows 7、Windows 8、Windows 10。Windows操作系统操作便捷，非常受用户欢迎。

微软公司还开发了适合服务器的操作系统，如Windows 2000 Server、Windows Server 2003、Windows Server 2008等。

3. UNIX操作系统

UNIX 操作系统是一种功能强大的多用户、多任务操作系统，支持多种处理器架构。按照操作系统的分类，UNIX操作系统属于分时操作系统。UNIX操作系统一般安装在服务器上，且基本为命令操作。

4. Linux操作系统

Linux操作系统是一种可以免费使用、自由传播和开放源代码的类UNIX操作系统，是一个基于POSIX和UNIX的多用户、多任务、支持多线程和多CPU的操作系统。它能运行主要的UNIX工具软件、应用程序和网络协议，支持32位和64位硬件。Linux操作系统继承了UNIX以网络为核心的设计思想，是一个性能稳定的多用户网络操作系统。

5. Android操作系统

Android操作系统是由Google和开放手机联盟开发的一种基于Linux的开放源代码的操作系统，主要用于移动设备，如智能手机和平板式计算机。其尚未有统一的中文名称，一般称其为安卓。Android操作系统最初由Andy Rubin开发，主要支持手机。2005年8月由Google收购注资。2007年11月，Google与84家硬件制造商、软件开发商及电信营运商组建开放手机联盟共同研发改良Android操作系统。随后Google以Apache开源许可证的授权方式，发布了Android的源代码。第一部Android智能手机发布于2008年10月。目前Android操作系统逐渐扩展到平板式计算机及其他领域，如智能电视、数码照相机、游戏机等。

6. 苹果操作系统（Mac OS）

苹果操作系统是比尔·阿特金森、杰夫·拉斯金和安迪·赫茨菲尔德于1984年设计出来的，运行于苹果公司的Macintosh系列计算机，是首个在商用领域成功的图形用户界面系统。其具有较强的图形处理能力，与Windows操作系统不兼容。

苹果操作系统是比较知名的操作系统，它是基于UNIX开发的，有着良好的用户体验、华丽的用户界面和简单的操作方式。它的设计很人性化，追求良好的用户体验。

3.2 Windows 7的基本操作

Windows 7操作系统是Windows操作系统一次重大的创新，其在功能、安全性、个性化、可操作性、功耗等方面都有很大的改进。Windows 7操作系统的优点主要体现在稳定性、兼容性、安全性、可靠性等方面的大幅度提高，同时它对硬件的要求并不高，目前主流机器都可以流畅地运行它。Windows 7操作系统主要有以下几个版本：Windows 7 Starter（初级版）、Windows 7 Home Basic（家庭基础版）、Windows 7 Home Premium（家庭高级版）、Windows 7 Professional（专业版）、Windows 7 Enterprise（企业版）、Windows 7 Ultimate（旗舰版）。

3.2.1 Windows 7的启动与退出

1. *启动*

Windows 7操作系统的启动非常简单，对于安装好Windows 7操作系统的计算机，只需要按下计算机的“Power”按钮，启动计算机，系统会自动启动，进入登录界面，选择用户后，输入登录密码即可登录。启动Windows 7操作系统后，即进入Windows 7的桌面，如图3-1所示。

图3-1 Windows 7桌面

2. *退出*

单击桌面左下角的“开始”按钮，在打开的“开始”菜单中单击“关机”按钮，即可实现关闭计算机的操作；也可以使用【Alt+F4】组合键快速关机。

单击“关机”按钮右侧的三角形按钮，即可打开“关机”菜单。“关机”菜单中包括了一些命令，如“切换用户”“注销”“锁定”“重新启动”等，可根据需要进行相应的操作。

3.2.2 桌面及其基本操作

1. *桌面主题*

在桌面空白处右击，会弹出一个快捷菜单，在快捷菜单中选择“个性化”命令，打开“个性化”窗口，如图3-2所示。在该窗口中可修改“桌面主题”“桌面背景”“窗口颜色”

“声音”“屏幕保护程序”等。在“个性化”窗口中，系统有许多不同风格的主题可供用户选择。

图 3-2 “个性化”窗口

2. 桌面背景

在“个性化”窗口中，单击“桌面背景”链接，打开“桌面背景”窗口。在“图片位置”下拉列表中选择存放图片的位置，然后在不同分组中选择要调用的背景图片。

Windows 7 的桌面背景图片与以往的操作系统桌面背景图片相比，有一点不同之处，即该系统的桌面背景不再是单一的几张图，而是可以以幻灯片方式显示多张背景图片。

3. 桌面图标

图标是代表文件、文件夹、程序或其他项目的小图片。在 Windows 7 操作系统中，桌面图标按类型不同，大致可分为通用图标、快捷方式图标两种。快捷方式图标实质上是指向应用程序、文件夹或文件的快捷方式。双击桌面图标可以快速启动对应的程序或打开文件夹（文件）。图 3-3 所示为桌面图标示例，其中中间的图标为快捷方式图标，另外两个图标为通用图标。

图 3-3 桌面图标示例

1）桌面图标的显示和隐藏。如果用户想临时隐藏桌面上的所有图标，而不是删除它们，则在桌面空白处右击，在弹出的快捷菜单中选择“查看”|“显示桌面图标”命令，该

命令左侧的复选标记就会清除。通过这样的操作，桌面上就没有任何图标显示了，暂时全部隐藏。用户也可以通过再次选择“显示桌面图标”命令，使桌面图标显示出来。

2）添加或删除快捷方式图标。Windows 7 的桌面图标可以随时添加或删除。如果喜欢干净而简洁的桌面，在桌面上仅显示几个图标，可以右击图标，在弹出的快捷菜单中选择“删除”命令，即可删除快捷方式图标；如果喜欢用图标快捷方式访问经常使用的程序、文件或文件夹，可以右击程序、文件或文件夹，在弹出的快捷菜单中选择“发动到”|“桌面快捷方式”命令，即可创建相应的快捷方式图标。

3）缩小/放大桌面图标。Windows 7 中桌面图标既可以放大，也可以缩小。在桌面空白处右击，在弹出的快捷菜单中选择“查看”命令，再从“查看”子菜单中选择大图标、中图标、小图标等方式，缩小或放大桌面图标。

4）排列桌面图标。当需要以某种方式排列桌面图标时，可以在桌面空白处右击，在弹出的快捷菜单中选择“排序方式”命令，Windows 7 中提供了名称、大小、项目类型、修改日期 4 种排序方式。用户可以按照这 4 种类型之一排列桌面图标。

5）移动桌面图标。Windows 7 桌面图标默认排列在桌面左侧。有的用户可能不习惯这种排列方式，此时既可以通过鼠标拖动的方法来移动图标，也可以使用 Windows 7 中的自动排列图标功能。在桌面空白处右击，在弹出的快捷菜单中选择“查看”|“自动排列图标”命令，自动排列桌面图标。此时，Windows 7 会自动将桌面图标排列在桌面左上角并将其锁定在此位置。若要再次移动桌面图标，则需要再次选择“自动排列图标”命令解锁后才能移动桌面图标。

4. 桌面小工具

桌面小工具是 Windows 7 新增的功能，主要有 CPU 仪表盘、日历、时钟、天气等，如图 3-4 所示。如果用户想要安装更多的小工具，可以从网上下载想要的小工具。

图 3-4　Windows 7 桌面小工具

选择小工具的方法如下。

1）在桌面空白处右击，在弹出的快捷菜单中选择“小工具”命令，打开小工具的管理界面。

2）在小工具的管理界面中，双击需要的小工具图标，或将其直接拖动到桌面，或右击小工具图标，在弹出的快捷菜单中选择“添加”命令，都可以将其添加到桌面。

5. 任务栏

（1）任务栏的组成

任务栏一般位于桌面的底部，呈现为水平长条，取消了原有的快速启动栏，主要由“开始”按钮、任务按钮区、通知区域和“显示桌面”按钮 4 部分组成，如图 3-5 所示。

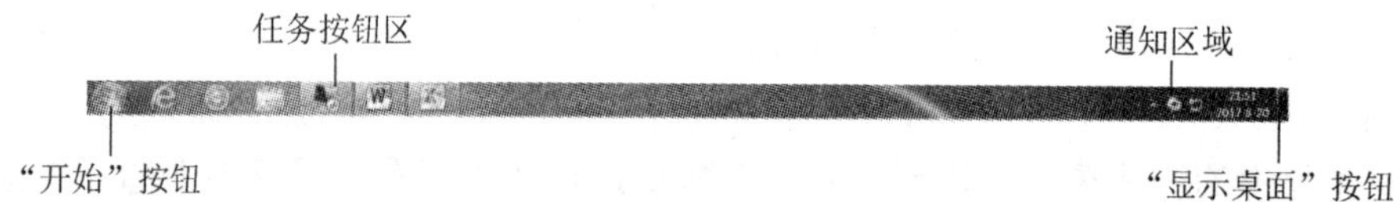

图 3-5 任务栏

1）“开始”按钮。单击“开始”按钮，可打开“开始”菜单，用于启动计算机中安装的程序，后面会详细介绍。

2）任务按钮区。任务按钮区主要放置固定在任务栏上的程序和当前正打开着的程序及文件的任务按钮，用于快速启动相应程序，或在任务窗口间进行切换。

3）通知区域。通知区域位于任务栏的右侧，包括一个日期/时钟和一组图标。这些图标表示计算机上某个应用程序的状态，或提供访问特定设置的途径。通知区域图标的多少取决于已安装的程序或服务，以及计算机制造商的设置。

当鼠标指针指向特定图标时，系统会弹出该图标的名称或某个设置状态等信息提示。例如，当鼠标指针指向声音图标时，将提示计算机当前音量的大小级别；当鼠标指针指向无线网络图标时，将显示是否连接到网络、连接速度及信号强度等提示信息。

当用户插入闪存盘或拔出闪存盘时，系统会在通知区域弹出窗口提示信息，通知新添加硬件设备或移除硬件设备。单击通知信息右上角的“关闭”按钮，即可关闭提示信息，也可以等待几秒，系统会自动关闭提示信息。

4）“显示桌面”按钮。“显示桌面”按钮位于任务栏的右端。单击“显示桌面”按钮可以临时或快速查看桌面。也可以用【Windows+D】组合键快速显示桌面。

当鼠标指针停留在该按钮上时，按钮变亮，单击后所有打开的窗口全部最小化并显示整个桌面；而当再次单击该按钮时，所有最小化窗口全部还原。

（2）任务栏的基本操作

1）分组管理。根据任务按钮的形态可以区分任务的当前状态。用户可以在任务栏空白处右击，在弹出的快捷菜单中选择“属性”命令，在弹出的“任务栏和「开始」菜单属性”对话框中自定义任务按钮是否合并显示。

2）窗口预览。将鼠标指针指向任务栏按钮，与该按钮关联的所有已打开窗口将以缩略图形式显示，且缩略图出现在任务栏的上方。如果希望打开正在预览的窗口，则只需单击该窗口的缩略图即可。若要还原桌面视图，则将鼠标指针移离缩略图即可。

3）任务按钮的跳转列表。跳转列表是指最近使用的项目列表，如文件、文件夹或网站等，该列表按照打开它们时的顺序排列。在任务栏上某个锁定的程序或当前正在运行的任务按钮上右击，会弹出其跳转列表。其分为“已固定”和“最近”两个选项组。使用任务按钮的跳转列表，可以快速找到和访问常用的文档。

4）程序项的锁定和解锁。为了方便在任务栏上直接找到需要的应用程序或文档，可以将其锁定在任务栏，这样就不需要在“开始”菜单中查找该应用程序或文档。

操作方法：如果程序未运行，选择“开始”|“所有程序”命令，找到所需锁定的程序并右击，在弹出的快捷菜单中选择“锁定到任务栏”命令即可。如果程序已经运行，则找到任务栏上相应程序按钮并右击，在弹出的快捷菜单中选择“将此程序锁定到任务栏”命令即可。

如果要解除任务栏图标的锁定，则可以在需要解锁的图标上右击，在弹出的快捷菜单中选择“将此程序从任务栏解锁”命令。

5）任务栏自定义。在任务栏空白处右击，在弹出的快捷菜单中选择“属性”命令，系统会弹出如图3-6所示的对话框。通过设置该对话框中对应的项，即可实现任务栏的自定义操作。

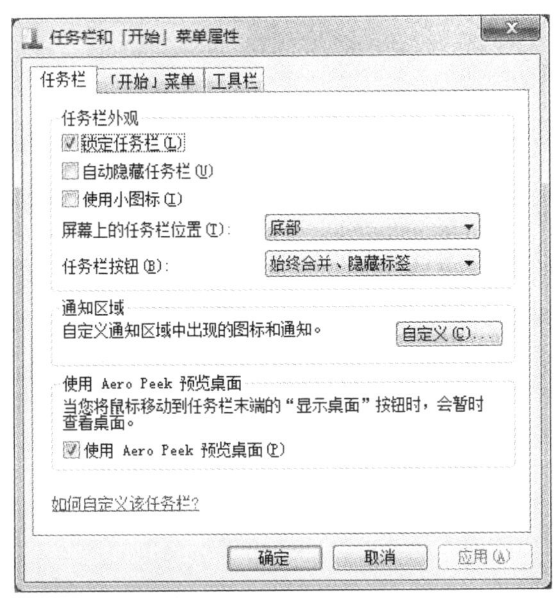

图3-6 “任务栏和「开始」菜单属性”对话框

任务栏默认位于桌面底部，也可以放置在桌面的左侧、右侧、顶部等位置。如果任务栏处于解锁状态，则可以直接通过鼠标拖动的方法调整任务栏在桌面的位置。如果任务栏处于锁定状态，则可以在任务栏空白处右击，在弹出的快捷菜单中取消“锁定任务栏”的锁定标记，再利用鼠标调整任务栏的位置。

3.2.3 菜单及其基本操作

菜单将命令用列表的形式组织起来，当用户需要执行某种操作时，只需从中选择相应的命令，即可完成相应的操作。在Windows 7中有3种经典菜单：“开始”菜单、下拉菜单和快捷菜单。

1. “开始”菜单

“开始”菜单由位于任务栏左端的“开始”按钮启动，是操作计算机程序、文件夹和系统设置的主通道，如图 3-7 所示。

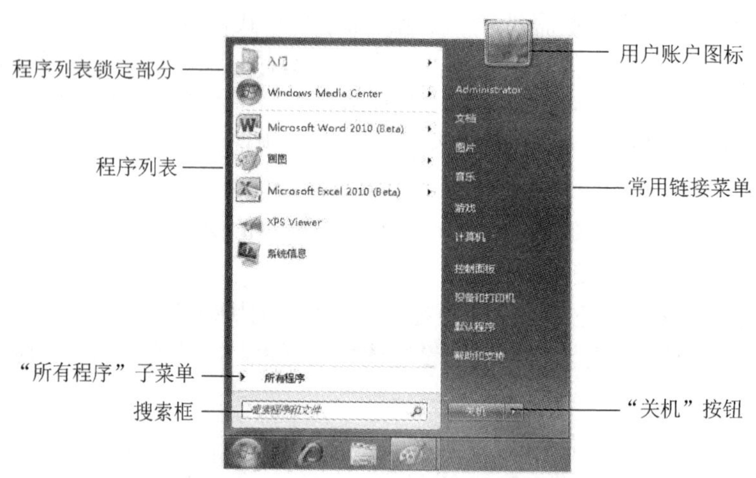

图 3-7 Windows 7"开始"菜单

Windows 7 中的"开始"菜单可以用鼠标和快捷键两种操作方式打开。鼠标操作方式：单击桌面左下角的"开始"按钮。快捷键操作方式：可以使用键盘上的【Windows】键或【Ctrl+Esc】组合键快速打开"开始"菜单。"开始"菜单主要由程序列表、"所有程序"子菜单、搜索框、常用链接菜单等组成。

说明：当用户要搜索文件时，只需在搜索框中输入搜索内容，搜索结果立即显示在"搜索框"上方的"开始"菜单左窗格中。搜索文件时可以使用通配符"?"或"*"，其中"?"代表一个任意字符，"*"代表任意长度的任意字符。需要注意的是，Windows 操作系统中仅支持这两个通配符。

2. 下拉菜单

位于应用程序窗口标题下方的菜单栏均采用下拉菜单的形式。菜单中含有若干条命令，为了便于使用，命令一般按功能分组。

3. 快捷菜单

快捷菜单是一种随时随地为用户服务的、上下文相关的弹出式菜单。将鼠标指针指向某个选中的对象或屏幕中的某个位置后右击，即可弹出一个快捷菜单。该菜单列出了与用户当前执行的操作直接相关的命令。根据鼠标指针所指的对象和位置不同，快捷菜单中的命令也有所不同。

关于 Windows 操作系统中菜单的约定如下。

1）灰色的命令：表示该命令目前不可用。

2）带"…"的命令：表示选中该命令时将弹出一个对话框。

3）命令右端带有箭头：表示其有子菜单。

4）带"√"的命令：表示该命令正在起作用。

5）带"●"的命令：表示该命令正在起作用，一组命令中每次只能有一个命令起作用。

6）带下划线字母的命令：表示当其所在的菜单激活时，在键盘上按下该字母键，可执行该命令，为用户使用键盘操作命令提供方便。

3.2.4 窗口及其基本操作

1. 窗口的组成

下面以“计算机”窗口为例，对 Windows 7 窗口的组成进行说明。Windows 7 窗口主要由标题栏、地址栏、搜索栏、菜单栏、工具栏、工作区、状态栏等组成，如图 3-8 所示。

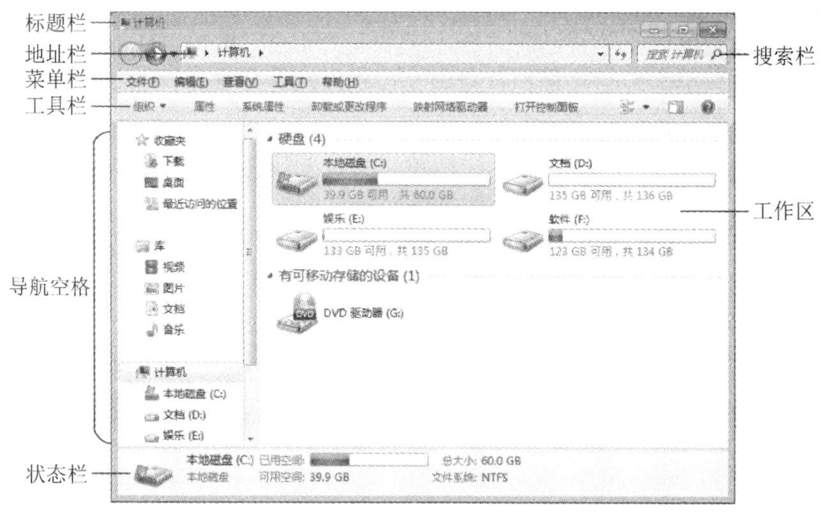

图 3-8 “计算机”窗口

1）标题栏：位于窗口顶部，显示当前应用程序名、文件名等。标题栏一般左侧是窗口控制按钮，右侧分别为“最小化”按钮、“最大化/还原”按钮和“关闭”按钮。

2）地址栏：位于标题栏的下方，标明当前窗口的位置。用户在此栏中输入或选择一个文件夹路径名，即可访问该文件夹。另外，用户也可以在此栏中输入网址，访问互联网。

3）搜索栏：位于地址栏右侧，其作用是对当前位置的内容进行搜索，使用户快速找到所需的文件。

4）菜单栏：按照程序功能分组排列的菜单，位于标题栏下方。菜单是由很多命令组成的列表。

5）工具栏：位于菜单栏的下方，其中包括了一些常用的按钮，从中可以直接选择各种工具。

6）导航窗格：位于窗口左侧，用户可以利用导航窗格快速切换到相应的目录。

7）工作区：窗口的内容显示在工作区。

8）滚动条：可以滚动窗口的内容及查看当前视图外的信息。

9）状态栏：位于窗口底部，用于显示当前窗口的一些信息。

2. 窗口的基本操作

窗口的基本操作主要有打开和关闭窗口、移动窗口、调整窗口大小、隐藏窗口、排列窗口、切换窗口。

（1）打开和关闭窗口

双击某个应用程序或文档，即可打开一个窗口。在打开的窗口中单击“关闭”按钮即可关闭窗口。

（2）移动窗口

若要移动窗口，则应使鼠标指针指向窗口的标题栏，再按住鼠标左键将窗口拖到目标位置即可。

（3）调整窗口大小

若要使窗口填满整个屏幕，应单击“最大化”按钮，或双击该窗口的标题栏。

若要将最大化的窗口还原到以前大小，应单击“还原”按钮，或双击窗口的标题栏。

若要调整窗口大小，应使鼠标指针指向窗口的任意边框或角，当鼠标指针变成双向箭头时，拖动边框或角即可缩小或放大窗口。

注意：已最大化的窗口无法调整大小，必须先将其还原为之前的大小才能调整大小。

（4）隐藏窗口

隐藏窗口又称最小化窗口。如果要使窗口临时消失而不将其关闭，则可以将其最小化。若要最小化窗口，应单击“最小化”按钮。此时，窗口会从桌面上消失，只在任务栏上显示按钮。

（5）排列窗口

在任务栏空白处右击，在弹出的快捷菜单中可以选择层叠窗口、堆叠显示窗口、并排显示窗口等操作。

（6）切换窗口

单击任务栏上对应的窗口按钮或按【Alt+Tab】组合键、【Alt+Esc】组合键，即可切换窗口。

3.2.5 对话框及其基本操作

1. 对话框

对话框是特殊类型的窗口，可以提出需要用户判断的问题，允许用户选择选项执行任务，或提供信息，如图 3-6 所示。对话框的组成和窗口有相似之处，但也有自己的特点，如对话框不能改变大小，没有“最大化”按钮或“最小化”按钮。它一般包括标题栏、选项卡、文本框、列表框、命令按钮、单选按钮和复选框等。

2. 对话框的基本操作

对话框的操作十分简单，打开对话框后设置相应的参数，单击“确定”按钮即可。

3.2.6 快捷方式及其基本操作

快捷方式是 Windows 7 向用户提供的一种资源访问方式，通过快捷方式可以快速启动程序或打开文件和文件夹。快捷方式的实质是对系统中相应资源的一个链接，它的扩展名是.lnk。快捷方式不改变对应文件的位置，并且即使删除快捷方式的图标，对应的文件也不会被删除。创建快捷方式有以下两种方法。

1. 拖动法

使鼠标指针指向要创建快捷方式的文件或文件夹，按住鼠标右键并向桌面上拖动，当拖动到合适的位置后释放鼠标，在弹出的快捷菜单中选择“在当前位置创建快捷方式”命令即可。

2. 使用快捷菜单

选中要创建快捷方式的文件或文件夹并右击，在弹出的快捷菜单中选择“发送到”|“桌面快捷方式”命令即可。

3.3 Windows 7 资源管理器的使用

资源管理器是 Windows 7 操作系统提供的资源管理工具，用户可以用它查看计算机的所有资源，特别是它提供的树形文件系统结构，使用户能更清楚、直观地了解计算机的文件和文件夹。另外，在资源管理器中还可以对文件进行各种操作，如打开、复制、移动等。

3.3.1 资源管理器的基本操作

1. 资源管理器的启动

启动资源管理器有多种方法，常见的有如下几种。

1）双击桌面上“计算机”“库”“网络”“回收站”等系统图标。

2）单击任务栏上的资源管理器图标。

3）右击“开始”菜单，在弹出的快捷菜单中选择“打开 Windows 资源管理器”命令。

4）按【Windows+E】组合键。

5）选择“开始”|“运行”命令，在弹出的“运行”对话框中输入“explorer.exe”。

2. 资源管理器的组成及基本操作

（1）资源管理器的组成

资源管理器主要由左窗格、右窗格、搜索框等部分组成，如图 3-9 所示。

1）左窗格。左窗格显示各驱动器及内部各文件夹列表等。文件夹左边有向右三角形 ▷ 标记的表示该文件夹有尚未展开的下级文件夹，单击 ▷ 按钮可将其展开，没有标记的表示没有下级文件夹。文件夹左边有向右下方三角形 ◢ 标记时，可以单击该标记折叠文件夹。

2）右窗格。右窗格显示当前文件夹所包含的文件和文件夹，其显示方式可以改变。

3）左右窗格分割条。通过拖动它可改变左右窗格的大小。

4）搜索框。搜索框用来搜索所需要的文件或文件夹。

（2）资源管理器的基本操作

1）查看文件与文件夹。在右窗格中右击，在弹出的快捷菜单中选择“查看”命令，或单击“更改您的视图”下拉按钮，弹出显示方式下拉菜单，可以按超大图标、大图标、中等图标、小图标、列表、详细信息、平铺和内容方式显示文件与文件夹，如图 3-10 所示。

2）排列文件与文件夹。在右窗格中右击，在弹出的快捷菜单中选择“排序方式”命令，或选择“查看”|“排序方式”命令，可以按名称、类型、大小、修改日期排列显示文件或文件夹。

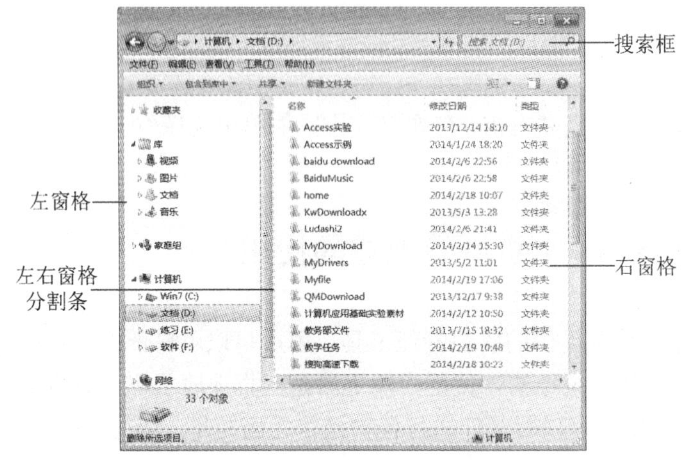

图 3-9 资源管理器窗口的组成

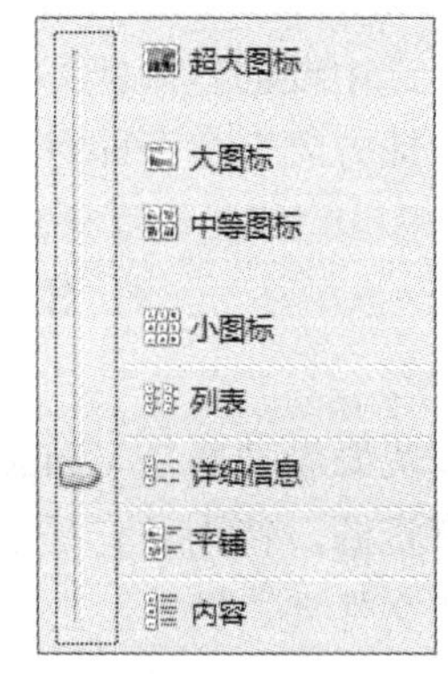

图 3-10 显示方式

3.3.2 文件和文件夹的管理

1. 文件和文件夹的命名

文件（File）是具有某种相关信息（如文本、图像或音乐）的数据集合，如一个程序、一篇文章、一张照片等都是文件。每个文件都用唯一的文件名标识。为了查找、存储和管理文件，在 Windows 操作系统中采用文件夹（目录）方式组织和管理文件。

现代化办公中经常遇到的文件夹（Folder）是指专门用于放置文件的夹子，主要目的是更好地管理文件，使其整齐规范。计算机中的文件夹是供用户放置各类文件的，它是一种无形的和虚拟的文件夹。为了分门别类地管理文件，可以在文件夹中放置文件夹，这种放置在文件夹中的文件夹称为子文件夹。

文件和文件夹的命名规则如下。

1）文件的名称由文件名和扩展名组成，中间用“.”字符分隔，通常文件的扩展名表明了文件的类型。一般来说，用户可以通过扩展名来识别文件的类型，特定的文件都会有特定的图标，只有安装了相应的软件，才能正确地显示这个文件的图标，扩展名由 1～4 个合法字符组成。常见的文件扩展名如表 3-1 所示。

表 3-1 常见的文件扩展名

扩展名	说明	扩展名	说明
.exe	可执行文件	.sys	系统文件
.com	命令文件	.doc、.docx	Word 文件
.htm、.html	网页文件	.c	C 语言源文件
.txt	文本文件	.zip、.rar	压缩文件
.bmp	位图文件	.swf、.fla	Flash 文件
.jpg	JPEG 图像压缩文件	.bat	批处理文件

2）在 Windows 7 操作系统中，文件和文件夹名最长可达 255 个字符。文件及文件夹名包含字母、汉字、数字和部分符号，但是有些特殊符号不能用于文件或文件夹名，如?、*、”、:、

/、|、\、<、>等字符。

2. 选中文件或文件夹

1）选中单个文件夹或文件。单击资源管理器左、右窗格中的文件夹图标，或单击资源管理器右窗格中的文件图标即可。

2）选中多个文件夹或文件。

连续选择：先单击第一个文件或文件夹，再按住【Shift】键单击最后一个文件或文件夹，或拖动鼠标框选。

非连续选择：按住【Ctrl】键，逐一单击要选中的文件或文件夹。

全部选中：选择“编辑”|“全选”命令，也可按【Ctrl+A】组合键。

取消选中：在窗口空白区单击即可取消所有选中的内容；若取消选中某个文件或文件夹，则可按住【Ctrl】键单击要取消选中的文件或文件夹。

3. 创建文件夹

启动资源管理器，确定新建文件夹位置后，选择“文件”|“新建”命令，或在窗口空白处右击，在弹出的快捷菜单中选择“新建”|“文件夹”命令。

注意：新建文件夹后，由于文件夹名处于选中状态，因此不必删除文件夹名，直接输入新名称即可。

4. 移动与复制文件或文件夹

（1）用剪贴板移动与复制

移动：选中文件或文件夹并右击，在弹出的快捷菜单中选择“剪切”命令，再定位到目标位置并右击，在弹出的快捷菜单中选择“粘贴”命令即可。

复制：选中文件或文件夹并右击，在弹出的快捷菜单中选择“复制”命令，再定位到目标位置并右击，在弹出的快捷菜单中选择“粘贴”命令即可。

（2）用鼠标移动与复制

移动：按住【Shift】键，将文件或文件夹拖动到目标文件夹中。若在同一驱动器中操作，则不用按【Shift】键。

复制：按住【Ctrl】键，将文件或文件夹拖动到目标文件夹中。若在不同驱动器间操作，则不用按【Ctrl】键。

（3）复制、剪切和粘贴的操作方法

用户可通过“编辑”菜单，或右击对象，在弹出的快捷菜单中选择相应命令，或通过组合键来实现文件或文件夹的复制、剪切和粘贴。复制、剪切和粘贴组合键分别为【Ctrl+C】、【Ctrl+X】和【Ctrl+V】。

5. 删除文件或文件夹

1）选中文件或文件夹，按【Delete】键。

2）选中文件或文件夹，选择“文件”|“删除”命令，或右击选中的文件与文件夹，在弹出的快捷菜单中选择“删除”命令。

6. 恢复文件或文件夹

逻辑删除的文件或文件夹是可以恢复的。对于逻辑删除的文件或文件夹，可以打开“回收站”窗口，查看其中是否存有已删除的文件或文件夹，如果存在就选中该文件或文件夹并右击，在弹出的快捷菜单中选择“还原”命令，即可恢复该文件或文件夹；也可以通过拖动来将其恢复到指定文件夹中。

7. 重命名文件或文件夹

1）选中文件或文件夹，选择“文件”|“重命名”命令，输入新文件名称后按【Enter】键即可。

2）右击文件或文件夹，在弹出的快捷菜单中选择“重命名”命令。

3）选中文件或文件夹，按【F2】键，输入新文件名称后按【Enter】键即可。

8. 查找文件或文件夹

查找文件或文件夹可能意味着浏览数百个文件和子文件夹，为了省时省力，可以使用搜索框查找。搜索框位于资源管理器右上方，如图 3-11 所示。在搜索框中输入关键词，单击“搜索”按钮，可以快速搜索指定地址中的相应内容。

图 3-11 搜索框

在 Windows 7 中可查找在当前文件夹及其子文件夹中所有符合要求的文件或文件夹。搜索过程中也可以使用通配符“?”“*”代替某些关键词中不确定的字符。通配符的使用如图 3-12 所示。

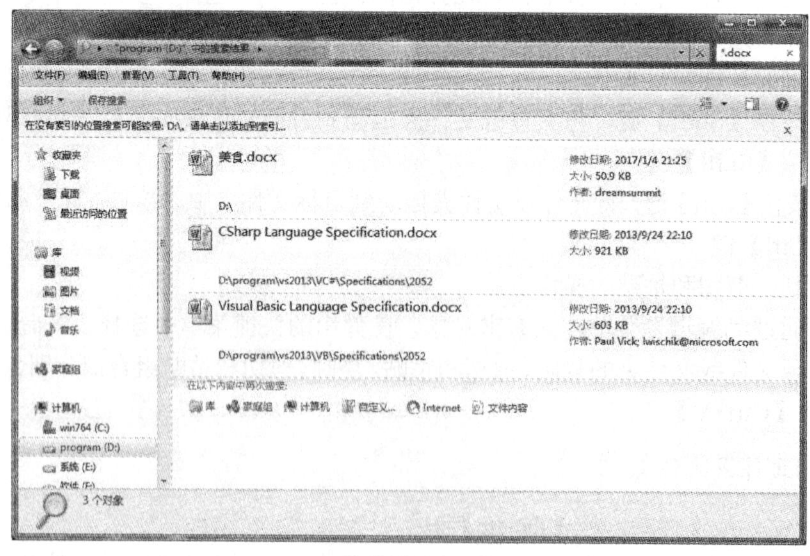

图 3-12 通配符的使用

若想筛选出指定大小及修改时间的文件，可在搜索框下方菜单中选择相应的筛选器。

Windows 7 中支持两种筛选，一种是文件大小筛选，另一种是日期筛选。通过筛选，可以去除大量无效的搜索目标。如果想要搜索的不仅是文件名，而且包括文件内容、压缩文件等，则可以单击“组织”下拉按钮，在弹出的下拉菜单中选择“文件夹和搜索选项”命令，弹出“文件夹选项”对话框，使用该对话框中的“搜索”选项卡进行筛选，如图 3-13 所示。

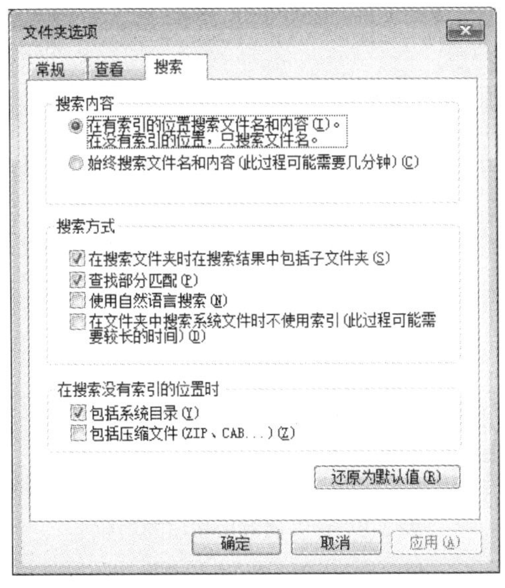

图 3-13　“文件夹选项”对话框

9. 浏览属性

右击相应对象，在弹出的快捷菜单中选择“属性”命令，即可查看相应属性。文件及文件夹主要有以下三大属性。

1）只读属性：选中后文件不能被修改。

2）隐藏属性：选中后文件或文件夹将不显示。

3）存档属性：最常见的属性，表示该文件或文件夹已经存档。

3.4 Windows 7 附件的使用

Windows 7 的附件程序为用户提供了许多使用方便的小工具，当用户要处理一些要求不是很高的工作时，可以利用附件中的小工具来完成。例如，使用计算器工具来进行基本的算术运算；使用画图工具可以创建和编辑图画，以及显示和编辑扫描获得的图片；使用记事本工具进行文本文档的创建和编辑工作。进行以上工作虽然也可以使用专门的应用程序，但是运行程序要占用大量的系统资源，而附件中的工具都是非常小的程序，运行速度比较快，这样用户可以节省很多时间和系统资源，有效地提高工作效率。

3.4.1 计算器的使用

Windows 7 附件中的计算器包括全新的程序员模式和统计模式。用户可以使用计算器进行单位换算，如将摄氏度转换为华氏度、将盎司转换为克、将焦耳转换为英制热量单位等。另外，计算器还提供简单易用的计算模板，帮助用户进行有效计算。用户可以使用计算器进行加、减、乘、除这些简单的算术运算。另外，计算器还提供了进制转换、科学型计算和统计信息等高级功能。

1. 启动计算器

选择“开始”|“所有程序”|“附件”|“计算器”命令，即可打开“计算器”窗口。

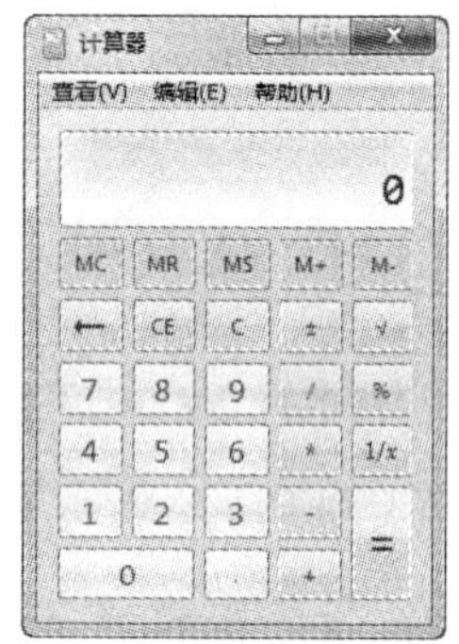

图 3-14 “计算器”窗口

2. 计算器简介

打开“计算器”窗口后，默认工作界面如图 3-14 所示。

默认打开的计算器为标准型计算器，可以进行基本的加、减、乘、除运算。用户可以通过“查看”菜单进行计算器类型的切换。

3. 计算器的操作

（1）常用按钮的功能

计算器常用按钮的功能如表 3-2 所示。如果计算器按钮呈灰色，则表示其当前不可用。

表 3-2 计算器常用按钮的功能

按钮	说明	按钮	说明
MC	清除存储器内容	±	正负号切换
MR	调用存储器内容	√	求平方根
MS	将显示的内容存储到存储器	/	除号
M+	把目前显示的值存储到存储器中，中断数字输入	%	按百分比的形式显示乘积
M−	从存储器中减去显示屏上的数字	*	乘号
←	清除最后一位数字	1/x	计算倒数
CE	清除当前输入，显示 0	=	查看结果或重复上两次的输入操作
C	清除未完成的操作		

（2）数制转换

在程序员计算器中，输入待转换的数据，选中要转换到的某种数制的单选按钮即可得到转换后的结果。例如，在十进制下输入“255”，选中“二进制”单选按钮，即可看到转换成二进制的结果为“11111111”。

注意：在将一个数由十进制转换到其他进制时，该数将被四舍五入成整数；从十六进制、八进制、二进制转换为十进制仅支持整数形式。

3.4.2 画图工具的使用

Windows 7 附件中的画图工具是一款用于手工绘图、着色和编辑图片的工具。用户可以在画图窗口中制作简单图片和富有创意的项目，或向现有的图片文件添加文本和设计，也可以对扫描的图片进行编辑修改，在编辑完成后，不仅可以以 BMP、JPEG、GIF 等格式保存，还可以将其设置为桌面背景或插入其他文档。

1. 启动画图工具

选择“开始”|“所有程序”|“附件”|“画图”命令，或在搜索框中输入“画图”并按【Enter】键，然后在搜索结果中选择“画图”选项，即可进入画图窗口，如图 3-15 所示。

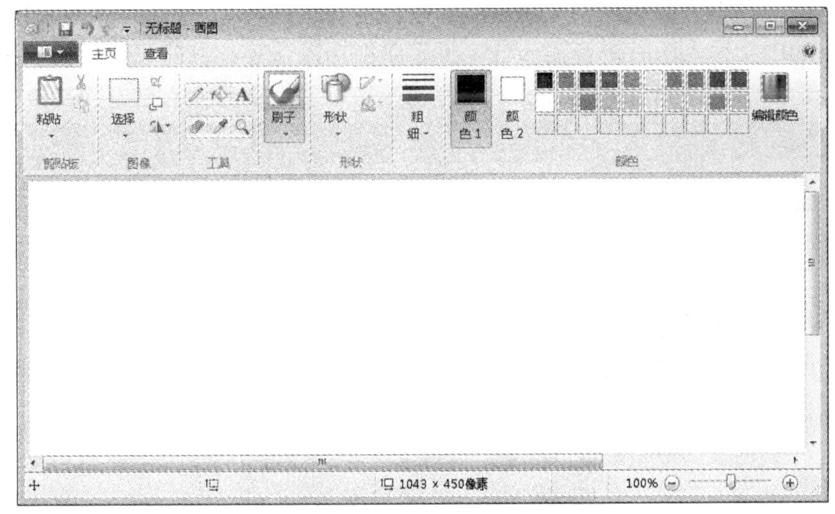

图 3-15 画图窗口

2. 画图工具简介

画图窗口中的功能区包括绘图工具的集合，使用起来十分方便。用户可以使用这些工具绘制图画并向其中添加各种直线、曲线、形状、文本等内容。

在绘制图片的时候难免出现错误或瑕疵，此时可以使用“橡皮擦”工具擦除。

3.4.3 记事本的使用

Windows 7 附件中的记事本工具主要用于纯文本文档的编辑，适合编写一些篇幅短小的文本文件，使用方便、快捷。文本文件的扩展名为.txt。

使用方法：选择“开始”|“所有程序”|“附件”|“记事本”命令，即可打开记事本窗口，如图 3-16 所示。

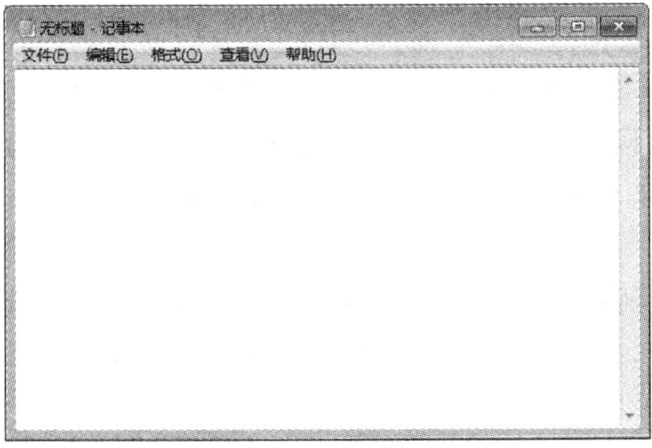

图 3-16 记事本窗口

3.5 Windows 7 中汉字的输入

汉字输入又称中文输入。中文输入法编码可分为音码、形码、音形码、形音码等。目前广泛使用的中文输入法有拼音输入法、五笔字型输入法等。目前流行的输入法软件主要有搜狗拼音输入法、搜狗五笔输入法、百度输入法、谷歌拼音输入法、QQ 拼音输入法、QQ 五笔输入法等。

3.5.1 输入法的基本操作

1. 输入法的选择

（1）使用鼠标选择输入法

单击任务栏右下角的输入法按钮，系统就会弹出一个输入法选择列表，如图 3-17 所示，在其中可以选择输入法。

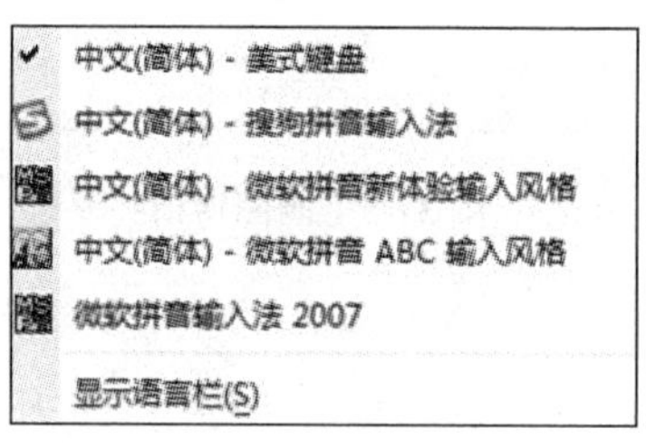

图 3-17 输入法选择列表

（2）利用键盘选择输入法

【Ctrl+Space】：启动/关闭中文输入法。

【Ctrl+Shift】：在各种输入法之间切换。

2. 输入法的安装和删除

中文版 Windows 7 提供了多种中文输入法，但在使用之前，需要将它们添加到语言列表中。用户还可以根据自己的需要，任意安装或删除某种输入法。具体操作步骤如下。

1）添加输入法：选择“开始”|“控制面板”命令，打开“控制面板”窗口，单击“区域和语言”链接，弹出“区域和语言”对话框，如图 3-18 所示。选择“键盘和语言”选项卡，单击“更改键盘”按钮，弹出“文本服务和输入语言”对话框，如图 3-19 所示。单击“添加”按钮，弹出“添加输入语言”对话框，如图 3-20 所示。选择要添加的语言，单击“确定”按钮即可。

2）删除输入法：删除输入法操作非常简单，只需在图 3-19 所示的“文本服务和输入语言”对话框的“已安装的服务”列表框中选中要删除的输入法，单击“删除”按钮即可。

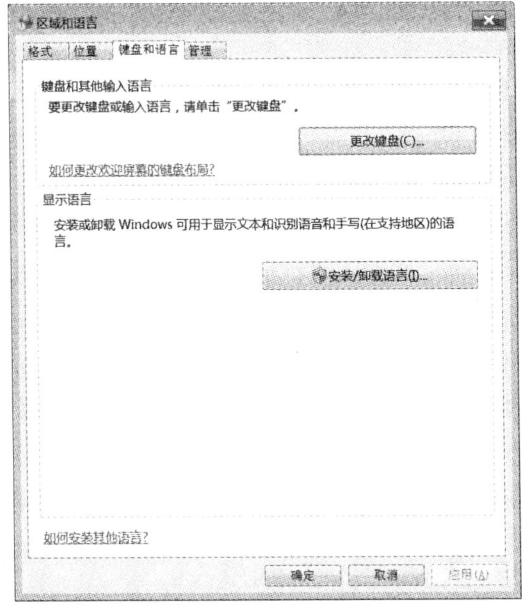

图 3-18 “区域和语言”对话框

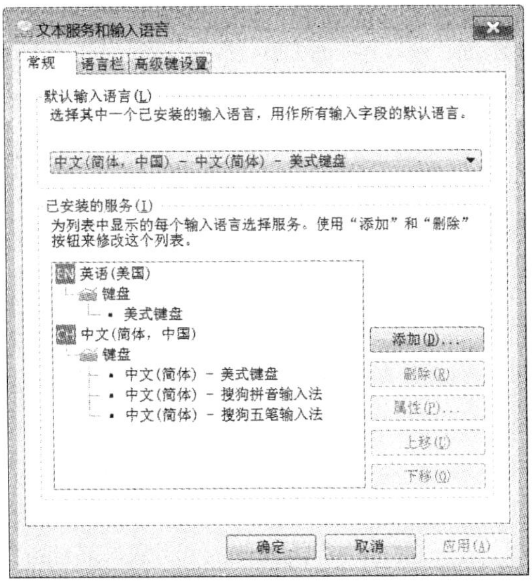

图 3-19 “文本服务和输入语言”对话框

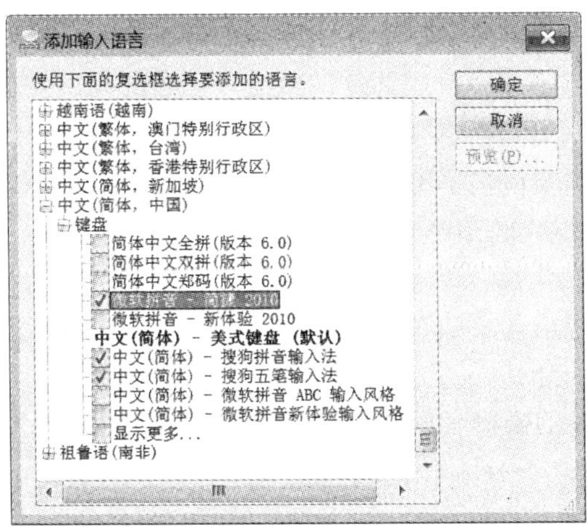

图 3-20 “添加输入语言”对话框

3.5.2 中文输入法的使用

1. 常见中文输入法

1）拼音输入法：如搜狗拼音输入法、智能 ABC 输入法、QQ 拼音输入法、微软拼音输入法、紫光拼音输入法等。

2）五笔输入法：如 QQ 五笔输入法、万能五笔输入法、极品五笔输入法等。

3）其他输入法：如郑码输入法、区位码输入法、自然码输入法等。

2. 搜狗拼音输入法

搜狗拼音输入法是搜狐公司推出的一款基于搜索引擎技术的、特别适合网民使用的新一代输入法产品，如图 3-21 所示。

图 3-21 搜狗拼音输入法

搜狗拼音输入法支持全拼输入、简拼输入、双拼输入、模糊音等，下面简单介绍其输入规则。

（1）全拼输入

全拼输入是拼音输入法中最基本的输入方式。只要用【Ctrl+Shift】组合键切换到搜狗拼音输入法，在输入窗口输入拼音，然后依次选择需要的字或词即可。用户可以使用默认的翻页键（【-】键和【=】键，以及【,】键和【。】键）来进行翻页。

（2）简拼输入

简拼输入是通过输入声母或声母的首字母来进行输入的一种方式，有效地利用简拼输入，可以大大提高输入的效率。搜狗拼音输入法目前支持声母简拼和声母的首字母简拼。例如，想输入“中国人”，只要输入“zhgr”或“zgr”都可以输入“中国人”。

同时，搜狗拼音输入法支持简拼、全拼的混合输入，如输入“srf”“sruf”“shrfa”都可以得到“输入法”3 个字。

（3）双拼输入

双拼输入是用定义好的单字母代替较长的多字母韵母或声母来进行输入的一种方式。例如，如果 T=t，M=ian，则输入两个字母“TM”就会输入拼音“tian”。使用双拼输入可以减少击键次数，但是需要记忆字母对应的键位，熟练之后效率会有一定提高。

如果使用双拼输入，则要在“设置属性”窗口中选中“双拼”单选按钮。

（4）模糊音

模糊音是专为容易混淆音节的人设计的。当启用了搜狗拼音输入法的模糊音功能后，如选中“s=sh”复选框，输入“si”也可以显示出“十”，输入“shi”也可以显示出“四”。

搜狗拼音输入法支持的模糊音如下。

声母模糊音：s ↔ sh，c↔ch，z ↔zh，l↔n，f↔h，r↔l。

韵母模糊音：an↔ang，en↔eng，in↔ing，ian↔iang，uan↔uang。

3.6 Windows 7 综合应用

结合前面所学的相关知识，下面来实现 Windows 7 操作系统中的综合应用——在 Windows 7 操作系统中进行创建文件夹和文件、复制文件、查找文件、删除文件、恢复文件、重命名文件、设置文件属性等操作。

要求：

1）在 D 盘根目录下（即 D:\）下新建名为“Win7 文件基本操作”的文件夹。

2）在“Win7 文件基本操作”文件夹下，新建 Word 文档，并命名为“×××简历.docx”（“×××”为学生自己的姓名，如“张三简历.docx”）。

3）打开 Word 文档“×××简历.docx”，并输入自己的个人简历，要求 100 字左右。

4）将“×××简历.docx”文档复制到桌面上的“接收文件柜”文件夹中。

5）将“Win7 文件基本操作”文件夹复制到C盘根目录。

6）将“C:\Win7 文件基本操作”文件夹下的“×××简历.docx”重命名为“个人简历.docx”。

7）将“C:\Win7 文件基本操作”文件夹下的“个人简历.docx”的文件属性设置为“隐藏”。

8）在“C:\WINDOWS\System32”文件夹中搜索文件“mspaint.exe”，并发送快捷方式到桌面，同时复制快捷方式到“D:\Win7 文件基本操作”文件夹。

9）删除桌面上的“mspaint.exe”的快捷方式。

10）从回收站中，恢复步骤9）中删除的快捷方式。

具体操作步骤如下。

1）在D盘根目录下的空白处右击，在弹出的快捷菜单中选择“新建”|“文件夹”命令，输入文件夹名称“Win7 文件基本操作”。

2）打开刚建立的文件夹并右击，在弹出的快捷菜单中选择“新建”|“Microsoft Word 文档”命令，再输入文件名称“×××简历.docx”。

3）打开文档“×××简历.docx”，在其中输入个人简历。

4）选中“×××简历.docx”，按【Ctrl+C】组合键，或右击，在弹出的快捷菜单中选择“复制”命令，再打开桌面上的“接收文件柜”文件夹，按【Ctrl+V】组合键，或右击，在弹出的快捷菜单中选择“粘贴”命令。

5）选中“Win7 文件基本操作”文件夹，利用相同的方法将其复制到C盘根目录。

6）选中“C:\Win7 文件基本操作”文件夹下的“×××简历.docx”并右击，在弹出的快捷菜单中选择“重命名”命令，输入文件名称“个人简历.docx”。

7）选中“C:\Win7 文件基本操作”文件夹下的“个人简历.docx”并右击，在弹出的快捷菜单中选择“属性”命令，在弹出的属性对话框中设置其属性为“隐藏”。

8）打开资源管理器，在地址栏输入“C:\WINDOWS\System32”，在搜索框中输入“mspaint.exe”进行搜索。右击搜索到的“mspaint.exe”文件，在弹出的快捷菜单中选择“发送到”|“桌面快捷方式”命令，即可在桌面上创建快捷方式。同时，在桌面上复制快捷方式到“D:\Win7 文件基本操作”文件夹下。

9）将桌面上的“mspaint.exe”快捷方式直接拖动到回收站。

10）打开“回收站”窗口，找到删除的快捷方式并右击，在弹出的快捷方式中选择“还原”命令。

思考与实践 3

一、单选题

1．在任务栏上不需要进行添加而系统默认存在的工具栏是（　　）。

A．地址工具栏　　B．链接工具栏　　C．语言工具栏　　D．桌面

2．如果要在对话框中进行各个选项卡之间的切换，可以使用的组合键是（　　）。

A．Ctrl+Tab　　B．Ctrl+Shift　　C．Alt+Shift　　D．Ctrl+Alt

3．在关闭计算机时，选择（　　）命令可以在不关闭程序的情况下迅速使用另一个用户登录系统。

A．注销　　B．重新启动　　C．切换用户　　D．待机

4．资源管理器可以（　　）显示计算机内所有文件详细图表。

A．在同一窗口　　B．在多个窗口　　C．以分节方式　　D．以分层方式

5．附件中的计算器程序默认的类型是（　　）。

A．科学型计算器　　B．标准型计算器

C．编辑　　D．查看

二、操作题

1．进行 Windows 7 操作系统文件与文件夹管理的操作。

（1）设置显示隐藏的文件、文件夹和驱动器，将窗口画面保存为“显示隐藏的文件.jpg”。

（2）在桌面使用日历工具，将窗口画面保存为“小工具设置.jpg”。

（3）修改计算机显示颜色为 16 位色，将窗口画面保存为“显示颜色设置.jpg”。

（4）设置计算机显示文本自定义为 130%，将窗口画面保存为“自定义显示文本设置.jpg”。

（5）打开“添加输入语言”对话框，将窗口画面保存为“添加输入法.jpg”。

（6）设置 Windows 7 桌面背景，任意选择一幅图片，设置图片位置为平铺，将该对话框截图，保存文件名为“设置桌面背景.jpg”。

2．利用 Windows 7 操作系统的搜索工具搜索文件或文件夹。

（1）在“C:\WINDOWS\System32”文件夹中搜索第二、三个字符为 a、s，第五个字符为 t 的文件和文件夹。

（2）在“C:\WINDOWS”文件夹中查找大于 1MB 的所有文件和文件夹。

（3）在 C 盘上搜索文件“Notepad.exe”。

第 4 章 网络基础与信息检索

本章知识点：

- 基本概念：计算机网络、局域网、城域网、广域网、OSI 参考模型、TCP/IP 参考模型、Internet、物联网、移动互联网、IP 地址、信息检索、网络安全。
- Internet 的基本服务、使用浏览器浏览网页的操作。
- 文件上传和下载的操作：FTP 客户端软件的操作、IE 浏览器实现文件下载的操作。
- 收发电子邮件的操作：Outlook 收发电子邮件的操作、IE 浏览器收发电子邮件的操作。
- 即时聊天工具的操作：注册和使用 QQ 的操作。
- 网络购物的通用步骤。
- 网络搜索引擎的操作：搜索单个关键词、搜索复合关键词、图片搜索、利用搜索命令进行搜索等操作。
- 电子图书馆的操作：CNKI 的文献检索操作、SpringerLink 的文献检索操作。
- 计算机病毒及其防范措施。
- 网络攻击及其防范措施。

计算机网络实现了计算机设备之间的数据通信和资源共享，Internet 是规模最大的计算机网络，它是信息社会的重要标志，对人类社会的进步做出了巨大的贡献。计算机网络的普及促进了信息检索的快速发展，以搜索引擎和电子图书馆为代表的 Internet 技术成为信息检索的重要途径。Internet 在快速发展的同时，也面临着严峻的网络安全问题，这已引起了社会各界的高度重视。

4.1 计算机网络基础

4.1.1 计算机网络的定义

计算机网络是由地理位置分散的、具有独立运行能力的多个计算机系统，利用通信设备和传输介质互相连接，并通过相应的网络软件进行控制，以实现数据通信和资源共享的系统。

简单地讲，计算机网络由多台计算机、通信设备、传输介质和软件等组成，它通过通信设备和传输介质将不同的计算机终端连接在一起，实现不同计算机终端之间的相互通信，从而达到数据通信和资源共享的目的。

通信设备是连接不同计算机终端的枢纽，包括路由器、交换机、集线器等设备，使计算机数据能按正确的方向传输较远的距离，是实现数据通信的关键设备。

传输介质是连接计算机终端和通信设备的媒介，计算机数据信号以传输介质为载体进行传输。传输介质包括有线传输介质和无线传输介质，有线传输介质包括光纤、双绞线、同轴电缆等，无线传输介质包括微波、电磁波等。

网络软件运行于计算机终端或通信设备上，用于控制计算机网络的运行。

4.1.2 计算机网络的分类

计算机网络可以按照拓扑结构、数据传输带宽、网络的交换方式、传输介质和网络的覆盖范围等进行分类。按照计算机网络采用的拓扑结构，可以将计算机网络划分为星形网络、总线型网络、环形网络、树形网络和网状网络等。按照计算机网络数据传输带宽的不同，可以将计算机网络划分为窄带网络和宽带网络。按照计算机网络交换方式的不同，可以将计算机网络划分为电路交换网络、报文交换网络和分组交换网络。按照计算机网络传输介质的不同，可以将计算机网络划分为有线网络和无线网络。

通常，人们将计算机网络按照网络的覆盖范围进行分类。覆盖范围是指计算机网络所连接的地域范围的大小，一般用距离来衡量。具体地，按照计算机网络的覆盖范围不同，可以将计算机网络划分为局域网、城域网和广域网。

1. 局域网

局域网（Local Area Network，LAN）是在十几千米的地域范围内构建的计算机网络。通俗地讲，局域网就是在局部地区范围内构建的计算机网络，所覆盖的地域范围较小。其典型特征就是连接范围小、用户数量少、配置容易、连接速率高。局域网常见于一个房间、一幢建筑物和一个企业的厂区内，规模较小。局域网的硬件设备相对简单，且网络结构也不复杂，容易实现。它在计算机数量的配置上没有太多的限制，最简单的局域网可以只有两台计算机。另外，局域网的传输距离比较近，因此数据传输速率相当高、误码率较低，可用于构建具有高可靠性的计算机网络。目前，随着计算机网络技术的发展、网络硬件设备成本的降低、网络管理和配置的简单化，局域网已成为最常见、应用最广的一种计算机网络，小到一个家庭，大到一个大型企业，都可以构建自己的局域网。

2. 城域网

城域网（Metropolitan Area Network，MAN）是在十几千米至一百千米的地域范围内构建的计算机网络。一般来说，它是在一个城市和大型社区范围内，为了实现城市和大型社区不同区域范围内的计算机设备互连而构建的计算机网络。城域网大大扩展了局域网的网络连接距离，从某种意义上讲，可以将城域网看成局域网的延伸，它采用高速传输介质（如光纤）将多个局域网连接起来，实现局域网之间的高速和高可靠性互连。典型的城域网是连接政府部门、电信运营商等机构局域网的计算机网络。另外，城域网具有可伸缩性，人们可以根据城市的大小，采用合理的网络结构，构建适当规模的城域网。但是，城域网连接的地域范围要大于局域网，并且要求实现计算机网络的高速连接，导致其对网络设备、传输介质和网络系统软件的性能要求高，因此其实现成本很高。

3. 广域网

广域网（Wide Area Network，WAN）是在几百千米至几千千米的地域范围内构建的计算机网络，覆盖的地域范围比城域网更大，是连接不同城市、不同地区，甚至不同国家的计算机网络，可以让数量众多的计算机实现互连。广域网的通信传输设备和传输介质一般由电信运营商提供。在过去相当长的一段时期内，广域网常常租用传统的公共传输网（如公众电话网）进行数据传输，这使得以前广域网的传输速率比较低，误码率较高。随着电信运营商对广域网传输系统的不断改造，广域网的骨干传输能力迅速提升，用户连接广域网的带宽不断提高，用户为每比特所付的费用不断降低。但是，由于广域网的传输距离相当长，其数据传输的可靠性比局域网和城域网低，相信随着远距离传输技术的发展，其传输可靠性将不断提高。

4.1.3 计算机网络的体系结构

1. 概念

计算机网络连接了种类和功能不同的计算机和计算机子网，这些计算机和计算机子网可能来自不同的生产厂商，这就意味着它们的数据处理方式和封装格式可能存在差异。但是，计算机网络的目标是实现网络内计算机和子网的相互通信和数据共享，如果它们采用自己独有的数据处理方式和封装格式，就无法相互识别数据，不能实现通信和数据共享的目标。为了让计算机网络内的计算机和子网能够互连在一起，网络内的软硬件在处理通信数据时必须遵守相同的规则，即需要制定一个统一的标准体系，为此，提出了计算机网络体系结构的概念。计算机网络体系结构将网络的功能进行了分层，并对各层的功能和各层间的数据关联协议进行了定义。概括地讲，计算机网络体系结构就是计算机网络的层次结构模型和层间协议的集合。

计算机网络体系结构通过对网络的功能进行分层和层次定义，将网络的功能进行了细化，每个层次都具有明确的任务，网络内的软硬件可以遵循这些分层功能来处理和封装通信数据，从而实现全网通信数据的统一。一些大型计算机厂商和国际性的标准组织推出了自己的计算机网络体系结构，但许多网络体系结构只局限于某一种或某些计算机网络，不能将全球性的计算机网络连接起来，未能实现标准的统一。为了建立国际上统一的计算机网络体系结构，相关组织和机构设计并发布了两个通用的计算机网络体系结构的参考模型：OSI 参考模型和 TCP/IP 参考模型，前者为计算机网络体系结构的统一奠定了理论基础，后者在实际应用中取得了巨大的成功。下面主要介绍这两种计算机网络体系结构的参考模型。

2. OSI 参考模型

为了建立一个开放互连的计算机网络体系结构，使按该体系结构建立的计算机网络之间可以相互通信，ISO 成立了一个专门的委员会，于 1981 年发表了第一个草拟的开放系统互连参考模型（Open System Interconnection Reference Model，OSI/RM）的协议书，并最终于 1983 年将该参考模型正式批准为国际标准。OSI 参考模型的结构如图 4-1 所示。

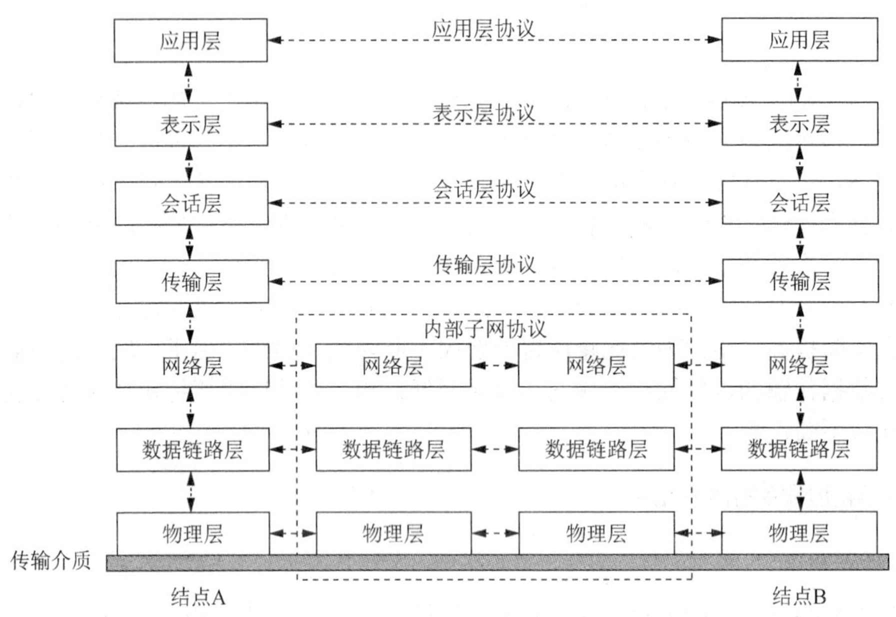

图 4-1 OSI 参考模型的结构

OSI 参考模型将计算机网络划分为功能上相对独立的 7 个层次，分别是物理层、数据链路层、网络层、传输层、会话层、表示层和应用层。OSI 参考模型中的网络结点都具有相同的层次，不同结点的同等层次具有相同的功能，如在图 4-1 中，结点 A 和结点 B 的网络层都具有路由、流量控制和拥塞控制等功能。在同一结点内，相邻层次之间通过接口进行通信，上层通过接口向下层提供服务请求，下层通过接口向上层提供服务。在不同结点之间，除了物理层以外，其余各层次之间均不存在直接的通信关系，而是按照协议实现对等层之间的通信。

在 OSI 参考模型中，不同网络结点之间的通信过程如下：发送端的各层从上至下逐步加上各层的控制信息，这种控制信息一般称为包头，然后将加上包头的数据传输到传输介质，并传输到接收端的物理层，接收端从下至上逐层去掉相应层的包头信息，最终将原始数据传输到接收端的应用层。

OSI 参考模型各个层次的功能如下。

（1）物理层

物理层为计算机通信提供物理链路，它定义了传输媒介及接口硬件的机械、电气、功能和规程等特性，实现了数据信号（比特流）的透明传输。物理层为数据链路层提供服务，从数据链路层接收数据，并按标准规定的格式发送数据，同时，它还向数据链路层提供数据和电路标志、故障状态和服务质量参数等。

（2）数据链路层

数据链路层中的数据传输单位是帧，该层用于网络中相邻结点间可靠、透明的信息传输，其主要功能是传输管理和流量控制。数据链路层为网络层提供服务，从数据发送结点的网络层向数据接收结点的网络层传输数据，它屏蔽了物理层的特征。

（3）网络层

网络层用于从数据发送端到数据接收端数据走向的路径选择，它处理的数据对象为数据分组，处理与数据分组的寻址和传输有关的管理问题，其功能包括路由选择与中断、控制分组传送系统的操作、流量控制、对传输层屏蔽低层的传输细节、对数据分组进行分段合并及差错检测和恢复、根据传输层的要求选择服务等。

（4）传输层

传输层处理的数据传输对象是报文，它为不同系统内部的会话实体建立端到端的连接，并执行端到端的差错、顺序和流量控制。同时，它选择合适的网络层服务，并提供数据的编号、排序、拼接及重同步功能。

（5）会话层

会话层用于对通信双方结点的两个进程间互相通信的过程进行管理和协调。它负责两个进程之间会话连接的建立、维护和结束等功能，在两个互相通信的应用程序之间对数据传输进行管理，并建立、组织和协调它们之间的交互。

（6）表示层

表示层将不同系统的数据表示转换成标准形式，为应用进程之间协商信息的表示方法。同时，它负责对传输数据进行转化，将信息转换成使用者看得懂的内容。其负责的操作包括格式化、加/解密和压缩/解压缩等。

（7）应用层

应用层为网络用户提供服务，是用户访问计算机网络的接口层，且是 OSI 参考模型中直接面向用户的一层。应用层为用户提供的服务体现在其包含了若干个独立的服务协议模块，并为用户提供一个交换信息的接口。应用层为用户提供的常用服务有文件传输、远程登录、电子邮件和网页服务等。

3. TCP/IP 参考模型

OSI 参考模型为计算机网络体系结构的国际标准化奠定了理论基础，但是，其服务和协议的定义相当复杂，层次之间存在交叉和重复，在实际操作中效率不高，因此，其在实际网络中没有得到真正有效的应用。鉴于以上原因，在大规模的互联网应用中，普遍采用另外一种计算机网络体系结构：传输控制协议/互联网协议（Transmission Control Protocol/Internet Protocol，TCP/IP）参考模型。TCP/IP 参考模型是 Internet 的基础，一般将其简称为 TCP/IP，它已成为事实上的 Internet 工业标准，并成为 Internet 的代名词。TCP/IP 参考模型采用了著名的 TCP 和 IP 协议体系，采用这两种协议体系为 TCP/IP 参考模型命名也体现了这两种协议的重要性。TCP/IP 参考模型的结构如图 4-2 所示。

TCP/IP 参考模型对 OSI 参考模型进行了精简，只采用了 4 层结构，这 4 层分别是网络接口层、网络层、传输层和应用层，这样的分层模型使 TCP/IP 参考模型易于实现，更容易商业化。TCP/IP 参考模型各层的功能如下。

（1）网络接口层

网络接口层负责与物理网络的连接，但 TCP/IP 没有详细定义网络接口层的功能，只是指出通信主机必须采用某种协议连接到网络上，并且能够传输网络数据，也没有规定具体使用哪种协议。

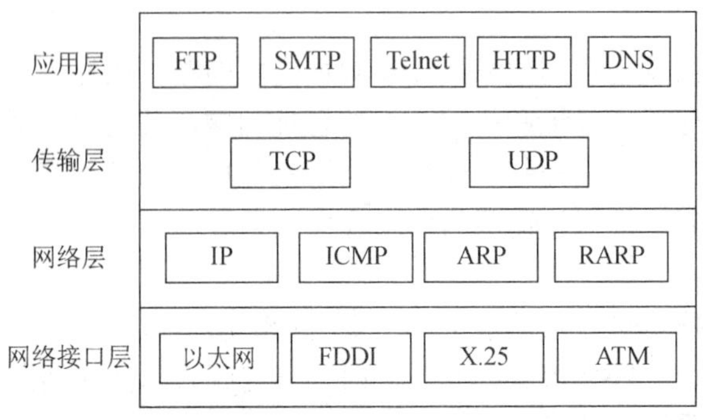

图 4-2 TCP/IP 参考模型的结构

（2）网络层

网络层处理来自传输层的分组发送请求，选择分组的传输路径，并将数据发往适当的网络接口，同时它还具有流量控制和拥塞控制等功能。网络层包含 IP、控制报文协议（Internet Control Message Protocol，ICMP）、地址解析协议（Address Resolution Protocol，ARP）和反向地址解析协议（Reverse Address Resolution Protocol，RARP）等协议，以实现该层的所有服务。

（3）传输层

传输层提供应用程序间的通信，主要实现信息流格式化和提供可靠传输等功能。传输层包含两个重要的协议：TCP 和 UDP（User Datagram Protocol，用户数据报协议）。其中，TCP 是面向连接的传输控制协议，它要求服务提供者完成连接的建立、维护和撤除等工作，数据传输的单位是报文或数据流，其优点是可靠性高，能够保证数据按顺序传输，缺点是需要额外的开销；UDP 是无连接的用户数据报协议，数据传输的单位是数据报文，即分组，无连接的服务不需要维护连接的额外开销，其优点是协议开销小，缺点是服务不可靠。

（4）应用层

应用层向用户提供一组常用的应用程序，直接向用户提供服务，如文件传输服务、电子邮件服务和远程登录服务等。应用层中常用的应用程序对应用户服务协议，常用的应用层协议包括文件传输协议（File Transfer Protocol，FTP）、简单邮件传输协议（Simple Message Transfer Protocol，SMTP）、远程终端协议（Telnet）、超文本传输协议（HyperText Transfer Protocol，HTTP）和域名系统（Domain Name System，DNS）等。

4.1.4 常用计算机网络

随着计算机技术和通信技术的发展，计算机网络不再局限于传统计算机之间进行通信和资源共享，从计算机网络的用途和业务类型来看，当前常用计算机网络有 Internet、物联网、移动互联网等。

1. Internet

Internet 是当前规模最大的计算机网络，其中文名称为因特网。Internet 通过一定的通信协议将全球的各种计算机终端和计算机网络连接在一起，它使全球范围内的计算机用户可以实现互连，成为全球最大的通信网络和资源网络。Internet 是基于 TCP/IP 协议体系设计和构建的全球性计算机网络，它采用了 TCP/IP 参考模型，以及先进的计算机技术和通信技术，并通过通信介质和网络设备将全世界不同国家和地区的不同类型的计算机和计算机网络连接在一起。

Internet 始于美国军方的阿帕网（ARPAnet），最初用于军事目的，于 1969 年正式启用。此后，Internet 得到了许多国家和机构的高度重视，大量的实验网络和商用网络逐渐建立起来，这使 Internet 不断壮大。Internet 发展至今，已不再只用于军事目的，它已成为一个平等互利的网络社会团体，不属于任何国家和个人，也没有专门的机构和严格的管理软件进行管理，其维护和管理都是松散的。

2. 物联网

物联网（Internet of Things，IoT）就是物物相连的 Internet，国际电信联盟（International Telecommunication Union，ITU）将其定义为通过二维码识读设备、射频识别（Radio Frequency Identification，RFID）装置、红外感应器、全球定位系统和激光扫描器等信息传感设备，按约定的协议，把任何物品与 Internet 相连接，进行信息交换和通信，以实现智能化识别、定位、跟踪、监控和管理的一种网络。在物联网中，通过大量的传感器采集各种监控、连接、互动的物体或过程等需要的信息，通过计算机相关设备按照要求对这些信息进行处理，再将这些信息在网络中传输，实现物品与物品、人与物品、人与人之间的信息互连。

3. 移动互联网

移动互联网（Mobile Internet，MI）是一种通过智能移动终端，采用移动无线通信方式获取信息和服务的业务网络。移动互联网将移动通信网络和互联网结合起来，让持有移动终端的用户可以方便地访问网络业务。接入移动互联网的移动终端有智能手机、平板式计算机、笔记本式计算机、无线 POS 机、电子书等，它们的共同特点是具有较好的便携性，尤其是智能手机用户的迅猛增长，促进了移动互联网的快速发展。在移动互联网中，移动终端通过通信基站、无线热点等方式接入 Internet。第四代移动通信技术（4G）在移动通信网络中已经得到普及，这大大提高了移动互联网数据传输的速度和质量。目前，第五代移动通信技术（5G）正处于研发阶段，在不久的将来，它将投入商用，这必将促使移动互联网得到更好的发展。

4.2 Internet 基础

经过多年的发展，Internet 已成为一个国际性的计算机网络，计算机网络的通信和资源共享功能在 Internet 上也得到了不断延伸。通过 Internet，人们不仅可以实现简单的网页浏览、文件传输和电子邮件通信等功能，而且可以进行即时聊天、网络购物、远程办公、实时通信、游戏等与工作、生活密切相关的活动。下面介绍 Internet 的几个重要知识：IP 地址、域名和 Internet 的基本服务，它们都与用户使用 Internet 密切相关。

4.2.1 IP 地址

1. IP 地址的概念

为了能有效区分 Internet 上的每台计算机，每台计算机都拥有自己的地址标志，人们将计算机在 Internet 上的地址称为 IP 地址。当前，实际应用的 IP 地址主要有两种版本：IPv4（IP 地址第 4 版）和 IPv6（IP 地址第 6 版）。其中，IPv4 是目前在 Internet 上应用最为广泛的一种 IP 地址系统；IPv6 是为了克服 IPv4 的地址数量不足和安全性等问题而设计的一种 IP 地址系统，目前正在被推广使用，并在不断发展中，但其应用范围还远没有 IPv4 那么大。下面主要介绍 IPv4 地址的知识，本书中未做特别说明的 IP 地址都是指 IPv4 地址。

IP 地址由 4 组二进制数组成，每组二进制数为 8 位，共 32 位，用小数点“.”将每组二进制数区分开，其格式为“×.×.×.×”。为了方便理解和记忆，一般将 IP 地址的每组二进制数转换成十进制数，每组十进制数的表示范围为 0～255，这种 IP 地址的表示方法称为 IP 地址的十进制表示法。例如，乐山师范学院官方网站的 IP 地址为 210.41.160.7。

IP 地址由网络标志和主机标志两部分组成，如图 4-3 所示。网络标志用来表示主机所属的逻辑子网的地址，主机标志用来表示主机在其逻辑子网内的地址。网络标志后加上“0”，补足 32 位后的 IP 地址即为主机所属逻辑子网的网络地址。

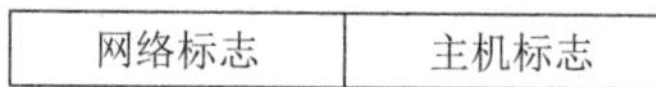

图 4-3 IP 地址的组成

Internet 通过 IP 地址的网络标志先找到计算机所属的逻辑子网，然后在其逻辑子网内通过主机标志查找到计算机。

2. 子网掩码

在 Internet 上，通过子网掩码来计算 IP 地址对应的网络标志和主机标志，每个逻辑子网都拥有一个子网掩码。子网掩码也由 32 位二进制数组成，其表示格式与 IP 地址相同，在子网掩码中，用“1”表示网络标志部分，用“0”表示主机标志部分。使用子网掩码和 IP 地址计算网络标志和主机标志的方法为，将子网掩码和 IP 地址进行对比，IP 地址中与其子网掩码为“1”的部分相对应的部分即为网络标志，IP 地址的其余部分为主机标志。例如，已知一台计算机的 IP 地址为 192.168.0.1，子网掩码为 255.255.255.0，则可以计算其网络标志和主机标志，计算方法如图 4-4 所示，首先将 IP 地址和子网掩码转换为二进制形式，即 11000000.10101000.00000000.00000001 和 11111111.11111111.11111111.00000000，则 IP 地址中“1”与掩码地址“1”对应的部分为 192.168.0，192.168.0 即为该 IP 地址的网络标志，同时可以得到该计算机所属子网的网络地址为 192.168.0.0，IP 地址的剩余部分“1”即为主机标志。

3. IP 地址的分类

根据 IP 地址的用途及所属子网的规模不同，IP 地址分为 A、B、C、D 和 E 五大类，如图 4-5 所示。对于 Internet 用户来说，A、B 和 C 三类 IP 地址比较常见，D 和 E 两类 IP 地址由网络保留，对用户透明。

IP地址：	11000000.10101000.00000000.00000001
子网掩码：	11111111.11111111.11111111.00000000
网络标志：	11000000.10101000.00000000
主机标志：	00000001

图 4-4 网络标志和主机标志的计算方法

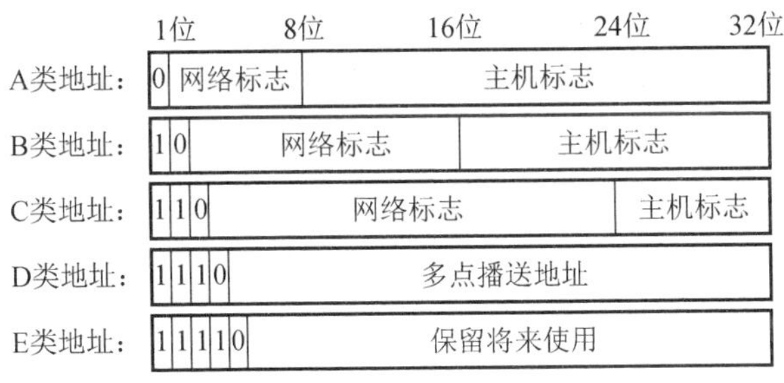

图 4-5 IP 地址的分类

A 类地址适用于较大规模的计算机网络，其最高位为“0”，第 1 字节的 8 位表示网络标志，后 3 字节的 24 位表示主机标志。A 类地址的十进制表示方法中，第一段地址的范围为 1～127，该类地址包含两类特殊的 IP 地址：0.0.0.0 为保留的 IP 地址，127.×.×.×为保留的作为回路测试的 IP 地址。

B 类地址适用于中等规模的计算机网络，其高两位为“10”，前 2 字节的 16 位表示网络标志，后 2 字节的 16 位表示主机标志。B 类地址的十进制表示方法中，第一段地址的范围为 128～191。

C 类地址适用于较小规模的计算机网络，如局域网等，其高 3 位为“110”，前 3 字节的 24 位表示网络标志，最后 1 字节的 8 位表示主机标志。C 类地址的十进制表示方法中，第一段地址的范围为 192～223。

D 类地址由网络保留，使用该类地址可以将数据包发往多个多点播送主机，高 4 位为“1110”。其十进制表示方法中，第一段地址的范围为 224～239。

E 类地址由网络保留，用于实验和开发，高 5 位为“11110”。其十进制表示方法中，第一段地址的范围为 240～247。

4. IP 地址的设置

在“Internet 协议版本 4（TCP/IPv4）属性”对话框中设置当前计算机的 IP 地址。

（1）打开“Internet 协议版本 4（TCP/IPv4）属性”对话框

打开“Internet 协议版本 4（TCP/IPv4）属性”对话框常用方法有两种。

1）选择“开始”|“控制面板”命令，打开“控制面板”窗口，单击“网络和共享中心”链接，打开“网络和共享中心”窗口，单击“更改适配器设置”链接，打开“网络连接”窗口，右击“本地连接”图标，在弹出的快捷菜单中选择“属性”命令，打开“本地连接 属性”对话框，双击“Internet 协议版本 4（TCP/IPv4）”复选框。

2）单击任务栏右下角的网络图标，在弹出的菜单中单击“打开网络和共享中心”链接，打开“网络和共享中心”窗口，其后操作与 1）相同，这里不再详述。

（2）设置 IP 地址

在“Internet 协议版本 4（TCP/IPv4）属性”对话框中设置 IP 地址，该对话框如图 4-6 所示。

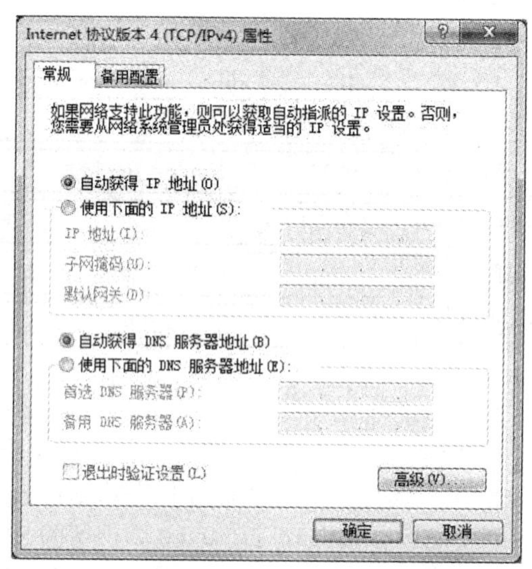

图 4-6　“Internet 协议版本 4（TCP/IPv4）属性”对话框

当前计算机的 IP 地址可以采用自动获得 IP 地址或手动设置 IP 地址两种方式设置，具体采用哪种方式设置 IP 地址，需要咨询当前计算机所处网络的管理员。如果采用自动获得 IP 地址方式，则不需要输入任何 IP 地址相关信息。如果采用手动设置 IP 地址方式，则需要事先在网络管理员处获取以下信息：IP 地址、子网掩码、默认网关地址、DNS 服务器地址。

下面介绍手动设置 IP 地址的方式，设置 IP 地址的界面如图 4-7 所示，其操作步骤如下。

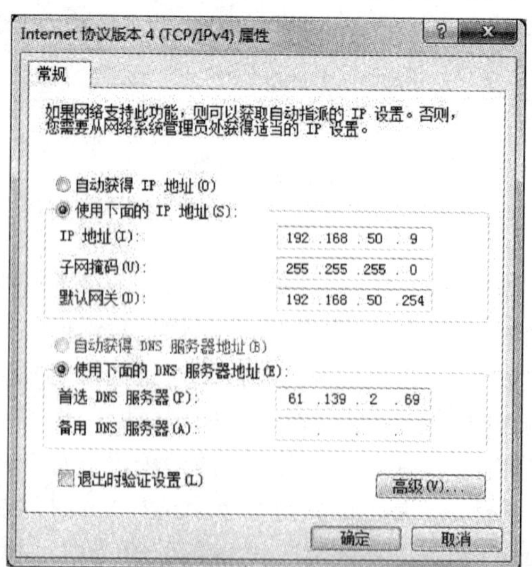

图 4-7　设置 IP 地址

1）选中“使用下面的 IP 地址”单选按钮。

2）在“IP 地址”文本框中输入 IP 地址，如 192.168.50.9。

3）在“子网掩码”文本框中输入子网掩码，如 255.255.255.0。

4）在“默认网关”文本框中输入默认网关地址，如 192.168.50.254。

5）在“首选 DNS 服务器”文本框中输入 DNS 服务器地址，如 61.139.2.69。

6）单击“确定”按钮，完成 IP 地址的设置。

4.2.2 域名

IP 地址采用不形象的数字来标识网络地址，使 Internet 用户难以记忆。为了解决这个问题，Internet 为用户提供了域名（Domain Name）服务，提供域名服务的系统称为 DNS。DNS 采用数字、字母和其他字符来标识 Internet 上的主机名称，由于加入了字母等字符，可以让主机名称变得形象化，在标明主机含义的同时，也方便用户记忆。例如，乐山师范学院官方网站的域名为“www.lsnu.edu.cn”，可以用其代替该网站的 IP 地址 210.41.160.7，该域名的主体部分“lsnu”就是乐山师范学院英文名称“LeShan Normal University”的缩写，形象地表示了该网站的含义。

DNS 采用层次式的命名结构，并按照地理区域或机构区域进行分层，表 4-1 列出了部分地理区域的域名，表 4-2 列出了部分机构区域的域名。DNS 从右到左依次为顶级域名、第二级域名等，最左侧的一个字段为主机名，最右侧的域名为最高层次的域名，各级层次的域名采用圆点“.”分隔。例如，对于上面提到的域名“www.lsnu.edu.cn”，“www”为 Web 服务器主机，“lsnu”为乐山师范学院的英文名称缩写，“edu”为教育机构域名，“cn”为地理区域域名（代表中国）。

表 4-1 部分地理区域的域名

地理区域域名	地理区域名称	地理区域域名	地理区域名称
cn	中国	jp	日本
au	澳大利亚	se	瑞典
de	德国	uk	英国
fr	法国	us	美国

表 4-2 部分机构区域的域名

机构区域域名	机构的含义	机构区域域名	机构的含义
com	营利性商业机构	int	国际组织
edu	教育机构	mil	军事机构
firm	企业或公司	net	网络支持机构
gov	政府部门	org	非营利性组织

4.2.3 Internet 的基本服务

Internet 提供的服务多种多样，满足了人们工作、生活和娱乐等多方面的需求。Internet 用户常用的服务包括 WWW 服务、远程登录服务、文件传输服务、电子邮件服务和电子公告板服务等。对于普通 Internet 用户来说，这些服务都比较常见，下面对其进行简要介绍。

（1）WWW 服务

WWW（World Wide Web）服务一般称为万维网或全球信息网服务，简称为 Web 或 3W，它为 Internet 用户提供信息查询和浏览服务。WWW 服务基于 HTTP，以网页的形式向用户提供服务，用户通过网址可以找到所需要的网页，网页包含带有格式的文本、图片、动画、声音和视频等信息，同时，网页还可以含有链接，用户单击网页上的链接，可以实现在不同网页、文档和 WWW 服务器之间的跳转。WWW 服务为 Internet 用户提供了便捷的访问方式，一般情况下，用户通过浏览器使用 WWW 服务，在不具有专业的计算机和计算机网络知识的前提下，也可以方便地通过浏览器查询到 WWW 服务器提供的文本、图片、声音和视频等数据。

（2）远程登录服务

远程登录服务让用户通过 Internet 登录到远程的计算机系统，并可以实时访问远程计算机提供的资源。远程登录服务基于 Telnet，让进行远程登录的用户计算机通过 Internet 暂时成为远程计算机的终端，可以访问远程计算机本地用户能够访问的资源。Internet 用户可以通过远程计算机的 IP 地址或域名进行远程登录，但必须提供正确的用户名和密码。用户名和密码一般由远程计算机的系统管理员为用户分配。只有成功登录远程计算机后，用户才能使用远程计算机提供的资源。

（3）文件传输服务

文件传输服务（File Transfer Service）实现了用户在 Internet 上将一台计算机上的文件传送到另一台计算机上。它采用 FTP，是一种实时的联机服务，可以传送任何类型的文件。提供文件传输服务的主机安装了 FTP 服务器系统，在进行文件传输时，用户需要使用 FTP 客户端软件或程序先登录到 FTP 服务器，然后执行简单的命令或操作就可以将一台计算机的文件传输到另一台计算机。在 Internet 上，许多 FTP 服务器提供了匿名文件传输服务（Anonymous FTP Service），用户在登录时，只需使用 Anonymous 作为用户名，即可登录到 FTP 服务器进行文件传输操作。

（4）电子邮件服务

电子邮件（E-mail）服务是用户在 Internet 上使用较多的一种通信服务，它使用户可以通过 Internet 传递信件，是一种高速、简易、低廉、畅通全球的信息交流方式。电子邮件为 Internet 用户提供了一种邮政式的通信服务，不过它投递邮件的速度要比常规的邮政快得多，只要电子邮件系统和通信网络正常，用户发出的电子邮件就能瞬间到达。如同普通邮政信件的地址一样，电子邮件也需要发信人或收信人地址，统称为电子邮件地址。电子邮件地址由一系列字符组成，书写格式为“用户名@邮件服务器的域名”，“@”符号的意思是“位于”，如电子邮件地址“zhangyan@163.com”，“zhangyan”为电子邮件拥有者的用户名，“163.com”为提供电子邮件服务的服务器的域名，相当于电子邮局名称，该电子邮件地址的含义为电子邮件用户“zhangyan”位于 163 电子邮件服务器上。电子邮件既可以传送文本信息，也可以传送图片、声音、动画和视频等多媒体信息。除此之外，电子邮件的附件功能还可以让电子邮件附带任何的数据文件进行传送，这大大拓展了电子邮件服务的功能。

（5）电子公告板服务

电子公告板服务（Bulletin Board Service，BBS）是Internet提供的一种在线的信息交流服务，目前使用得较为广泛。一般地，将提供电子公告板服务的系统称为BBS系统，人们也将BBS系统称为论坛。在BBS系统上，用户可以发布信息和阅读他人发布的信息，也可以通过回复的方式发表针对其他用户信息的看法。早期的BBS是一种基于Telnet的Internet应用，提供BBS服务的主机安装了一种BBS服务器软件系统，用户端通过Telnet客户端软件登录到BBS服务器上后，才能阅读和发表信息。当前，BBS系统广泛采用WWW服务，用户只需利用浏览器，通过访问网页的方式就可以轻松地享用BBS服务。

4.3 网络应用基础

4.3.1 IE浏览器的使用

浏览器（Browser）是网络用户访问WWW服务的一种软件，它不仅可以显示Web服务器或普通文件系统上的网页文件，而且可以让用户与网页文件进行交互。浏览器是用户访问Internet时使用得最为频繁的网络客户端软件。通过浏览器，用户可以浏览网页中嵌入的文本、图片、声音、动画和视频等内容。浏览器通过HTTP与Web服务器进行交互，它根据Internet用户提供的Web服务器的IP地址或域名，获取Web服务器提供的网页。大部分浏览器除了能访问基于HTTP的网页外，还支持HTTPS、FTP和Gopher等协议提供的数据内容。

常用的浏览器软件有微软公司的Internet Explorer即IE浏览器、Google的Chrome浏览器、苹果公司的Safari浏览器和Mozilla公司的Firefox浏览器等。对于国内用户，比较常用的浏览器软件还有傲游浏览器（Maxthon）和360安全浏览器等。下面以IE浏览器为例介绍浏览器的使用方法。

IE浏览器是微软公司推出的一款网页浏览器，目前IE浏览器在Internet用户中使用较为普遍，下面简要介绍浏览器的使用方法。IE浏览器的主界面如图4-8所示。

图4-8 IE浏览器的主界面

IE浏览器的主界面由地址栏、选项卡、菜单栏、主窗口、状态栏和滚动条等部分组成，其中，地址栏用于输入网页地址，用户在输完地址后，按【Enter】键即可让浏览器连接并打开指定的网页；选项卡可以有多个，每个选项卡用于显示不同的网页，图 4-8 中打开了两个选项卡，选项卡 1 显示乐山师范学院的官方网站，选项卡 2 显示乐山师范学院计算机科学学院的官方网站；菜单栏提供了与网页浏览相关的功能及浏览器的配置功能等；主窗口用于显示网页的内容，可以通过选项卡来切换同时打开的多个网页；状态栏用于显示浏览器当前的状态，如正在打开网页等；滚动条用于显示主窗口未显示的部分，按住鼠标左键拖动滚动条即可显示未显示的部分。

通过 IE 浏览器浏览网页的步骤如下。

1）在地址栏中输入网页的地址，如 www.lsnu.edu.cn。

2）按【Enter】键或单击地址栏右侧的图标→，在主窗口中会显示网页地址对应的网页。

3）拖动滚动条，在主窗口中显示需要的网页部分。

4）单击新建选项卡图标，打开一个新选项卡，用于显示新网页。

5）重复步骤 1)～3)，可以打开和浏览其他网页。

6）单击选项卡右侧的“关闭”按钮，关闭当前选项卡。

4.3.2 文件的上传和下载

资源共享是 Internet 的重要功能之一，为了达到资源共享的目的，在 Internet 上经常需要在计算机之间传送文件，人们将这种传送文件的操作称为文件的上传和下载。一般地，文件的上传是指在 Internet 上将本地计算机内的文件复制到其他计算机的过程，文件的下载是指在 Internet 上将其他计算机内的文件复制到本地计算机的过程。随着计算机软件技术的不断发展，能够执行文件上传和下载功能的软件也越来越多，使用的方法也多种多样，常用的文件上传和下载工具有 FTP 客户端软件、浏览器、专业下载工具等。下面介绍利用 FTP 客户端软件实现文件上传和下载的方法，以及利用 IE 浏览器下载文件的方法。

1. 利用 FTP 客户端软件实现文件的上传和下载

FTP 客户端软件可以将本地计算机文件上传至 FTP 服务器，或将文件从 FTP 服务器下载至本地计算机，常用的 FTP 客户端软件有 FlashFXP、CuteFTP、LeapFTP 等。下面以 FlashFXP 软件为例，介绍利用 FTP 客户端软件实现文件上传和下载的方法。

FlashFXP 软件的主界面如图 4-9 所示，它由菜单栏、工具栏、“本地浏览器”窗格、“远程浏览器”窗格、队列窗格、状态窗格、状态栏等组成，其中，“本地浏览器”窗格显示本地磁盘中的文件目录，“远程浏览器”窗格显示 FTP 服务器上的文件目录，队列窗格显示正在传输的文件列表，状态窗格显示本地计算机和远程 FTP 服务器的交互情况，状态栏显示文件的传输进度、连接时间等信息。

连接远程 FTP 服务器的步骤如下。

1）单击按钮，或选择“会话”|“快速连接”命令，弹出“快速连接”对话框，如图 4-10 所示。

2）在“地址或 URL”文本框中输入 FTP 服务器的 IP 地址，在“用户名”文本框和“密码”文本框中输入管理员提供的登录账号和密码，单击“连接”按钮，连接 FTP 服务器，如图 4-11 所示。

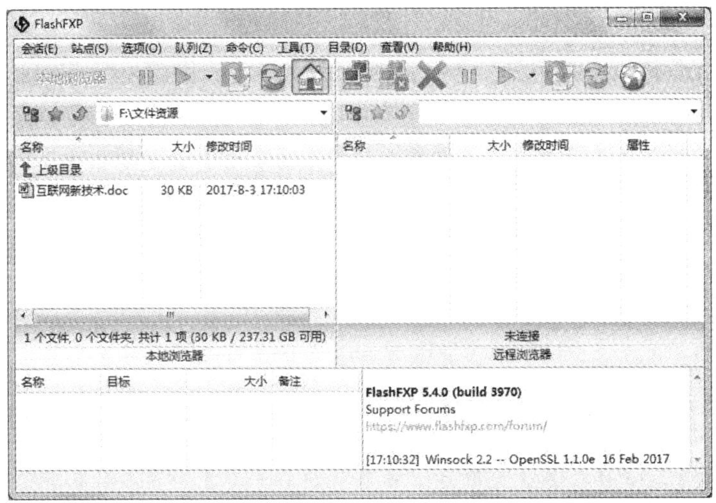

图 4-9 FlashFXP 软件的主界面

图 4-10 “快速连接”对话框

图 4-11 连接到 FTP 服务器

上传文件的步骤如下。

1）在“本地浏览器”窗格中，选中一个或多个待上传的文件。

2）在待上传的文件上右击，在弹出的快捷菜单中选择“传输选定的项目”命令，开始上传文件，状态栏会显示文件上传的进度。

若单击按钮，则当前文件下载完成后，停止传输未上传的队列文件。

若单击按钮，则继续传输尚未传输的队列文件。

若单击按钮，则中止文件上传。

下载文件的步骤如下。

1）在“远程浏览器”窗格中，选中一个或多个待上传的文件。

2）在待上传的文件上右击，在弹出的快捷菜单中选择“传输选定的项目”命令，开始下载文件，状态栏会显示文件下载的进度。

下载文件的停止传输、继续传输和中止传输操作与上传文件类似。单击按钮，断开与远程 FTP 服务器的连接。

2. 利用 IE 浏览器实现文件的下载

下面以下载即时聊天工具软件 QQ 为例，介绍在 IE 浏览器中下载文件的方法。

1）在 IE 浏览器中打开 QQ 的官方下载地址（http://im.qq.com/download/），打开 QQ 下载界面，如图 4-12 所示。

图 4-12 QQ 下载界面

2）选择“QQ PC 版”，在其“下载”图标处右击，在弹出的快捷菜单中选择“目标另存为”命令，弹出“另存为”对话框。

3）在“另存为”对话框中，选择 QQ 软件的文件存储路径。

4）单击“保存”按钮，开始下载文件，此时会显示下载进度提示条，如图 4-13 所示。

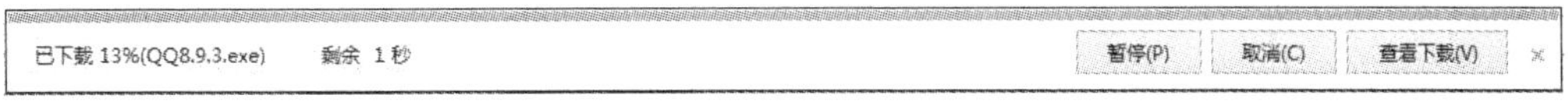

已下载 13%(QQ8.9.3.exe) 剩余 1秒 暂停(P) 取消(C) 查看下载(V) ×

图 4-13 下载进度提示

若单击“暂停”按钮，则暂停当前文件的下载。

若单击“取消”按钮，则取消当前文件的下载。

4.3.3 电子邮件的收发

电子邮件的出现与普及改变了人们传统的通信方式和信息交流方法，通过 Internet 收发电子邮件也成为许多人的日常工作。

发送电子邮件的一方称为发件人，接收电子邮件的一方称为收件人，一般地，人们也将发送方和接收方的电子邮件地址分别称为发件人和收件人。在 Internet 上，有一些专门提供电子邮件服务的主机，称为电子邮件服务器，它类似于现实生活中的邮局。一般情况下，Internet 上的电子邮件系统存在两种电子邮件服务器：发送邮件服务器和接收邮件服务器。其中，发送邮件服务器采用 SMTP，因此又称 SMTP 服务器，该服务器的作用是为用户提供电子邮件发送服务，并将发件人的邮件投递到收件人的电子邮箱中；接收邮件服务器采用邮局协议第 3 版（Post Office Protocol 3，POP3），因此又称 POP3 服务器，该服务器的作用是为用户提供电子邮件接收服务，将发件人发送给收件人的电子邮件暂时寄存，直到用户从邮件服务器上将电子邮件接收到本地计算机。

目前，存在两种常用的电子邮件收发方式：使用电子邮件客户端软件收发电子邮件和使用浏览器收发电子邮件。前者需在 Internet 用户的本地计算机上安装客户端软件，并由用户自行设置 SMTP 服务器和 POP3 服务器的地址，然后才能收发电子邮件，收发的电子邮件内容都保存在本地计算机上，方便了用户的阅读。但是，这种收发的方式要求电子邮件用户懂得一些电子邮件收发的简单原理和客户端软件的设置方法，对使用电子邮件的初学者来讲存在一定的困难。后者只需使用浏览器，并通过用户的电子邮件账号和密码登录到电子邮件系统，即可进行电子邮件的收发，这种方式完全是网页界面，用户不做设置即可收发电子邮件，并且收发邮件的过程也很简单，普通的 Internet 用户几乎不用学习就可以操作。因此，这种方式目前正被越来越多的电子邮件用户所接受，但其缺点是电子邮件的内容全部保存在电子邮件服务器中，需要用户执行下载或复制操作才能将电子邮件的内容保存到本地计算机。

常用的电子邮件客户端软件有 Outlook、Foxmail 等，常用的电子邮件网站有 163、新浪、搜狐、Gmail 和 Hotmail 等。下面通过 Outlook 软件和 163 电子邮件网站介绍以上两种收发电子邮件的方法。本节介绍的这两种实例带有一定的通用性，即使换作其他电子邮件客户端软件或电子邮件网站，稍作变通也能使用。

1. 使用 Outlook 软件收发电子邮件

下面以 Outlook 2010 为例，介绍使用 Outlook 软件收发电子邮件的方法。Outlook 2010 是微软公司 Office 2010 系列中一个收发电子邮件的软件，其主界面如图 4-14 所示。

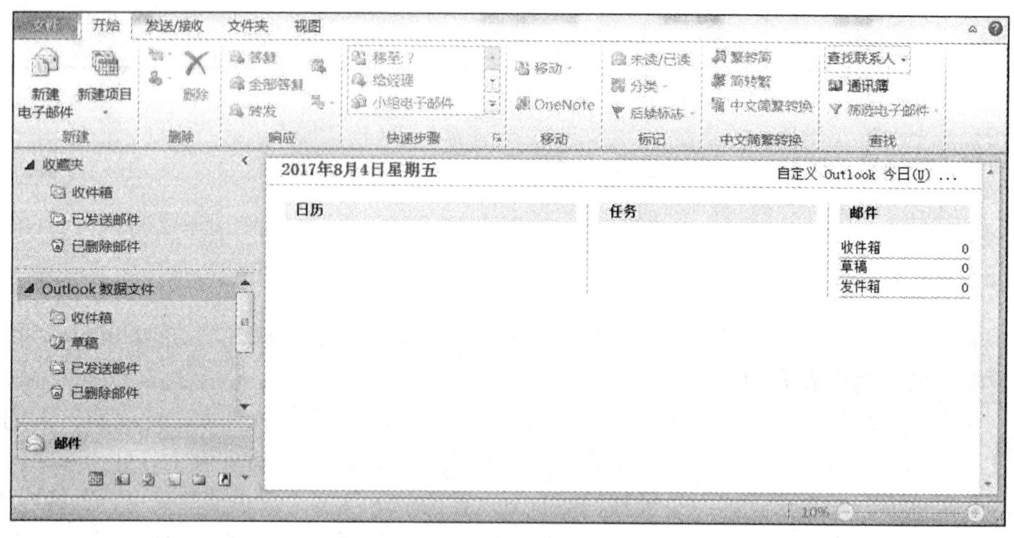

图 4-14 Outlook 软件的主界面

（1）添加电子邮件账户

在使用 Outlook 软件收发电子邮件之前，首先需要添加一个电子邮件账户，下面介绍电子邮件账户的设置方法。

1）选择“文件”选项卡，打开如图 4-15 所示的界面。

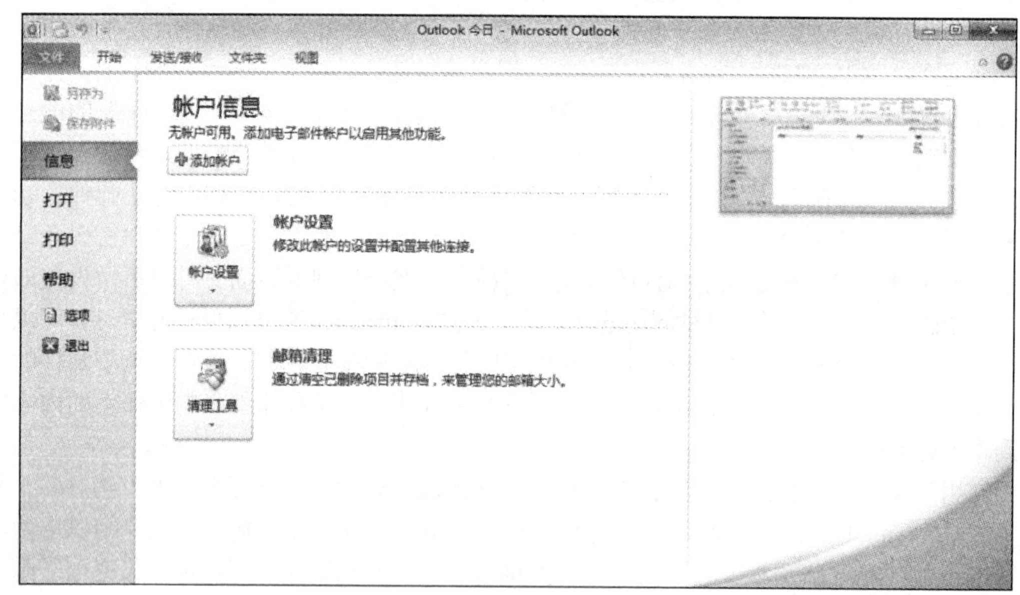

图 4-15 “文件”选项卡

2）在“文件”选项卡中，选择“信息”命令。在打开的“账户信息”面板中，单击“添加账户”按钮，弹出“添加新账户”对话框，如图 4-16 所示。

3）在“添加新账户”对话框中，选中“电子邮件账户”单选按钮，单击“下一步”按钮，打开“自动账户设置”界面，如图 4-17 所示。

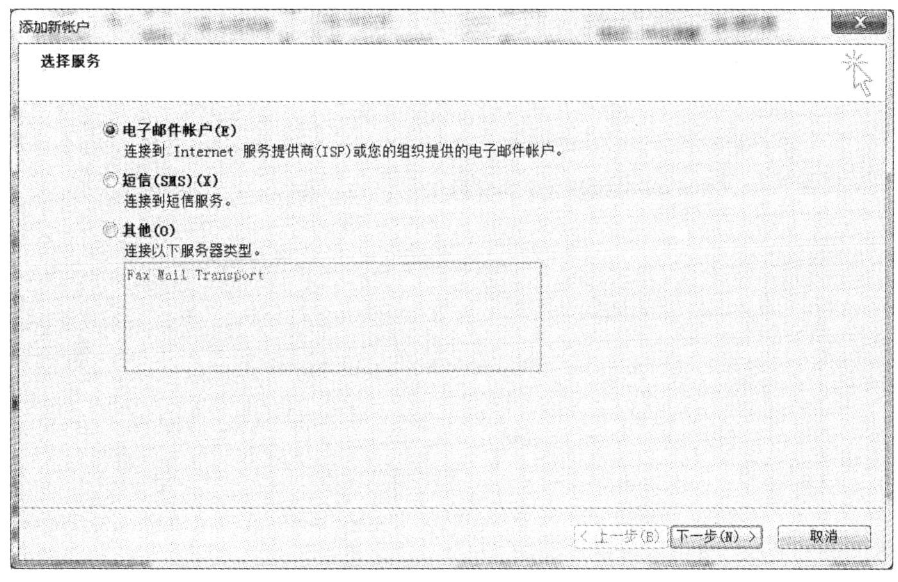

图 4-16 “添加新账户”对话框

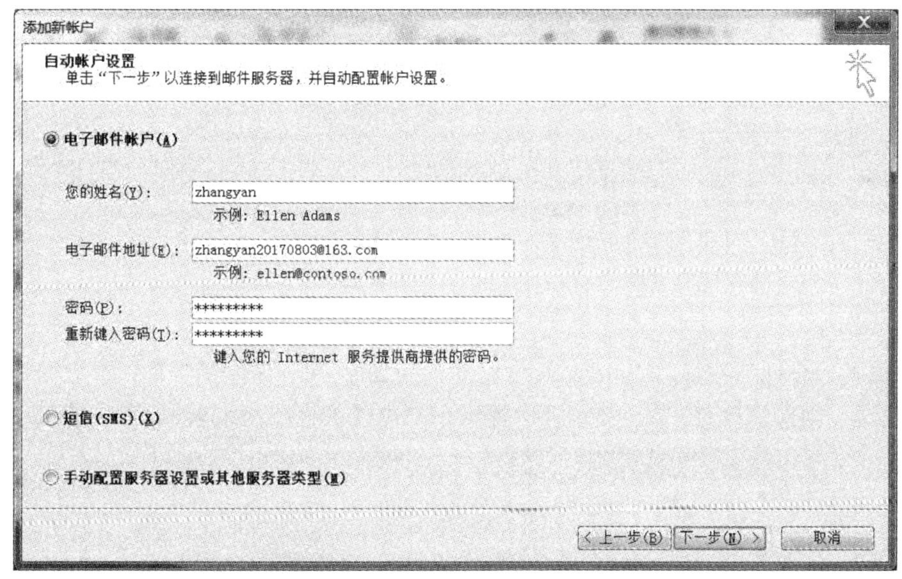

图 4-17 “自动账户设置”界面

4）“自动账户设置”界面有“电子邮件账户”“手动配置服务器设置或其他服务器类型”等单选按钮。如果选中“手动配置服务器设置或其他服务器类型”单选按钮，则需要用户手动配置发送邮件服务器地址和接收邮件服务器地址；如果选中“电子邮件账户”单选按钮，则 Outlook 软件自动为用户搜索发送邮件服务器地址和接收邮件服务器地址，无须用户输入。这里选中“电子邮件账户”单选按钮，并单击“下一步”按钮，打开“联机搜索您的服务器设置”界面，如图 4-18 所示。在该步骤中，Outlook 会根据输入的电子邮件信息自动搜索电子邮件服务器，并与电子邮件服务器进行通信。

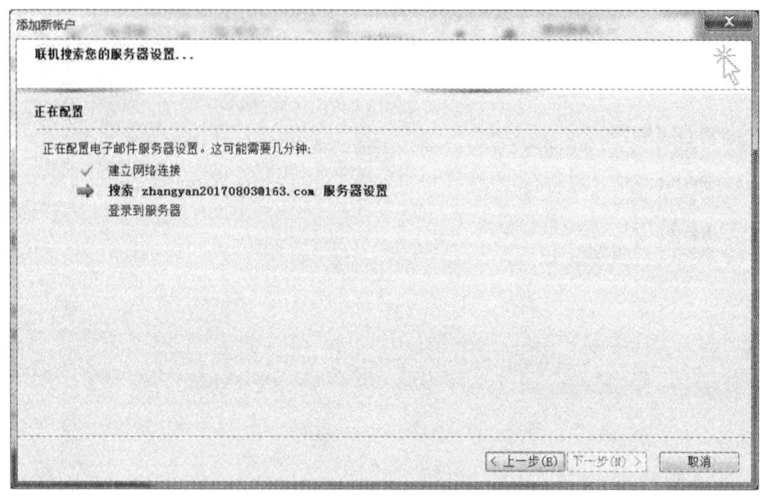

图 4-18 “联机搜索您的服务器”界面

5）当 Outlook 软件与电子邮件服务器成功通信后，弹出允许配置服务器设置对话框，如图 4-19 所示。

图 4-19 允许配置服务器设置对话框

6）单击“允许”按钮，Outlook 软件自动返回如图 4-18 所示的界面，并登录电子邮件服务器发送一封测试邮件，发送成功后，提示用户电子邮件账户配置成功，如图 4-20 所示。

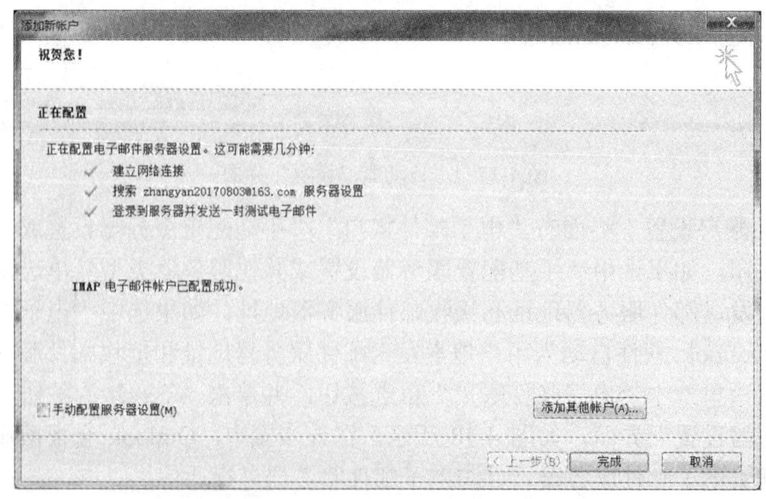

图 4-20 邮件账户配置成功

如果要设置多个电子邮件账户，则应单击“添加其他账户”按钮。否则，单击“完成”按钮，返回 Outlook 软件的主界面，如图 4-21 所示。单击左侧的“收件箱”链接，可以浏览该电子邮件中的邮件标题列表。双击邮件标题，即可浏览该邮件的具体内容。

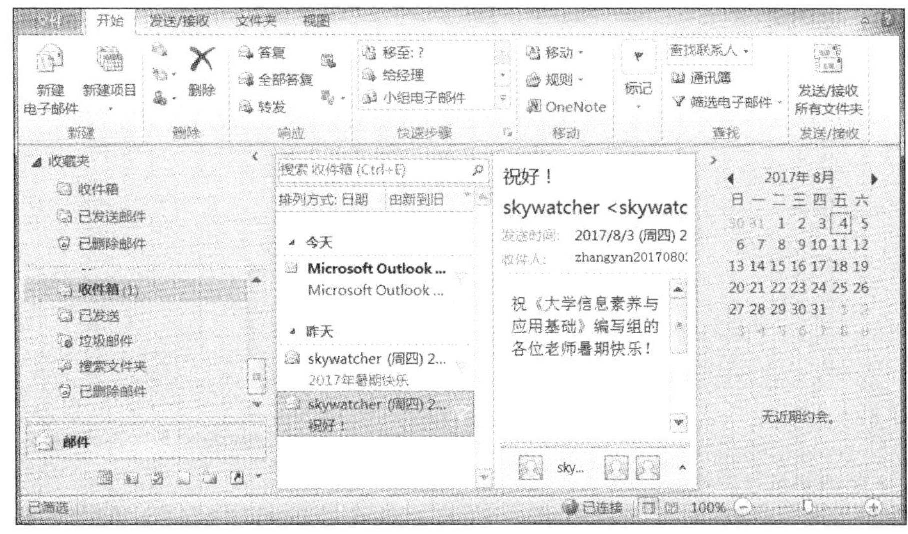

图 4-21　添加电子邮件账户完成后的主界面

（2）接收邮件

单击“发送/接收”选项卡中的“发送/接收所有文件夹”按钮，弹出“Outlook 发送/接收进度”对话框，如图 4-22 所示。电子邮件接收完毕后，返回如图 4-21 所示的主界面。

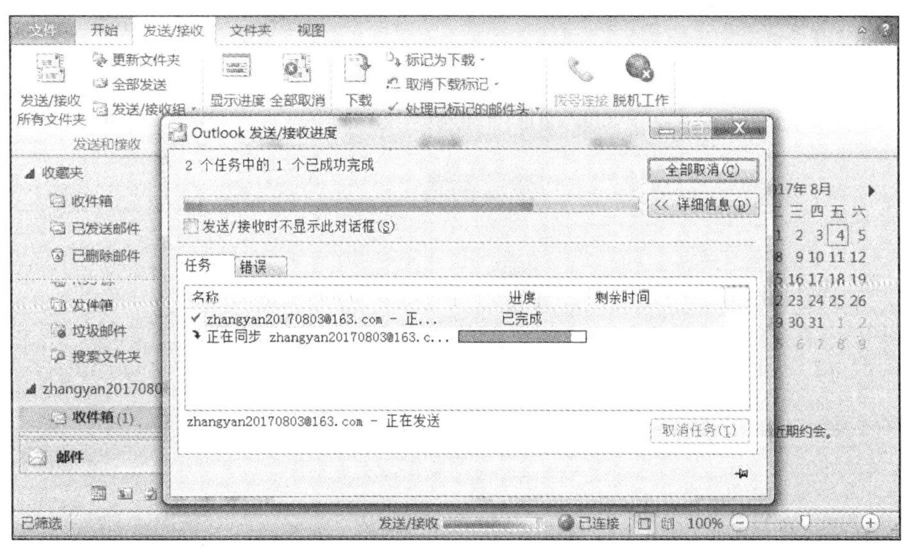

图 4-22　接收电子邮件

（3）发送邮件

单击“开始”选项卡中的“新建电子邮件”按钮，打开撰写新邮件的窗口，如图 4-23 所示。邮件撰写完成后，单击“发送”按钮，Outlook 软件开始发送电子邮件，并返回如图 4-21 所示的主界面。在主界面单击左侧导航栏的“已发送”链接，可以查看已发送的电子邮件。

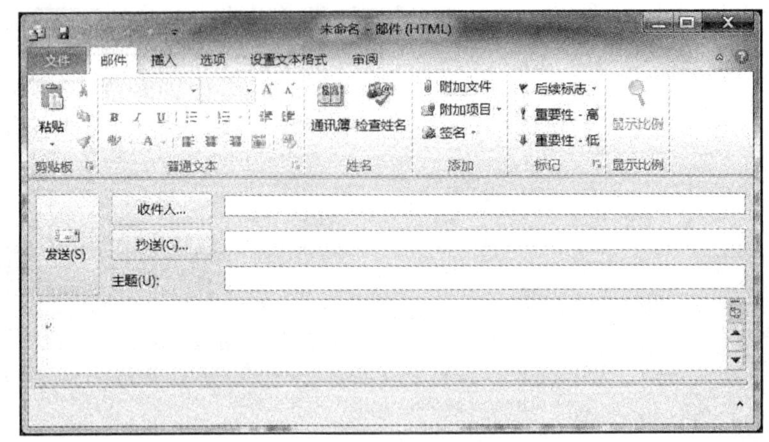

图 4-23　撰写新邮件的窗口

2. 使用浏览器收发电子邮件

在 IE 浏览器的地址栏中输入 163 电子邮件网站的网址（http://mail.163.com），打开网页即可看到输入电子邮件账号和密码的位置，如图 4-24 所示。

图 4-24　163 电子邮件网站的首页

输入电子邮件的账号和密码，单击“登录”按钮，浏览器中出现用户电子邮箱的主界界面，如图 4-25 所示。

单击左侧导航栏的“收件箱”链接，进入收件箱界面，如图 4-26 所示，用户可以查看包含未阅读的新邮件和已阅读的旧邮件在内的邮件标题列表。其中，标题加黑的电子邮件为新邮件，单击邮件的标题即可查看该邮件的内容，如图 4-27 所示。

图 4-25 用户电子邮箱的主界面

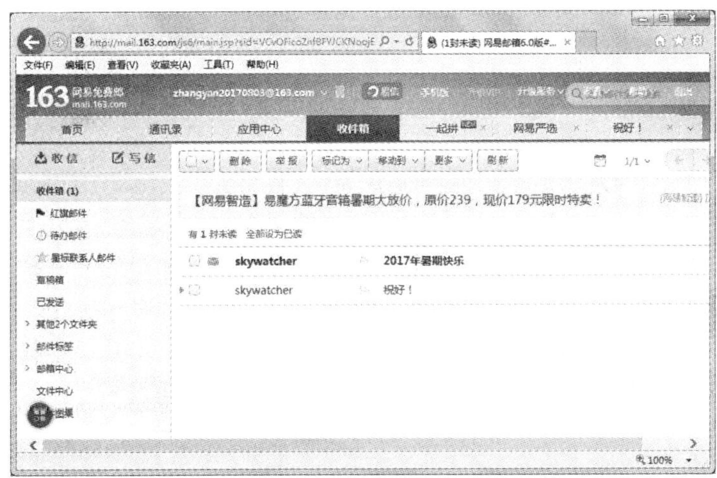

图 4-26 收件箱界面

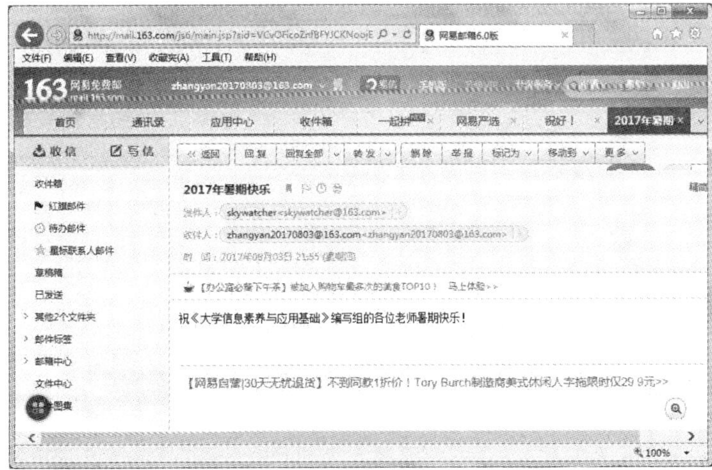

图 4-27 查看邮件内容

单击左上角的“写信”按钮，进入发送电子邮件界面，如图 4-28 所示。

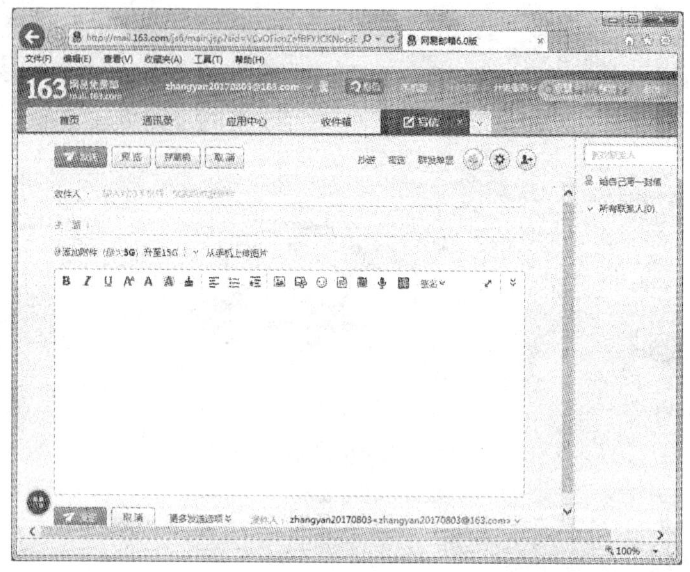

图 4-28　发送电子邮件界面

在如图 4-28 所示的发送电子邮件界面中，在“收件人”文本框中输入收件人的电子邮件地址，在“主题”文本框中输入电子邮件的标题，在“内容”文本框中输入电子邮件的内容，如果需要在电子邮件中发送其他文件，则应单击“添加附件”链接进行操作。输入完电子邮件的信息后，单击“发送”按钮即可完成电子邮件的发送工作。电子邮件发送成功后，系统会返回一个发送成功界面，如图 4-29 所示。目前大多数电子邮件网站提供了丰富的电子邮件内容编辑功能，用户可以在“内容”文本框中插入图片、动画、声音和视频等多媒体内容，从而发送丰富多彩的电子邮件。

图 4-29　发送成功后返回的界面

4.3.4　即时聊天工具

即时聊天工具是实现用户间收发实时聊天消息的网络工具，一般为即时聊天软件。即时聊天工具可以通过计算机、手机及其他智能终端，使两个或多个用户同时进行聊天，聊天消息的内容可以是文字、图片、语音、实时视频、普通文件等。常见的即时聊天工具有

QQ、微信（WebChat）、阿里旺旺、Skype、ICQ 等，这些软件都支持在计算机和手机上使用，可以随时随地让用户收发聊天消息，方便了人们的工作、生活和娱乐。

在我国，QQ 是使用较早和较普遍的免费即时聊天工具，其官方数据显示，截至 2017 年 8 月初，它已拥有 8 亿用户。下面以 QQ 为例，介绍即时聊天工具的注册和使用方法。

在注册和使用 QQ 之前，需安装 QQ 软件：双击下载完成的文件 QQ8.9.3.exe，按照安装程序的向导，完成 QQ 软件的安装。

（1）注册 QQ 账号

双击 QQ 软件的图标，打开 QQ 登录界面，如图 4-30 所示。

图 4-30　QQ 登录界面

在使用 QQ 之前，需要拥有一个 QQ 账号，单击“注册账号”链接，系统会自动跳转到 IE 浏览器，并在其中打开注册账号界面，如图 4-31 所示。按照注册账号界面中的提示信息，完成 QQ 账号信息的输入。单击“立即注册”按钮，系统会为用户返回一个 QQ 账号，用户需要记住这个账号和自己设定的密码，它们是登录 QQ 的依据。

图 4-31　注册 QQ 账号

（2）使用 QQ

1）双击 QQ 软件的图标，打开 QQ 登录界面，如图 4-30 所示。

2）输入 QQ 账号和密码，单击“安全登录”按钮，进入 QQ 主界面，如图 4-32 所示。同时，在任务栏右侧，会显示 QQ 图标。

3）单击主界面左下侧的“加好友”图标+，弹出“查找”对话框。在该对话框中，输入要查找的 QQ 好友的账号、昵称、手机号或邮箱等信息，单击“查找”按钮，在“查找”对话框的下侧会显示找到的 QQ 好友，单击“加好友”图标+好友，弹出“添加好友”对话框，按照向导的提示信息，完成好友的添加。

4）单击“联系人”图标，找到需要聊天的好友，双击该好友的头像，打开聊天界面，如图 4-33 所示。

图 4-32 QQ 主界面

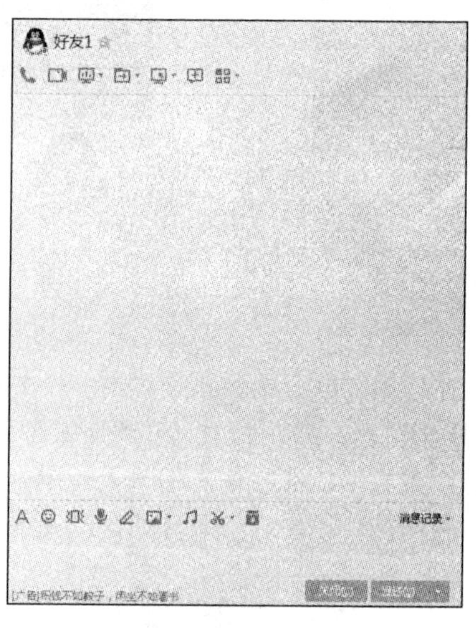

图 4-33 QQ 聊天界面

5）在消息输入区输入聊天内容，单击“发送”按钮，对方即可收到聊天信息，该聊天信息会显示在消息显示区，好友发送过来的消息也会显示在消息显示区。

6）单击“关闭”按钮，即可关闭聊天界面。

4.3.5 网络购物

网络购物（简称网购）是指用户通过 Internet 购买商品，即买家通过计算机、手机等终端查询商品信息，使用网络银行、支付宝、微信支付等方式支付商品费用，卖家通过快递方式将商品发送到买家提供的地址。

买家需要在网络购物平台进行网络购物，国内常用的网络购物平台有淘宝网、京东商城、当当网等，国外知名的网络购物平台有亿贝（eBay）、亚马逊（Amazon）等。随着国际快递业务的发展，国内买家还可以通过海淘网络购物平台购买国外的商品。

在网络购物平台购物时，一般需要以下几个步骤。

1）注册账号。在一些平台中，还需要在注册账号时指定商品费用的支付方式。

2）使用账号登录网络购物平台。

3）查找需要购买的商品。

4）将需要购买的一个或多个商品装入购物车。

5）结账，支付商品费用，指定收货地址。

6）卖家按照收货地址快递商品，快递公司运输商品，并将商品发送至买家指定的收货地址。

7）买家收到网络购买的商品。

4.4 信息检索

信息检索（Information Retrieval）是指根据用户的需求找出相关信息的过程和技术。它将用户想要获取的信息按一定的方式组织起来，提供给用户。信息检索起源于图书馆的参考咨询和文摘索引工作，以前的检索手段主要为手工检索。随着 Internet 技术的发展，信息检索技术已变得高度信息化和自动化，目前常见的信息检索途径有搜索引擎和电子图书馆。

4.4.1 搜索引擎的使用

人们需要获取的信息广泛地存在于 Internet 上，这使信息检索技术不再局限于传统图书馆的文献咨询和检索，而是延伸到 Internet 上海量信息的检索。Internet 发展至今，各种以网页等形式出现的信息每天都在大量地增加，如果普通用户只是靠记忆网址或逐个单击链接的方式检索 Internet 上的信息，将使信息搜索变得异常困难。为了满足 Internet 用户信息检索的需求，产生了许多专业搜索网站，人们将其称为搜索引擎。一般地，人们将在搜索引擎上检索信息称为搜索信息。各种搜索引擎的功能正变得越来越强大，用户不但可以搜索常规的网页，还可以按照文件类型搜索文件、图片等。

常用的网络搜索引擎有百度（Baidu）、必应（Bing）、搜狗（Sogou）等，其首页分别如图 4-34～图 4-36 所示。

图 4-34 百度首页

图 4-35 必应首页

图 4-36 搜狗首页

下面以百度为例，介绍网络搜索引擎的使用方法。

百度是全球最大的中文搜索引擎，它为 Internet 用户（尤其是中文用户）提供了功能多样化的网络搜索产品，除了常规的网页搜索外，还提供了以贴吧为主的社区搜索、音乐搜索、图片搜索等，基本满足了中文网络世界的信息搜索需求。用户只需将待搜索的关键词输入如图 4-34 所示的搜索框中，单击“百度一下”按钮，系统就会返回与该关键词相关的信息，用户单击相关信息的标题即可进入相关的网页。

百度实现的最简单的搜索功能是搜索单个关键词，如搜索与关键词“网络”相关的信息，结果如图 4-37 所示。

为了更加准确地搜索到用户想要的信息，有时需要提供多个关键词进行搜索，如搜索与“网络”和“百科”两者相关的信息，这时需要将两个关键词都输入搜索框中，并用空格分隔，结果如图 4-38 所示。

另外，还可以指定信息搜索结果的类型，如新闻、音乐、图片等，只需在如图 4-37 所示的搜索结果的基础上，单击页面顶端的“图片”链接，即可获得与“网络”相关的图片的搜索结果，如图 4-39 所示。

图 4-37 单个关键词的搜索结果

图 4-38 两个关键词的搜索结果

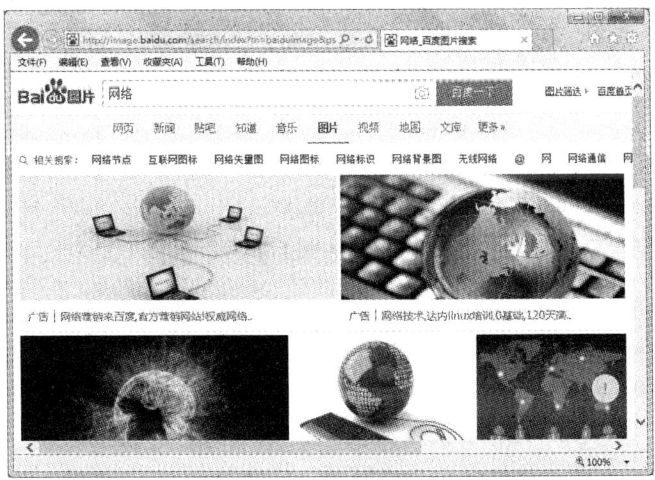

图 4-39 “网络”图片的搜索结果

通过在关键词中加入特殊的命令，可以在百度中搜索更加精确的结果，下面列举 3 种常用的搜索命令。

1）在搜索框中输入“filetype:doc”命令和关键词“网络”，可以搜索出与关键词相关的 Word 文档类型的文件，如图 4-40 所示。

图 4-40 搜索指定类型的文件

2）在搜索框中输入“inurl:lsnu.edu.cn”命令和关键词“计算机”，可以搜索出与关键词相关的且网址中含有“lsnu.edu.cn”的网页，如图 4-41 所示。

图 4-41 搜索含有指定地址的网页

3）在搜索框中输入“intitle:乐山师范学院”命令和关键词“计算机”，可以搜索出与关键词相关的且网页标题中含有“乐山师范学院”的网页，如图 4-42 所示。

百度中加入了图片搜索的功能，用户可以根据已有的图片搜索相关的图片。单击搜索框右侧的 📷 图标，打开图片搜索界面，如图 4-43 所示。单击“本地上传图片”按钮，在本地磁盘中指定待搜索的图片文件，单击“打开”按钮，即可搜索出相关的图片。在搜索框中输入图片的网址，或将图片拖动到指定区域，也可以搜索出相关的图片。

图 4-42 搜索网页标题中含有指定字符的网页

图 4-43 图片搜索界面

4.4.2 电子图书馆的使用

随着计算机技术和 Internet 技术的不断发展和推广，图书馆的信息检索逐渐变得信息化和网络化，出现了许多通过 Internet 进行访问的电子图书馆。用户在家里、办公室或其他能访问 Internet 的地方，都可以通过 Internet 进入电子图书馆系统，不需要图书馆管理员的帮助就可以随意检索自己想要的信息。目前，国内高校大多建立了自己的电子图书馆，但一般只对本校内部师生开放。国内对公众开放的常见电子图书馆有 CNKI、维普、超星图书馆等，普通 Internet 用户一般可以在这些电子图书馆中查询文献的摘要信息，只有支付一定的费用后才能下载文献的全文。

本节以中文的 CNKI 电子图书馆和英文的 SpringerLink 电子图书馆为例，介绍电子图书馆的基础使用方法。

1. CNKI 的使用方法

CNKI（China National Knowledge Infrastructure）又称中国知网，由中国学术期刊（光

盘版）电子杂志社、同方知网（北京）技术有限公司主办，是基于《中国知识资源总库》的中文知识门户网站，具有对知识进行整合、集散、出版和传播的功能。

在 IE 浏览器的地址栏中输入 CNKI 的网址（http://www.cnki.net），进入 CNKI 首页，如图 4-44 所示。

图 4-44　CNKI 首页

单击"资源总库"链接，进入"资源总库"界面，在其中可以选择文献所在的数据库，如图 4-45 所示。

图 4-45　"资源总库"界面

CNKI 的资源数据库包括期刊数据库、学位论文数据库等，用户可以根据待检索文献的类型，选择合适的资源数据库进行文献检索。下面以检索期刊文献为例，介绍 CNKI 的文献检索方法。

1）单击"《中国学术期刊（网络版）》"链接，进入文献检索界面，如图 4-46 所示。用户可以在文献检索界面右侧的文本框中，按要求输入文献检索条件。如果要增加检索条件，则应单击"主题"左边的"+"按钮，此时将增加一套检索条件文本框。在"主题"下拉列表中可以选择检索条件，如图 4-47 所示。

图 4-46 文献检索界面

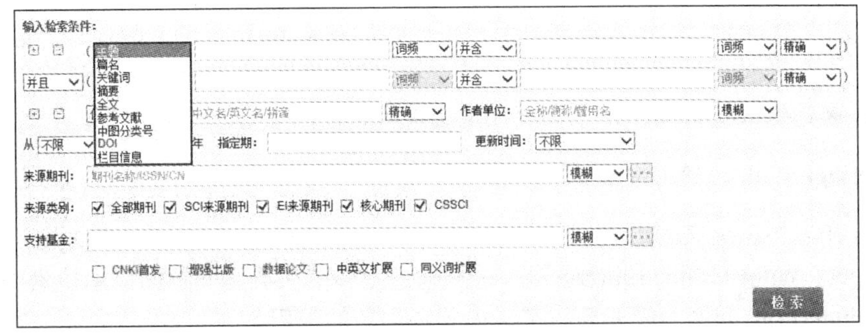

图 4-47 选择检索条件

2）输入检索条件“计算机网络”，单击“检索”按钮，进入检索结果界面，如图 4-48 所示。该界面显示了检索出的与“计算机网络”相关文献的篇名、作者等信息。

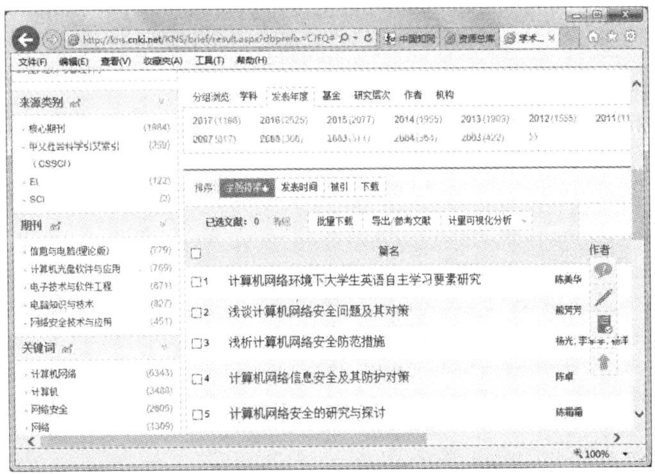

图 4-48 检索结果界面

3）单击某一篇文献的篇名，可以查看该文献的详细信息，如图 4-49 所示。

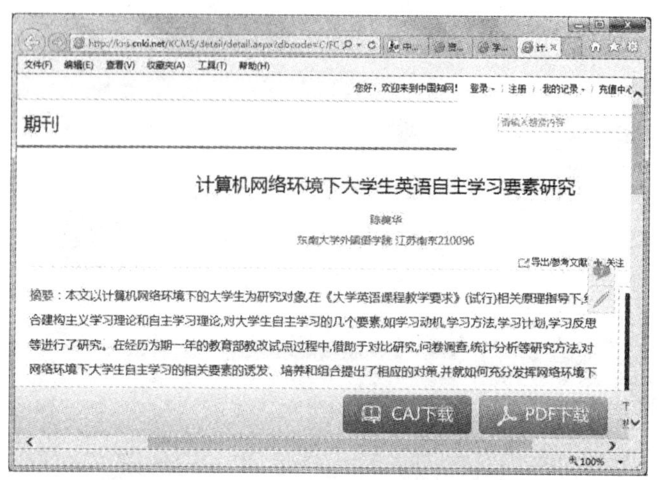

图 4-49 文献详细内容显示界面

CNKI 的文献查询功能比较丰富，用户可以在如图 4-46 所示的文献检索界面中，根据需求选择“高级检索”“专业检索”“作者发文检索”“句子检索”“一框式检索”等功能，然后尽可能多地输入检索条件，以便更加准确地检索出所需要的文献信息。

2. SpringerLink 的使用方法

国外存在多种以英文为语言载体的电子图书馆，如 SpringerLink、IEEE Xplore、Elsevier ScienceDirect、Wiley Online Library 等，这些电子图书馆在英文文献的信息检索中较常用。下面以 SpringerLink 为例，简要介绍英文电子图书馆的使用方法。

SpringerLink 是通过 Internet 发行的电子期刊检索系统，包含多种英文期刊，并涉及多个学科。在 IE 浏览器的地址栏中输入 SpringerLink 的网址（https://link.springer.com/），进入 Springer Link 首页，如图 4-50 所示。通过该界面的信息检索框，用户可以实现一些简单的信息检索功能。

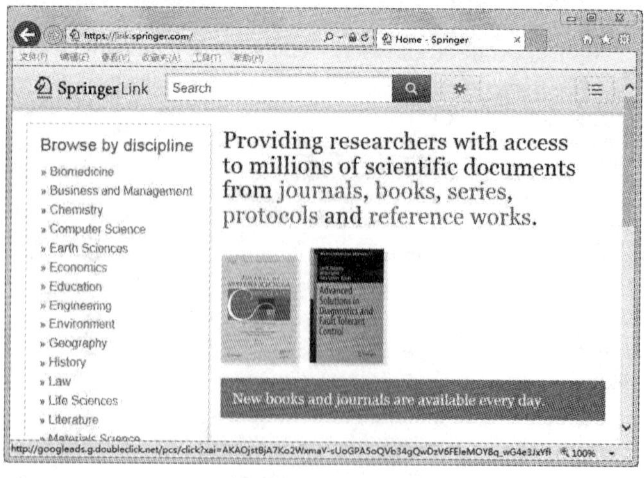

图 4-50 SpringerLink 首页

如果用户需要在 SpringerLink 中进行复杂的信息检索，可以单击信息检索框旁边带有齿轮图案的按钮 ，然后单击“Advanced Search”链接，打开高级检索界面，如图 4-51 所示。

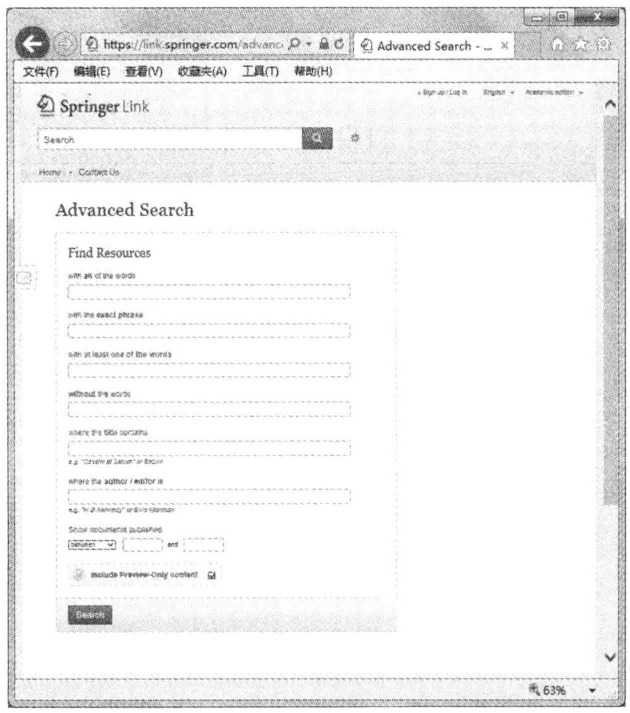

图 4-51 SpringerLink 的高级检索界面

输入检索信息后，单击“Search”按钮，进入检索结果界面，如图 4-52 所示。

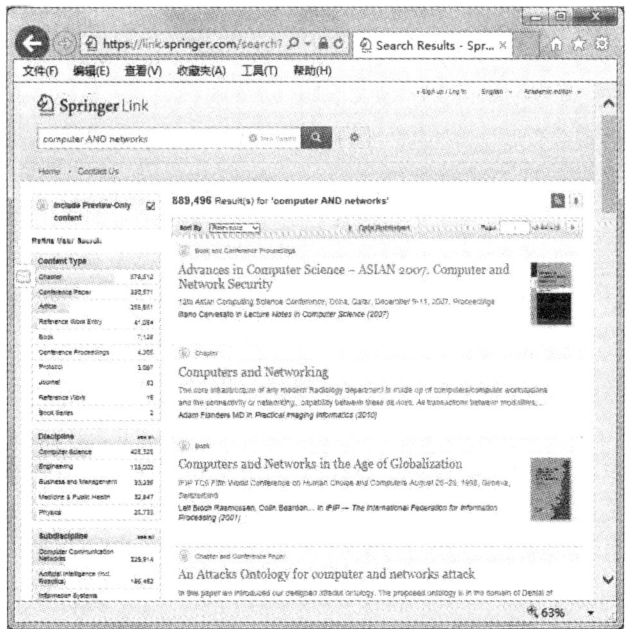

图 4-52 SpringerLink 的检索结果界面

在检索结果界面中，单击文献的篇名，进入查看文献详细内容界面，如图 4-53 所示。

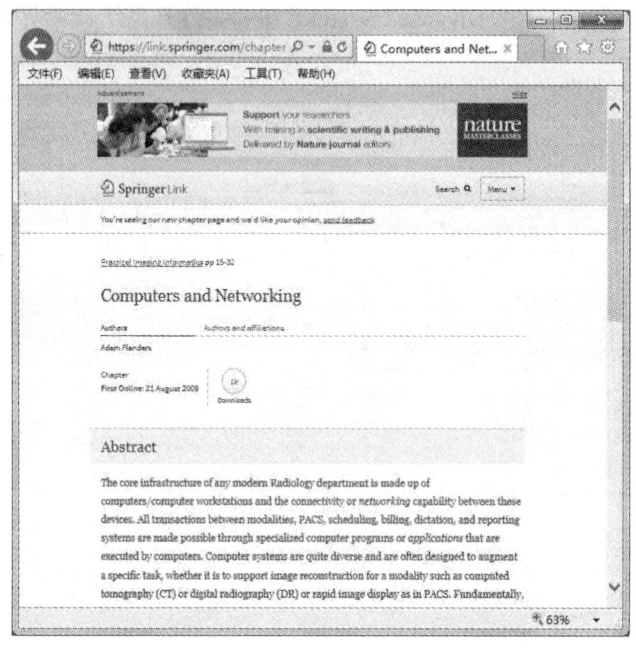

图 4-53　SpringerLink 的查看文献详细内容界面

4.5 网络安全

计算机网络存在一定的复杂性，在其设计、建设和使用过程中，难免会存在各种漏洞。同时，由于 Internet 的开放性，其依赖的 TCP/IP 协议体系在初期设计时也存在诸多的缺陷，这些都为各种动机的网络安全威胁提供了可乘之机。随着 Internet 的不断普及和推广，用户和业务都在急剧增长，网络安全威胁带来的网络安全问题对广大 Internet 用户的影响也越来越大，一旦出现网络安全问题，往往会给网络用户带来一定的损失。

一般来讲，网络安全是指网络系统的硬件、软件及其系统中的数据受到保护，不因偶然的或恶意的原因而遭到破坏、更改、泄露，系统可以连续、可靠、正常地运行，网络服务不中断。网络安全涉及网络信息的保密性、完整性、可用性和可控性，网络安全威胁利用网络存在的漏洞破坏网络安全特性，从而对网络安全构成危害。为了保障网络安全，需要选择适当的网络安全技术和网络安全产品，并制定合理的网络安全防御策略，在保障网络安全的同时，尽量不干扰网络用户的正常使用。

Internet 的普及使接入 Internet 的工具不再局限于传统的计算机，手机、平板式计算机等便携式智能设备也可以访问 Internet，这使网络安全威胁可以破坏的范围逐渐扩大。为了从数量庞大的 Internet 用户那里非法谋取利益，网络安全威胁制造者利用新技术和新设备不断制造新的威胁，导致网络安全威胁的形式和种类呈现多样化的趋势。常见的网络安全威胁有计算机病毒、网络攻击、蠕虫、特洛伊木马、钓鱼程序、垃圾邮件等，下面以计算机病毒和网络攻击为例，介绍常见的网络安全威胁及其防范技术。

4.5.1 计算机病毒及其防范

计算机病毒在《中华人民共和国计算机信息系统安全保护条例》中定义如下：编制者在计算机程序中插入的破坏计算机功能或破坏数据，影响计算机使用并且能够自我复制的一组计算机指令或程序代码。计算机病毒是一组非法的指令集或程序代码，它利用计算机软硬件或计算机网络系统存在的缺陷，通过存储介质或计算机网络，由一台计算机设备传染给另一台计算机设备，进而破坏被感染计算机设备的系统或数据，影响被感染计算机的正常工作。许多计算机病毒还会影响被感染计算机设备所在的本地计算机网络，导致网络通信速度变慢，甚至引起网络拥塞，使本地计算机网络完全丧失通信的能力。需要指出的是，计算机病毒不只影响传统意义上的计算机，对其他计算机相关设备也有影响，如智能手机、平板式计算机等依赖于软件的设备。

计算机病毒具有传染性、非授权可执行性、破坏性、隐蔽性、可触发性和潜伏性等特性。这些特性使普通用户难以发现和清除计算机病毒，甚至用户完全不知道计算机病毒已经对其计算机系统造成了损害。某些计算机病毒具有相同的特性，一般将特性相同的计算机病毒归为一类。目前，已存在许多不同的计算机病毒，可以按照不同的方式对其进行分类：按照感染方式的不同，计算机病毒可分为引导型病毒、文件型病毒和复合型病毒；按照破坏性的不同，计算机病毒可分为良性病毒和恶性病毒；按照寄生媒介的不同，计算机病毒可分为入侵型病毒、源码型病毒、外壳型病毒和操作系统型病毒。

随着Internet的不断普及和相关业务的不断推广，计算机病毒通过Internet进行传播的态势正在加剧。与此同时，Internet用户也在不断增多，他们之间通过电子邮件、即时聊天工具、文件传输软件等工具在Internet上传递文件的情况越来越多。同时，一些用户也会在形形色色的网站下载各种免费资源，或浏览一些带有诱惑性的网页，计算机病毒往往就隐藏在这些文件、资源和网页中，这无疑提高了计算机病毒的传播速度，扩大了计算机病毒的影响范围。为了最大限度地降低计算机病毒对计算机系统的影响，计算机用户应养成良好的计算机使用习惯，提高防病毒意识，多关注媒体发布的流行病毒预告，尽可能多地了解一些计算机病毒的防治知识。

对于普通用户而言，良好的计算机使用习惯可以在一定程度上防范计算机病毒，但是，只靠普通用户的防毒常识还不足以抵挡计算机病毒的侵袭和破坏，一般还需依赖于防御和清除计算机病毒的专业软件。常见的计算机病毒防范措施如下。

1）安装并运行防病毒软件，及时更新病毒库。对于普通用户，这是最有效的计算机病毒防范措施。

2）自动或定期更新操作系统和常用应用软件（如Office系列软件）的补丁，弥补系统和应用软件的漏洞。

3）在使用外来文件或移动存储设备前，进行病毒扫描。

4）关闭自动播放移动存储设备上文件的功能。

5）在浏览文件时，显示文件的扩展名，不打开可疑文件。

6）设置系统管理员密码。

7）启用IE浏览器的高级别安全属性。

8）启用Office系列软件的高级别宏安全性。

9）定期备份数据。

4.5.2 网络攻击及其防范

网络攻击是指利用计算机网络存在的漏洞和安全缺陷，对网络和计算机系统的软硬件及系统中的数据进行的攻击。总体来讲，网络攻击包含两种方法：被动攻击和主动攻击。被动攻击采用搭线窃听、无线截获、嗅探数据和流量分析等手段来获取有用信息。它收集信息但不访问他人的系统，只是通过监听、分析数据流与数据模式来获得有价值的信息，一般只为主动攻击做准备，不易被发现。主动攻击一般在被动攻击的基础上进行，包括欺骗攻击、口令攻击、拒绝服务攻击（Denial of Service，DoS）、后门攻击和恶意代码攻击等。它利用网络或计算机系统存在的漏洞或缺陷，破坏系统数据的完整性或可用性。

一般地，人们将利用网络攻击破坏或窃取计算机网络资源的人称为黑客。黑客一词来源于英文单词 Hacker 的音译。实际上，黑客这个称呼最初并不带有贬义，它指那些精通计算机编程语言和系统、热衷于计算机技术、爱好研究和编写计算机程序的人员，他们对计算机及计算机网络有着狂热的兴趣和执着的追求，乐于挑战计算机难题，善于研究、发现和修补计算机及网络中的漏洞。但是，在当今社会，黑客已被普遍认为是专门利用计算机和 Internet 技术制造恶作剧和破坏的恶意入侵者，他们虽有高超的计算机技术，却往往利用计算机网络或他人计算机系统的漏洞，肆意妨碍计算机网络的正常运行或破坏他人的计算机系统，窃取别人的机密，以满足自己的虚荣心，或获得经济利益。因此，黑客这个词在现在一般带有贬义。当前，黑客攻击事件每年都在不断递增，由此带来的损失也在不断加大。网络攻击已成为影响网络安全的显著问题之一，它带来的经济损失和社会不良影响难以估计，已引起社会各个层面的高度重视。

为了最大限度地避免遭受网络攻击，用户应养成良好的使用计算机和上网的习惯，掌握常见的网络攻击防范措施。对于普通用户，常见的网络攻击防范措施如下。

1）在网络中设置防火墙。

2）在个人系统中安装安全防护软件。

3）提高账号密码的强度，在密码中同时设置数字、字母和特殊字符，并定期更改密码。

4）不打开可疑网站，不查看可疑邮件。

5）定期进行漏洞扫描，及时发现并弥补漏洞。

6）关闭个人系统中不必要的服务。

7）对重要资料进行加密，并定期备份。

思考与实践 4

一、判断题

1．Internet 是一种局域网。（ ）

2．OSI 参考模型中最底层和最高层分别为物理层和应用层。（ ）

3．Internet 采用的通信协议是 TCP/IP 协议。（ ）

4．常用的 IP 地址是 IPv5。（ ）

5．IP 地址分为 A、B、C、D 和 E 五大类。（ ）
6．域名采用层次式命名结构。（ ）
7．浏览器是网络用户访问 WWW 服务的一种软件。（ ）
8．常用的搜索引擎都不能按照文件类型搜索文件。（ ）
9．电子图书馆一般免费向用户提供文献全文下载服务。（ ）
10．计算机病毒具有传染性、非授权可执行性、破坏性等特性。（ ）

二、单选题

1．在计算机网络术语中，LAN 的中文含义是（ ）。
A．以太网 B．互联网 C．局域网 D．广域网
2．OSI 参考模型由（ ）层组成。
A．5 B．6 C．7 D．8
3．以下处于 TCP/IP 参考模型网络层的协议是（ ）。
A．IP B．FTP C．HTTP D．DNS
4．Internet 的中文名称是（ ）。
A．互联网 B．国际互联网 C．因特网 D．以太网
5．物联网的英文缩写是（ ）。
A．WLW B．IoT C．Internet D．MI
6．IP 地址由（ ）位二进制数组成。
A．16 B．24 C．32 D．36
7．中国的国家域名是（ ）。
A．cn B．uk C．us D．com
8．WWW 服务一般称为（ ）。
A．域名服务 B．远程登录服务
C．文件传输服务 D．万维网服务
9．微软公司的浏览器是（ ）。
A．Word B．Chrome
C．Internet Explorer D．Outlook
10．以下属于即时聊天工具的是（ ）。
A．Excel B．QQ C．LeapFTP D．Word
11．以下不属于网络购物平台的是（ ）。
A．淘宝网 B．京东商城 C．新浪网 D．Amazon
12．以下不属于网络搜索引擎的网站是（ ）。
A．百度 B．搜狗
C．乐山师范学院官网 D．谷歌
13．以下不属于计算机病毒特性的是（ ）。
A．传染性 B．破坏性 C．免疫性 D．潜伏性
14．以下不属于计算机病毒防范措施的是（ ）。
A．直接打开外来文件 B．自动更新系统补丁

C．安装防病毒软件　　D．启用 Office 系列软件的高级别宏安全性

15．以下不属于网络攻击的是（　　）。

A．口令攻击　　B．DoS　　C．后门攻击　　D．复制文件

三、多选题

1．按照覆盖范围的不同，可以将计算机网络划分为（　　）。

A．局域网　　B．城域网　　C．星形网　　D．广域网

2．TCP/IP 参考模型包含（　　）。

A．网络接口层　　B．网络层　　C．传输层　　D．应用层

3．常用的浏览器软件有（　　）。

A．Internet Explorer　　B．Chrome

C．Firefox　　D．QQ

4．以下属于电子图书馆的是（　　）。

A．搜狐网　　B．eBay　　C．中国知网　　D．SpringerLink

5．常见的网络安全威胁有（　　）。

A．电子邮件　　B．计算机病毒　　C．系统文件　　D．网络攻击

第 5 章 Word 2010 应用基础

本章知识点：

- 文档的基本操作：文档的新建、保存、关闭、打开等。
- 文档的编辑：文本的选中、删除、复制、移动等。
- 文档的格式设置：字符和段落的格式设置、边框和底纹的设置、格式刷的应用、项目符号和编号的应用等。
- 文档的查找和替换操作。
- 图文混排：图片的插入和编辑、图形的绘制、艺术字的插入、文本框的应用、SmartArt 图形的插入、公式的编辑、首字下沉效果的设置等。
- 表格的基本操作：表格的建立、选中、编辑等。
- 表格的格式设置：表格及单元格文字的对齐、表格的边框和底纹设置、表格与文字的环绕设置等。
- 表格的高级应用：文本与表格的互换、表格的排序和计算等。
- 页面排版设置：设置分栏、水印、页面颜色等，插入脚注、尾注和题注，插入页码、页眉和页脚，页面设置等。
- 文档的预览和打印设置。

Word 2010 是微软公司出品的文字处理办公软件。它的核心功能主要是利用计算机进行文档的文字处理工作，在文字输入、编辑、格式化和图文混排等方面有极大的灵活性，且集文字、表格、图形、声音于一体，是办公自动化的必备工具。

5.1 Word 2010 基础知识

5.1.1 Word 2010 的启动和退出

Word 2010 是 Microsoft Office 办公软件中使用频率比较高的一个组件，能够非常方便地进行文稿的编辑和处理，可以高效率、高水平地处理各种办公文件、商业资料、科技文章及各类书信等。Word 2010 在以前版本功能的基础上，新增了许多实用功能，如改进的搜索和导航功能、新的 SmartArt 模板、向文本添加视觉效果、屏幕截图、图片艺术效果和背景移除等。

1. Word 2010 的启动

启动 Word 2010 有多种方法，常见的有如下几种。

1）选择“开始”|“所有程序”|“Microsoft Office”|“Microsoft Word 2010”命令。

2）双击桌面上的 Word 快捷方式图标。

3）直接在资源管理器或“计算机”窗口中双击指定的 Word 文件。

4）选择“开始”|“运行”命令，输入“winword.exe”可执行文件。

2. Word 2010 的退出

退出 Word 2010 常见的方法有如下几种。

1）单击 Word 窗口右上角的“关闭”按钮。

2）选择“文件”|“退出”命令。

3）双击 Word 窗口左上角的控制菜单图标。

4）直接按【Alt+F4】组合键。

在执行退出操作时，如果没有对文件进行修改，则可立即关闭并退出 Word 2010；如果有未保存的修改，则会弹出对话框询问是否保存已编辑过的文件，在给出选择后即可退出 Word 2010。

5.1.2 Word 2010 的窗口组成

启动 Word 2010 后，其主界面如图 5-1 所示。

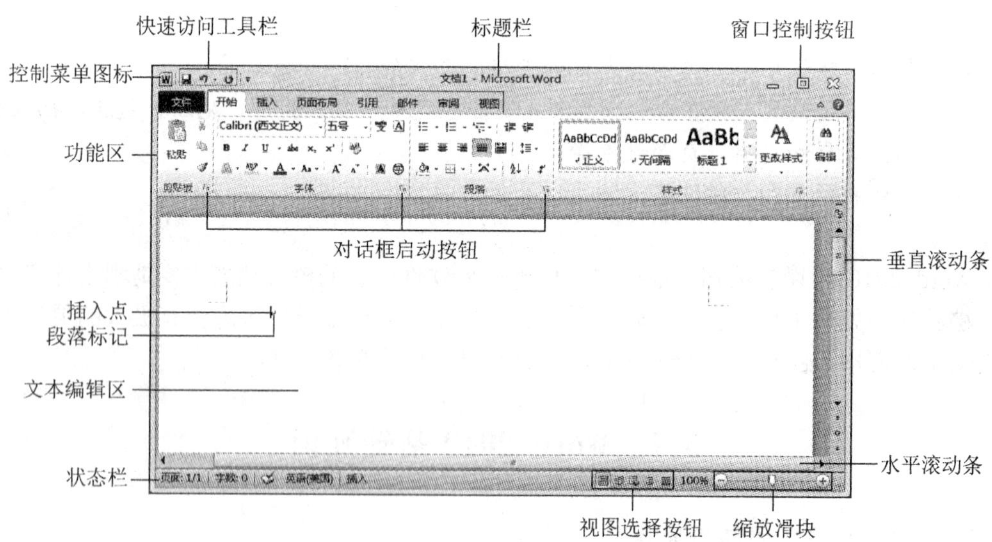

图 5-1 Word 2010 的主界面

从图 5-1 中可以看到，Word 2010 的主界面主要由标题栏、功能区、状态栏及文本编辑区等部分组成。下面对窗口的几个组成部分进行详细介绍。

1. 标题栏

标题栏位于窗口的最上方，由 3 部分组成。标题栏最左端有一个 Word 的图标，又称控制菜单图标，单击该图标会弹出一个下拉菜单，其中包含一些控制窗口的命令，如对窗口进行最大化、最小化、还原和关闭等操作的命令；控制菜单图标的右侧为快速访问工具栏，包含“保存”按钮、“撤销”按钮、“重做”按钮；标题栏中部显示的是正在编辑的文档的名称；标题栏右端有3个窗口控制按钮，分别是“最小化”按钮、“最大化”按钮、“关闭”按钮。

2. 功能区

功能区位于标题栏之下，包含“文件”“开始”“插入”“页面布局”“引用”“邮件”“审阅”“视图”8个选项。除了“文件”为下拉菜单方式外，其余选项均为选项卡方式。每选择一个选项卡，会打开对应的功能区面板，每个功能区面板根据功能的不同又分为若干选项组，各个选项组包含一些命令按钮和下拉菜单，用于快速完成对文档的各种操作。当鼠标指针指向功能区的命令按钮时，系统会自动在指针当前位置显示相应按钮的名称和功能说明，方便用户操作。

3. 滚动条

位于窗口右侧的称为垂直滚动条，位于窗口下侧的称为水平滚动条。当窗口的可视区域变小不能看到全部文档内容时，可以通过滚动条来浏览可视区域以外的信息。

4. 状态栏

状态栏位于窗口的底部，用于显示当前正在编辑的文档的相关信息，如文档的页码、行号和列号，以及在工作时的一些操作提示信息。

5. 文本编辑区

文本编辑区是窗口中间的空白区域，在该区域可以输入文本、绘制图形及表格。

6. 视图选择按钮

Word 2010提供了页面视图、阅读版式视图、Web版式视图、大纲视图及草稿5种视图方式。通过视图选择按钮（图5-2），用户可以根据需要在这5种视图中进行选择，详细内容将在5.1.3节进行介绍。

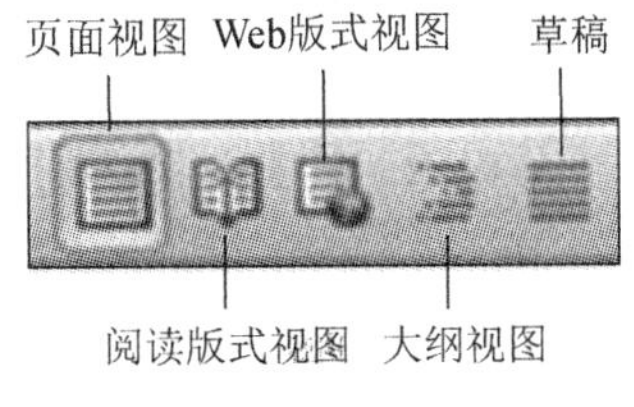

图5-2 视图选择按钮

5.1.3 Word 2010的视图显示方式

视图是指Word文档在计算机屏幕上的显示方式。

1. 页面视图

页面视图用于显示整个页面的分布状况和整个文档在每一页上的位置，可以显示图形、表格、图文框、页眉、页脚、页码等内容，并可以对它们进行编辑。在此种视图方式下，用户所看到的文档内容和最后打印出来的结果是完全一样的，也就是一种“所见即所得”的方式。页面视图是最适合进行图形对象操作及一些其他附加内容（如页眉、页码和脚注等）操作的视图方式。

2. 阅读版式视图

阅读版式视图的最大特点是便于用户阅读。它模拟书本阅读的方式，分为左右两个窗格显示，让用户感觉像在翻阅书籍，适合阅读文章。

3. Web 版式视图

Web 版式视图是 Web 网页格式文件，在 Web 版式视图方式下编辑文档，可以更准确地看到其在 Web 浏览器中显示的效果。在该视图方式下还可以应用 Word 2010 创建和编辑 Web 页面。

4. 大纲视图

大纲视图可以显示文档的层次结构，如章、节、标题等。大纲视图方式可以让用户清晰地看到文档的概况。在该视图方式下，用户可以很方便地修改标题内容、复制或移动大段的文本内容。

5. 草稿

草稿用于快速输入文件、图形及表格并进行简单的排列。在该视图方式下，只显示文档的正文格式，简化了文档的页面布局，是一种最干净的屏幕方式，即显示所有的字符和段落格式，但不显示非正文的内容，如页眉和页脚、页码、页边距等。这种视图方式通常用于输入文档，但在处理图形对象时有一定的局限性，而且它不显示文档的页边距。因此，当用户要进行版面调整或进行图形操作时，需要切换到页面视图。

不同的视图方式之间可以通过对应的视图选择按钮来进行选择，也可以通过“视图”选项卡的“文档视图”选项组中的命令按钮来进行选择。

5.2 Word 2010 基本操作

5.2.1 文档的基本操作

1. 创建新文档

（1）自动创建

启动 Word 2010 之后，系统会自动创建一个基于默认模板的名称为“文档 1”的空白文档，这时用户可直接输入文档的内容。

注意：“文档 1”是系统的默认文件名，采用这种方式创建的文档在输入结束后进行存盘时，系统会弹出对话框要求用户给出存盘的文件名，如果用户不给出文件名，则 Word 将以文档的第一个自然段的字符作为文件名存盘。

（2）使用“文件”菜单

选择“文件”|“新建”命令，打开如图 5-3 所示的面板。在“新建”面板中，双击需要创建的文档类型即可。

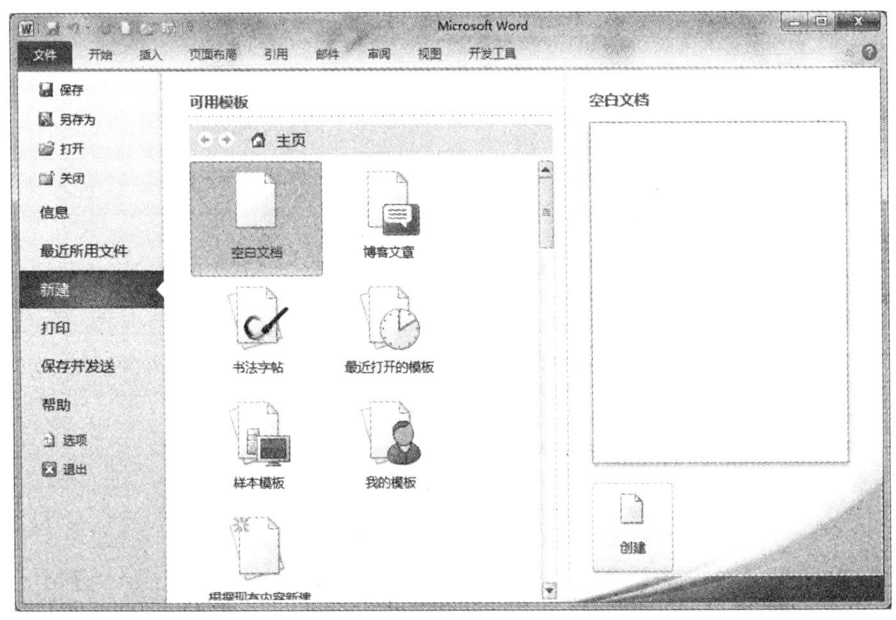

图 5-3 “新建”面板

（3）使用快速访问工具栏按钮或快捷键

单击快速访问工具栏中的“新建”按钮（如没有该按钮，需要事先自定义快速访问工具栏，使该按钮显示出来），或使用【Ctrl+N】组合键创建一个基于“空白文档”模板的新文档。

2. 保存文档

在编辑过程中要及时保存文档，以避免由于误操作或计算机故障造成数据丢失。保存文档是整个文字处理工作中的重要环节。在文档未被保存之前，所有对文档的操作都只存在于计算机的内存中并显示在屏幕上，如果此时发生意外，如断电，内存中的所有资料就会丢失，用户所做的工作就会付诸东流。因此，在文档的编辑过程中，用户应养成经常保存文档的好习惯。

（1）保存新文档

新文档是指创建空白文档后直接进行编辑而没有经过任何方式保存的文档。具体操作方法如下：选择“文件”|“保存”命令，或单击快速访问工具栏中的“保存”按钮，或按【Ctrl+S】组合键，都会弹出如图 5-4 所示的“另存为”对话框，在该对话框中选择保存位置、文件保存类型，输入文件名，最后单击“保存”按钮即可。

图 5-4 “另存为”对话框

（2）保存已有的文档

对于一个已存在的 Word 文档，当对其进行编辑之后想再次保存时，只需单击快速访问工具栏中的“保存”按钮，或选择“文件”|“保存”命令，或按【Ctrl+S】组合键即可完成原名存盘操作，替换之前保存过的文件，此时不再出现“另存为”对话框。

若对已经存在的文档进行修改后并不想替换原有文件，则应以不同的保存位置或不同的文件名进行保存，选择“文件”|“另存为”命令，弹出如图 5-4 所示的“另存为”对话框，选择文件存放位置、文件类型，输入文件名后，单击“保存”按钮。

（3）文档的自动保存

为了避免断电等意外事故导致文档内容丢失，Word 2010 允许用“自动恢复”功能定期保存文档的临时副本，即提供了按照某一固定时间间隔自动保存文档的功能，以保护用户所做的工作。具体操作方法如下：选择“文件”|“选项”命令，在弹出的“Word 选项”对话框中选择“保存”选项卡，如图 5-5 所示。选中“保存自动恢复信息时间间隔”复选框，并设置自动保存的时间间隔，单击“确定”按钮。

3. 关闭文档

关闭文档的方法有很多种，常用的方法如下。

1）单击标题栏上的“关闭”按钮。

2）选择“文件”|“关闭”命令。

3）选择控制菜单中的“关闭”命令。

4）按【Alt+F4】组合键。

无论采用哪种方法关闭文档，若在关闭前未对此文档进行存盘操作，都会弹出一个如图 5-6 所示的提示对话框，询问是否保存对该文档的修改。若单击“保存”按钮，则保存对文档的修改；若单击“不保存”按钮，则此文档中修改的内容会丢失；若单击“取消”按钮，则表示不进行关闭文档操作。

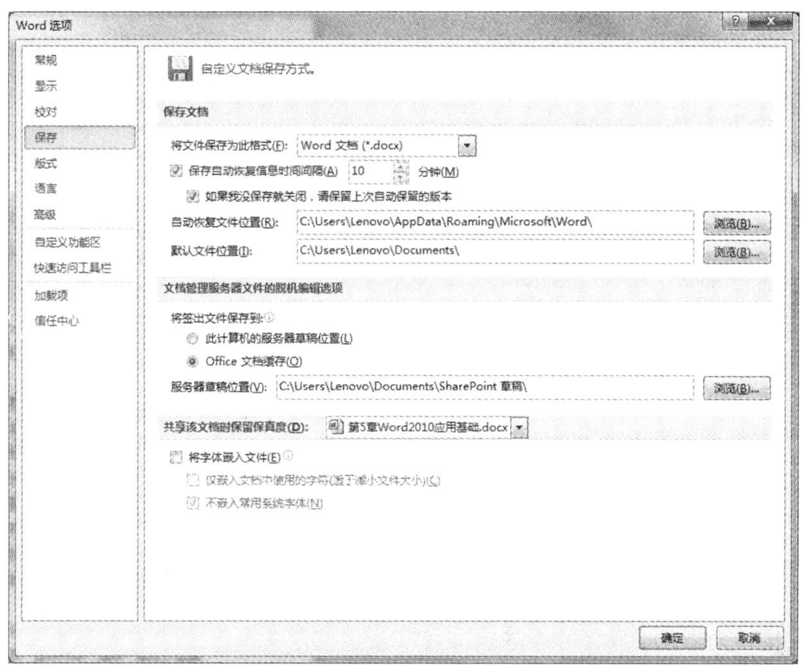

图 5-5 Word“选项”对话框

图 5-6 保存提示对话框

4. 打开文档

对于已经保存过的文档，用户想要再次打开进行查看或编辑，可以按照下列方法之一打开。

1）单击快速访问工具栏中的“打开”按钮。

2）选择“文件”|“打开”命令。

3）按【Ctrl+O】或【Ctrl+F12】组合键。

无论采用哪种方法，操作后都将弹出如图 5-7 所示的“打开”对话框，选择指定位置的指定文件，完成打开操作。

对于最近使用过的文档，可以快速打开，方法是选择“文件”|“最近所用文件”命令，在打开的面板中可以看到最近使用过的 Word 文档的名称，单击文档名称，即可打开相应文档。Word 系统默认显示的最近使用的文档数目是 25，可以在“Word 选项”对话框的“高级”面板中更改。Word 允许同时打开多个文档，以实现多文档之间的数据交换。每打开一个文档，系统便在 Windows 桌面任务栏上建立一个对应按钮，便于在各文档间进行切换。

要对某个文档进行操作，直接单击任务栏上的对应按钮即可。

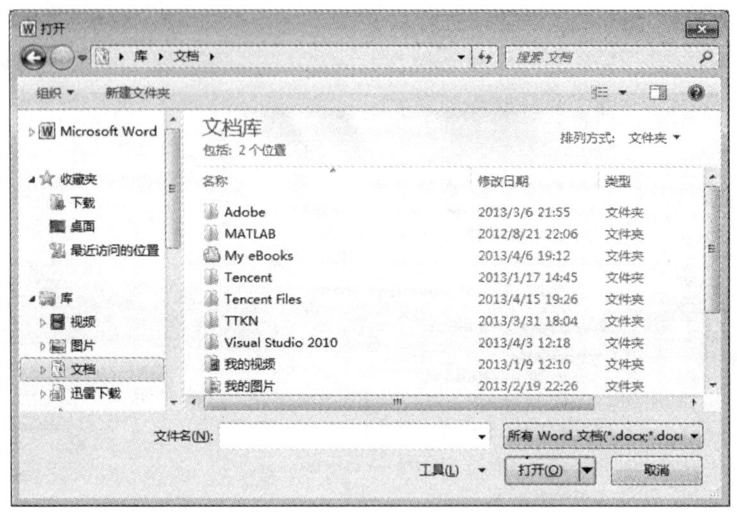

图 5-7 “打开”对话框

5. 保护文档

在 Word 2010 中，可以通过设置密码对文档进行保护，阻止他人未经允许打开或修改文档。

（1）使用“另存为”对话框加密保护文档

选择“文件”|“另存为”命令，在弹出的“另存为”对话框中选择“工具”|“常规选项”命令，弹出如图 5-8 所示的“常规选项”对话框。在该对话框中设置打开文件和修改文件时所需密码，单击“确定”按钮，会弹出“确认密码”对话框，再次输入打开和修改文件的密码即可。

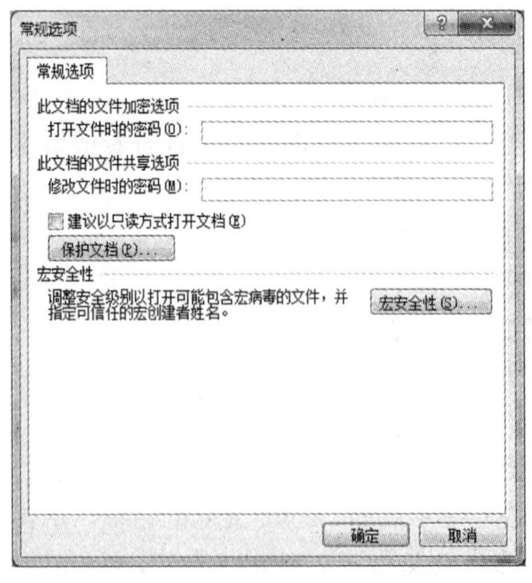

图 5-8 “常规选项”对话框

关闭加密保护的文档后，若要再次打开该文档，需要在弹出的“密码”对话框中输入设置的打开文档的密码，如图 5-9 所示。如果密码输入不正确，会弹出如图 5-10 所示的提示对话框，无法打开文档，避免未经允许擅自打开并查看文档。

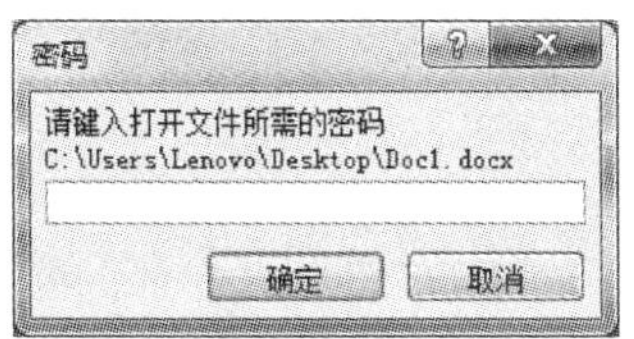

图 5-9 “密码”对话框（一）

图 5-10 密码不正确的提示对话框

如果打开文档的密码输入正确，会弹出如图 5-11 所示的“密码”对话框。在该对话框中输入设置的修改文件密码，如果修改文件密码输入正确，即可打开查看和修改文档；如果修改文件密码输入不正确，只能单击“只读”按钮，以只读方式打开文档，此时只能查看、浏览文档，不能修改文档，可对文件起到保护作用。

图 5-11 “密码”对话框（二）

（2）使用“保护文档”按钮加密保护文档

选择“文件”|“信息”命令，单击“保护文档”下拉按钮，弹出如图 5-12 所示下拉菜单，选择“用密码进行加密”命令，弹出如图 5-13 所示的“加密文档”对话框，输入密码，单击“确定”按钮。在弹出的“确认密码”对话框中再次输入密码。

图 5-12 “保护文档”下拉菜单

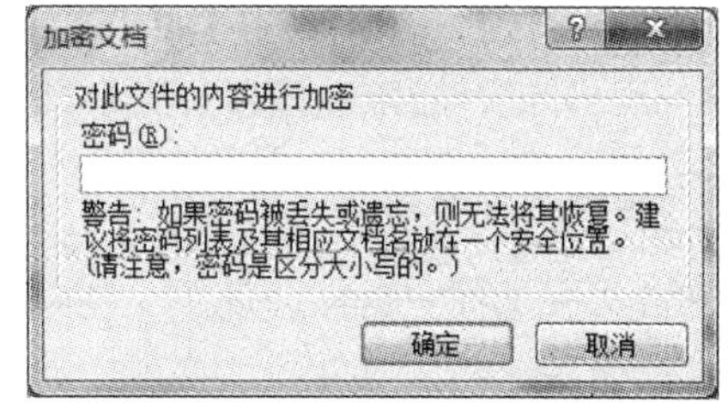

图 5-13 “加密文档”对话框

设置好密码后，“保护文档”下拉按钮右侧的“权限”两字由原来的黑色变成红色。要打开有加密保护的文档，用户必须在弹出的“密码”对话框中输入正确的密码，否则系统会提示密码错误，无法打开文档。

5.2.2 文本的输入

文档创建好后，接下来的工作就是输入文本。

1. 移动插入点

文档窗口中有一条闪烁的竖线，称为光标，其所在位置称为插入点，在文档中输入的内容总是出现在插入点处。输入文本时，应先移动光标的位置，再在该处输入文本。用户可以通过鼠标或键盘上的快捷键来移动光标。

2. 输入文本

在文档中输入文本的方法有很多，如键盘输入、语音输入、联机手写体输入、扫描仪输入等。

使用键盘输入时，要注意以下几个问题。

1）输入文字时有插入和改写两种状态。Word 一般默认为插入状态。用户可以通过文档状态栏的显示来进行判断。在插入状态下，输入的字符将插入当前光标所在的位置；在改写状态下，输入的字符将替代光标后的字符。用户可以通过单击状态栏的“插入/改写”按钮来进行输入状态的切换，也可以通过按键盘上的【Insert】键进行切换。

2）如果不小心输入了错误的字符，可以用【BackSpace】键或【Delete】键来删除。前者删除光标之前的字符，后者删除光标之后的字符。

3）如果输入的内容中不仅有中文还有英文字符，可按【Ctrl+Space】组合键循环切换中/英文输入状态。

4）由于 Word 具有自动换行功能，因此在输入文档时不需要按【Enter】键换行，Word 会根据页面的大小自动换行。当需要生成一个新的段落时，可以按【Enter】键，系统会在行尾插入一个段落标记或硬回车符↵，并将光标移到新段落的首行。如果需要在同一个段落内换行，可以按【Shift+Enter】组合键，系统会在行尾插入一个软回车符↓。单击“开始”选项卡“段落”选项组中的“显示/隐藏编辑标记”按钮，可以控制段落等格式标记是否显示。

5）当需要将两个段落合成一个段落时，可删除分段处的段落标记，即把光标移到分段处的段落标记前，然后按【Delete】键，或将光标移到分段处的段落标记后，然后按【BackSpace】键，删除该段落标记，即可完成段落的合并。

3. 特殊符号的输入

编辑文字过程中经常会使用一些从键盘上无法直接输入的特殊符号，此时可使用以下方法进行输入。

（1）使用输入法的软键盘输入

打开输入法，单击输入法状态栏中的软键盘图标，在如图 5-14 所示的软键盘菜单中选择需要的符号类型。在打开的软键盘中单击所需的符号按钮，该符号就出现在当前光标所在的位置。完成符号的插入后，再次单击软键盘图标即可关闭软键盘。

（2）使用“符号”对话框输入

单击“插入”选项卡“符号”选项组中的“符号”下拉按钮，弹出的下拉菜单中列出了一些最常见的符号，单击所需要的符号即可将其插入文档中。如果该下拉菜单中没有所需符号，可以选择“其他符号”命令，弹出如图 5-15 所示的“符号”对话框，在其中选择字体，然后从相应的符号集中选中要插入的字符，单击“插入”按钮，或直接双击要插入的符号完成输入。

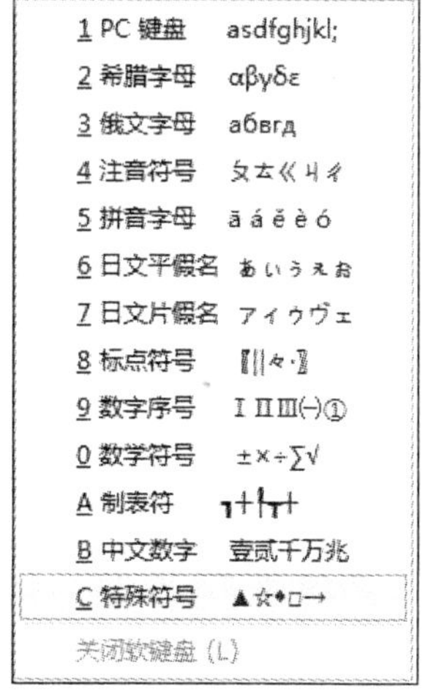

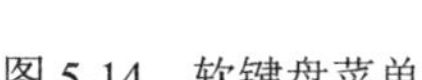

图 5-14 软键盘菜单

图 5-15 “符号”对话框

4. 日期和时间的输入

当要在文档中输入日期和时间时，可以直接手动输入，也可以单击“插入”选项卡“文本”选项组中的“日期和时间”按钮，弹出“日期和时间”对话框，如图 5-16 所示，选择需要的日期时间格式即可。如果希望每次打开文档时，时间自动更新为打开文档的时间，则需要选中“自动更新”复选框。

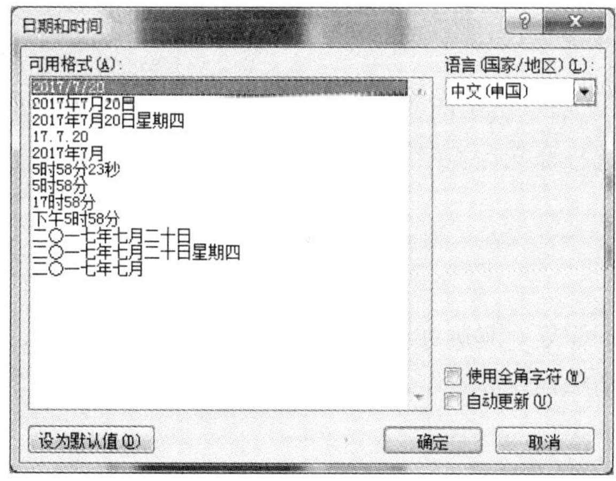

图 5-16 “日期和时间”对话框

5. 从另一文档插入文字

有时需要将另一个文档的全部内容插入当前文档的光标处。具体操作方法如下：先将光标定位到要插入文档的位置，然后单击“插入”选项卡“文本”选项组中“对象”右侧的下拉按钮，在弹出的下拉菜单中选择“文件中的文字”命令，在弹出的“插入文件”对话框中选择需要插入的文件，单击“插入”按钮即可。

6. 应用案例

【例 5-1】新建一个 Word 文档，输入内容如图 5-17 所示，保存文档在 E 盘根目录下，名称为“邀请函.docx”，并对该文档加密保护，打开密码设置为“123”，修改密码设置为“321”。

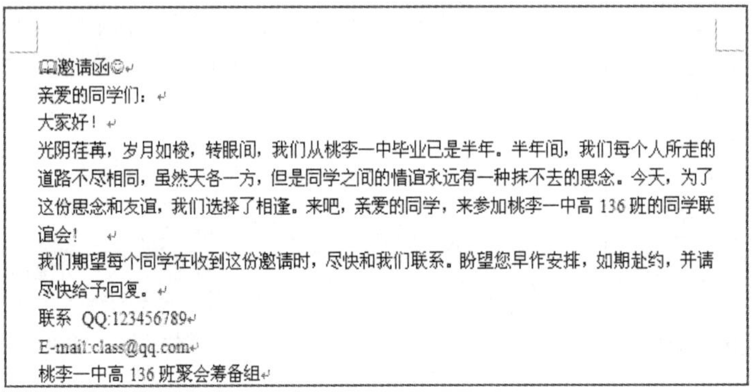

🕮邀请函☺
亲爱的同学们：
大家好！
光阴荏苒，岁月如梭，转眼间，我们从桃李一中毕业已是半年。半年间，我们每个人所走的道路不尽相同，虽然天各一方，但是同学之间的情谊永远有一种抹不去的思念。今天，为了这份思念和友谊，我们选择了相逢。来吧，亲爱的同学，来参加桃李一中高 136 班的同学联谊会！
我们期望每个同学在收到这份邀请时，尽快和我们联系。盼望您早作安排，如期赴约，并请尽快给予回复。
联系 QQ:123456789
E-mail:class@qq.com
桃李一中高 136 班聚会筹备组

图 5-17 “邀请函.docx”的内容

具体操作步骤如下。

1）选择“文件”|“新建”命令，在“新建”面板中，双击“空白文档”图标，建立一个空白文档。

2）输入如图 5-17 所示的文字（注意特殊符号和段落的输入）。

3）选择“文件”|“保存”命令，弹出“另存为”对话框，按要求设置保存路径、文件名和文件类型。

4）选择“另存为”对话框中的“工具”|“常规选项”命令，在弹出的“常规选项”对话框中，按要求设置打开文件和修改文件的密码（注意填好之后需要再次填写和确认打开和修改密码）。

5.2.3 文档的编辑

输入文档内容后，需要对其进行编辑，如对文档内容进行插入、删除、移动、复制、查找和替换、拼写和语法检查等操作。文档编辑时要遵守的原则是“先选中，后操作”。

1. 选中文本

在对某一内容进行编辑之前，必须先选中相应的对象。选中文本可以使用鼠标，也可以使用键盘进行操作。选中文本后，被选中的部分变为黑底白字，即反白显示。

（1）利用鼠标选中文本

文本编辑区的左边界空白处是文本的选定栏，如图5-18所示，将鼠标指针移动到选定栏时，指针会变成一个向右倾斜的空心箭头。用户可以按表5-1所示的方法选中文本。

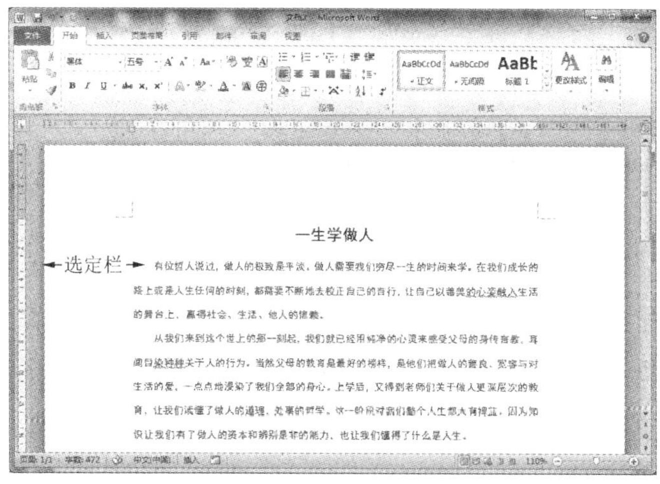

图5-18 Word中的选定栏

表5-1 利用鼠标选中文本的方法

选中内容	操作方法
任意文本	移动鼠标指针使其经过要选中的文字
一个单词	双击该单词
一行文字	单击该行最左端的选定栏
多行文字	选中首行后向上或向下拖动鼠标
一个句子	按住【Ctrl】键后在该句的任何地方单击
一个段落	双击该段最左端的选定栏，或三击该段落的任何地方
多个段落	选定首段后向上或向下拖动鼠标
连续区域文字	单击所选内容的开始处，按住【Shift】键，然后单击所选内容的结束处
整篇文档	三击选定栏中的任意位置或按住【Ctrl】键后单击选定栏中的任意位置
矩形区域文字	按住【Alt】键后拖动鼠标

（2）利用键盘选中文本

将光标移动到要选中文本的起始位置，按住【Shift】键的同时，利用键盘上的方向键将光标移动到要选文本的结尾，释放【Shift】键。表5-2列出了常用的利用键盘选中文本的方法。

注意：无论用什么方法选中文本，如果选中之后要取消选中的文本，则可以单击文本编辑区任一位置或按键盘上任一方向键。

2. 删除文本

删除文本的操作步骤如下。

1）选中要删除的文本内容。

2）按【Delete】键或【Backspace】键，或单击“开始”选项卡“剪贴板”中的“剪切”

按钮，或按【Ctrl+X】组合键。

表 5-2 利用键盘选中文本的方法

选中范围	操作键	选中范围	操作键
向右选取一个字符或汉字	Shift+ →	至段落末尾	Ctrl+ Shift+ ↓
向左选取一个字符或汉字	Shift+ ←	至段落开头	Ctrl+ Shift+ ↑
向右选取一个单词	Ctrl+ Shift+ →	上一屏	Shift+Page Down
向左选取一个单词	Ctrl+ Shift+ ←	下一屏	Shift+Page Up
至行末	Shift+End	至文档末尾	Ctrl+ Shift+ End
至行首	Shift+Home	至文档开头	Ctrl+ Shift+ Home
下一行	Shift+ ↓	整个文档	Ctrl+5（小键盘上）或 Ctrl+A
上一行	Shift+ ↑	整个表	Alt+5（小键盘上）

3. 复制和移动文本

编辑文本时经常需要复制或移动文本内容，但在进行这些操作之前必须选中所要编辑的文本内容。

文本的复制是指将文本从一个地方复制到另外一个地方，移动是指将文本从一个地方移动到另外一个地方，前者在操作后原来所选中的文本还在，而后者在操作后会将原来选中的文本删除。

（1）复制文本

1）选中要复制的文字。

2）单击“开始”选项卡“剪贴板”选项组中的“复制”按钮，或按【Ctrl+C】组合键。

3）移动光标到所要复制的位置。

4）单击“开始”选项卡“剪贴板”选项组中的“粘贴”按钮，或按【Ctrl+V】组合键。

（2）移动文本

1）选中要移动的文字。

2）单击“开始”选项卡“剪贴板”选项组中的“剪切”按钮，或按【Ctrl+X】组合键。

3）移动光标到所要移动的位置。

4）单击“开始”选项卡“剪贴板”选项组中的“粘贴”按钮，或按【Ctrl+V】组合键。

除了使用以上方法进行文本的复制和移动操作外，还可以选中要操作的文字并右击，使用弹出的快捷菜单来完成文本的复制和移动；也可以使用鼠标拖动法来完成。鼠标拖动法比较适用于将一个文本块从一个地方移动或复制到距离较近的另一个地方。

鼠标拖动法的具体步骤如下。

1）选中移动的文字。

2）将鼠标指针指向选中的文字（将光标放在所选中的文字中），按住鼠标左键，直到出现拖放指针。

3）拖动鼠标使光标到达所要移动的位置，释放鼠标左键，则可以实现文本块的移动。

若是复制操作，则需要在拖动鼠标左键的同时，按下【Ctrl】键，这时鼠标指针右下方会出现一个加号，拖到目的位置后同时释放【Ctrl】键和鼠标左键，就完成了文本的复制。

关于复制和移动，需要注意的是，在 Word 2010 中，用户可以在剪贴板中保留 24 次剪切或复制的内容。当复制第 25 项内容时，原来的第一项内容将被清除出剪贴板。通过单击“开始”选项卡“剪贴板”选项组中的对话框启动按钮，打开“剪贴板”任务窗格，如图 5-19 所示，其中列出了用户存放在剪贴板中的所有内容。用户可以根据需要，把剪贴板中的内容粘贴到文档中的指定位置。如果用户用“粘贴”按钮或【Ctrl+V】组合键进行粘贴，则所粘贴的内容是最后一次复制的内容。剪贴板可供 Windows 的所有应用程序共用，而 Word 2010 只是其中的一个应用程序，所以完全可以把从别的应用程序，如 Excel 2010、PowerPoint 2010，甚至 Visual C++中复制的内容粘贴到 Word 2010 中。

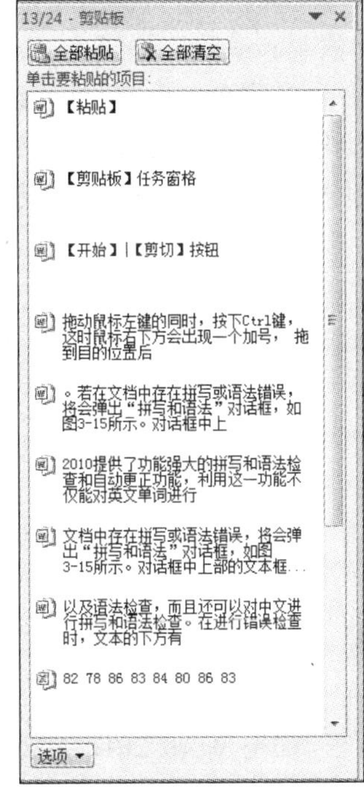

图 5-19 “剪贴板”任务窗格

4. 撤销、恢复和重复

在编辑文档的过程中，如果进行了不当操作，如误删了某一部分，或排版时出现失误，可以单击快速访问工具栏中的“撤销”按钮，或使用【Ctrl+Z】组合键，使文本恢复原来的状态。如果要恢复被撤销的操作，可以利用快速访问工具栏中的“恢复”按钮，或使用【Ctrl+Y】组合键。

撤销功能可以保留最近执行的操作记录，用户还可以从“撤销”下拉菜单中进行选择，撤销最近若干次的操作。

注意：“恢复”按钮只有在用户进行撤销操作后才能使用。此外，如果用户没有进行任何撤销操作，那么快速访问工具栏显示的不是“恢复”按钮，而是“重做”按钮，此时单击该按钮可以重复最近一次的操作。

5. 字数统计

利用 Word 2010 的字数统计功能可以统计出正在编辑文档的页数、字数、字符数、段落数和行数等信息。

统计字数的操作步骤：单击“审阅”选项卡“校对”选项组中的“字数统计”按钮，弹出如图 5-20 所示的“字数统计”对话框。如果只想统计文档中某部分的字数信息，那么先选中要统计的内容，然后执行上述操作。

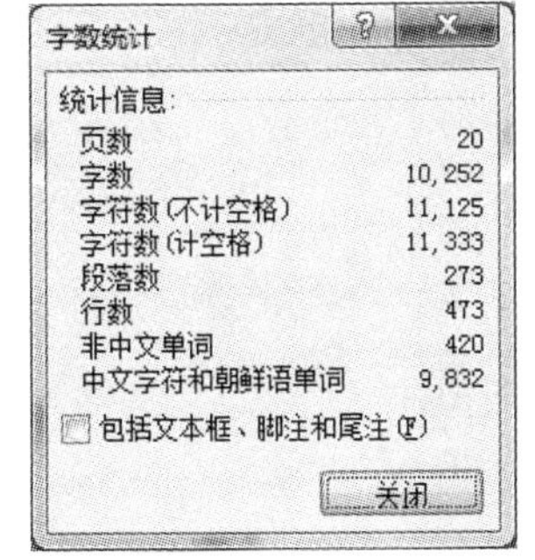

图 5-20 “字数统计”对话框

6. 拼写检查与自动更正

中文 Word 2010 提供了功能强大的拼写和语法检查功能，利用这一功能不仅可以对英文单词进行拼写及语法检查，还可以对中文进行拼写和语法检查。在进行错误检查时，文本的下方有时会出现波浪线，红色波浪线表示可能有拼写错误，绿色波浪线表示可能有语法错误。

进行拼写和语法检查工具的具体操作步骤：单击“审阅”选项卡“校对”选项组中的“拼写和语法”按钮。

若在文档中存在拼写或语法错误，将会弹出拼写和语法对话框，如图 5-21 所示。该对话框中上部的文本框显示了检查到的错误，错误文字会以特殊的颜色表示。在“建议”文本框中会给出错误类型或修改建议。

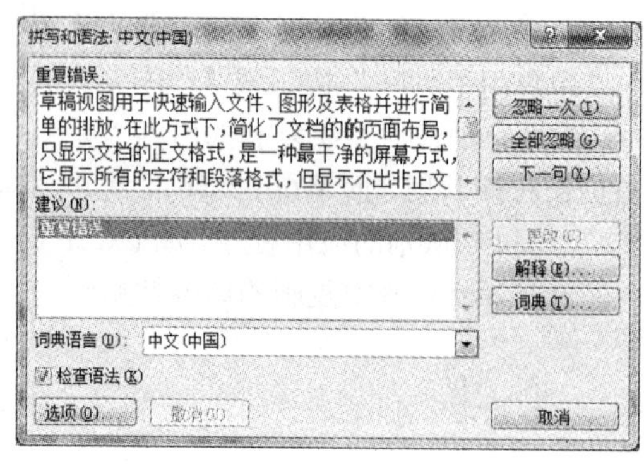

图 5-21　拼写和语法对话框

如果 Word 2010 指出的错误确属拼写或语法错误，有两种方法可以改正：一是直接输入正确的拼写；二是从 Word 提供的一系列拼写正确的词中选出一个适当的单词。如果 Word 2010 指出的错误不是拼写或语法错误（如人名、公司或专业名称的缩写等），单击“忽略一次”或“全部忽略”按钮忽略此错误提示，继续进行文档其余内容的检查工作。

若要自动检测和更正输入错误、错误拼写的单词和成语及不正确的字母大写等情况，可以使用 Word 2010 提供的自动更正功能。

进行自动更正的操作步骤：选择“文件”|“选项”命令，在弹出的“Word 选项”对话框中选择“校对”选项卡，单击“自动更正选项”按钮，弹出如图 5-22 所示的“自动更正”对话框。

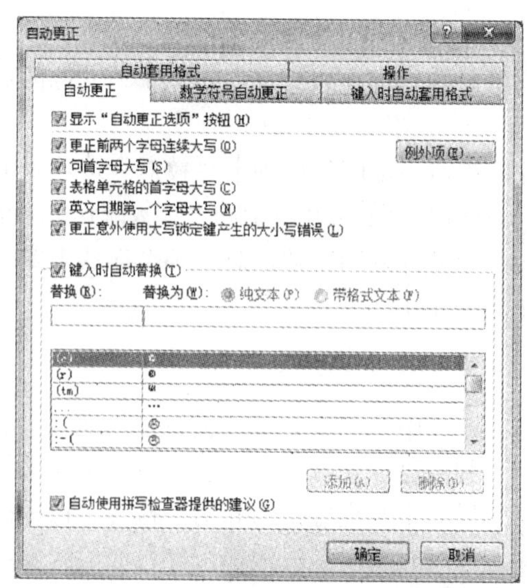

图 5-22　“自动更正”对话框

在输入文字时，会经常输入一些容易出错的单词或词组，如果将这些词条定义为自动更正词条，在输入时就会很方便，即使输入错误也能自动更正。具体操作方法如下：在“自动更正”对话框的“替换”文本框中列出可能出现的错误文本（如“勤奋奴力”），在“替换为”文本框中输入正确的文本（如“勤奋努力”）。另外，该对话框中还有一些其他选项，用户可根据自己的需求进行选择。需特别注意的是，如果选中“键入时自动替换”复选框，则可以打开自动替换功能。此功能打开时，每当用户输入了一个“替换”列表中的错误词组后，Word 2010会自动将其替换为正确的写法。

7. 多窗口编辑技术

Word支持多窗口操作，即在同一时刻，Word应用程序窗口可以打开并编辑多个文档窗口。多窗口编辑技术包括窗口的拆分、切换、重排等。

（1）窗口的拆分

窗口的拆分是指将一个文档窗口拆分为两个，两个窗口是针对同一文档的，同时显示该文档的两个不同的位置。其一般用于编辑和处理同一长文档的不同部分。

具体拆分的方法：单击“视图”选项卡“窗口”选项组中的“拆分”按钮，此时窗口被分为上下两部分，拖动分隔线，将窗口调整至合适大小即可。

若要取消拆分，则单击“视图”选项卡“窗口”选项组中的“取消拆分”按钮即可。

（2）窗口的切换

Word允许同时打开多个文档窗口，但是只能有一个窗口是当前窗口。用户若想编辑某一文档，必须将该文档对应的窗口设为当前窗口。切换的方法：单击“视图”选项卡“窗口”选项组中的“切换窗口”下拉按钮，在弹出的下拉菜单中选择文档的名称，即可使该文档窗口处于当前窗口状态。

（3）重排窗口

在编辑文档的过程中，如果同时打开多个文档窗口，可以全部重排窗口和并排查看窗口，从而对多个窗口的内容进行比较。

全部重排窗口的方法：单击“视图”选项卡“窗口”选项组中的“全部重排”按钮，可以将所有文档窗口自动缩小，全部横排显示在屏幕上。

并排查看窗口的方法：单击“视图”选项卡“窗口”选项组中的“并排查看”按钮，在弹出的“并排比较”对话框中选择一个想要与当前文档进行并排比较的文档，单击“确定”按钮。在打开的两个文档窗口中任选一个，单击“同步滚动”按钮，两个文档将实现同时滚动，以便对两个文档进行比较和编辑修改。若想取消同步滚动或并排查看，再次单击“同步滚动”或“并排查看”按钮即可。

5.3 文档格式排版

完成文档的编辑后，就可以按要求对文档进行格式排版了。文档的格式排版是文字处理中非常重要的环节，恰当地应用各种格式排版技术，会使文档美观易读。Word提供了丰富的文档格式排版设置，包括基础的格式化排版（如字符、段落的格式设置）和高级的文档排版设置（如项目符号和编号、边框和底纹、首字下沉和分栏、格式刷和样式的应用等）。文档的格式排版同样遵守“先选中，后操作”的原则。

5.3.1 字符的格式设置

字符是指文档中输入的汉字、字母、数字、标点符号和各种其他符号。字符格式包括字体、字号、字形、颜色、下划线、字符间距、位置及文本的轮廓、阴影、映像、发光效果等。

如果用户在没有设置格式的情况下输入文字，Word 2010 将按照默认格式自动设置。输入的文字默认情况下中文是宋体、五号字，英文是 Times New Roman 字体、五号字。用户可以通过字符格式的设置操作对文字进行修饰，以获得更好的效果。

1. 使用“字体”选项组设置字符格式

操作步骤如下。

1）选中要设置格式的文字。

2）选择“开始”选项卡，其中的“字体”选项组如图 5-23 所示。利用“字体”选项组可以对字体、字号、字形、下划线、加粗、倾斜、颜色及文本效果等进行快速设置。

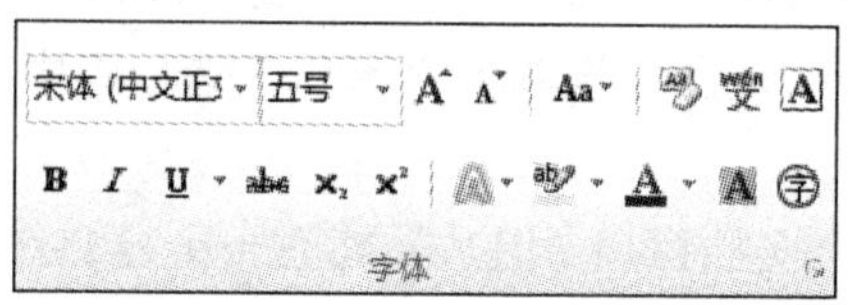

图 5-23 “字体”选项组

2. 使用“字体”对话框设置字符格式

操作步骤如下。

1）选中要设置格式的文字。

2）单击“开始”选项卡“字体”选项组右下角的对话框启动按钮，弹出如图 5-24 所示的“字体”对话框，其中有“字体”和“高级”两个选项卡。“字体”对话框也可以通过直接在选中的文字上右击，在弹出的快捷菜单中选择“字体”命令打开。

“字体”选项卡：用于设置字体、字号、字形、字符颜色、下划线、着重号和静态效果等。字体包括西文字体和中文字体，西文字体只对西文字符起作用，而中文字体则对汉字、英文字符都起作用。字号有汉字数码表示和阿拉伯数字表示两种，其中汉字数码越小，字体越大；阿拉伯数字越小，字体越小。

“高级”选项卡：用于设置字符的横向缩放比例、字符的间距、字符的位置等内容。其中：

“缩放”用于设置一个文字在横向上缩放比例的大小。用户在“缩放”下拉列表中选择缩放的比例，即可将字体大小的宽度按比例加宽或缩窄。

“间距”是指相邻文字之间的距离。利用“间距”下拉列表可以设置字符间距为标准、加宽或紧缩，右边的“磅值”数值选择框用于设置其加宽或紧缩的大小。

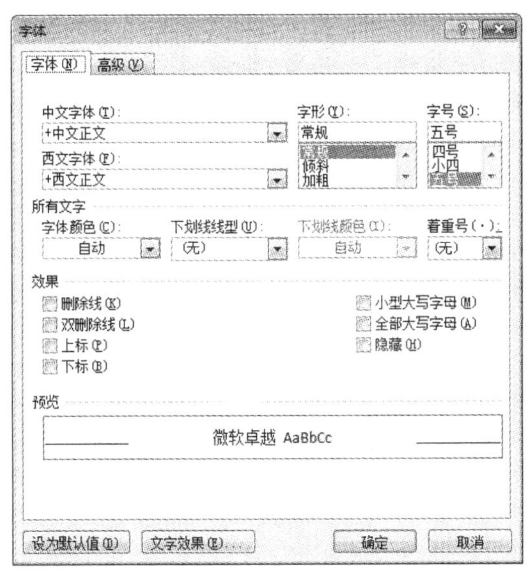

图 5-24 “字体”对话框

“位置”是指文字出现在基准线上或下的位置。利用“位置”下拉列表可以设置字符的3种垂直位置：标准、提升和降低，提升或降低值可以通过右边的“磅值”数值选择框进行设置。

设置后的效果可从“字体”对话框下方的“预览”选项组中及时看到，如果对效果满意，则单击“确定”按钮，如不满意还可以重新设置。

5.3.2 段落的格式设置

段落是指以段落标记作为结束的一段文字，每按一次【Enter】键，就会在当前位置显示一个段落标记，形成一个段落。段落标记不仅表示段落结束，而且存储了这个段落的排版格式。

段落的格式排版是指以段落为单位，对段落内的内容进行排版，使段落显得规范、美观。段落的格式设置包括段落对齐方式、段落缩进方式、段落行距和间距等的设置。段落格式排版的具体操作：选中要设置格式的段落，单击“开始”选项卡“段落”选项组中对应的命令按钮进行设置；也可以单击“开始”选项卡“段落”选项组右下角的对话框启动按钮，或右击，在弹出的快捷菜单中选择“段落”命令，弹出如图5-25所示的“段落”对话框。在该对话框中可以更详细地进行段落的格式设置。

1. 段落的对齐方式

段落的对齐方式有5种：左对齐、居中、右对齐、两端对齐和分散对齐。这5种对齐方式效果如图5-26所示。其中，两端对齐以词为单位，自动调整词与词间空格的宽度，使正文沿页的左右边界对齐，可以防止出现英文文本中一个单词跨两行的情况；分散对齐自动调整字符之间的距离，使字符均匀地分布在一行上。

注意：左对齐和两端对齐一般用于文本的正文，居中一般用于文章的标题或段落，右对齐一般用于各种落款，而分散对齐一般用于需要将文字分散布满一行的情况。

对齐方式除了采用上述的方法设置外，也可以使用“开始”选项卡“段落”选项组中对应的对齐按钮来设置。

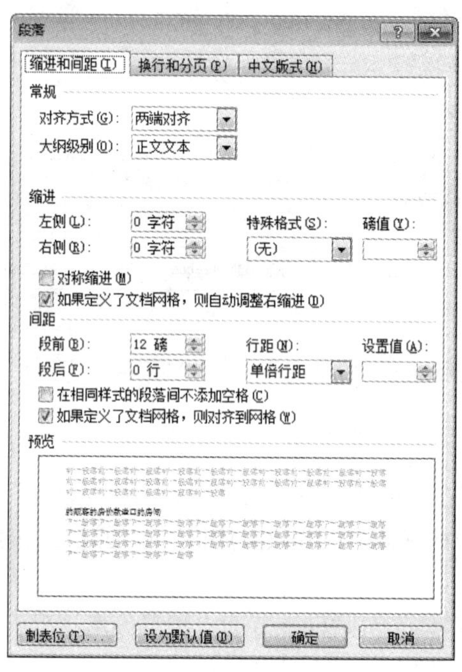

图 5-25　“段落”对话框

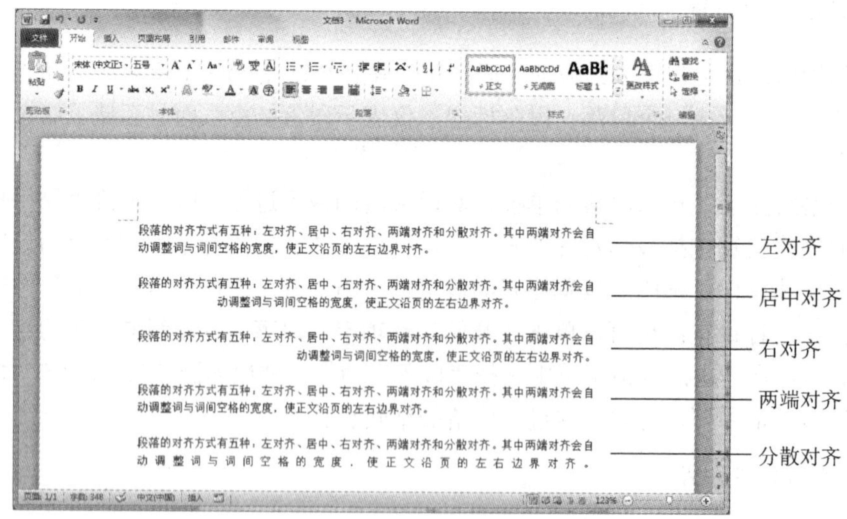

图 5-26　5 种段落对齐方式效果

2. 段落的缩进方式

段落缩进是指段落文字与页边距之间的距离。在文档编辑排版中，经常需要让某段落相对于别的段落缩进一些以显示不同的层次，在中文文章中，通常习惯在每一段落的首行缩进两个字符，这些设置都需要用到段落缩进设置。所缩进的长度称为缩进量。段落的缩进方式有以下几种。

1）首行缩进：控制段落中第一行的缩进量。

2）悬挂缩进：控制段落中除第一行外其余行的缩进量。

3）左缩进：控制段落与左边距的缩进量。

4）右缩进：控制段落与右边距的缩进量。

段落的缩进方式可以通过以下几种方式设置。

（1）使用“段落”对话框

操作步骤如下。

1）选中要设置的段落，或将光标移入要缩进的段落。

2）单击“开始”选项卡“段落”选项组右下角的对话框启动按钮，或者右击，在弹出的快捷菜单中选择“段落”命令，弹出如图5-25所示的“段落”对话框。

3）在“缩进和间距”选项卡“缩进”选项组中的“左侧”数值选择框、“右侧”数值选择框中分别输入或选择所要设置的缩进量。如果要设置首行缩进或悬挂缩进，可在“特殊格式”下拉列表中进行选择，并在“磅值”数值选择框中输入或选择缩进量，设置完成后单击“确定”按钮。

（2）使用水平标尺

单击垂直滚动条上的“标尺”按钮，文本编辑区顶部出现如图5-27所示的水平标尺。拖动标尺上的“左缩进”滑块、“右缩进”滑块、“悬挂缩进”滑块及“首行缩进”滑块，可分别设置段落的各种缩进。

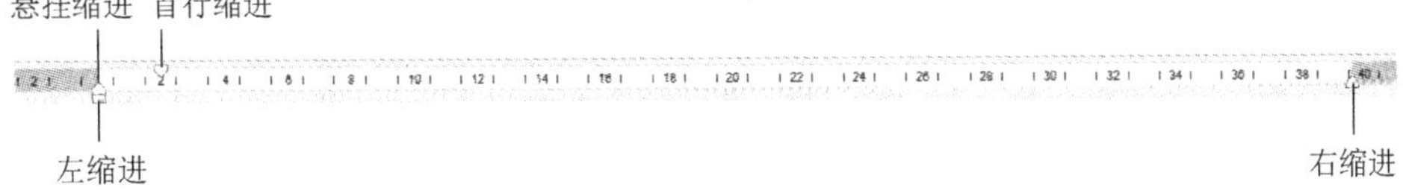

图5-27　水平标尺上的缩进标记

操作步骤如下。

1）选中要缩进的段落，如果只有一个段落，也可将光标移入要缩进的段落。

2）将标尺上相应的缩进标记拖动到指定位置，即可将指定段落的缩进设置到该位置。

注意：在拖动的过程中“悬挂缩进”和“左缩进”是同一个缩进标记，指向该标记的上方是悬挂缩进，下方是左缩进，设置的时候不要混淆。

（3）使用“页面布局”选项卡“段落”选项组

选中要设置缩进的段落，在对应的数值选择框设置左、右缩进量即可。

注意：段落的缩进量，以及行距和间距的单位可以是厘米、磅值、字符等，每种单位的度量是不一样的，因此在具体设置时一定要注意设置的单位，如要设置的单位与默认的单位不一致，可以直接输入自己想要设置的单位。

对于段落的缩进最好采用上述的几种方法进行设置，尽量不要用【Tab】键或【Space】键来设置文本的缩进，也不要在每行的结尾处使用【Enter】键来换行（只有要生成一个段落才用【Enter】键），因为这样做会导致文档的排版不规范，容易出现问题。

3. 段落的行距和间距

行距用于设置段落中行与行之间的距离。

间距用于设置段落与段落之间的距离。段落间距有段前间距与段后间距之分，段前间距即当前段与上一段之间的距离，段后间距即当前段与后一段之间的距离。

设置段落的行距和间距的操作步骤如下。

1）选中要调整行距和段落间距的段落。

2）单击“开始”选项卡“段落”选项组右下角的对话框启动按钮，弹出如图 5-25 所示的“段落”对话框。在“间距”选项组下设置或调整“段前”与“段后”数值选择框中的数值来改变段落之间的间距；在“行距”下拉列表中选择各种不同的行距，也可在其后的“设置值”数值选择框中设置行距的准确数字。

3）在“预览”选项组中查看到满意效果后，单击“确定”按钮即可。

注意：当行距选择固定值时，如果文本高度大于设置的固定值，则该行的文本不能完全显示出来。

4. 应用案例

【例 5-2】打开“邀请函.docx”文档，进行编辑并保存，最终效果如图 5-28 所示。具体编辑要求如下。

1）删除第一段文字“邀请函”左右两边的特殊符号，并设置“邀请函”为二号、黑体、加粗，文本效果为“渐变填充-橙色”，并居中对齐。

2）设置第一段文字“邀请函”的段前间距为 1 行，段后间距为 2 行。

3）设置除第一段“邀请函”外的其他段落的字体为小四、隶书，并设置这些段落中的行距为 1.3 倍行距。

4）设置第三段到第七段文字为首行缩进两个字符。

5）设置最后一段文字右对齐。

6）在最后一段文字后插入当前的系统日期，日期能自动更新，并设置为右对齐。

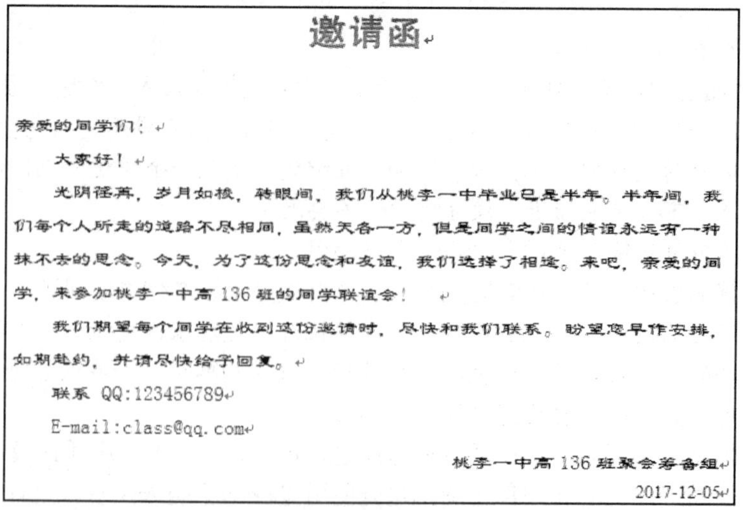

邀请函

亲爱的同学们：

大家好！

光阴荏苒，岁月如梭，转眼间，我们从桃李一中毕业已是半年。半年间，我们每个人所走的道路不尽相同，虽然天各一方，但是同学之间的情谊永远有一种抹不去的思念。今天，为了这份思念和友谊，我们选择了相逢。来吧，亲爱的同学，来参加桃李一中高 136 班的同学联谊会！

我们期望每个同学在收到这份邀请时，尽快和我们联系。盼望您早作安排，如期赴约，并请尽快给予回复。

联系 QQ:123456789

E-mail:class@qq.com

桃李一中高 136 班聚会筹备组
2017-12-05

图 5-28　邀请函编辑后的效果

具体操作步骤如下。

1）选中“邀请函”左右两边的特殊符号，按【Delete】键或【Backspace】键即可删除。选中“邀请函”文字，利用“开始”选项卡“字体”选项组的对应命令按钮设置字符为二号、黑体、加粗；单击“开始”选项卡“字体”选项组中的“文本效果”下拉按钮，在弹出的下拉菜单中选择“渐变填充-橙色”选项，如图5-29所示。利用“开始”选项卡“段落”选项组中的“居中”按钮，使其居中显示。

2）选中第一段文字“邀请函”，单击“开始”选项卡“段落”选项组右下角的对话框启动按钮，弹出如图5-25所示的“段落”对话框，在“间距”选项组中设置段前间距为1行，段后间距为2行。

3）选中除第一段文字外的所有文本，利用“开始”选项卡“字体”选项组的对应命令按钮设置字体为小四、隶书，然后单击“开始”选项卡“段落”选项组右下角的对话框启动按钮，在弹出的“段落”对话框中设置“间距”选项组中的“行距”为多倍行距，并在“设置值”数值选择框中输入“1.3”。

4）选中第三段到第七段的文字，单击“开始”选项卡“段落”选项组右下角的对话框启动按钮，在弹出的“段落”对话框中设置特殊格式为首行缩进，磅值为2字符。

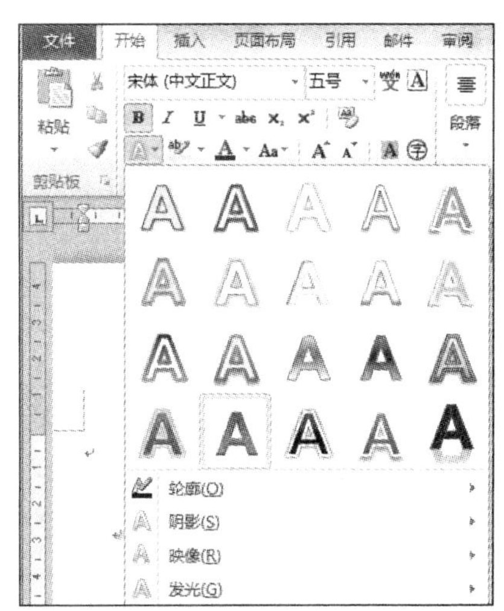

图5-29 “文本效果”下拉菜单

5）选中最后一段文字，单击“开始”选项卡“段落”选项组中的“右对齐”按钮使其右对齐显示。

6）把光标移到文档最后，单击“插入”选项卡“文本”选项组中的“日期和时间”按钮，弹出如图5-16所示“日期和时间”对话框，选择需要的日期时间格式即可，并选中“自动更新”复选框。选中插入的日期，利用“开始”选项卡“段落”选项组中的“右对齐”按钮让日期右对齐显示。

5.3.3 边框和底纹的设置

在对Word文档进行格式排版的过程中，用户可以给段落加上边框和底纹，起到强调和美观的作用。

1. 添加边框

具体操作方法：选中要添加边框的一段或多段文本，单击“开始”选项卡“段落”选项组中的“边框”下拉按钮，在弹出的下拉菜单中选择“边框和底纹”命令，弹出如图5-30所示的“边框和底纹”对话框。

选择“边框”选项卡，可以进行线型、颜色和宽度的设置（单击“设置”选项组中的一系列按钮，或在“预览”选项组中通过单击对应线条按钮进行设置）。

若要对页面进行边框设置，可选择“页面边框”选项卡，其操作同“边框”选项卡，但其中增加了“艺术型”下拉列表。

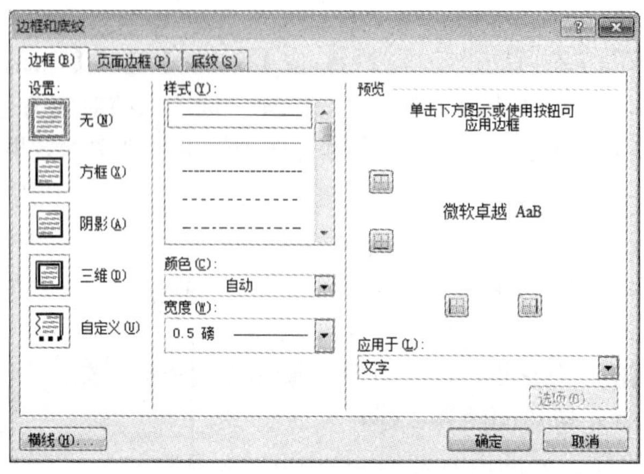

图 5-30 “边框和底纹”对话框

2. 添加底纹

具体操作方法：选中要添加底纹的一段或多段文本，打开“边框和底纹”对话框，选择“底纹”选项卡，如图 5-31 所示。

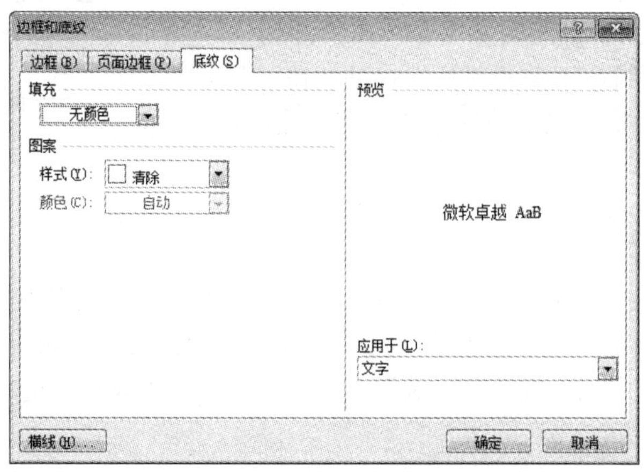

图 5-31 “底纹”选项卡

在“填充”下拉列表中选择填充颜色，在“样式”下拉列表中选择图案的样式，并在“颜色”下拉列表中为选择的样式选择合适的图案颜色，可在“预览”选项组中观察选中底纹的效果，最后单击“确定”按钮。

注意：设置段落的边框和底纹，要在“应用于”下拉列表中选择“段落”选项，若选择“文字”选项，将只对选中的文字加边框和底纹，两者效果是不一样的，大家可以试一下效果。

3. 应用案例

【例 5-3】打开 Word 文档“春.docx”，进行边框和底纹的设置，并以原文件名保存文档，最终效果如图 5-32 所示。具体设置要求如下。

1）为标题文字“春”添加 1.5 磅红色单实线边框，底纹填充为黄色、图案为 5%蓝色。

2）为正文第四段“桃树、杏树、梨树……”设置边框和底纹，边框为阴影、2.25 磅绿色单实线，底纹填充为橙色，图案为20%深红。

3）为整个文档设置 15 磅艺术型红桃心图页面边框。

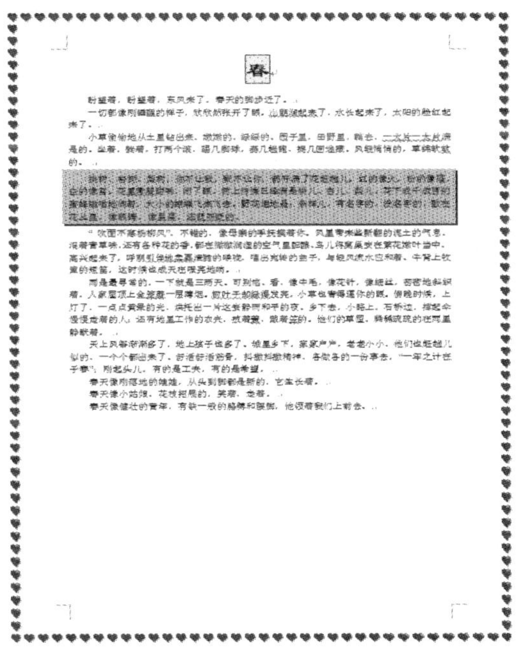

图 5-32 “春.docx”添加边框和底纹后的效果

操作步骤如下。

1）选中标题“春”，单击“开始”选项卡“段落”选项组中的“边框”下拉按钮，在弹出的下拉菜单中选择“边框和底纹”命令，弹出“边框和底纹”对话框，选择“边框”选项卡，在“设置”选项组中选择“方框”选项，设置样式为单实线，颜色为红色，宽度为 1.5 磅，并应用于文字。选择“底纹”选项卡，设置填充为黄色，在“图案”选项组中设置样式为5%，颜色为蓝色，并应用于文字，最后单击“确定”按钮。

2）选中正文第四段“桃树、杏树、梨树……”，用上述方法设置该段文字的边框和底纹。需要注意的是，在“边框”选项卡的“设置”选项组中选择“阴影”选项，颜色设置为绿色，宽度为2.25磅，并应用于段落。在“底纹”选项卡中设置填充为橙色，样式为20%，颜色为深红，应用于段落。

3）在“边框和底纹”对话框中，选择“页面边框”选项卡，在“设置”选项组中选择“方框”选项，在“艺术型”下拉列表中选择如图5-32所示的桃心图案，宽度设置为15磅，应用于整篇文档，最后单击“确定”按钮。

5.3.4 格式刷的应用

格式刷是 Word 中一个很有用的工具，可以将选中文本或段落的格式复制到其他文本或段落上。当在文档中要给多处的文本和段落设置相同的格式时，就可以用格式刷来实现，使工作变得更加快速、高效。

1. 复制字符格式

1）选中要复制格式的文字。

2）单击或双击“开始”选项卡“剪贴板”选项组中的“格式刷”按钮。

3）按住鼠标左键并拖动鼠标选中要应用此格式的文字，所选文字的格式即被设置为刚才复制的格式。

说明：

1）单击“格式刷”按钮，可一次复制格式到拖动过的文本上。

2）双击“格式刷”按钮，可多次复制格式到拖动过的文本上，再次单击“格式刷”按钮或按【Esc】键，可取消格式刷状态。

2. 复制段落格式

1）选中被复制格式的段落，若是一个段落也可以直接将光标置于该段落中。

2）单击（或双击）“开始”选项卡“剪贴板”选项组中的“格式刷”按钮。

3）按住鼠标左键并拖动鼠标选中要应用此格式的段落，所选段落的格式即被设置为复制的格式。

说明：在复制段落格式时，该段落的字符格式也被一同复制。

1）若采用选中被复制格式段落的方法，则在复制该段落格式的同时，也将该段落的第一个字符格式复制给目标段落的文本。

2）若采用将光标置于被复制格式段落内的方法，则在复制该段落格式的同时，会将光标后的第一个字符格式复制给目标段落的文本。

3）格式刷复制文本或段落格式适用于复制格式的次数不是很多、复制格式的源文本或段落与目标文本或段落的距离较近的情况。如果复制格式的次数很多，且复制格式的源文本或段落与目标文本或段落的距离较远，则应用 5.3.6 节的样式设置方法来实现会更方便、快捷。

3. 应用案例

【例 5-4】打开 Word 文档“春 2.docx”，利用格式刷进行如下操作，并以原文件名保存文档。具体设置要求如下。

1）把正文第一段中的“春天的脚步近了”的文字格式（包括字体大小、颜色、边框和底纹等）应用到第四段的文字“花下成千成百的蜜蜂嗡嗡地闹着”。

2）把第三段的文字和段落格式（包括字体的大小、颜色，段落的对齐、缩进、行间距，边框和底纹等）应用到正文倒数第一段和第三段。

具体操作步骤如下。

1）选中或将光标插入文字“春天的脚步近了”中，单击“开始”选项卡“剪贴板”选项组中的“格式刷”按钮。按住鼠标左键并拖动鼠标选中要应用此格式的文字“花下成千成百的蜜蜂嗡嗡地闹着”。

2）选中或将光标插入第三段文字中，双击“开始”选项卡“剪贴板”选项组中的“格式刷”按钮。按住鼠标左键并拖动鼠标分别选中正文倒数第一段和第三段的文字，将相应的格式复制到对应的段落，最后再次单击“格式刷”按钮，取消格式刷状态。

5.3.5 项目符号和编号的应用

在排版过程中，给文档的某些段落前加上编号或某些特色的符号，可使文档具有很好的层次性，便于阅读和理解。项目符号和编号的区别在于：项目符号是在并列内容前添加统一的符号，而编号是指为具有层次区分的段落添加的号码，通常编号是连续的号码。

1. 自动创建项目符号和编号

一般情况下，Word 具有自动创建项目符号与编号的功能。如果没有设置，则可通过选择“文件”|“选项”命令，在弹出的“Word 选项”对话框中选择“校对”选项卡，单击“自动更正选项”按钮，在弹出的“自动更正”对话框中选择“自动套用格式”选项卡，如图 5-33 所示。在“应用”选项组中选中“自动项目符号列表”复选框，单击“确定”按钮即可。

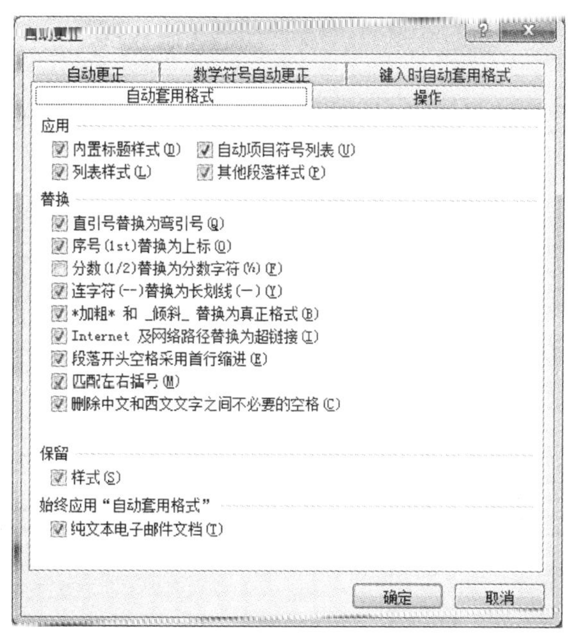

图 5-33 “自动更正”对话框的“自动套用格式”选项卡

（1）自动创建项目符号

在输入文本前，先输入一个星号“*”或一个连字符“-”，其后面跟一个空格或制表符，然后输入文本。按【Enter】键时，Word 自动将该段转换为项目符号列表。

（2）自动创建编号

在输入文本前，先输入数字或字母，如“1.”“(一)”“a)”等，其后面跟一个空格或制表符，然后输入文本。按【Enter】键时，Word 自动将该段转换为编号列表。

每次按【Enter】键后，都能得到一个新的项目符号或编号。如果到达某一段后不需要该段带有项目符号或编号，可连续两次按【Enter】键，或按【Backspace】键将新段中的项目符号或编号删除。

2. 添加项目符号和编号

（1）为段落添加项目符号

1）选中要添加项目符号的段落。

2）单击“开始”选项卡“段落”选项组中的“项目符号”下拉按钮，在弹出的“项目符号”下拉菜单中选择所需项目符号的样式。

3）若要选择其他样式的项目符号，在“项目符号”下拉菜单中选择“定义新项目符号”命令，弹出如图 5-34 所示的“定义新项目符号”对话框，单击“符号”或“图片”按钮，选择一种符号或图片，单击“确定”按钮。

（2）为段落添加编号

1）选中要添加编号的段落。

2）单击“开始”选项卡“段落”选项组中的“编号”下拉按钮，在弹出的下拉菜单中选择所需编号的样式。

3）若要选择其他样式的编号，在“编号”下拉菜单中选择“定义新编号格式”命令，弹出如图 5-35 所示的“定义新编号格式”对话框，在“编号样式”下拉列表中选择一种编号样式，并对编号格式和对齐方式进行设置，单击“确定”按钮。

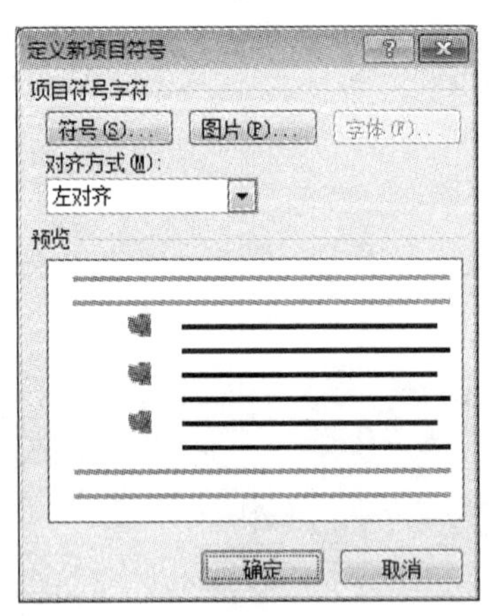

图 5-34 “定义新项目符号”对话框

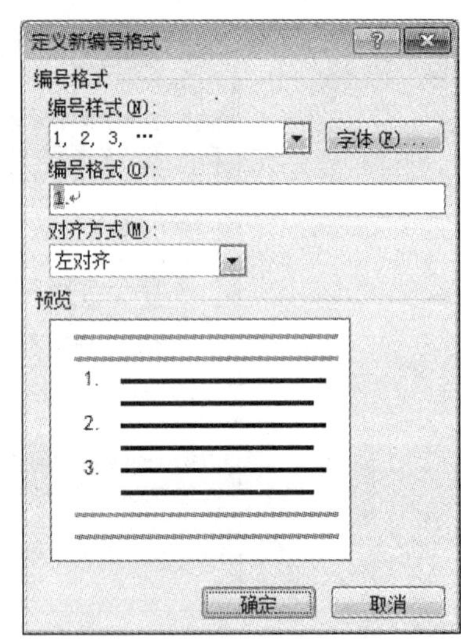

图 5-35 “定义新编号格式”对话框

注意：如果想取消项目符号或编号，有两种方法，一是当光标位于设置了项目符号或编号的段落中时，“段落”选项组中的“项目符号”按钮或“编号”按钮会处于选中状态，单击此按钮可取消此段落的项目符号或编号；二是选中带有项目符号或编号的段落，打开“项目符号”下拉菜单或“编号”下拉菜单，在“项目符号库”列表或“编号库”列表中选择“无”选项，单击“确定”按钮，即可清除这些段落的项目符号或编号。

3. 添加多级列表

多级列表用于清晰地表明各段落内容的层次关系。Word 多级列表与添加项目符号或编号相似，但是多级列表中每段的项目符号或编号会根据段落的缩进范围而变化。Word 多级列表是在段落缩进的基础上使用 Word 多级列表功能，自动生成最多达 9 个层次的符号或编号。具体操作步骤如下。

1）对需要进行多级列表的段落文字采用不同的缩进表示不同的层次。第一层不缩进，从第二层开始缩进。缩进操作可以选中要缩进的内容并单击“开始”选项卡“段落”选项组中的“减少缩进量”按钮和“增加缩进量”按钮确定层次关系；也可以使用快捷键来进行缩进操作，即按【Tab】键增加缩进量，按【Shift+Tab】组合键减少缩进量。

2）选中用不同缩进层次表示的段落文本，单击“开始”选项卡“段落”选项组中的“多级列表”下拉按钮，在弹出的“多级列表”下拉菜单中选择需要的多级列表样式。如果需要接文章前边的段落编号，则应选择“定义新的列表样式”命令，在弹出的“定义新列表样式”对话框的“起始编号”数值选择框中设置需要的编号。

3）若要定义新的多级列表，则应在“多级列表”下拉菜单中选择“定义新的多级列表”命令，弹出如图 5-36 所示的“定义新多级列表”对话框，选择要修改的级别，设置“编号格式”选项组和“位置”选项组中的选项，最后单击“确定”按钮。

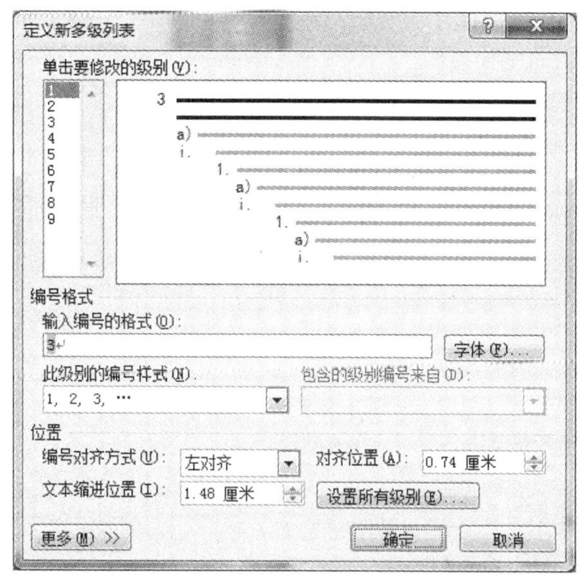

图 5-36 “定义新多级列表”对话框

4. 应用案例

【例 5-5】打开 Word 文档“多级列表.docx”，利用多级列表功能编辑如图 5-37 所示的多级列表，并以原文件名保存文档。

具体操作步骤如下。

1）将光标置于“计算机概述”前，单击“开始”选项卡“段落”选项组中的“增加缩进量”按钮，或按【Tab】键增加缩进量，再把光标置于“计算机系统的构成”前，用相同方法增加缩进量。

2）将光标置于“初识计算机”前，按【Tab】键两次增加对应的缩进量。用类似的方法分别在“计算机的特点”“计算机的应用”“计算机系统的基本构成”“键盘的使用”“软件的安装和卸载”处按【Tab】键两次。

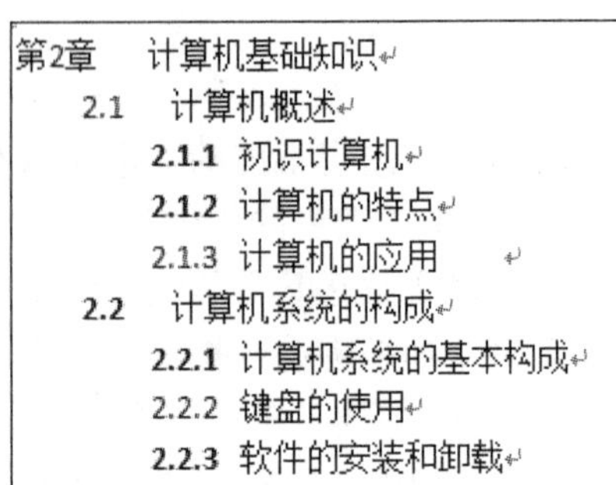

图 5-37 多级列表效果

3）选中不同缩进层次的所有文本内容，单击“开始”选项卡“段落”选项组中的“多级列表”下拉按钮，在弹出的“多级列表”下拉菜单中选择“定义新的多级列表”命令，弹出“定义新多级列表”对话框，选择要修改的级别 1，设置起始编号为 2，“输入编号的格式”文本框中在“2”的前后分别添加“第”“章”，如图 5-38 所示。最后单击“确定”按钮，即完成多级列表的制作。

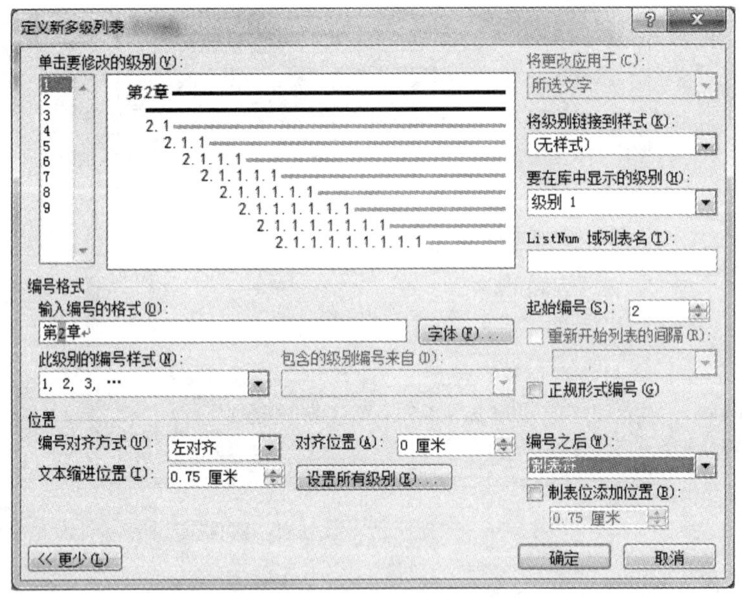

图 5-38 “定义新多级列表”对话框

5.3.6 样式的应用

样式是用样式名表示的一组预先设置好的格式，包括字符格式、段落格式及边框和底纹等。样式分为字符样式、段落样式、表格样式及列表样式等类型。其中，字符样式用来定义文本的字符格式；段落样式用来定义整个段落的格式，包括段落文本的格式、段落格式及边框和底纹等。

1. 新建样式

1）单击“开始”选项卡“样式”选项组右下角的对话框启动按钮，打开如图5-39所示的“样式”任务窗格。

2）单击底部的“新建样式”按钮，弹出如图5-40所示的“根据格式设置创建新样式”对话框，设置名称、样式类型及具体格式。

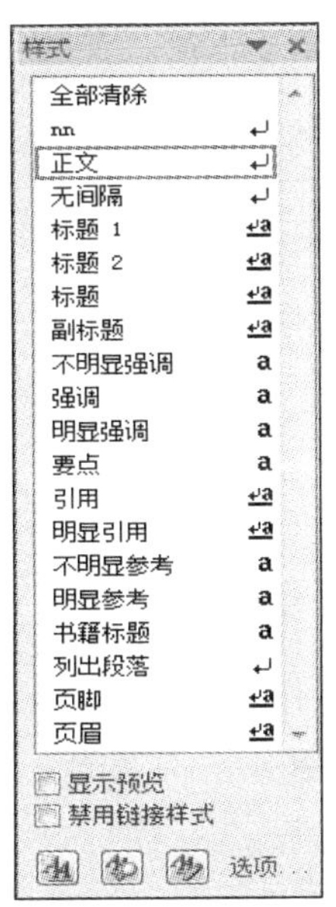

图5-39 “样式”任务窗格

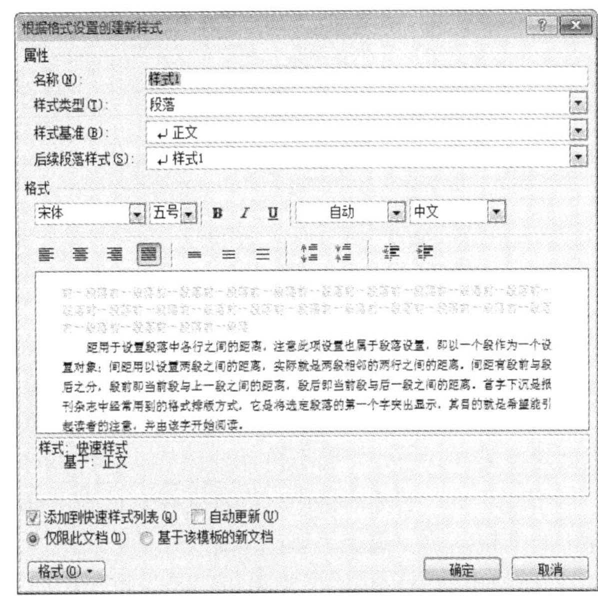

图5-40 “根据格式设置创建新样式”对话框

3）如果想要进行更多的格式设置，可以单击“格式”下拉按钮，在弹出的“格式”下拉菜单中根据需要选择有关命令，并在弹出的对话框中具体设置样式的相关格式（如果根据选中段落的格式来创建样式，则可先选中要创建样式的段落，再打开“样式”任务窗格，此时该步的格式设置可省略），最后单击“确定”按钮。

2. 应用样式

样式创建好后，就可以将其应用于文档中的其他字符和段落。具体操作步骤如下。

1）选中要应用样式的段落。

2）在“样式”任务窗格（或在“开始”选项卡“样式”选项组的“样式”下拉菜单）中选择要应用的样式名称。

3. 编辑样式

样式创建好后，可根据需要对所创建样式的格式进行编辑和修改。具体操作步骤如下。

1）在“样式”任务窗格中，将鼠标指针放在要编辑的样式上，单击其右侧的下拉按钮，在弹出的下拉菜单中选择“修改样式”命令，弹出如图5-41所示的“修改样式”对话框。

2）在“修改样式”对话框中按要求修改样式，完成后单击“确定”按钮。

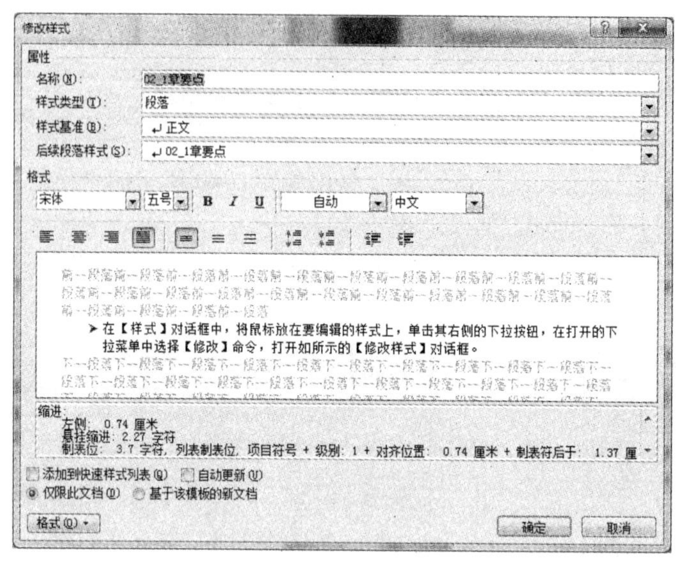

图 5-41 “修改样式”对话框

4. 删除样式

创建好的样式后，如果不再需要该样式，可以对其进行删除操作。具体操作步骤如下。

1）在“样式”任务窗格中，将鼠标指针放在要删除的样式上，单击其右侧的下拉按钮，在弹出的下拉菜单中选择“删除”命令。

2）在弹出的提示对话框中单击“是”按钮，即可将该样式删除。

5. 应用案例

【例 5-6】打开 Word 文档“多媒体技术应用实践及探讨.docx”，按照下列要求编辑文档，并以原文件名保存文档。具体设置要求如下。

1）对标题“多媒体技术应用实践及探讨”应用“标题 1”样式。

2）分别对“一、相关理论介绍”“二、多媒体技术的应用实践——制作影视片”“三、多媒体技术在影视制作中的应用越来越广泛”“四、结束语”应用“标题 2”样式。

3）对正文中以“（一）（二）（三）……”开头的段落应用“标题 3”样式。

4）修改“正文”样式为首行缩进两个字符。

5）新建样式“正文标题”，具体要求：样式以“标题 1”样式为基准，格式设置为红色、居中对齐，并把这个样式应用到标题“多媒体技术应用实践及探讨”。

具体操作步骤如下。

1）单击“开始”选项卡“样式”选项组右下角的对话框启动按钮，打开如图 5-39 所示的“样式”任务窗格。选中标题“多媒体技术应用实践及探讨”，在“样式”任务窗格中选择“标题 1”选项。

2）按住【Ctrl】键，分别选中文字“一、相关理论介绍”“二、多媒体技术的应用实践——制作影视片”“三、多媒体技术在影视制作中的应用越来越广泛”“四、结束语”，在“样式”任务窗格中选择“标题 2”选项。

3）用类似的方法选中正文中以“（一）（二）（三）……”开头的文字，应用“标题3”样式。

4）将鼠标指针放在“样式”任务窗格中的“正文”样式上，单击其右侧的下拉按钮，在弹出的下拉菜单中选择“修改样式”命令，弹出“修改样式”对话框。单击“格式”下拉按钮，在弹出的下拉菜单中选择“段落”命令，在弹出的“段落”对话框中设置“特殊格式”为首行缩进两个字符。

5）将光标置于标题中，单击“样式”任务窗格底部的“新建样式”按钮，弹出如图5-40所示的“根据格式设置创建新样式”对话框。在该对话框中设置名称为“正文标题”，样式类型为“段落”，样式基准为“标题1”，具体格式设置为红色、居中对齐，最后单击“确定”按钮。

5.3.7 查找和替换的应用

查找和替换是Word 2010中非常有用的功能。查找功能可以检查某文档是否包含所查找的内容；替换以查找为前提，可以实现用一些文本去替换文档中指定的文本的功能，还可以实现特殊字符的替换和格式的替换等，是效率很高的编辑功能。

1. 文本的查找

查找文本是指从当前文档中查找指定的内容。查找的主要目的是定位，以便对其进行相应的查看、修改等操作。Word提供了快速查找和高级查找两种操作方式。

（1）快速查找

1）单击“开始”选项卡“编辑”选项组中的“查找”下拉按钮，在弹出的下拉菜单中选择“查找”命令，在文档编辑区左边打开一个如图5-42所示的“导航”任务窗格。

2）在该任务窗格顶部的文本框中输入需要查找的文字或标点符号等，文档中的对应内容会突出显示，完成查找。

注意：

1）若要限定查找的范围，则应选中文本区域，否则将在整个文档范围内查找。

2）“导航”任务窗格不仅可以查找普通字符，而且可以查找图形、表格、公式、脚注、尾注和批注等对象，方法是单击文本框右侧的下拉按钮，在弹出的下拉菜单中选择对应的查找对象。

3）上述方法查找的是不限格式的指定文本。

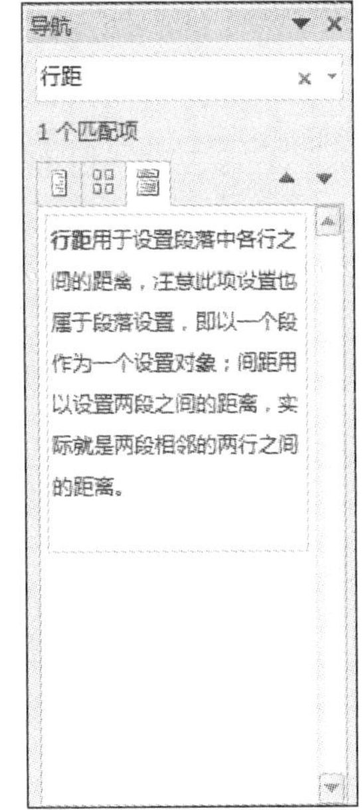

图5-42 “导航”任务窗格

（2）高级查找

如果要查找的是指定格式的指定文本或特殊字符，则必须使用高级查找功能。操作步骤如下。

1）单击“开始”选项卡“编辑”选项组中的“查找”下拉按钮，在弹出的下拉菜单中选择“高级查找”命令。

2）在弹出的“查找和替换”对话框中输入要查找的内容后，单击“更多”按钮，这时对话框变为如图5-43所示的“查找和替换”对话框，利用其中的“格式”下拉按钮可设置查找内容所需符合的格式，利用“特殊格式”按钮可以查找分栏符、段落标记、脚注或制表符等各种特殊标记和字符。设置完后单击“查找下一处”按钮开始查找。不断单击“查找下一处”按钮，可以查找完整个文档。查找完毕后，单击“确定”按钮。

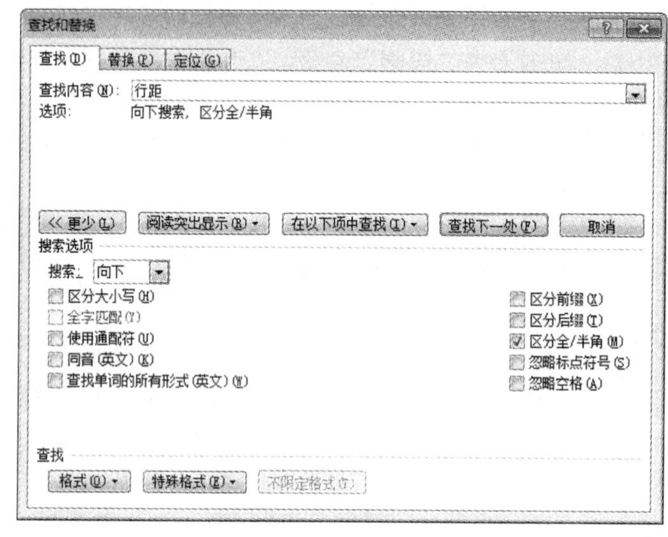

图 5-43 “查找和替换”对话框

2. 文本的替换

在对文本进行编辑时，如果要将某个字符串替换为另一个字符串，或进行某些字符格式的修改可用替换功能进行操作。具体操作步骤如下。

1）单击“开始”选项卡“编辑”选项组中的“替换”按钮，或在如图 5-43 所示的“查找和替换”对话框中，选择“替换”选项卡，如图 5-44 所示。

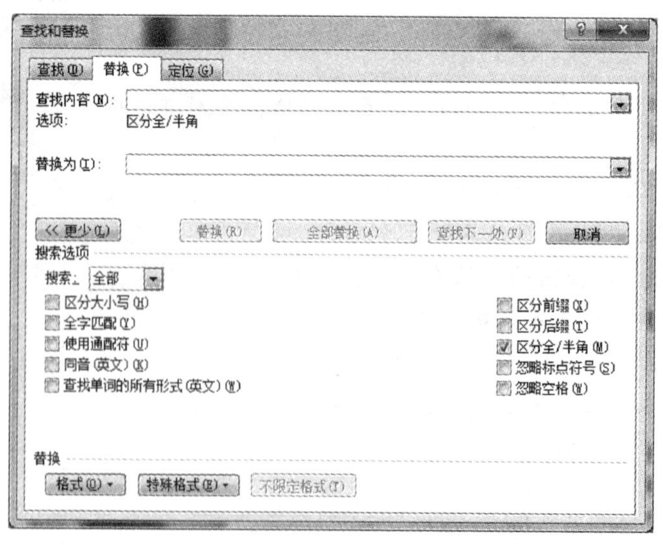

图 5-44 “替换”选项卡

2）在“替换”选项卡的“查找内容”文本框中输入要被替换的内容，在“替换为”文本框中输入要替换的内容。单击“查找下一处”按钮找到需要替换的位置后，单击“替换”按钮进行替换，也可以单击“全部替换”按钮，一次将所有符合查找条件的文本全部替换。

利用替换功能可以简化输入、提高效率。例如，在一篇文章中，如果多次出现“Microsoft Office Word 2010”字符串，在输入时可先用一个不常用的字符表示，然后利用替换功能一次性将文档中所有的字符替换成最终想要的字符串。

Word 2010 的查找和替换功能不仅可以查找、替换文本内容，而且可以查找、替换文档中的字体、段落、样式、特殊字符等，如通过替换格式操作，可以将文档中所有的黑体、五号字变为宋体、小二号字等。

3. 应用案例

【例 5-7】打开文档“邀请函.docx”，将所有的“桃李”替换成“芬芳”，并将所有“芬芳”的格式设置为红色、加粗、倾斜、加着重号。

具体操作步骤如下。

1）单击“开始”选项卡“编辑”选项组中的“替换”按钮，弹出如图 5-44 所示的“查找和替换”对话框。

2）在该对话框中的“查找内容”文本框中输入“桃李”，在“替换为”文本框中输入“芬芳”。将光标定位在“替换为”文本框的文字中。

3）如果该对话框中未显示“搜索选项”选项组，则单击“更多”按钮，以显示“搜索选项”选项组。单击“格式”下拉按钮，在弹出的下拉菜单中选择“字体”命令，弹出“替换字体”对话框。设置字体颜色为红色，字形为加粗、倾斜，设置着重号，如图 5-45 所示，单击“确定”按钮，返回如图 5-46 所示的“查找和替换”对话框。

4）单击“全部替换”按钮，文档中的所有“桃李”被替换为“芬芳”，且格式为红色、加粗、倾斜、加着重号。

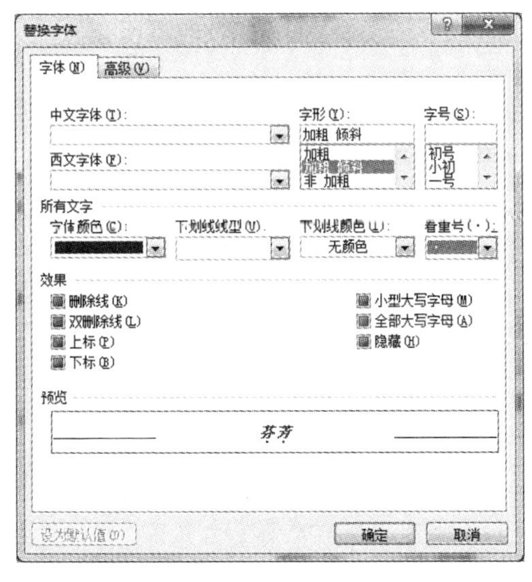

图 5-45 “替换字体”对话框

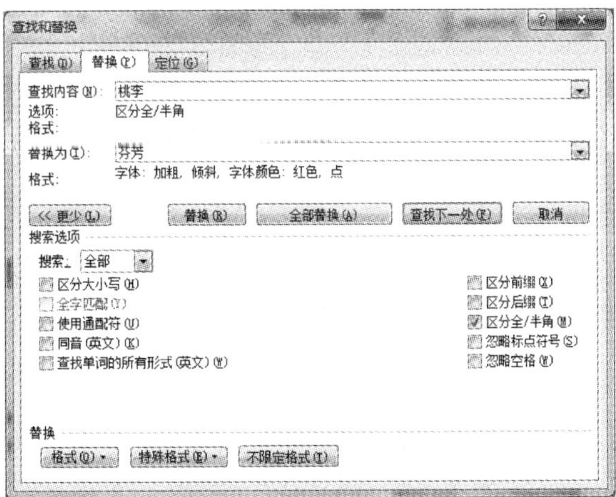

图 5-46 设置后的“查找和替换”对话框

5.4 图 文 混 排

Word 2010 虽然是一个文字处理软件，但是它同样具有强大的图形处理功能。用户可以在 Word 中插入各种对象，如剪贴画、图片、艺术字、文本框等。Word 的图文混排功能可以很方便地处理图片与文字之间的环绕关系，使插入的图片位于文档中恰当的位置，使文档的版面更加美观、整洁，制作出精美的、令人赏心悦目的图文混排效果。

5.4.1 插入图片

在 Word 中插入图片的方式有很多，如插入剪贴画、插入来自文件的图片、插入屏幕截图等。

1. 插入剪贴画

Word 2010 中提供了多种剪贴画，可以通过在文档中插入这些剪贴画素材，设计出更美观的文档。插入剪贴画的操作步骤如下。

1）将光标定位到要插入剪贴画的位置。

2）单击“插入”选项卡“插图”选项组中的“剪贴画”按钮，打开如图 5-47 所示的“剪贴画”任务窗格。

3）单击“搜索文字”文本框右边的“搜索”按钮，即可显示剪贴画库中的所有图片，或在“搜索文字”文本框中输入所需剪贴画的类型名，然后单击“搜索”按钮，即可显示该类剪贴画。

4）单击所需的剪贴画，将该剪贴画插入当前光标所在位置。

剪贴画
搜索文字:
搜索
结果类型:
所有媒体文件类型
包括 Office.com 内容
在 Office.com 中查找详细信息
查找图像提示

图 5-47 “剪贴画”任务窗格

2. 插入来自文件的图片

除了剪贴画以外，还可以在文档中插入来自图形图像文件的图片。具体操作步骤如下。

1）在文档中将光标定位到要插入图片的位置。

2）单击“插入”选项卡“插图”选项组中的“图片”按钮，弹出“插入图片”对话框，如图 5-48 所示。

3）在“插入图片”对话框中找到图片存放的位置，选择要插入的图片，单击“插入”按钮即将所选图片插入文档中。

3. 插入屏幕截图

利用屏幕截图功能可以非常方便地将活动窗口截取为图片插入当前正在编辑的文档中。具体操作步骤如下。

1）在文档中将光标定位到要插入图片的位置。

2）选择“插入”选项卡“插图”选项组中的“屏幕截图”下拉按钮，弹出“屏幕截图”下拉菜单，如图 5-49 所示。

图 5-48 “插入图片”对话框

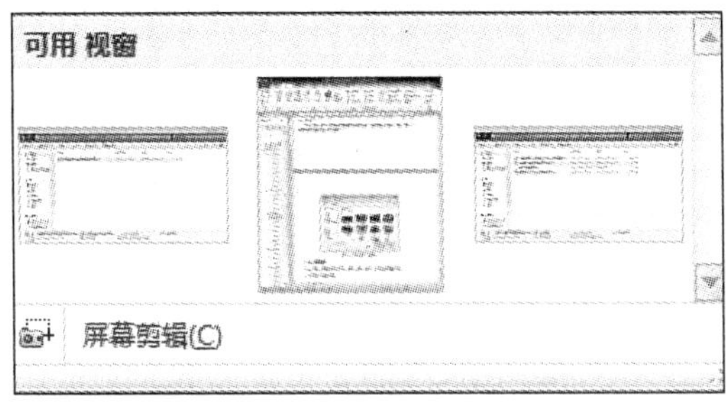

图 5-49 “屏幕截图”下拉菜单

如果要添加整个窗口作为截图，可选择“可用 视窗”列表中所需要的窗口的缩略图，Word 将自动截取该窗口图片并插入文档中。

如果要添加窗口的一部分区域，可选择“屏幕剪辑”命令，当鼠标指针变为十字形状时，按住鼠标左键拖动鼠标选择自己想要截取的屏幕区域，释放鼠标左键后，该截取的屏幕区域将作为图片插入当前文档中。

5.4.2 编辑图片

对于插入 Word 中的图片，用户可以进行编辑修改，如调整大小、移动、缩放、裁剪、组合、设置文字环绕等。编辑图片之前要先选中图片，选中的图片周围会出现 8 个控制点。

1. 调整图片大小和缩放图片

具体操作步骤如下：单击图片将其选中，图片四周出现 8 个控制点，将鼠标指针置于任意一个控制点上，当指针变为双向箭头时按住鼠标左键并拖动鼠标，即可对图片进行缩小和放大，粗略调整图片的大小。

若要进行精确的调整和缩放，可在选中图片上右击，在弹出的快捷菜单中选择“大小和位置”命令，在弹出的“布局”对话框中选择“大小”选项卡，在“高度”、“宽度”和

“缩放”选项组中设置尺寸大小和缩放比例。如果要按比例缩放原图片大小，可选中“锁定纵横比”复选框。“相对原始图片大小”复选框用于确定按初始的图片大小缩放还是按当前的图片大小缩放。

2. 移动、复制和删除图片

移动图片只需选中该图片，当鼠标指针变为十字箭头形状时，按住鼠标左键拖动鼠标即可把图片移动到所需要的地方。

图片的复制、删除操作与文本的复制、删除操作方法相同，这里不再介绍。

3. 裁剪图片

如果只需要图片的一部分，则可利用裁剪功能将多余的部分剪掉。具体操作步骤如下。

1）选中要裁剪的图片。

2）单击“图片工具-格式”选项卡“大小”选项组中的“裁剪”下拉按钮，在弹出的下拉菜单中选择“裁剪”命令，图片四周出现 8 个控制点，拖动控制点可对图片进行裁剪。如果要把图片裁剪成自己想要的形状，可以选择“裁剪为形状”命令，在弹出的子菜单中选择想要裁剪的形状。

用户也可以在图片上右击，在弹出的快捷菜单中选择“设置图片格式”命令，弹出“设置图片格式”对话框，选择“裁剪”选项卡，如图 5-50 所示，输入具体数值进行图片的裁剪。

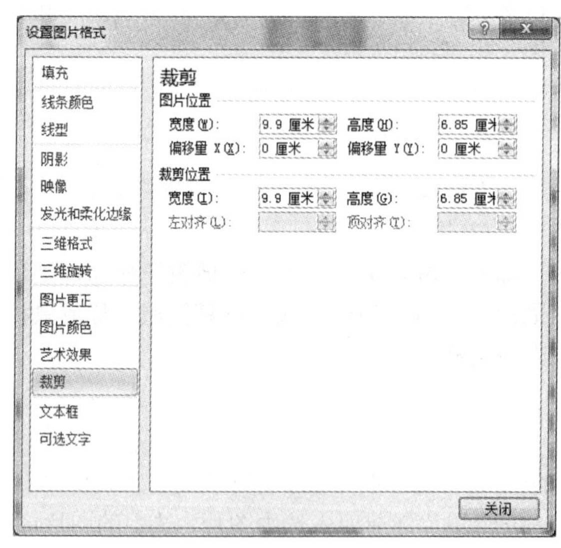

图 5-50 “裁剪”选项卡

4. 图片的文字环绕方式

文字环绕方式是指图片周围的文字分布情况。在 Word 2010 中，图片插入文档中的方式有两种：浮动式和嵌入式。嵌入式直接将图片放在文本的光标处，占据了文本处的位置，拖放的时候不太容易定位到想要的位置。浮动式使文字环绕在图片四周，或将图片浮于文字上方或衬于文字下方等，图片可在页面上自由移动，但当图片移动时周围文字的位置将发生变化。默认情况下，Word 2010 将插入的图形作为嵌入式图片，但是可根据需要对其环绕方式和位置进行修改，在嵌入式和浮动式之间进行转换。

具体操作方法如下：在要设置环绕方式的图片上右击，在弹出的快捷菜单中选择“大小和位置”命令，弹出“布局”对话框，选择“文字环绕”选项卡，如图 5-51 所示，选择所需的环绕方式，单击“确定”按钮即可。

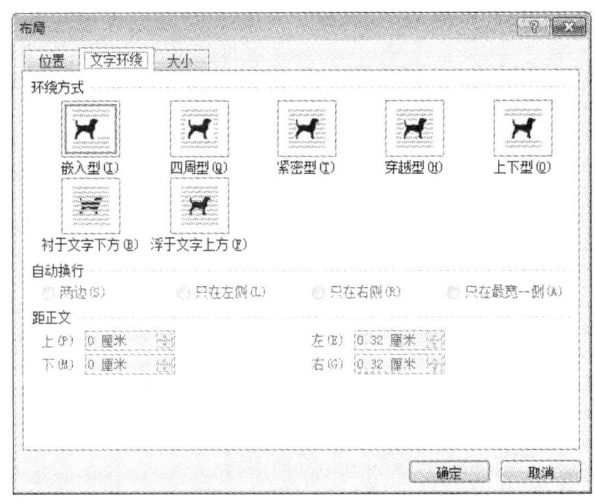

图 5-51　“文字环绕”选项卡

另外，用户也可以单击“图片工具-格式”选项卡“排列”选项组中的“自动换行”下拉按钮，在弹出的下拉菜单中选择所需环绕方式。如果没有自己需要的环绕方式，则可选择“其他布局选项”命令，在弹出的“布局”对话框中进行选择。

各种环绕方式的含义如下所述。

1）嵌入型：将图片嵌入文档中，用于将图片用作文本字符的情况。这种环绕方式往往适合较小的图片，因为它们对周围文本的影响较小。

2）四周型：无论图片是否为矩形图片，文字均以矩形方式环绕在图片四周。

3）紧密型：如果图片是矩形，则文字以矩形方式环绕在图片周围；如果图片是不规则图形，则文字将紧密环绕在图片四周。

4）穿越型：文字可以穿越不规则图片的空白区域环绕图片。

5）上下型：文字环绕在图片上方和下方。

6）衬于文字下方：图片在下、文字在上，分为两层，文字将覆盖图片。

7）浮于文字上方：图片在上、文字在下，分为两层，图片将覆盖文字。

5. 应用案例

【例 5-8】 打开文档“邀请函.docx”，在文中插入图片“花.jpg”，设置图片环绕方式为四周型环绕，大小为高 5 厘米、宽 6 厘米，并移动图片位置，最后效果如图 5-52 所示。

具体操作步骤如下。

1）打开“邀请函.docx”文档，单击“插入”选项卡“插图”选项组中的“图片”按钮，在弹出的“插入”对话框中找到要插入的图片“花.jpg”，单击“插入”按钮，将图片插入文档中。

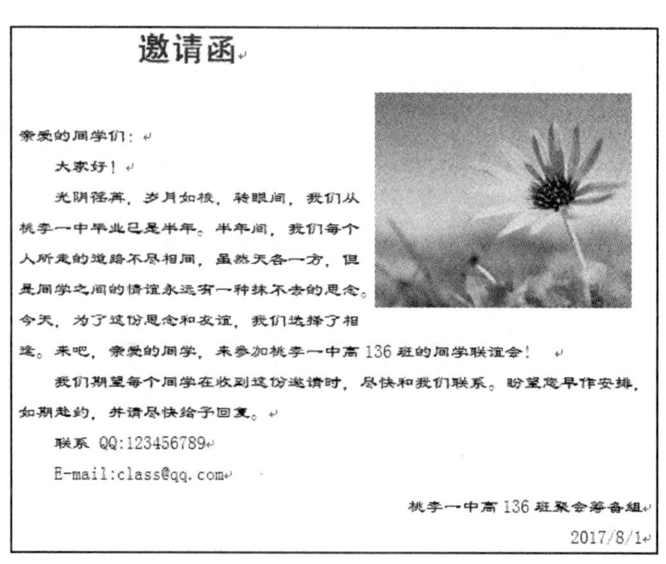

邀请函

亲爱的同学们：

大家好！

光阴荏苒，岁月如梭，转眼间，我们从桃李一中毕业已是半年。半年间，我们每个人所走的道路不尽相同，虽然天各一方，但是同学之间的情谊永远有一种抹不去的思念。今天，为了这份思念和友谊，我们选择了相逢。来吧，亲爱的同学，来参加桃李一中高 136 班的同学联谊会！

我们期望每个同学在收到这份邀请时，尽快和我们联系。盼望您早作安排，如期赴约，并请尽快给予回复。

联系 QQ:123456789

E-mail:class@qq.com

桃李一中高 136 班聚会筹备组

2017/8/1

图 5-52 “邀请函.docx”图文混排效果

2）选中图片，单击“图片工具-格式”选项卡“排列”选项组中的“自动换行”下拉按钮，在弹出的下拉菜单中选择“四周型环绕”命令。

3）单击“图片工具-格式”选项卡“大小”选项组右下角的对话框启动按钮，在弹出的“布局”对话框中取消“锁定纵横比”复选框的选中状态，并按要求设置高度和宽度，如图 5-53 所示。最后移动图片至图 5-52 所示位置。

图 5-53 设置图片大小

5.4.3 绘制图片

在 Word 2010 中，除了可以插入已有的图片外，还可以使用“插入”选项卡“插图”选项组中的“形状”下拉菜单来绘制图形。通过“形状”下拉菜单，用户可以自由地绘制所需的图形，使文档的表达更加生动。一般情况下，图形的绘制需要在页面视图中进行。

1. 绘制图形

1）单击“插入”选项卡“插图”选项组中的“形状”下拉按钮，弹出如图 5-54 所示的“形状”下拉菜单。

2）选择需要的形状，移动光标至文档待插入这些图形的地方，按住鼠标左键并拖动鼠标，直到其大小和方向符合要求后释放鼠标左键，这时文档编辑区上方会弹出“绘图工具-格式”选项卡。

3）利用“形状样式”选项组的“形状填充”“形状轮廓”“形状效果”等按钮设置形状的填充颜色、边界颜色及阴影等效果，完成绘图。

注意：若要绘制水平或垂直的线段，可以在绘制“直线”或“箭头”形状的同时按住【Shift】键。若要绘制正方形或圆，可以在绘制“矩形”或“椭圆”形状的同时按住【Shift】键。

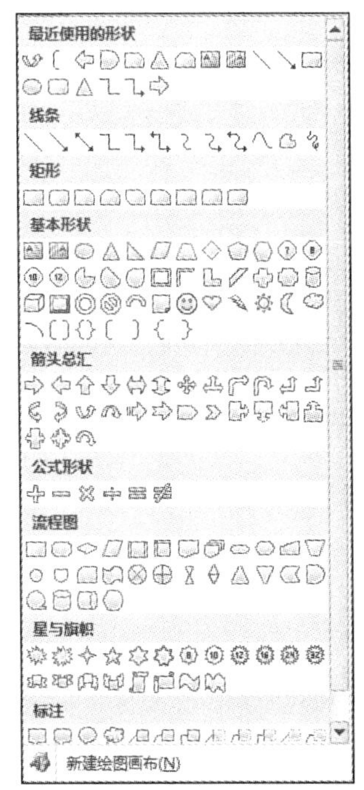

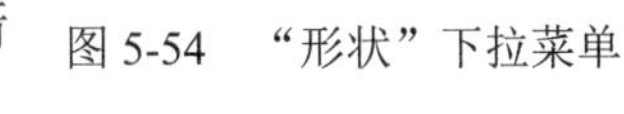
图 5-54 “形状”下拉菜单

2. 调整图形大小

1）选中图形，这时图形周围将出现 8 个控制点。

2）将鼠标指针移至某一控制点上，当鼠标指针变为双向箭头时按住鼠标左键并拖动。

若要按图形的宽高比缩放形状，则需将鼠标指针放在圆形控制点上，按住【Shift】键并拖动鼠标。

3. 在图形上添加文字

在需要添加文字的图形上右击，在弹出的快捷菜单中选择“添加文字”命令。这时光标将出现在选中的图形中，输入需要添加的文字内容，并对文字进行格式设置（如字体、字号等）。这些输入的文字会变成图形的一部分，当移动图形时，图形中的文字也随之移动。

4. 设置图形格式和文字环绕方式

一般情况下，人们绘制的自选图形的边线是深蓝色的，中间用蓝色填充。为了进一步美化图形，与前面设置图片格式相似，也可以对图形进行填充、边线等格式的设置。

具体操作方法如下：在选中的自选图形上右击，在弹出的快捷菜单中选择“设置形状格式”命令，弹出如图 5-55 所示的对话框。在“设置形状格式”对话框中进行填充颜色、线条颜色、线型、箭头类型等设置。

设置图形的文字环绕方式的方法与设置图片的文字环绕方式的方法相同，这里不再详细介绍。

5. 叠放次序

当在文档中绘制多个重叠的图形时，每个重叠的图形有叠放的次序，此次序与绘制的顺序相同，一般情况下最先绘制的图形会放在最下面。

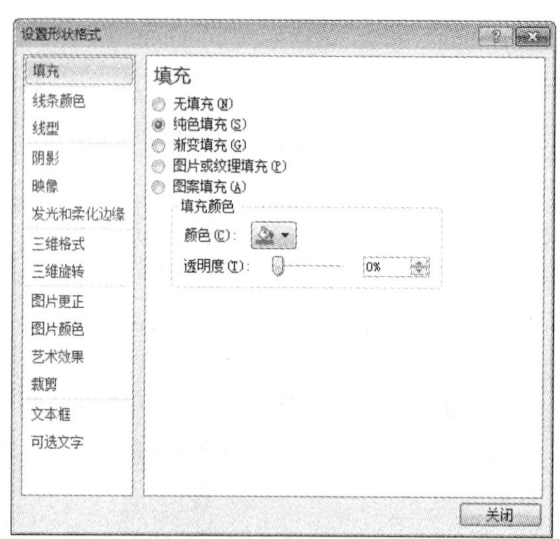

图 5-55 “设置形状格式”对话框

要想改变图形的叠放次序，具体操作方法如下：在要改变次序的图形上右击，在弹出的快捷菜单中选择“叠放次序”子菜单中的命令，或单击“绘图工具-格式”选项卡“排列”选项组中的“上移一层”或“下移一层”按钮。叠放次序一般有如下几种：“置于顶层”、“置于底层”、“上移一层”、“下移一层”、“浮于文字上方”和“衬于文字下方”。用户可根据具体需要进行选择来调整图形的叠放次序。

6. 图形的组合和取消组合

通过图形的组合可以使多个图形成为一个整体图形，以便进行移动或复制等操作。具体操作方法如下：可以先按住【Shift】键，再分别单击其他图形，所有图形选中后右击，在弹出的快捷菜单中选择“组合”命令，或单击“绘图工具-格式”选项卡“排列”选项组中的“组合”下拉按钮，在弹出的下拉菜单中选择“组合”命令，则所有被选中的图形对象组合成为一个整体。

如果想要修改组合图形中的某一个图形，则可以对已经组合的图形进行取消组合操作，将其拆分成独立的图形元素，方便对其进行修改。取消组合的方法如下：选中组合好的对象右击，在弹出的快捷菜单中选择“取消组合”命令，或单击“绘图工具-格式”选项卡“排列”选项组中的“组合”下拉按钮，在弹出的下拉菜单中选择“取消组合”命令，则被组合的图形中的各图形元素又可以单独进行操作了。

7. 图形的旋转与翻转

具体操作方法如下：单击图形，图形上方会出现一个绿色的控制点，在此控制点上单击并拖动，所选图形即可绕其中心旋转，旋转到满意位置后释放鼠标即可。若要进行精确角度的旋转，则应选中图形并右击，在弹出的快捷菜单中选择“其他布局选项”命令，在弹出的“布局”对话框中选择“大小”选项卡，在“旋转”选项组中设置旋转角度；也可选中图形，然后单击“绘图工具-格式”选项卡“排列”选项组中的“旋转”下拉按钮，在弹出的下拉菜单中根据需要选择相应的旋转或翻转效果。

5.4.4 插入与编辑艺术字

在 Word 中可以插入有特殊效果的艺术字。艺术字不同于普通文本，它具有很多特殊的效果，本质上可以作为图形对象来处理。

1. 插入艺术字

1）把光标移到要插入艺术字的位置。

2）单击“插入”选项卡“文本”选项组中的“艺术字”下拉按钮，在弹出的下拉菜单中选择需要的艺术字样式。

3）在文本编辑区出现的文本框中输入艺术字的文字。

2. 编辑艺术字

插入艺术字后可以对其进行重新编辑。

（1）修改艺术字文本

若插入的艺术字有误，或想重新输入文本内容，可对其进行修改。单击艺术字，即可进入编辑状态，从而可对其进行修改。

（2）设置艺术字的字体和字号

选中艺术字，在“开始”选项卡“字体”选项组中的“字体”和“字号”下拉列表中选择文字的字体和字号，如果需要，还可以通过单击相关按钮设置文字的粗体和斜体。

（3）修改艺术字样式

选中艺术字，单击“绘图工具-格式”选项卡“艺术字样式”选项组中的“其他”下拉按钮，在弹出的下拉菜单中重新选择所需要样式即可。单击“文本轮廓”按钮、“文本填充”按钮和“文本效果”按钮，可根据需要设置艺术字文字轮廓颜色、填充颜色及阴影、发光、弯曲等效果。

艺术字是作为一种图片对象插入的，因此对艺术字也可以像对待图片一样进行操作，设置其文字的环绕方式、自由旋转，同时还可以为其设置三维效果或阴影等。

3. 应用案例

【例 5-9】打开文档“邀请函.docx”，将文档标题“邀请函”设置为艺术字，具体要求如下：样式为“填充-橄榄色，强调文字颜色 3，粉状棱台”，环绕方式为“浮于文字上方”，阴影为“外部，右下斜偏移”，映像为“半映像，接触”，发光为“红色，8pt 发光，强调文字颜色 2”，并移动艺术字位置，最后效果如图 5-56 所示。

具体操作步骤如下。

1）选中文字“邀请函”，单击“插入”选项卡“文本”选项组中的“艺术字”下拉按钮，在弹出的下拉菜单中选择“填充-橄榄色，强调文字颜色 3，粉状棱台”命令，“邀请函”文字自动转变为艺术字。

2）选中艺术字“邀请函”，单击“绘图工具-格式”选项卡“排列”选项组中的“自动换行”下拉按钮，在弹出的下拉菜单中选择“浮于文字上方”命令。

3）单击“绘图工具-格式”选项卡“艺术字样式”选项组中的“文本效果”下拉按

钮，在弹出的下拉菜单中选择“阴影”命令，在其子菜单中选择“外部”|“右下斜偏移”命令。

4）在“文本效果”下拉菜单中选择“映像”命令，在其子菜单中选择“半映像，接触”命令。

5）在“文本效果”下拉菜单中选择“发光”命令，在其子菜单中选择“红色，8pt 发光，强调文字颜色 2”命令。

6）按照图 5-56 移动艺术字位置到文档中上部。

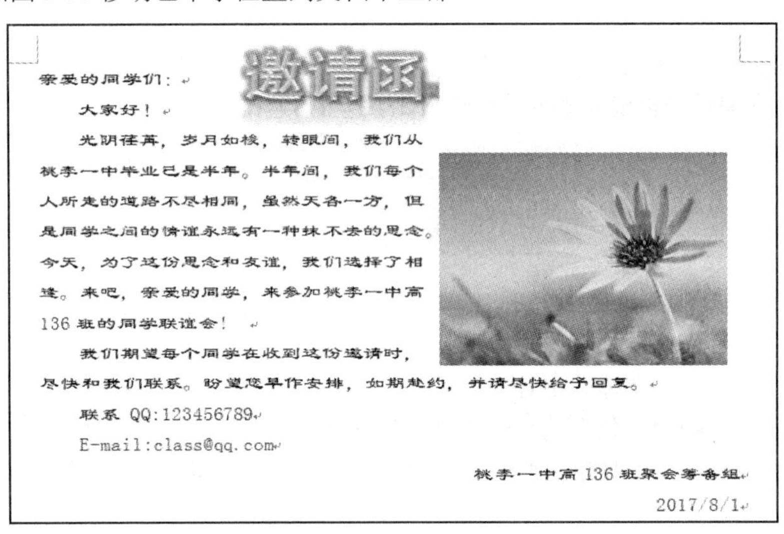

邀请函

亲爱的同学们：

大家好！

光阴荏苒，岁月如梭，转眼间，我们从桃李一中毕业已是半年。半年间，我们每个人所走的道路不尽相同，虽然天各一方，但是同学之间的情谊永远有一种抹不去的思念。今天，为了这份思念和友谊，我们选择了相逢。来吧，亲爱的同学，来参加桃李一中高 136 班的同学联谊会！

我们期望每个同学在收到这份邀请时，尽快和我们联系。盼望您早作安排，如期赴约，并请尽快给予回复。

联系 QQ:123456789

E-mail:class@qq.com

桃李一中高 136 班聚会筹备组

2017/8/1

图 5-56　插入艺术字效果

5.4.5　插入与编辑文本框

文本框是一种特殊的图形对象，可以被置于页面中的任何位置，主要用于在文档中输入特殊文本。对于文本框的文字可设置字体、对齐方式等格式，也可对文本框本身设置填充颜色、线条的颜色和线型等格式。

1. 插入文本框

文本框分横排和竖排两种格式，在横排文本框中从左到右输入文本内容，在竖排文本框中从上到下、从右到左输入文本内容。插入文本框的具体操作步骤如下。

1）单击“插入”选项卡“文本”选项组中的“文本框”下拉按钮，在弹出的如图 5-57 所示的“文本框”下拉菜单中选择所需的文本框样式。如果选择“绘制文本框”命令，则插入横排文本框；如果选择“绘制竖排文本框”命令，则插入竖排文本框。

2）在要创建文本框的位置按住鼠标左键并拖动鼠标，会出现一个虚线框，当到达所需大小之后，释放鼠标左键即可绘制出相应文本框。

3）在文本框中输入文字，当输入的文本到达文本框边界时，文档将自动换行。

2. 编辑文本框

插入文本框后，可以对文本框进行编辑，如改变大小、设置边框和填充颜色等。

图 5-57 “文本框”下拉菜单

具体操作方法如下：选中文本框并右击，在弹出的快捷菜单中选择“设置形状格式”命令，在弹出的“设置形状格式”对话框中进行详细的设置。

注意：在文本框中输入文字，若框中文字部分不可见，则可调整文本框的大小。改变文本框大小的方法是，单击要改变大小的文本框，文本框周围出现 8 个控制点，将鼠标指针移到文本框任意一边的控制点上，按住鼠标左键，左右或上下拖动鼠标即可改变文本框的宽度或高度。

3. 文本框的文字环绕方式

在文档中插入文本框后，文本框默认浮于文档的文字上方，用户也可以像操作图片一样设置文本框的文字环绕方式。

5.4.6 插入 SmartArt 图形

在实际工作中，经常需要在文档中插入一些图形，如工作流程图、图形列表等比较复杂的图形，以增加文档的生动性和说服力。SmartArt 图形是用户信息的可视表示形式，用户可以从多种不同的布局中进行选择，快速轻松地创建所需形式，以便有效地传达信息或观点。

1. 创建 SmartArt 图形

具体操作步骤如下：单击“插入”选项卡“插图”选项组中的“SmartArt”按钮，在弹出的如图 5-58 所示的“选择 SmartArt 图形”对话框中选择需要的类型，在中间的列表框内选择需要的层次布局结构图，单击“确定”按钮即可。

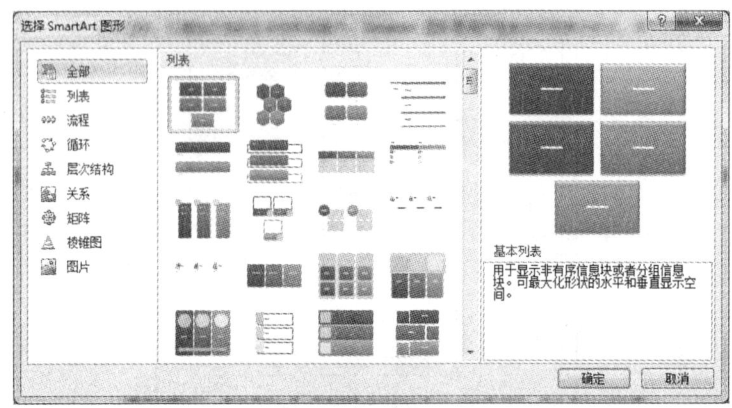

图 5-58 “选择 SmartArt 图形”对话框

2. 应用案例

【例 5-10】利用 SmartArt 工具制作如图 5-59 所示的层次结构图，并按下列要求修改编辑创建的 SmartArt 图形。

1）修改 SmartArt 形状，在“招聘部长”的下方添加形状“职员”。

2）更改 SmartArt 布局为“水平层次结构”。

3）更改单元格级别，将“职员”的级别升级到跟“招聘部长”同级别。

4）更改 SmartArt 颜色和样式分别为“彩色-强调文字颜色”和“砖块场景”。

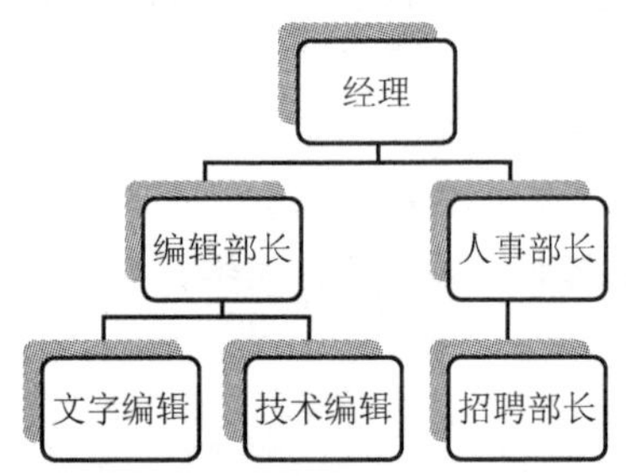

图 5-59 层次结构图示例

具体操作步骤如下。

1）单击“插入”选项卡“插图”选项组中的“SmartArt”按钮，在弹出的“选择 SmartArt 图形”对话框中选择“层次结构”选项卡，在中间的列表框内选择“层次结构”选项，单击“确定”按钮，插入如图 5-60 所示的 SmartArt 图形。

2）把光标插入对应的文本框，按照图 5-59 所示的效果，输入对应的文字，也可以单击 SmartArt 图形左侧的按钮，打开“在此处键入文字”任务窗格。在任务窗格中输入对应的文字，右侧的 SmartArt 图形对应的形状部分会出现相应的文字，如图 5-61 所示。

3）修改 SmartArt 形状，在“招聘部长”的下方添加形状“职员”，具体操作：选中内容为“招聘部长”的形状，单击“SmartArt 工具-设计”选项卡“创建图形”选项组中的“添加形状”下拉按钮，在弹出的下拉菜单中选择“在下方添加形状”命令，并在新添加的形状里输入“职员”，如图 5-62 所示；也可以选中“招聘部长”形状并右击，在弹出的快捷菜单中选择“添加形状”命令。

4）更改 SmartArt 布局为“水平层次结构”。选中 SmartArt 图形，在“SmartArt 工具-设计”选项卡“布局”选项组的列表中选择“水平层次结构”选项，SmartArt 图形变为如图 5-63 所示；也可以选中 SmartArt 图形并右击，在弹出的快捷菜单中选择“更改布局”命令。

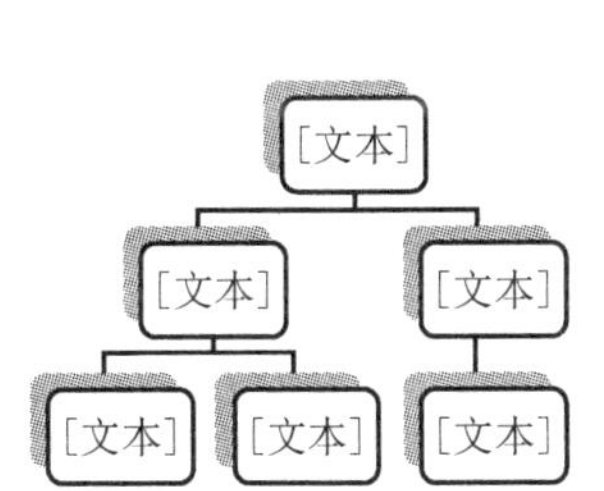

图 5-60 层次结构 SmartArt 图形

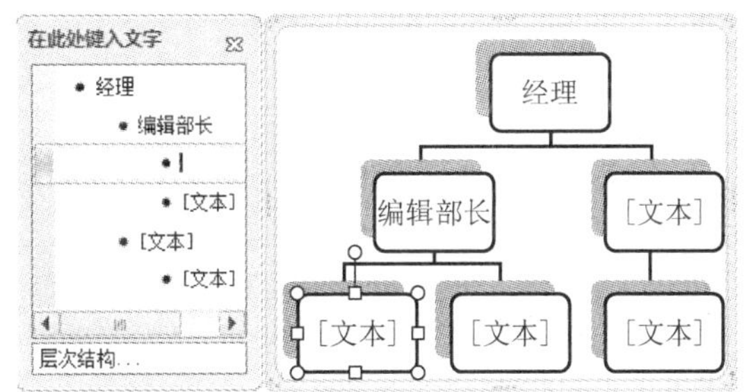

图 5-61 “在此处键入文字”任务窗格

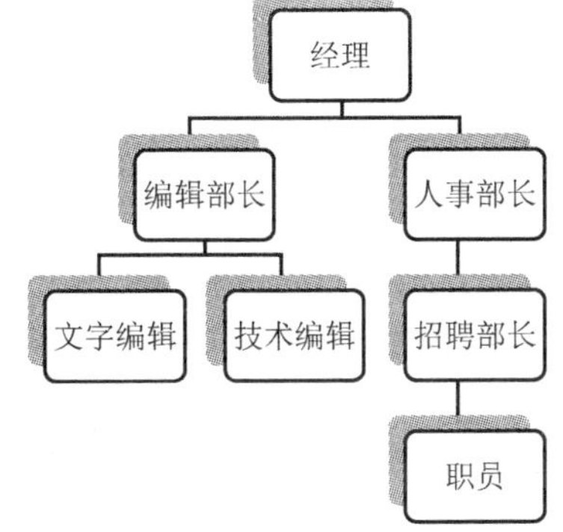

图 5-62 添加形状后的 SmartArt 图形效果

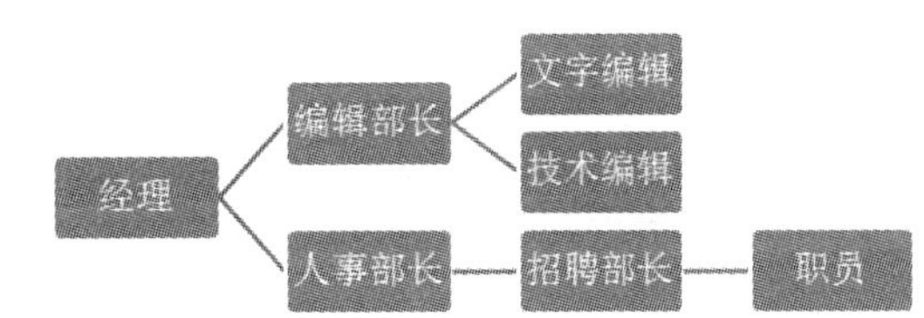

图 5-63 更改布局后的 SmartArt 图形效果

5）更改单元格级别。选中内容为“职员”的形状，单击“SmartArt 工具-设计”选项卡“创建图形”选项组中的“升级”按钮，“职员”形状便升级到与“招聘部长”形状同级，效果如图 5-64 所示。

6）更改 SmartArt 颜色和样式分别为“彩色-强调文字颜色”和“砖块场景”。选中 SmartArt 图形，单击“SmartArt 工具-设计”选项卡“SmartArt 样式”选项组中的“更改颜色”下拉按钮，在弹出的下拉菜单中选择“彩色-强调文字颜色”命令，在右侧的样式下拉列表中选择“砖块场景”选项，SmartArt 图形如图 5-65 所示。

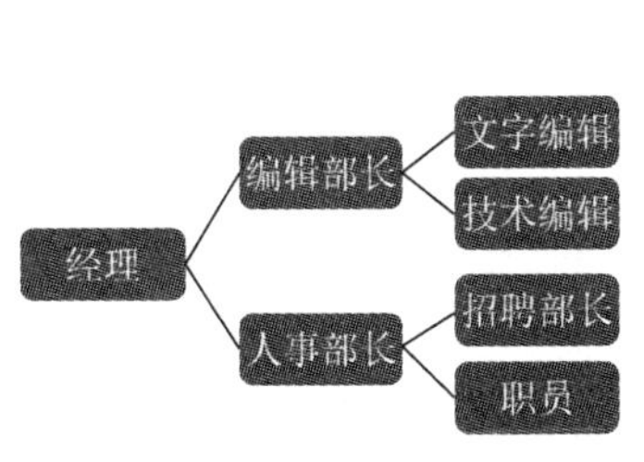

图 5-64 更改单元格级别后的 SmartArt 图形效果

图 5-65 更改颜色和样式后的 SmartArt 图形效果

5.4.7 插入公式

利用 Word 2010 的公式编辑器，可以非常方便地插入数学公式。在 Word 中插入的数学公式可以像图形一样进行编辑操作。

1. 插入内置公式

1）将光标移动到待插入公式的位置。

2）单击“插入”选项卡“符号”选项组中的“公式”下拉按钮，在弹出的下拉菜单中选择需要的公式。

2. 创建自建公式

如果需要的公式不是内置公式，则按以下步骤操作。

1）将光标移动到待插入公式的位置。

2）单击“插入”选项卡“符号”选项组中的“公式”下拉按钮，在弹出的下拉菜单中选择“插入新公式”命令，此时窗口顶部显示“公式工具-设计”选项卡，同时文档编辑区显示公式输入框，如图 5-66 所示。

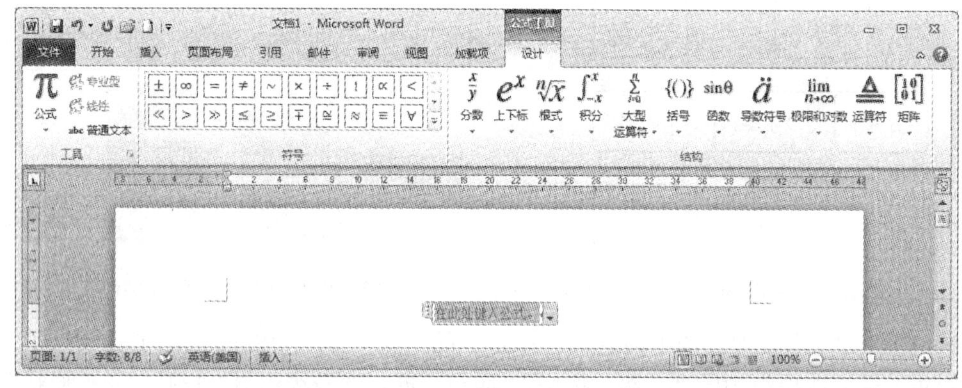

图 5-66 “公式工具-设计”选项卡及公式输入框

3）在“结构”选项组中选择相应的结构模板，在“符号”选项组中选择相应的符号，输入相关的数字和符号。

4）输入完毕，单击公式外的任意位置即可完成公式的插入。

注意：如果经常用到自建公式，可以将其保存起来以便以后使用。具体方法如下：选中创建好的公式，单击其右下角的下拉按钮，在弹出的下拉菜单中选择“另存为新公式”命令，将自建公式保存到公式库，将来可以像使用内置公式一样使用自建公式。

5.4.8 设置首字下沉

首字下沉是杂志中经常用到的格式排版方式，是指将选中段落的第一个字放大后显示，并下沉或悬挂到下面的几行中。其目的是引起读者的注意，并由该字开始阅读。设置首字下沉的操作步骤如下。

1）选中要设置首字下沉的段落。

2）单击“插入”选项卡“文本”选项组中的“首字下沉”下拉按钮，在弹出的下拉菜单中选择“首字下沉”命令，弹出如图5-67所示的“首字下沉”对话框。

3）根据需要在“位置”选项组中选择“下沉”选项或“悬挂”选项，在“选项”选项组中设置首字下沉的字体、下沉的行数和距正文的距离。设置完成之后，单击“确定”按钮。

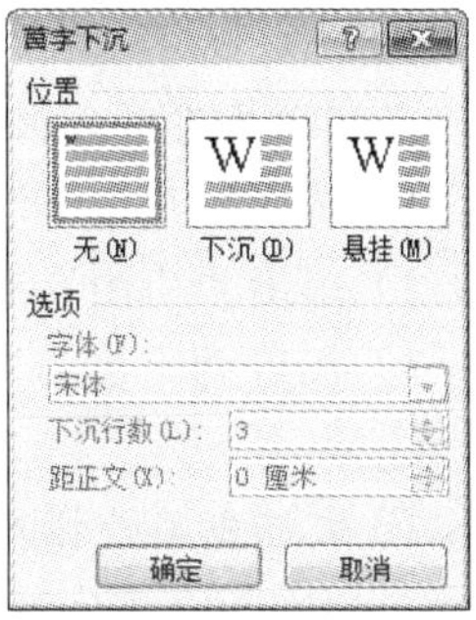

图5-67 “首字下沉”对话框

5.4.9 插入封面、空白页、分页

给Word文档插入封面，可以使文档主题更加突出，内容更加鲜明。

1. 快速插入封面

操作步骤如下：单击“插入”选项卡“页”选项组中的“封面”下拉按钮，在弹出的如图5-68所示的下拉菜单中选择其中一个内置的模板作为封面，然后在插入的封面中输入对应的内容。无论当前光标在什么位置，插入的封面总是位于Word文档的第一页。

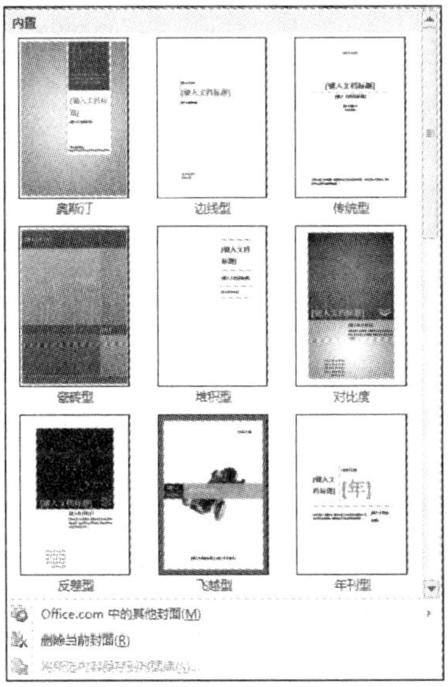

图5-68 “封面”下拉菜单

2. 插入空白页

操作步骤如下：单击“插入”选项卡“页”选项组中的“空白页”按钮。

插入空白页是在当前光标所在位置插入一个空白页，即光标所在位置之前的内容和之后的内容各在一页上，两页之间插入了一个空白页。如果要利用空白页来制作属于自己的封面，一定要把光标放在文档的开头。

3. 分页

操作步骤如下：单击“插入”选项卡“页”选项组中的“分页”按钮，或单击“页面布局”选项卡“页面设置”选项组中的“分隔符”下拉按钮，在弹出的下拉菜单中选择“分页符”命令。

“分页”是在当前光标所在位置插入一个分页符，表示一页终止开始下一页，即光标所在位置之前的内容在上一页，而之后的内容在下一页上。如果要利用分页来制作属于自己的封面，一定要把光标放在文档的开头。

5.4.10 插入脚注、尾注和题注

有时需要为文档的某些文本内容添加注释以说明该文本的含义、来源等，这种注释在Word中称为脚注或尾注。有时需要为图片、表格、图表等添加注释说明，该注释称为题注。脚注位于每页页面的底端或文字下方，尾注位于文档的末尾或节的末尾，题注在所选对象的下方。

1. 插入脚注或尾注

在文档某处插入脚注或尾注的方法如下。

1）将光标定位于准备插入脚注或尾注的位置。

2）单击“引用”选项卡“脚注”选项组中的“插入脚注”按钮或“插入尾注”按钮。

3）在自动定位的光标处输入注释内容。

注意：

1）文档中某处插入脚注或尾注后，将在该位置显示特殊标记，当鼠标指针指向这些标记时，旁边会出现注释内容提示，删除此标记，注释也被删除。

2）也可以单击“引用”选项卡“脚注”选项组右下角的对话框启动按钮，在弹出的如图 5-69 所示的“脚注和尾注”对话框中设置脚注和尾注的位置、编号格式和应用范围，还可以进行脚注和尾注的转换。

2. 插入题注

在文档中插入题注的操作步骤如下。

1）选中要添加题注的对象（图表、图片、表格或公式）。

2）单击“引用”选项卡“题注”选项组中的“插入题注”按钮，弹出如图 5-70 所示的“题注”对话框。

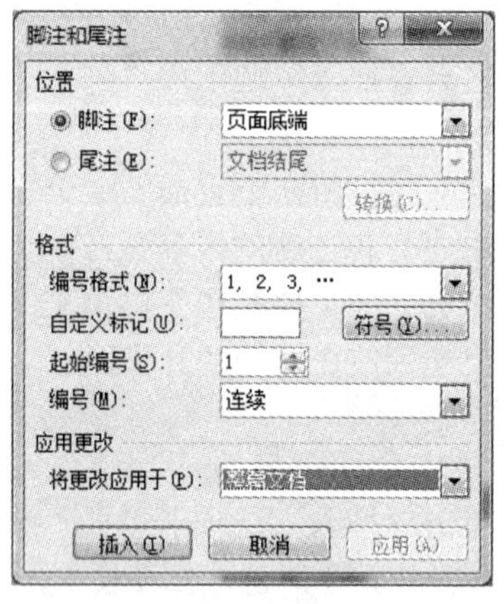

图 5-69 “脚注和尾注”对话框

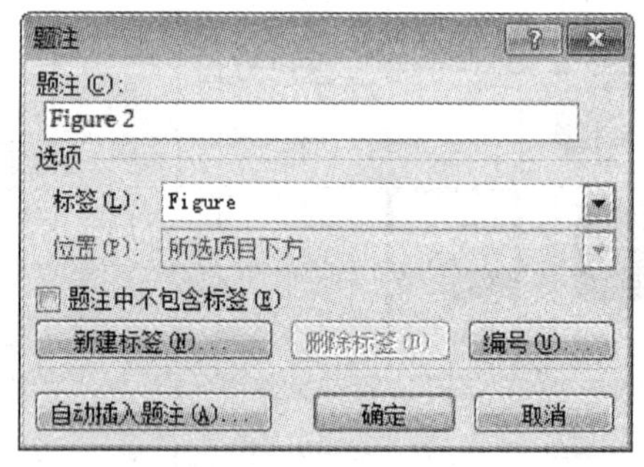

图 5-70 “题注”对话框

3）在该对话框的“标签”下拉列表中选择题注的标签名称，也可以单击“新建标签”按钮创建新的标签名。题注的默认编号为阿拉伯数字，单击“编号”按钮可选择其他形式的题注编号。

4）单击“确定”按钮，在自动定位的光标处输入题注内容。

3. 应用案例

【例 5-11】 打开文档“罗伯特·莫里斯.docx”，按下列要求插入脚注、尾注和题注。

1）为标题文字“罗伯特·莫里斯”添加尾注：“罗伯特·莫里斯是蠕虫病毒的制造者，蠕虫病毒是较早在互联网上传播的病毒之一”。

2）为正文文字“《Hackers》”添加脚注：“即为《恶作剧者》”。

3）为图片添加题注：“图一 罗伯特·莫里斯”。

具体操作步骤如下。

1）选中或将光标定位到标题文字“罗伯特·莫里斯”后，单击“引用”选项卡“脚注”选项组中的“插入尾注”按钮，光标自动定位到文档尾部，在自动定位点处输入题目中要求的尾注文字。

2）利用查找功能，快速定位到文字“《Hackers》”的后面，单击“引用”选项卡“脚注”选项组中的“插入脚注”按钮，光标自动定位到当前页面底端，在自动定位点处输入题目中要求的脚注文字。

3）选中图片，单击“引用”选项卡“题注”选项组中的“插入题注”按钮，在弹出的“题注”对话框中单击“新建标签”按钮，弹出“新建标签”对话框，在“标签”文本框中输入“图”，单击“确定”按钮，返回“题注”对话框，单击“编号”按钮，在弹出的“题注编号”对话框中设置格式为“一，二，三（简）…”，如图5-71所示，单击“确定”按钮，返回“题注”对话框，单击“确定”按钮。

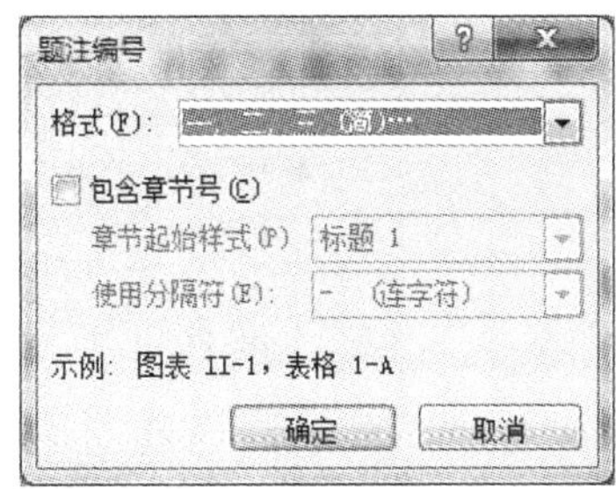

图5-71 “题注编号”对话框

5.5 表格应用

表格是一种简明扼要的表示方式，它通过行列的形式组织信息，结构严谨、效果直观。Word 2010提供了丰富的表格功能，如建立、编辑、格式化、排序、计算及自由绘制斜线和任意单元格等功能，这使Word中的表格处理功能更加强大。

5.5.1 建立表格

在Word 2010中建立表格有两种方式：简单的表格可以用插入表格的方式建立，复杂的表格可以用绘制表格工具直接在文档中绘制。

1. 用插入表格的方式建立表格

具体操作方法如下：将光标定位到需要插入表格的位置，单击“插入”选项卡“表格”选项组中的“表格”下拉按钮，弹出如图5-72所示的“插入表格”下拉菜单。

用户可通过以下方法之一插入表格。

1）在“插入表格”列表中移动鼠标，选中所需要的行数、列数并单击。这里最多可以生成8行10列的表格。

2）在下拉菜单中选择“插入表格”命令，弹出如图5-73所示的“插入表格”对话框。在该对话框中输入或选择列数、行数。确定行数和列数后，可以使用“‘自动调整’操作”选项组中的3个单选按钮来调整列宽。其中，“固定列宽”单选按钮表明表格每列的宽度是固定的，其右侧数值选择框中的“自动”选项是Word默认的宽度，也可以用微调按钮进行调整；“根据窗口调整表格”单选按钮则会根据当前窗口中的页面大小来确定表格的列宽；而“根据内容调整表格”单选按钮则会根据当前表格中的内容来确定列宽。设置好后单击“确定”按钮。

3）在下拉菜单中选择“快速表格”命令，弹出“内置表格式列表”子菜单，单击某一内置表格样式即可插入该格式的表格。此时一般需要删除原有数据，重新输入的数据。

图 5-72 “插入表格”下拉菜单

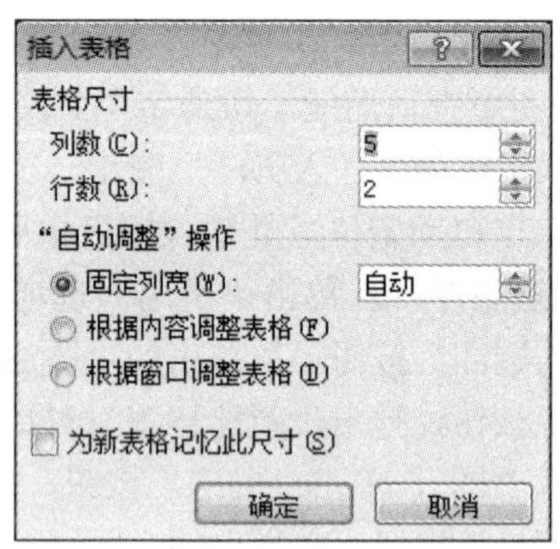

图 5-73 “插入表格”对话框

2. 用绘制表格工具手工建立表格

用绘制表格工具绘制表格的优点是可以随时随地进行绘制，并且其表格的行数和列数都由用户自由控制。操作方法如下。

1）将光标定位到需要插入表格的位置，单击“插入”选项卡“表格”选项组中的“表格”下拉按钮，弹出如图 5-72 所示的“插入表格”下拉菜单。

2）选择“绘制表格”命令，鼠标指针在文档中会变为铅笔形状，将鼠标指针拖动到适当位置后释放，即可完成边框的绘制，同时窗口顶部出现“表格工具”选项卡。用同样的方法绘制表格内的横线、竖线。绘制过程中，可用“表格工具-设计”选项卡“绘图边框”选项组中的“擦除”按钮，擦除不需要的表格线条。

注意：如果要在某个单元格内绘制斜线，则可单击“插入”选项卡“插图”选项组中的“形状”下拉按钮，在弹出的“形状”下拉菜单中选择“直线”命令，然后在相应位置单击并拖动鼠标完成绘制。

表格建立后，就可以在表格内输入文字，单击某个单元格，将光标插入其中后，即可向该单元格输入内容。一个单元格的内容输完后，按【→】键或【Tab】键，光标自动移到下一单元格的起始位置。一行输入完后，按【→】键光标移到下一行的行首。

5.5.2 选中表格

表格建立后需要进行编辑，表格的编辑和文档的编辑一样，都遵循“先选中，后执行”的原则。可以采用以下方法选中表格内容。

1）选中单元格：将鼠标指针移动至单元格的起始处，鼠标指针形状变为右上角方向黑色实心箭头时，单击即可。

2）选中单元格区域（矩形块）：将鼠标指针移至起始单元格，拖动鼠标到该单元格区域的最后一个单元格。

3）选中一行或多行：将鼠标指针移至行左边的选定栏，单击可选中一行，拖动鼠标可选中多行。

4）选中一列或多列：将鼠标指针移至列的上边界，指针形状变为向下黑色实心箭头时单击可选中一列，左右拖动鼠标可选中多列。

5）选中整个表格：从表格的起始单元格开始拖动鼠标到最后一个单元格，或单击表格左上角的表格移动控制点⊞。

注意：表格对象的选中还可以通过“表格工具”选项卡来实现。方法是，在表格内任意位置单击，窗口顶部出现“表格工具”选项卡，单击“表格工具-布局”选项卡“表”选项组中的“选择”下拉按钮，在弹出的下拉菜单中选择相应命令来实现对表格内容的选中。

5.5.3 编辑表格

表格建立后，经常需要对其进行编辑调整。表格的编辑包括表格的移动和缩放，调整行高和列宽，插入或删除行、列和单元格，拆分和合并表格、单元格等。

1. 表格的移动和缩放

单击表格左上角的表格移动控制点并拖动鼠标到其他位置，释放鼠标即可移动表格到鼠标指针所在位置。当鼠标指针位于表格中时，在表格的右下角会出现“□ ”符号，称为表格缩放控制点。移动鼠标指针至表格缩放控制点，指针变成双向箭头时，拖动鼠标可以缩放整个表格。

2. 调整行高和列宽

根据不同情况有3种调整行高和列宽的方法。

（1）用鼠标拖动调整行高和列宽

如果是局部调整，则可以采用鼠标拖动表格边框线的方法。具体操作如下。

1）若要调整行高，将鼠标指针停留在要调整高度的行边线上，当指针变为双横线且有上下箭头时，按住鼠标左键拖动边框线到所需行高，释放鼠标即可。

2）若要调整列宽，将鼠标指针停留在要调整宽度的列边线上，当指针变为双竖线且有左右箭头时，按住鼠标左键拖动边框线到所需列宽，释放鼠标即可。

注意：在用鼠标拖动列边线来调整列宽时，不同操作会产生如下不同的结果。

1）直接用鼠标拖动：除了改变当前列宽，同时会改变列边线右侧列宽，其余各列列宽不变，表的总宽度不变。

2）按住【Ctrl】键后再用鼠标拖动：在不改变整体表格宽度的情况下，调整当前列宽，当前列以后的其他各列，依次向后进行压缩，但表格的右边线是不变的。

3）按住【Shift】键后再用鼠标拖动：当前列宽发生变化但其他各列宽度不变，表格整体宽度会因此增加或减少。

4）按住【Ctrl+Shift】组合键后再用鼠标拖动：在不改变表格宽的情况下，调整当前列宽，并将当前列之后的所有列宽调整为相同。

（2）精确调整行高和列宽

如果是精确调整，如要求设置具体的行高、列宽，则可通过“表格工具”选项卡或“表格属性”对话框来进行调整。具体操作方法如下。

1）单击或选中要改变行高（或列宽）的行（或列），在“表格工具-布局”选项卡“单元格大小”选项组中的“高度”数值选择框中输入行高，在“宽度”数值选择框中输入列宽。

2）单击“单元格大小”选项组右下角的对话框启动按钮或“表”选项组中的“属性”按钮，或选中需要调整的内容并右击，在弹出的快捷菜单中选择“表格属性”命令，都可以弹出“表格属性”对话框。

3）选择“行”选项卡，进行行高的设置，如图 5-74 所示。在“指定高度”数值选择框中输入所需数值。若需要设置其他行的高度，可单击“上一行”按钮或“下一行”按钮进行设置。

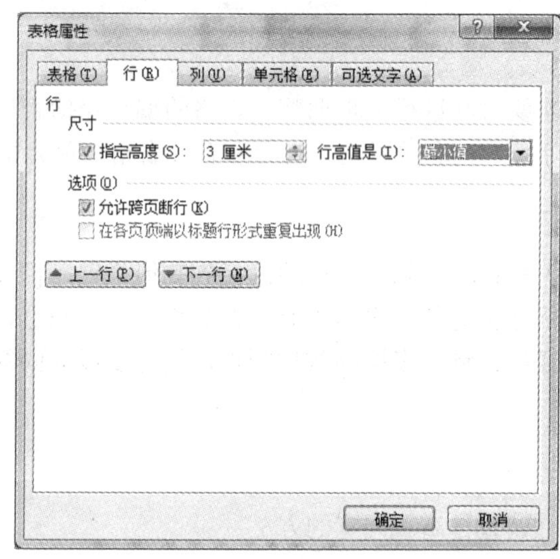

图 5-74 “表格属性”对话框的“行”选项卡

要调整列宽，则选择“列”选项卡，用与调整行高类似的方法进行列宽的精确设置。

（3）自动调整行高和列宽

如果需要自动调整行高列宽和均匀分布，具体操作如下：将光标置于任意单元格，单击“表格工具-布局”选项卡“单元格大小”选项组中的“分布行”按钮（或“分布列”按钮），可实现表格或选定行（列）的行高（列宽）均匀分布。单击“自动调整”下拉按钮，在弹出的下拉菜单中选择相应命令，可实现“根据内容调整表格”、“根据窗口调整表格”和“固定列宽”等表格的自动调整效果。

3. 插入或删除行、列、单元格

（1）在表格中插入行、列

1）选中行或列。

2）单击“表格工具-布局”选项卡“行和列”选项组中的相应按钮。

注意：若在表格最后一个单元格按【Tab】键或最后一行的行结束标记处按【Enter】键，也可插入与上一行完全相同的行。

（2）在表格中插入单元格

1）选中或将光标插入单元格。

2）单击“表格工具-布局”选项卡“行和列”选项组右下角的对话框启动按钮，或右击，在弹出的快捷菜单中选择“插入”|“插入单元格”命令，都会弹出如图5-75所示的“插入单元格”对话框。在该对话框中选中某一单选按钮，即可进行相应的操作。

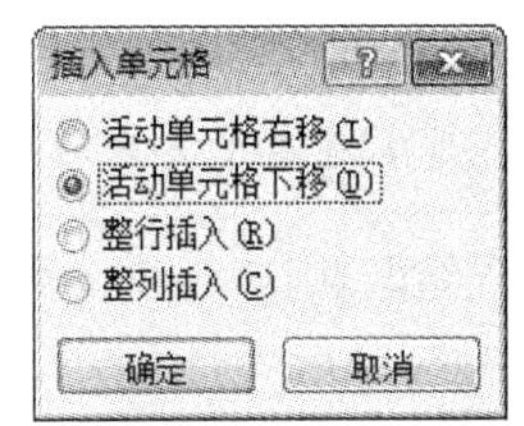

图5-75 “插入单元格”对话框

（3）在表格中删除行、列和单元格

在表格中删除行、列和单元格的操作方法与在表格插入行、列和单元格的操作方法基本相同，当选中行、列后，单击“表格工具-布局”选项卡“行和列”选项组中的“删除”下拉按钮，在弹出的下拉菜单中根据需要选择相关命令即可删除行、列、单元格和整个表格。

4. 单元格的合并和拆分

（1）单元格的合并

通过单元格的合并可以将同一行或同一列中的两个或多个相邻的单元格合并为一个单元格。

具体操作步骤如下：选中需要合并的单元格，单击“表格工具-布局”选项卡“合并”选项组中的“合并单元格”按钮，或右击，在弹出的快捷菜单中选择“合并单元格”命令。

（2）单元格的拆分

通过单元格的拆分可以将表格中的某一单元格拆分为若干单元格。

具体操作步骤如下：选中需要拆分的单元格，单击“表格工具-布局”选项卡“合并”选项组中的“拆分单元格”按钮；或右击，在弹出的快捷菜单中选择“拆分单元格”命令，都会弹出“拆分单元格”对话框，在该对话框中输入要拆分成的单元格行列数并单击“确定”按钮。

5. 表格的合并和拆分

要将一个表格拆分成两个表格，首先将光标移到要拆分成第二个表格的第一行上，然后单击“表格工具-布局”选项卡“合并”选项组中的“拆分表格”按钮，即可将一个表格拆分成两个表格。除此之外，利用【Ctrl+Shift+Enter】组合键也可以快速拆分表格。

若要将两个表格合并为一个表格，只要将两个表格之间的空行删除即可。

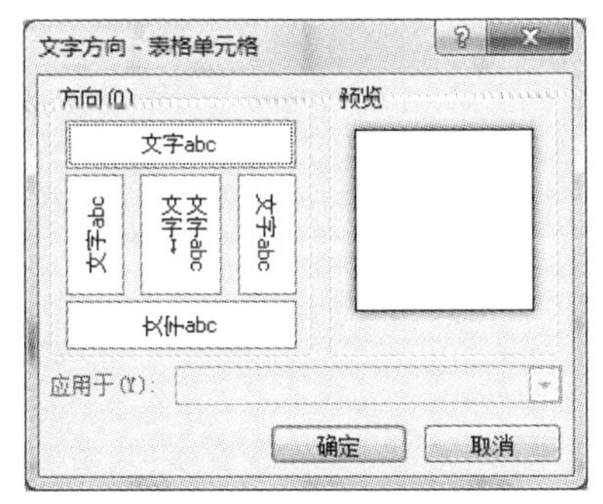

图5-76 “文字方向-表格单元格”对话框

6. 表格的文字方向设置

默认情况下，表格中的文字都是沿水平方向显示的。改变文字方向的具体操作步骤如下：选中需要改变方向的单元格并右击，在弹出的快捷菜单中选择“文字方向”命令，弹出如图5-76所示的对话框。在对话框中“方向”栏选择一种文字的方向，单击“确定”按钮。

5.5.4 表格的格式化

格式化表格可以改变表格的外观，使整个表格美观、大方。在Word 2010中用户可以在表格中进行快速套用表格样式、设置表格和单元格文字的对齐方式、设置边框和底纹等表格的格式化操作。

1. 快速套用表格样式

Word 2010 提供了表格样式库，用户可以将一些预定义的外观格式应用到表格中，从而轻松地完成表格外观格式的设置。Word 2010 为用户提供了 30 多种预定义格式，有表格的边框、底纹、字体、颜色等，使用它们可以快速格式化表格。具体操作步骤如下。

1）单击表格中的任意一个单元格，选中整个表格。

2）单击“表格工具-设计”选项卡“表格样式”选项组中的“其他”下拉按钮，在弹出的下拉菜单中选择所需的表格样式，即可将所选样式快速地套用到表格。

2. 表格及单元格文字的对齐

（1）单元格文字对齐

单元格中文字的对齐方式主要从水平方向和垂直方向两个方向设置，因此形成了 9 种对齐方式，如图 5-77 所示。

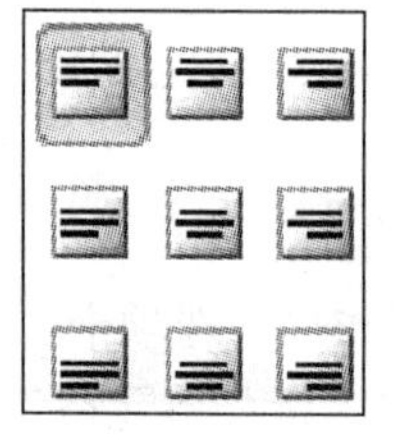

图 5-77　单元格文本的对齐方式

设置单元格文本对齐方式的具体操作方法：选中要设置对齐方式的单元格并右击，在弹出的快捷菜单中选择“单元格对齐方式”命令，在弹出的子菜单中选择需要的对齐方式。

注意：只有当单元格的高度大于其中的文本高度时，垂直对齐效果才能体现出来。

（2）表格的对齐

具体操作方法：单击“表格工具-布局”选项卡“单元格大小”选项组右下角的对话框启动按钮，或右击，在弹出的快捷菜单中选择“表格属性”命令，都会弹出如图 5-78 所示的“表格属性”对话框，在“对齐方式”选项组中选择所需的对齐方式即可。

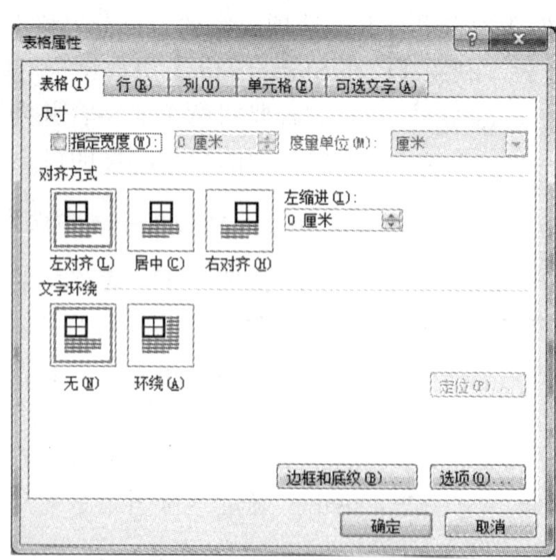

图 5-78　“表格属性”对话框

3. 设置表格的边框和底纹

在表格的格式化操作中，经常需要对表格的边框与底纹加以修饰。具体操作步骤如下。

1）选择操作对象：若给整个表格添加边框或底纹，则单击表格中的任意单元格；若给指定单元格添加边框和底纹，则选中所需设置边框或底纹的单元格。

2）单击“表格工具-设计”选项卡“绘图边框”选项组右下角的对话框启动按钮，或右击，在弹出的快捷菜单中选择“边框和底纹”命令，都会弹出“边框和底纹”对话框。

如果要设置边框，则选择“边框”选项卡，选择适当的线型、颜色、宽度等，并可在“预览”选项组中观察其设置效果。

如果要设置底纹，则选择“底纹”选项卡，选择底纹的填充色、图案的式样和颜色，并在“预览”选项组中观察其效果。

3）单击“确定”按钮，完成设置。

注意： 也可以用“表格工具-设计”选项卡中的“边框”按钮、“底纹”按钮、“笔颜色”按钮和相关的线型、线宽设置框，完成边框线和底纹的设置工作。

4. 设置表格与文字的环绕

通过设置表格与文字的环绕方式，可将表格置于文档中的适当位置。具体操作步骤如下：选中表格，单击“表格工具-布局”选项卡“单元格大小”选项组右下角的对话框启动按钮，或右击，在弹出的快捷菜单中选择“表格属性”命令，都会弹出如图5-78所示的“表格属性”对话框，在“文字环绕”选项组中选择环绕方式即可。如果选择“环绕”选项，还可以单击“定位”按钮，弹出如图5-79所示的“表格定位”对话框，在该对话框中可对表格的具体位置进行设置。

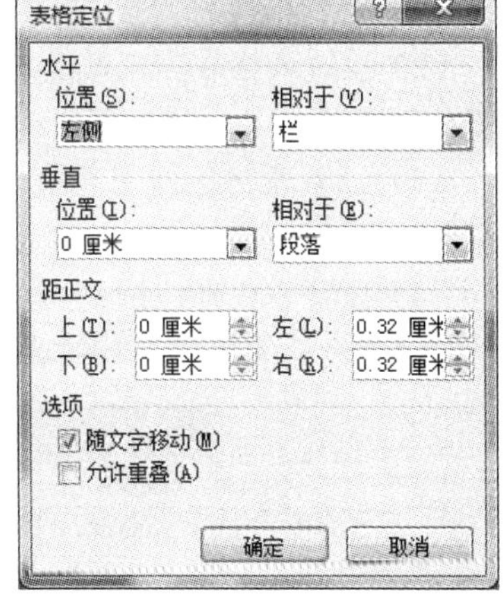

图5-79 “表格定位”对话框

5. 绘制斜线表头

在日常使用Word插入表格时，经常需要绘制斜线表头。下面介绍绘制斜线表头的方法。

（1）绘制一根斜线的表头

1）将光标置于要绘制斜线表头的单元格，选择“表格工具-设计”选项卡“表格样式”选项组中的“边框”下拉按钮，在弹出的下拉菜单中选择“斜下框线”或“斜上框线”命令，即可在该单元格内绘制斜线表头。

2）在表头输入标题文字，通过【Space】键和【Enter】键将标题文字调整到适当的位置。

（2）绘制两根及以上斜线的表头

如果要制作的斜线表头有多条，可以通过绘制自选图形及添加文本框的方式来完成，具体步骤如下。

1）将光标置于要绘制斜线表头的单元格，单击“插入”选项卡“插图”选项组中的“形状”下拉按钮，在弹出的下拉菜单中选择“直线”命令，在选中的表头单元格内根据需要绘制斜线，斜线有几条就绘制几条，最后调整直线的方向、颜色和长度以适应单元格的大小。

2）在表头可以直接输入文字，通过【Space】键和【Enter】键将文字移到合适的位置。

如果表头文字不方便调整位置，也可以通过添加文本框的方式来制作标题文字。通过调整文字及文本框大小，设置文本框无边框，并且将文本框旋转一个适当的角度以达到最好的视觉效果。根据需求，需要几个表头文字，重复以上操作即可。调整好外观后，选中绘制的所有斜线及文本框并右击，在弹出的快捷菜单中选择“组合”|“组合”命令，将斜线表头组合成一个整体。

6. 设置表格标题行重复

表格如果很长，可能内容会跨越几页。当一个表格被分到多页上时，要求在每一页的开头第一行设置一个标题行。具体操作步骤如下。

1）选中表格中需要重复的标题行（注意：选中内容可为一行或多行，但必须包括表格的第一行，否则 Word 无法执行操作）。

2）单击“表格工具-布局”选项卡“数据”选项组中的“重复标题行”按钮即可。

若要取消重复的标题行，可再次单击“重复标题行”按钮。

7. 应用案例

【例 5-12】打开文档“表格.docx”，按照要求完成下列操作并以原文件名保存文档，效果如图 5-80 所示。具体设置要求如下。

1）将表格样式设置为“内置浅色列表，强调文字颜色 2”。

2）设置表格居中，表格中第一行和第一列的文字水平居中，其余各行和各列的文字中部右对齐。

3）设置表格各列列宽为 2.7 厘米，各行行高为 0.7 厘米，单元格左、右边距各为 0.25 厘米。

4）设置表格外边框线为 0.5 磅红色（标准色）双窄线、内框线为 0.5 磅红色（标准色）单实线。设置表格第一行的底纹效果：填充绿色，图案样式为 20%，颜色为红色。

年份	美国	日本	欧洲	亚太
2000 年	58%	27%	15%	0%
2005 年	46%	42%	11%	1%
2010 年	39%	46%	11%	3%
2012 年	40%	40%	8%	12%
2015 年	54%	28%	10%	8%

图 5-80 表格格式化效果

具体操作步骤如下。

1）选中表格，单击“表格工具-设计”选项卡“表格样式”选项组中的“其他”下拉按钮，在弹出的下拉菜单中选择“浅色列表，强调文字颜色 2”命令。

2）选中表格，单击“开始”选项卡“段落”选项组中的“居中”按钮，使整个表格居中显示。分别选中第一行和第一列的数据，单击“表格工具-布局”选项卡“对齐方式”选项组中的“水平居中”按钮，选中其余各行各列的数据，单击“中部右对齐”按钮。

3）选中表格，在“表格工具-布局”选项卡“单元格大小”选项组中的“高度”和“宽度”数值选择框中分别输入“0.7 厘米”和“2.7 厘米”（注意高度和宽度不要填反）。要设置单元格的边距，可以单击“表格工具-布局”选项卡“单元格大小”选项组右下角的对话框启动按钮，在弹出的“表格属性”对话框中单击“选项”按钮，弹出“单元格选项”对话框，在该对话框中设置左、右边距为 0.25 厘米，如图 5-81 所示。单击“确定”按钮完成设置。

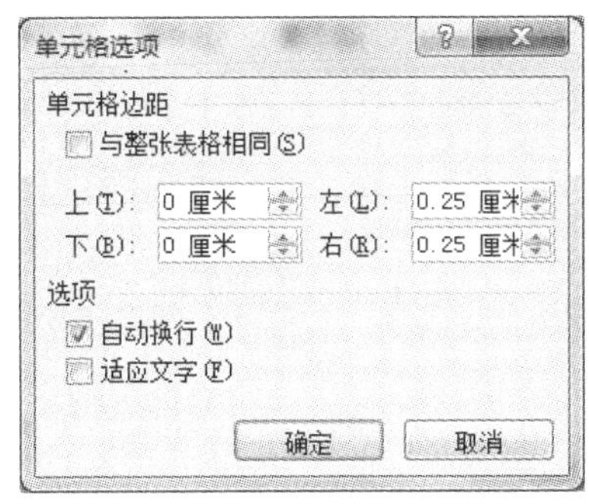

图 5-81 “单元格选项”对话框

4）选中表格，单击“表格工具-设计”选项卡“绘图边框”选项组右下角的对话框启动按钮，在弹出的“边框和底纹”对话框中，首先设置样式为双窄线、颜色为红色（标准色）、宽度为 0.5 磅，再在右边“预览”选项组中单击对应的上、下、左、右边框线按钮，即按要求为表格添加外框线。修改样式为单实线，再在右边“预览”选项组中单击对应中间两条框线的按钮，即按要求为表格添加内框线。

5）选中表格第一行数据，单击“表格工具-设计”选项卡“绘图边框”选项组右下角的对话框启动按钮，在弹出的“边框和底纹”对话框中，选择“底纹”选项卡，按要求设置填充色为绿色，图案样式为 20%，颜色为红色。

5.5.5 文本与表格的互换

1. 文字转换为表格

在输入文字或数据时，每个项目之间有规则地用符号（逗号、制表符或空格）分隔开，就可以把这些文字或数据转换成表格显示。具体操作步骤如下。

1）选中需要转换的文字或数据（确保已经设置好了所需要的分隔符）。

2）单击“插入”选项卡“表格”选项组中的“表格”下拉按钮，在弹出的下拉菜单中选择“文本转换成表格”命令，弹出如图 5-82 所示的“将文字转换成表格”对话框，根据需要对表的行数、列数和表格格式进行适当的调整，并单击“确定”按钮。

2. 表格转换为文字

也可以把表格转换成文字方式来显示。具体操作步骤如下。

1）将光标定位在表格任一位置上。

2）单击“表格工具-布局”选项卡“数据”选项组中的“转换为文本”按钮，弹出如图 5-83 所示的“表格转换成文本”对话框，在该对话框中根据需要选择相应的文字分隔符，单击“确定”按钮，即可完成表格转换成文字的设置。

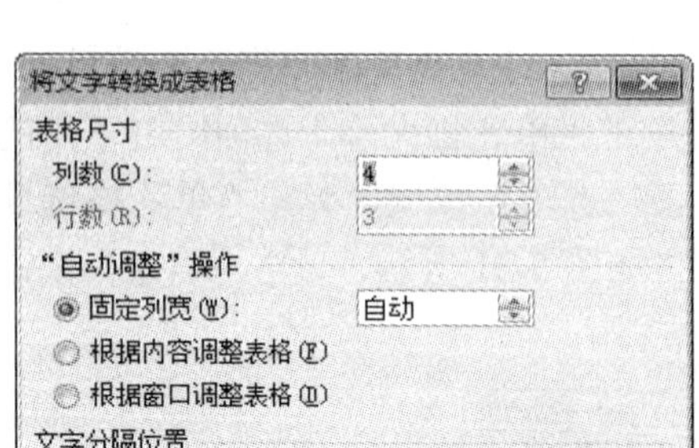

图 5-82 "将文字转换成表格"对话框

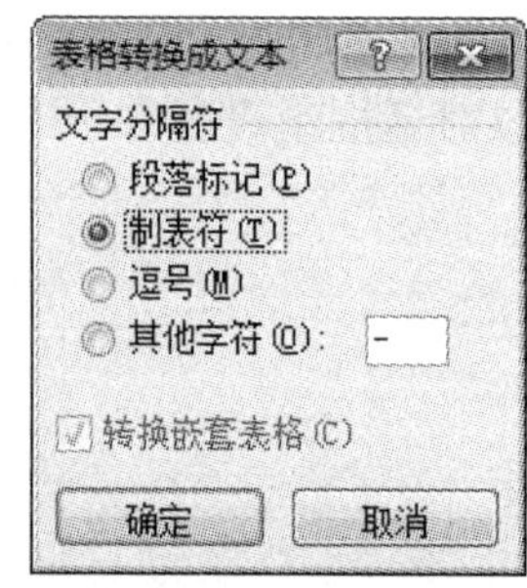

图 5-83 "表格转换成文本"对话框

5.5.6 表格的排序和计算

1. 表格的排序

表格内输入的数据通常是无序的。如果要对其进行重新排序，可按如下步骤进行。

1）单击"表格工具-布局"选项卡"数据"选项组中的"排序"按钮，弹出如图 5-84 所示的"排序"对话框。

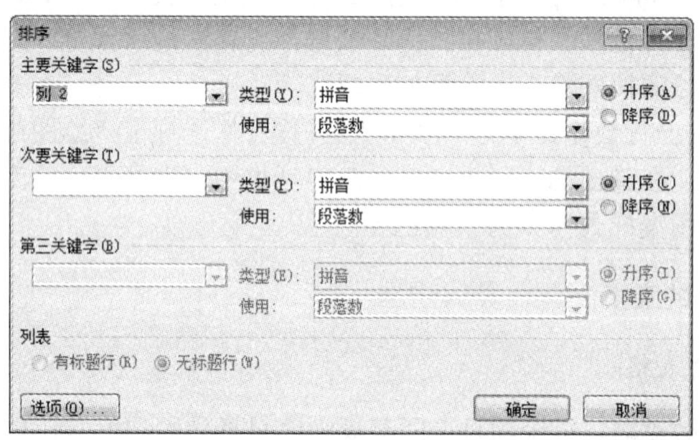

图 5-84 "排序"对话框

2）在"主要关键字"选项组中选择要排序列的列标题，若还需按次要关键字排序，则在"次要关键字"选项组中进一步选择，并根据需要对排序关键字选择"升序"或"降序"排列，最后单击"确定"按钮。

2. 表格的计算

在 Word 2010 的表格中，可以对表格中的数据进行一些简单的运算，如求和、求平均值、求最大值、最小值等操作。具体操作步骤如下。

1）将光标移动到存放计算结果的单元格中，单击"表格工具-布局"选项卡"数据"选项组中的"公式"按钮，弹出如图 5-85 所示的"公式"对话框。

2）在该对话框中默认的公式是求和函数，可以直接在"公式"文本框中输入公式，也可以在“粘贴函数”下拉列表中选择所需要的函数。

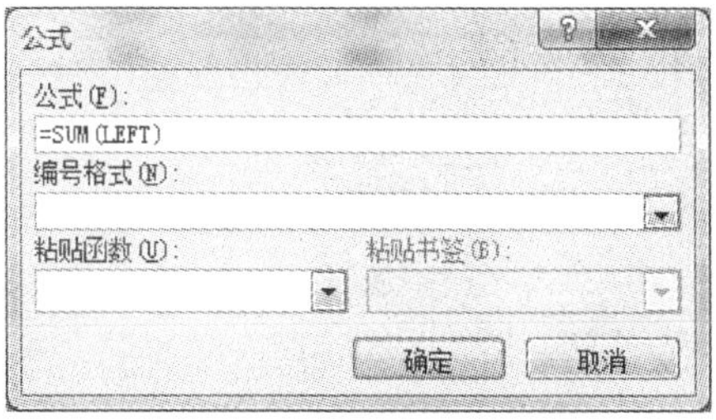

公式
公式(F):
=SUM(LEFT)
编号格式(N):
粘贴函数(U): 粘贴书签(B):
确定 取消

图 5-85 “公式”对话框

3）在函数后面的括号中输入参加计算的单元格参数。在对表格进行计算时，可以用像A1、A2、B1、B2 这样的形式引用表格中的单元格。如果当前光标所在单元格位于一列数值的底端，建议采用 ABOVE 参数，表示对上边的单元格进行计算；如果当前光标所在单元格位于一行数值的右端，建议采用 LEFT 参数，表示对左边的单元格进行计算。

4）单击“确定”按钮。

按照以上方法对其他单元格数据进行计算操作，如果要重复上一次的计算，可以把光标放在要重复计算的单元格，按【F4】键即可。

3. 应用案例

【例 5-13】打开文档“工资表.docx”，文档内容如图 5-86 所示，按照以下要求完成操作并以原文件名保存文档。

1）计算表格 2～4 列单元格中数据的平均值并填入最后一行。

2）按照“基本工资”列升序排列表格前 5 行内容（含标题）。

职工姓名	基本工资	职务工资	岗位津贴
张三	307	702	411
李四	225	545	326
王五	462	820	620
赵六	362	780	470
平均值			

图 5-86 “工资表.docx”的文档内容

具体操作步骤如下。

1）打开文档，将光标插入表格第二列最后一个单元格，单击“表格工具-布局”选项卡“数据”选项组中的“公式”按钮，在弹出的“公式”对话框中默认的公式是求和函数，可以直接在“公式”文本框中输入公式“=AVERAGE（above）”，如图 5-87 所示，也可以在“粘贴函数”下拉列表中选择 AVERAGE 函数，并在“公式”文本框中修改参数。单击“确定”按钮，即在当前位置计算出第二列“基本工资”的平均值。

2）将光标插入第三列最后一个单元格，按【F4】键，即重复上次的计算操作，计算出第三列“职务工资”的平均值。按照类似方法，计算出第四列“岗位津贴”的平均值。

3）选中第二列前 5 行的数据，单击“表格工具-布局”选项卡“数据”选项组中的“排序”按钮，在弹出的“排序”对话框中，设置主要关键字为“基本工资”，选中“升序”单选按钮，如图 5-88 所示。最后单击“确定”按钮，即可对表格前 5 行内容按照“基本工资”列升序排列。

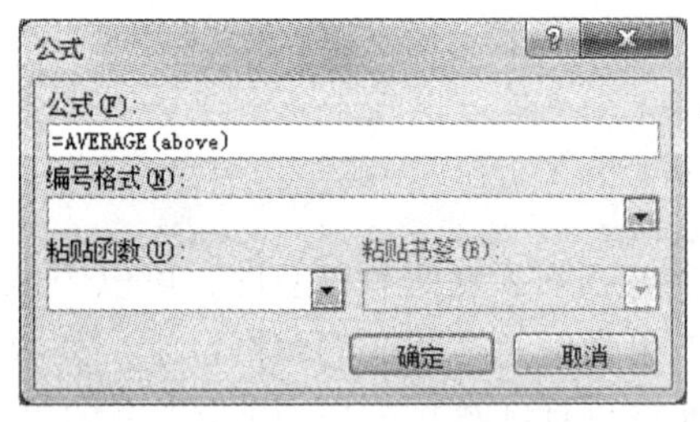

图 5-87 “公式”对话框设置效果

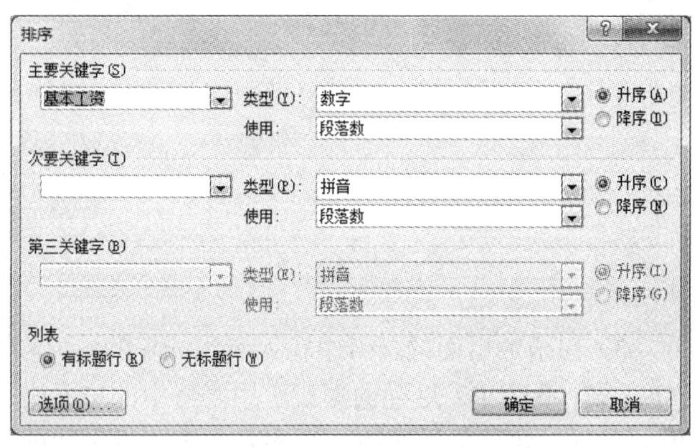

图 5-88 “排序”对话框设置效果

5.6 页面设置和打印

5.6.1 分栏

分栏排版经常用于论文、报纸和杂志的排版中。它是将一页纸的版面分为几栏，使页面更生动和具有可读性。分栏的具体操作步骤如下。

1）选中要分栏的文本，分栏操作的对象可以是一部分文字也可以是整个文档，如果需要对整个文档分栏，则将光标放在文档中即可。

2）单击“页面布局”选项卡“页面设置”选项组中的“分栏”按钮，弹出如图 5-89 所示的“分栏”对话框。在该对话框中的“预设”选项组中选择具体分栏样式，若需更多栏数，则可以在“栏数”数值选择框中直接输入数字。若要使各栏宽度不等，则不选中“栏宽相等”复选框，并在“宽度”和“间距”文本框中，分别选择或输入各栏的栏宽和栏间距离。若要在相邻两栏之间插入纵向分隔线，则选中“分隔线”复选框。在“预览”选项组中可以看到分栏效果。

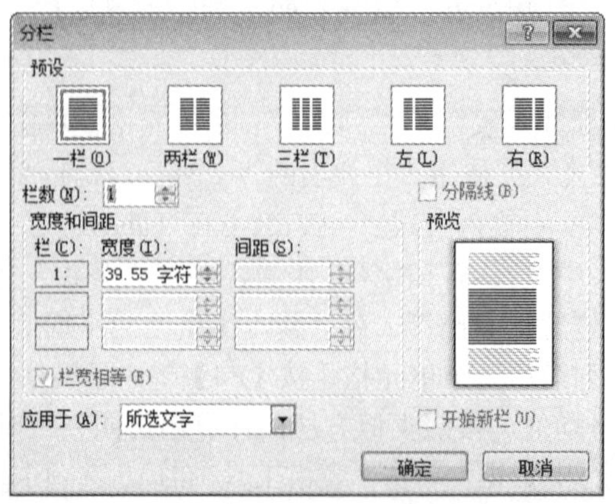

图 5-89 “分栏”对话框

3）单击“确定”按钮，即可按指定的栏数、栏宽和间距排版选中的文本。

注意：要删除分栏效果，只需在“预设”选项组中选择“一栏”选项即可。

5.6.2 设置水印

设置水印的具体操作方法如下。

1）单击“页面布局”选项卡“页面背景”选项组中的“水印”下拉按钮，在弹出的如图 5-90 所示的下拉菜单中选择需要的水印模式，如“机密”或“严禁复制”。这样就可以快速地给文档设置水印。

2）如果想自定义水印，可以选择“水印”下拉菜单中的“自定义水印”命令，弹出如图 5-91 所示的“水印”对话框，根据需要设置图片水印或文字水印。

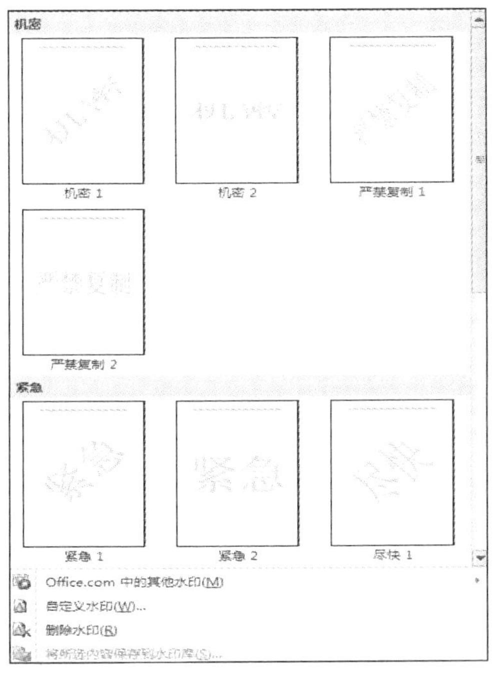

图 5-90 “水印”下拉菜单

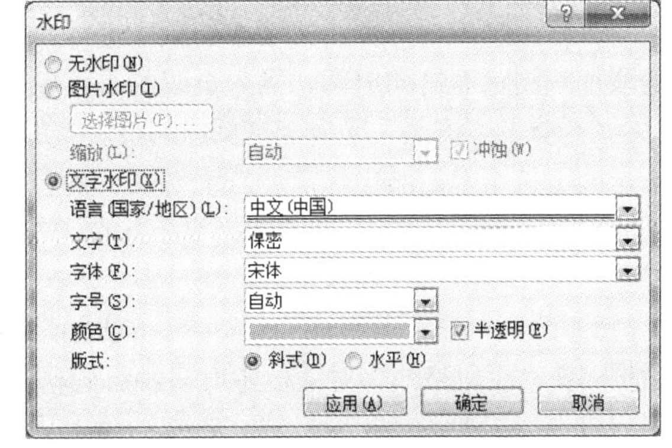

图 5-91 “水印”对话框

5.6.3 设置页面颜色

为了让 Word 文档更加美观，可以对文档的页面颜色进行设置。在 Word 中可以为文档设置各种各样的背景色，如单一背景色、渐变色、纹理、图案、图片背景等。具体操作方法如下。

1）单击“页面布局”选项卡“页面背景”选项组中的“页面颜色”下拉按钮，在弹出的“页面颜色”下拉菜单中选择自己需要的页面颜色即可。

2）如果不想要单一的颜色作为页面颜色，可以在“页面颜色”下拉菜单中选择“填充效果”命令，弹出如图 5-92 所示的“填充效果”对话框，根据需要设置想要的渐变、纹理、图案、图片作为页面的背景颜色。

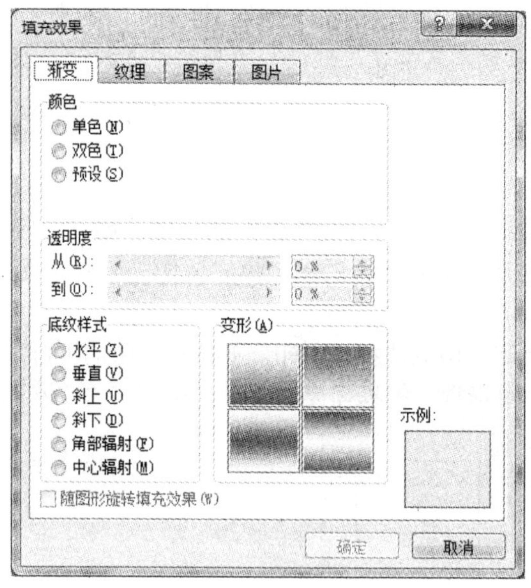

图 5-92 “填充效果”对话框

5.6.4 插入页码

页码用来表示每页在文档中的顺序编号。在 Word 文档中插入的页码会随着文档内容的增加或删除而自动更新。插入页码的具体操作方法如下。

1）单击“插入”选项卡“页眉和页脚”选项组中的“页码”下拉按钮，弹出如图 5-93 所示的下拉菜单。其中，前四项表示页码的位置（页面顶端、页面底端、左右页边距之外或光标当前位置），根据需要选择要插入页码的位置，在弹出的子菜单中选择需要的页码样式，即可在相应位置插入页码。

2）选择“设置页码格式”命令，这时屏幕上会弹出如图 5-94 所示的“页码格式”对话框。在“页码格式”对话框中有多种编码格式，如阿拉伯数字、英文字母、中文数字等。用户可根据需要选择相应格式。若文档第 1 页不参加编号（如第 1 页是文章的封面）或前几页都不参加页码编号，可将“起始页码”数值选择框设置成 2 或相应的数字。

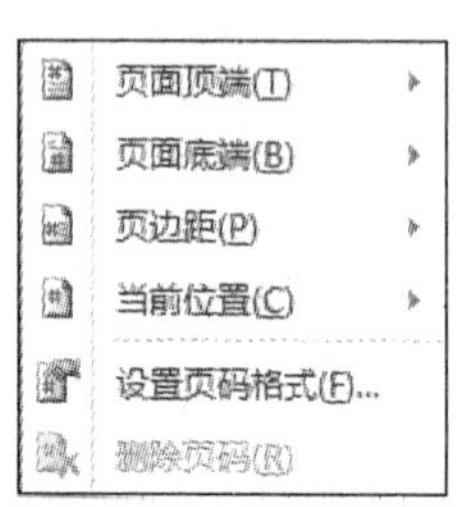

图 5-93 “页码”下拉菜单

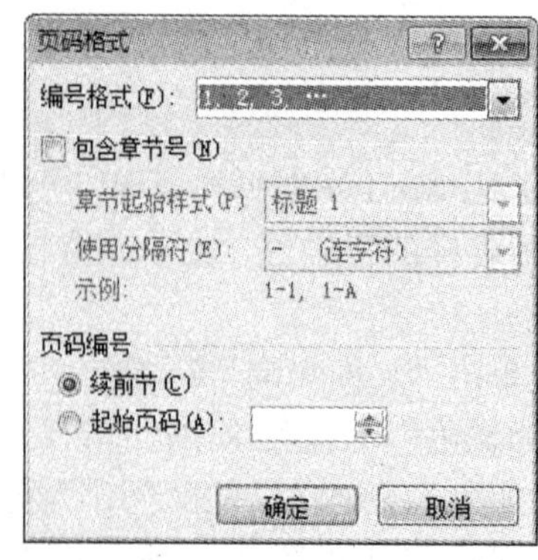

图 5-94 “页码格式”对话框

5.6.5 设置页眉和页脚

页眉和页脚常用于文档的排版打印，这些信息通常打印在每页的顶部或底部，可以是文字、图形、图片、日期或时间页码等。例如，我们常见杂志的每页顶部一般都有文章标题、书名等页眉信息，底部一般打印有日期、页码等信息。

1. 创建页眉和页脚

创建页眉和页脚的步骤如下。

1）单击“插入”选项卡“页眉和页脚”选项组中的“页眉”下拉按钮（或“页脚”下拉按钮），在弹出的下拉菜单中选择一种页眉（或页脚）样式，也可以选择“编辑页眉”（或“编辑页脚”）命令，根据需要进行编辑。此时，页面的顶部和底部将各出现一条虚线，其中，顶部的虚线处为页眉，底部的虚线处为页脚，当前光标位于页眉（或页脚）位置，而且正文内容的颜色变成灰色。

2）输入页眉（或页脚）的内容，并进行适当的字体排版。输入完毕后，单击“页眉和页脚工具-设计”选项卡中的“转至页脚”按钮（或“转至页眉”按钮），光标自动移动至页脚（或页眉）位置，可继续输入页脚（或页眉）内容并编辑。

要退出页眉和页脚编辑状态，可以单击“页眉页脚工具-设计”选项卡的“关闭页眉和页脚”按钮，或在正文位置双击即可。此时正文内容由浅变深，页眉和页脚内容由深变浅，表示已退出页眉和页脚编辑状态，进入正文编辑状态。

注意：“页眉页脚工具-设计”选项卡上有许多按钮，可以利用这些按钮插入页码、日期、图片等，也可以对页眉、页脚处的文本进行格式化设置。

2. 编辑页眉和页脚

要对已经设置好的页眉和页脚进行编辑，可通过以下方法实现：单击“插入”选项卡“页眉和页脚”选项组中的“页眉”下拉按钮（或“页脚”下拉按钮），在弹出的下拉菜单中选择“编辑页眉”（或“编辑页脚”命令）命令，或直接双击页眉或页脚处，即可再次打开页眉、页脚进行修改和编辑。例如，要删除设置好的页眉和页脚，可双击页眉或页脚处，选中要删除的页眉或页脚内容进行删除操作即可；也可以单击“插入”选项卡“页眉和页脚”选项组中的“页眉”下拉按钮（或“页脚”下拉按钮），在弹出的下拉菜单中选择“删除页眉”命令（或“删除页脚”命令）。

3. 设置不同的页眉和页脚

一般情况下，Word中的每一页都显示相同的页眉和页脚。但是，有时用户需要对不同的页面设置不同的页眉和页脚。例如，首页和其他页的页眉和页脚不同，或奇数页和偶数页分别使用不同的页眉和页脚，或在不同节中显示不同的页眉和页脚。

（1）设置首页不同的页眉和页脚

双击首页的页眉或页脚处，在弹出的“页眉和页脚工具-设计”选项卡“选项”选项组中选中“首页不同”复选框，此时光标自动定位于首页页眉或页脚处，可输入与其他页不同的页眉或页脚。

（2）设置奇偶页不同的页眉和页脚

双击任意一页的页眉或页脚处，在弹出的“页眉和页脚工具-设计”选项卡“选项”选项组中选中“奇偶页不同”复选框，然后分别设置奇数页页眉或页脚和偶数页页眉或页脚。

（3）设置不同节的页眉和页脚

有的文档需要在不同的页面中设置不同的页眉或页脚，如许多书籍和杂志的版面中，常有根据不同的章节和栏目设置不同的页眉或页脚的情况。怎样在 Word 的不同页面中设置不同的页眉和页脚呢？

首先要为文档分节，分节的操作方法如下。

1）将光标定位到新节的开始位置。

2）单击“页面布局”选项卡“页面设置”选项组中的“分隔符”下拉按钮，根据需要在弹出的下拉菜单中选择下面的一种。

① 下一页：选择此命令，光标当前位置后的全部内容将移到下一页面上。

② 连续：选择此命令，Word 将在光标位置添加一个分节符，新节从当前页开始。

③ 偶数页：选择此命令，光标当前位置后的内容将转至下一个偶数页上，Word 自动在偶数页之间空出一页。

④ 奇数页：选择此命令，光标当前位置后的内容将转至下一个奇数页上，Word 自动在奇数页之间空出一页。

3）单击“确定”按钮。

为文档分节以后，在每节的页眉或页脚处双击，利用“页眉和页脚工具-设计”选项卡，即可为各节设置页眉或页脚，也可对每节设置“首页不同”及“奇偶页不同”的页眉或页脚。

需要特别注意的是，设置第二节及此后各节时，在页眉框右上角有一个“与上一节相同”的提示，同时，“页眉和页脚工具-设计”选项卡上的“链接到前一条页眉”按钮呈按下状态，如图 5-95 所示。这表示本节继承了上一节的页眉和页脚。在这种情况下，如果要改变本节页眉和页脚，上一节的页眉和页脚也会被同步改变；如果返回上一节编辑页眉和页脚，本节的页眉和页脚同样会改变。

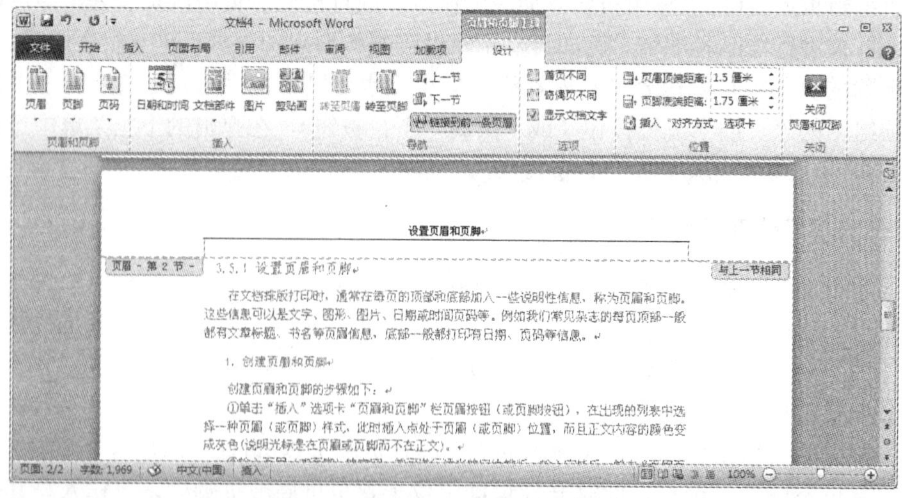

图 5-95　不同节的页眉、页脚设置

如果想不同的节有不同的页眉和页脚内容，则要阻断不同节之间的这种继承关系，具体操作方法如下：单击“页眉和页脚工具-设计”选项卡“导航”选项组中的“链接到前一条页眉”按钮，将其改为弹起状态。此时，页眉框右上角“与上一节相同”的提示会消失，表示已经阻断了本节页眉和页脚与上一节的继承关系。这时再编辑上一节的页眉和页脚，就不会影响本节了；同样地，编辑本节的页眉和页脚也不会影响上一节。

页眉和页脚在文档分节后默认“与上一节相同”，本节的页眉和页脚还会被下面的各节继承。因此，需要逐节编辑不同的页眉和页脚。

4. 应用案例

【例 5-14】打开文档“页眉页脚.docx”，按要求插入页眉和页脚。具体设置要求如下。

1）在页面顶端插入“奥斯汀”样式页眉，并输入页眉内容“通信知识”，设置文字为黑体、四号、红色。

2）在页面底端插入“普通数字 3”样式页码，设置页码编号格式为“Ⅰ，Ⅱ，Ⅲ，…”，起始页码为“Ⅲ”。

具体操作步骤如下。

1）打开文档，单击“插入”选项卡“页眉和页脚”选项组中的“页眉”下拉按钮，在弹出的“页眉”下拉菜单中选择“奥斯汀”样式页眉，进入页眉和页脚编辑状态。输入页眉文字“通信知识”，选中文字，利用“开始”选项卡“字体”选项组中的对应按钮，设置文字为黑体、四号、红色。

2）单击“页眉和页脚工具-设计”选项卡“导航”选项组中的“转至页脚”按钮，进入页脚编辑状态。单击“页眉和页脚工具-设计”选项卡“页眉和页脚”选项组中的“页码”下拉按钮，在弹出的下拉菜单中选择“页面底端”命令，在弹出的子菜单中选择“普通数字 3”命令。

3）单击“页眉和页脚工具-设计”选项卡“页眉和页脚”选项组中的“页码”下拉按钮，在弹出的下拉菜单中选择“设置页码格式”命令，在弹出的“页码格式”对话框中设置编码格式为“Ⅰ，Ⅱ，Ⅲ，…”，起始页码为“Ⅲ”，如图 5-96 所示。单击“确定”按钮，即可插入题目所要求的格式页码。

图 5-96 页码格式设置效果

5.6.6 页面设置

文档的页面设置是指确定文档的外观，主要包括设置纸张大小、页面方向、页边距等内容。这些设置是在打印文档之前必须要做的工作。页面设置的操作方法如下。

单击“页面布局”选项卡“页面设置”选项组中的“文字方向”“页边距”“纸张方向”“纸张大小”等按钮来对页面布局进行设置。如果对页面设置有更进一步的要求，也可以单击“页面布局”选项卡“页面设置”选项组右下角的对话框启动按钮，在弹出的如图 5-97 所示的对话框中进行设置。

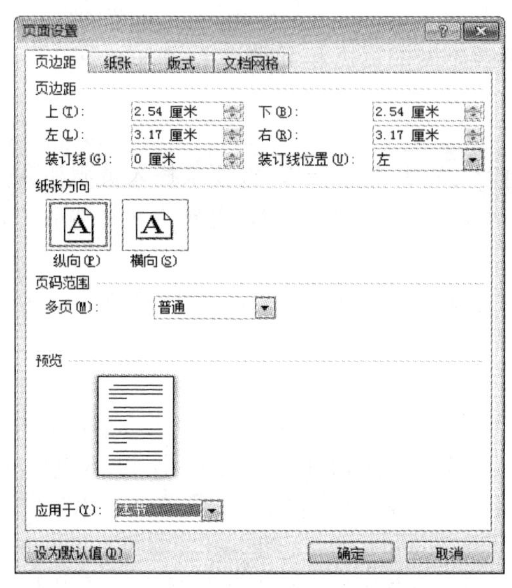

图 5-97 “页面设置”对话框

“页面设置”对话框包括“页边距”“纸张”“版式”“文档网格”共 4 个选项卡。

1）“页边距”选项卡：用于设置上、下、左、右的页边距，装订线位置，纸张的横向或纵向方向等。

2）“纸张”选项卡：用于设置纸张大小和来源，一般默认为 A4 纸。如果当前使用的纸张为特殊规格，可以选择“自定义大小”选项，并通过“高度”和“宽度”数值选择框定义纸张的大小。

3）“版式”选项卡：用于设置包括节、页眉和页脚的特殊选项，如奇偶页不同、首页不同、垂直对齐方式等。

4）“文档网格”选项卡：用于设置文字排列的方向、分栏数、每页容纳的行数和每行容纳的字符数等。

注意：每个选项卡要选择“应用于”的范围，如是整篇文档还是插入点之后。默认情况下是整篇文档，用户可根据自己需求进行设置。

5.6.7 打印文档

1. 打印预览

对排版后的文档进行打印之前，应先对其打印效果进行预览，如果有不满意的地方还可以返回编辑状态进行修改和重新排版，这样不仅可以节约纸张，而且可以节约时间。

打印预览的操作方法如下：选择“文件”|“打印”命令，显示如图 5-98 所示的“打印”

面板，在右侧预览区域可以查看 Word 文档打印效果。用户设置的纸张方向、页面边距等都可以通过预览区域查看效果，并且用户还可以通过调整预览区域右下角的滑块改变预览视图的大小，以多页或单页进行预览。

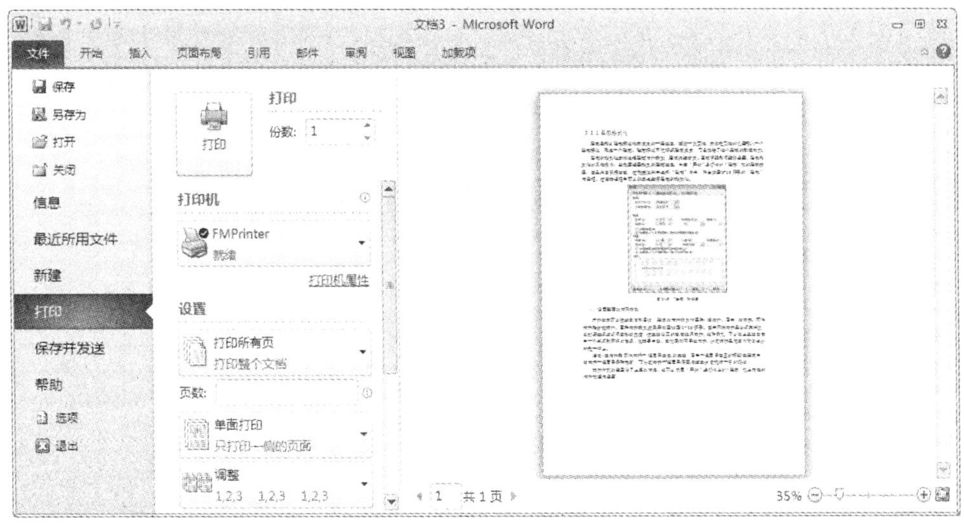

图 5-98 “打印”面板

2. 打印文档

打印预览满意后，安装好打印纸，并使打印机处于联机状态，就可以打印文档。打印文档操作方法如下。

1）在如图 5-98 所示的“打印”面板中的“份数”数值选择框中输入要打印的份数。

2）单击“打印所有页”下拉按钮设置页面范围。如果选择“打印当前页”选项，则只打印光标所在页的内容；如果要打印文档中的指定内容，可以选择“打印所选内容”选项；如果要指定打印的页码，可在“页数”文本框中输入打印页码进行打印，输入页码的规则是，非连续页之间用英文状态的逗号“,”，连续页之间用英文状态的“-”。例如，输入“1,3,5,7-10”表示打印 1、3、5、7、8、9、10 页的内容。

3）通过“单面打印”下拉列表设置纸张单面打印还是双面打印。

4）单击“打印”按钮进行打印。

5.7 Word 2010 综合应用

下面以 Word 文档“中国人均 GDP.docx”为例进行编辑排版，综合实现 Word 2010 的字符、段落格式化、图文混排、首字下沉、分栏、插入项目符号和编号、边框和底纹设置、插入艺术字、表格编辑、页面设置、插入页眉和页脚等功能，以此解决文档编辑排版过程中遇到的一些常见问题。

【例 5-15】 打开如图 5-99 所示的“中国人均 GDP.docx”，按照下列要求完成操作并以原文件名保存文档。

1）将文中所有错词“受辱”替换为“收入”，并设置字体为黑体、绿色。

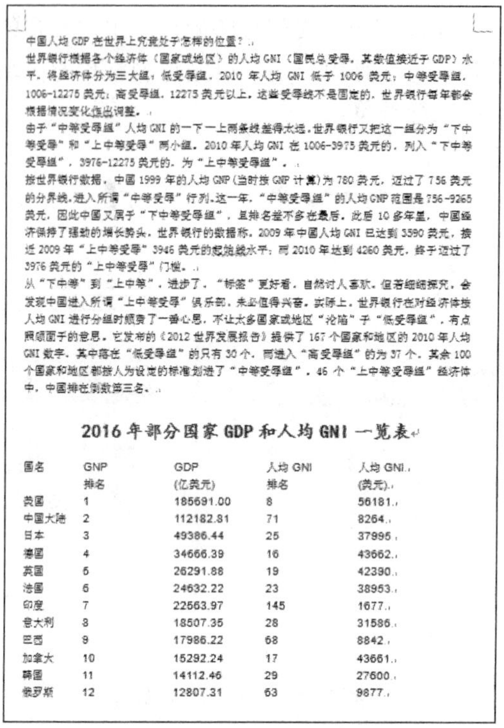

中国人均 GDP 在世界上究竟处于怎样的位置？

世界银行根据各个经济体（国家或地区）的人均 GNI（国民总收入，其数值接近于 GDP）水平，将经济体分为三大组：低收入组，2010 年人均 GNI 低于 1006 美元；中等收入组，1006-12275 美元；高收入组，12275 美元以上。这些收入线不是固定的，世界银行每年都会根据情况变化作出调整。

由于“中等收入组”人均 GNI 的一下一上两条线差得太远，世界银行又把这一组分为“下中等收入”和“上中等收入”两小组。2010 年人均 GNI 在 1006-3975 美元的，列入“下中等收入组”，3976-12275 美元的，为“上中等收入组”。

按世界银行数据，中国 1999 年的人均 GNP(当时按 GNP 计算)为 780 美元，迈过了 756 美元的分界线，进入所谓“中等收入”行列。这一年，“中等收入组”的人均 GNP 范围是 756-9265 美元，因此中国又属于“下中等收入组”，且排名差不多在最后。此后 10 多年里，中国经济保持了强劲的增长势头，世界银行的数据称，2009 年中国人均 GNI 已达到 3590 美元，接近 2009 年“上中等收入”3946 美元的起始线水平；而 2010 年达到 4260 美元，终于迈过了 3976 美元的“上中等收入”门槛。

从“下中等”到“上中等”，进步了，“标签”更好看，自然讨人喜欢。但若细细探究，会发现中国进入所谓“上中等收入”俱乐部，未必值得兴奋。实际上，世界银行在对经济体按人均 GNI 进行分组时颇费了一番心思，不让太多国家或地区“沦陷”于“低收入组”，有点照顾面子的意思。它发布的《2012 世界发展报告》提供了 167 个国家和地区的 2010 年人均 GNI 数字，其中落在“低收入组”的只有 30 个，而进入“高收入组”的为 37 个，其余 100 个国家和地区都按人为设定的标准划进了“中等收入组”，46 个“上中等收入组”经济体中，中国排在倒数第三名。

2016 年部分国家 GDP 和人均 GNI 一览表

国名	GNP 排名	GDP (亿美元)	人均 GNI 排名	人均 GNI (美元)
美国	1	185691.00	8	56181
中国大陆	2	112182.81	71	8264
日本	3	49386.44	25	37995
德国	4	34666.39	16	43662
英国	5	26291.88	19	42390
法国	6	24632.22	23	38953
印度	7	22563.97	145	1677
意大利	8	18507.35	28	31586
巴西	9	17986.22	68	8842
加拿大	10	15292.24	17	43661
韩国	11	14112.46	29	27600
俄罗斯	12	12807.31	63	9877

图 5-99 “中国人均 GDP.docx”排版前

2）将标题段文字（“中国人均 GDP 在世界上究竟处于怎样的位置？”）设置为艺术字，样式为“填充-红色，强调文字颜色 2，暖色粗糙棱台”，并设置艺术字字体为黑体、三号、倾斜，位置为水平相对于页边距居中对齐，垂直相对于页边距顶端对齐，文字环绕方式为“上下型环绕”；修改艺术字形状样式为“细微效果-蓝色，强调颜色 1”。

3）设置正文各段落（“世界银行……倒数第三名。”）的中文为楷体，西文为 Arial；设置正文各段落的行距为 1.2 倍行距。设置正文第一段（“世界银行……作出调整。”）和正文第四段（“从‘下中等’……倒数第三名。”）首行缩进两个字符，设置正文第三段（“按世界银行数据……门槛。”）悬挂缩进两个字符。

4）设置正文第二段文字首字下沉 2 行，距正文 0.3 厘米。

5）把正文第四段分为等宽 2 栏，同时添加栏间分隔线。

6）插入给定的图片“素材.jpg”，设置图片的高度为 4 厘米，宽度为 3 厘米，四周型环绕，并将图片放在正文第三段的最右侧。

7）将文中最后 14 行文字转换成一个 14 行 5 列的表格，设置表格列宽为 2.6 厘米、行高为 0.6 厘米；设置表格居中，表格第一行和第二行的内容全部水平居中对齐，表格第一列的第 3～14 行的内容为中部两端对齐，剩下其余各单元格内容中部右对齐。

8）为标题段（“2016 年部分国家 GDP 和人均 GNI 一览表”）添加脚注，脚注内容为“数据来源：世界银行相关报告”。

9）设置表格所有单元格的左边距为 0.05 厘米、右边距为 0.3 厘米；设置表格第一、二行为重复标题行；分别将每一列的第一行和第二行单元格合并，并使合并后每个单元格的内容仅有一个段落。

10）按“人均GNI排名”列升序排列表格内容，依据选择“数字”类型。

11）设置表格外框线、第一行与第二行之间的表格线为1.5磅红色（标准色）单实线，其余表格框线为1磅红色（标准色）单实线；设置第一行标题行底纹为“橙色，强调文字颜色6，淡色40%”。

12）为表格第一列的内容添加项目符号◆（标题行“国名”不添加）。

13）设置整个文档页面页边距：上下各为3厘米，左右各为3.5厘米；指定文档每页显示44行文字。

14）为页面添加内容为“国情知识”文字水印，设置页面颜色的填充效果样式为纹理/羊皮纸。

15）在页面顶端插入页眉“中国人均GDP情况”，样式为黑体、小四、右对齐；在页面底端插入“普通数字2”样式页码，设置起始页码为2。

具体操作步骤如下。

1）查找和替换的应用。把光标置于文档的首部，单击“开始”选项卡“编辑”选项组中的“替换”按钮，弹出“查找和替换”对话框，在“查找内容”文本框输入“受辱”，在“替换为”文本框输入“收入”，确保当前光标位于“替换为”文本框中，单击“更多”按钮，单击“格式”下拉按钮，在弹出的下拉菜单中选择“字体”命令，弹出“替换字体”对话框，设置字体为黑体，颜色为绿色。单击“确定”按钮，返回“查找和替换”对话框，如图5-100所示。单击“全部替换”按钮，在弹出的提示对话框中单击“确定”按钮完成替换。

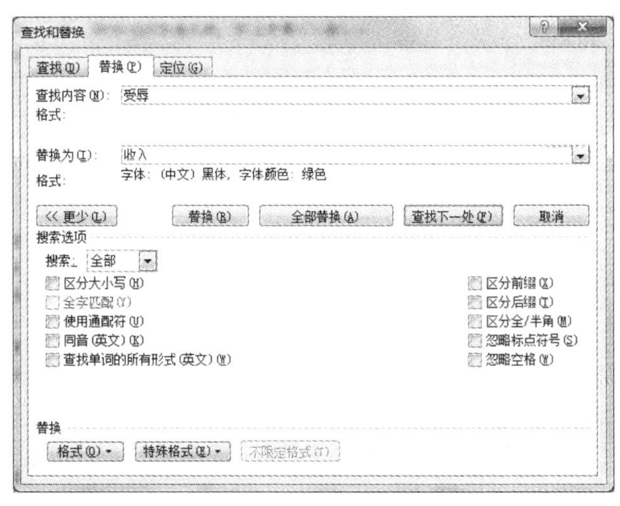

图5-100 “查找和替换”对话框设置

2）插入艺术字。选中标题文字“中国人均GDP在世界上究竟处于怎样的位置?”，单击“插入”选项卡“文本”选项组中的“艺术字”下拉按钮，在弹出的下拉菜单中选择“填充-红色，强调文字颜色2，暖色粗糙棱台”命令，标题便被转变为艺术字。选中艺术字，利用“开始”选项卡“字体”选项组的相应按钮设置字体为黑体，字号为三号，单击“倾斜”按钮。选中艺术字，单击“绘图工具-格式”选项卡“排列”选项组中的“位置”下拉按钮，在弹出的下拉菜单中选择“其他布局选项”命令，在弹出的“布局”对话框中设置水平对齐方式为居中，相对于页边距，垂直对齐方式为顶端对齐，相对于页边距，如图5-101

所示，单击“确定”完成位置设置。单击“绘图工具-格式”选项卡“排列”选项组中的“自动换行”下拉按钮，在弹出的下拉菜单中选择“上下型环绕”命令。单击“绘图工具-格式”选项卡“形状形式”选项组中的“形状样式”列表右下角的“其他”下拉按钮，在弹出的“形状样式”下拉列表中选择“细微效果-蓝色，强调颜色 1”选项。

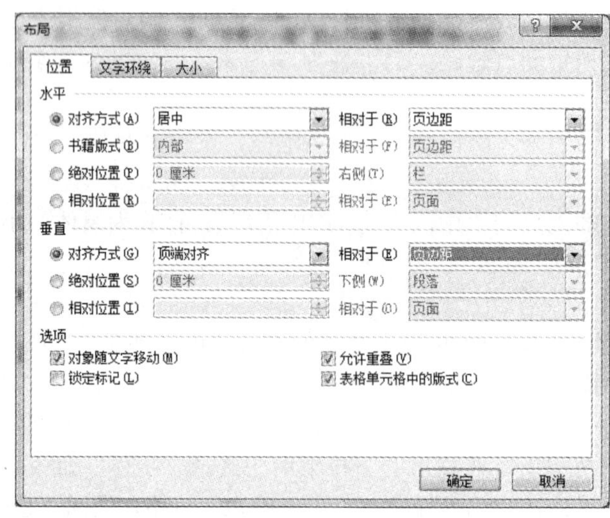

图 5-101 “布局”对话框设置

3）字符、段落格式化。选中正文各段落，单击“开始”选项卡“字体”选项组右下角的对话框启动按钮，弹出“字体”对话框，设置中文字体为楷体，西文字体为 Arial。单击“开始”选项卡“段落”选项组右下角的对话框启动按钮，弹出“段落”对话框，设置行距为多倍行距，设置值为 1.2。选中第一段文字和第四段文字（可先选中第一段文字，按【Ctrl】键，加选第四段文字），单击“开始”选项卡“段落”选项组右下角的对话框启动按钮，弹出“段落”对话框，设置特殊格式为首行缩进，磅值为 2 字符，单击“确定”按钮完成设置。选中或把光标插入第三段文字中，单击“开始”选项卡“段落”选项组右下角的对话框启动按钮，弹出“段落”对话框，设置特殊格式为悬挂缩进，磅值为 2 字符，单击“确定”按钮完成设置。

4）设置首字下沉。选中或把光标插入正文第二段文字中，单击“插入”选项卡“文本”选项组中的“首字下沉”下拉按钮，在弹出的下拉菜单中选择“首字下沉选项”命令，在弹出的“首字下沉”对话框中设置位置为下沉，下沉行数为 2，距正文为 0.3 厘米，如图 5-102 所示，单击“确定”按钮。

5）设置分栏。选中正文第四段文字，单击“页面布局”选项卡“页面设置”选项组中的“分栏”下拉按钮，在弹出的下拉菜单中选择“更多分栏”命令，在弹出的“分栏”对话框中设置栏数为 2，同时选中“分隔线”复选框，如图 5-103 所示，单击“确定”按钮。

6）图文混排。单击“插入”选项卡“插图”选项组中的“图片”按钮，在弹出的“插入图片”对话框中找到要插入的图片“素材.jpg”，单击“插入”按钮。选中插入的图片，单击“图片工具-格式”选项卡“大小”选项组右下角的对话框启动按钮，在弹出的“布局”对话框中取消“锁定纵横比”复选框的选中，并设置“高度”选项组中绝对值为 4 厘米，“宽度”选项组中绝对值为 3 厘米，如图 5-104 所示，单击“确定”按钮。单击“图片工具-格式”选项卡“排列”选项组中的“自动换行”下拉按钮，在弹出的下拉菜单中选择“四周型环绕”命令，并拖动图片到正文第三段的最右侧。

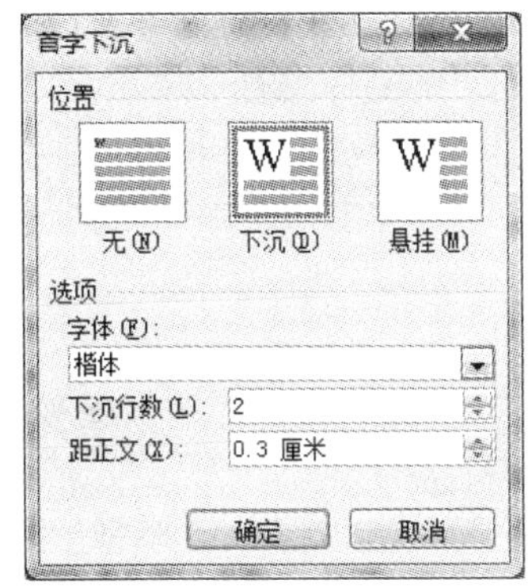

图 5-102 “首字下沉”对话框设置

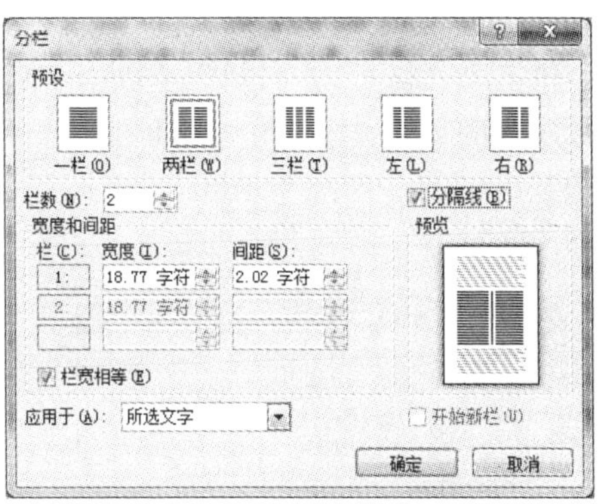

图 5-103 “分栏”对话框设置

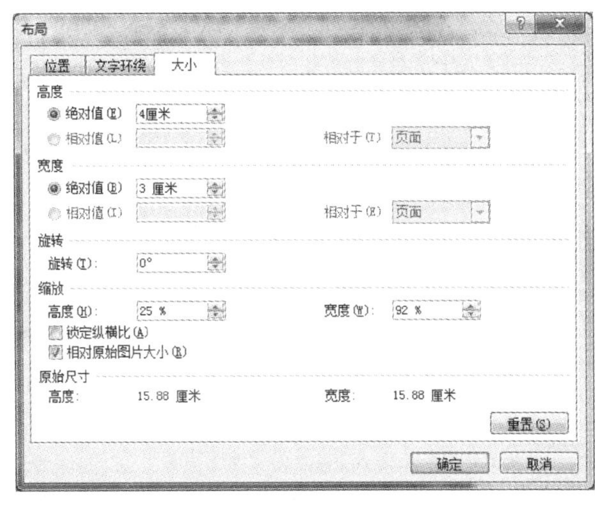

图 5-104 “布局”对话框设置

7）文字与表格的互换和表格格式化。选中文中最后 14 行文字，单击“插入”选项卡“表格”选项组中的“表格”下拉按钮，在弹出的下拉菜单中选择“文字转换成表格”命令，弹出如图 5-105 所示的“将文字转换成表格”对话框，单击“确定”按钮。选中整个表格，在“表格工具-布局”选项卡“单元格大小”选项组中设置高度为 0.6 厘米，宽度为 2.6 厘米。选中表格，单击“开始”选项卡“段落”选项组中的“居中”按钮，设置表格居中。选中表格第一行和第二行的内容，单击“表格工具-布局”选项卡“对齐方式”选项组中的“水平居中”按钮；选中表格第一列的第 3～14 行的内容，单击“表格工具-布局”选项卡“对齐方式”选项组中的“中部两端对齐”按钮；选中剩下的各单元格，单击“表格工具-布局”选项卡“对齐方式”选项组中的“中部右对齐”按钮。

8）插入脚注。选中标题段文字“2016 年部分国家 GDP 和人均 GNI 一览表”，单击“引用”选项卡“脚注”选项组中的“插入脚注”按钮，在当前光标处输入脚注内容“数据来源：世界银行相关报告”。

9）重复标题行和表格的编辑。选中整个表格，单击“表格工具-布局”选项卡“对齐方式”选项组中的“单元格边距”按钮，在弹出的“表格选项”对话框中设置左边距为 0.05 厘米，右边距为 0.3 厘米，如图 5-106 所示，单击“确定”按钮。选中表格第一行和第二行内容，单击“表格工具-布局”选项卡“数据”选项组中的“重复标题行”按钮，完成表格重复标题行的设置。分别选中每列的第一、二行单元格，单击“表格工具-布局”选项卡“合并”选项组中的“合并单元格”按钮，完成单元格的合并，合并之后删除原来第一行文字后面的段落符号，则合并后的每个单元格仅有一个段落。

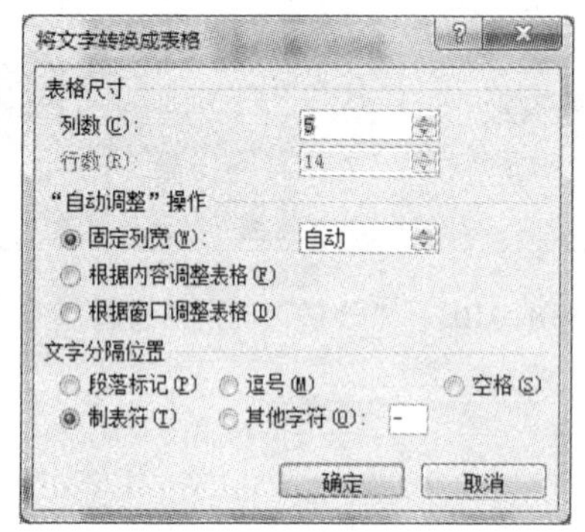

图 5-105 “将文字转换成表格”对话框设置

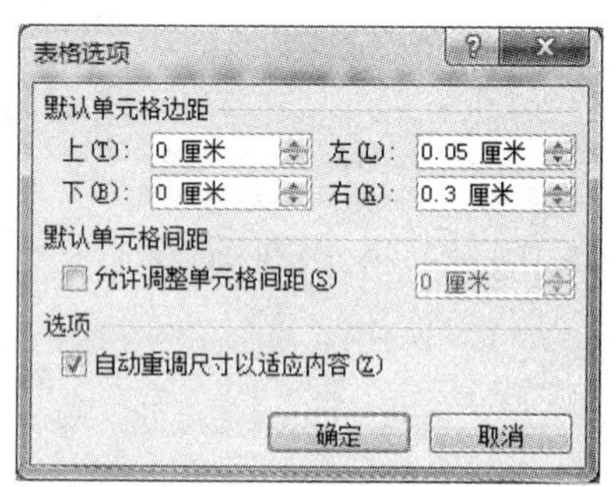

图 5-106 单元格边距设置

10）表格的排序。选中第四列“人均 GNI 排名”列的内容，单击“表格工具-布局”选项卡“数据”选项组中的“排序”按钮，弹出如图 5-107 所示的“排序”对话框，单击“确定”按钮。

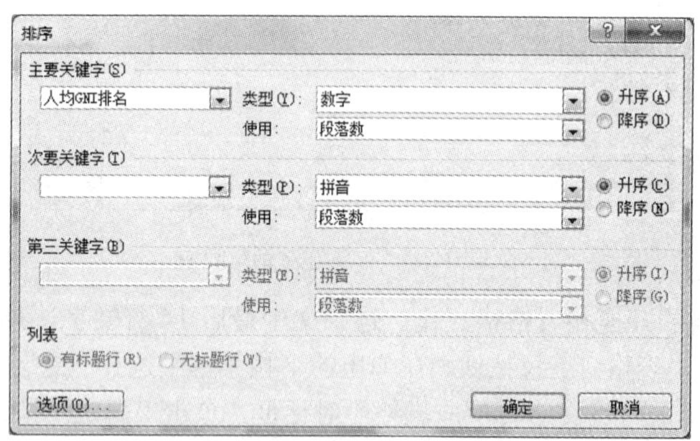

图 5-107 “排序”对话框设置

11）边框和底纹的设置。选中表格并右击，在弹出的快捷菜单中选择“边框和底纹”命令，弹出“边框和底纹”对话框，在“设置”选项组中选择“无”选项，样式为单实线，颜色为红色（标准色），宽度为 1.5 磅，在右侧“预览”选项组中单击上、下、左、右边框按钮，将表格外边框应用 1.5 磅红色单实线；重新修改宽度为 1 磅，再在“预览”选项组中单击表格内部中间部分的横线和竖线按钮，将表格内框线设置为 1 磅红色单实线；选中表格第一行并右击，在弹出的快捷菜单中选择“边框和底纹”命令，在弹出的“边框和底纹”对话框中再次修改宽度为 1.5 磅，其余选项不变（红色，单实线），在右侧“预览”选项组中单击所选单元格的下边线按钮，为第一行和第二行之间的表格线设置 1.5 磅红色单实线。需要注意的是，此刻“应用于”对象变为“单元格”，而不是“表格”，如图 5-108 所示。选择“底纹”选项卡，单击“填充”选项组中的下拉按钮，在弹出的下拉列表中选择主题颜色为“橙色，强调文字颜色 6，淡色 40%”。

12）项目符号的设置。选中第一列除标题行以外的单元格内容，单击“开始”选项卡“段落”选项组中的“项目符号”下拉按钮，在弹出的下拉菜单中选择要添加的项目符号◆。

13）页面设置。单击“页面布局”选项卡“页面设置”选项组中的对话框启动按钮，在弹出的“页面设置”对话框中选择“页边距”选项卡，设置上下页边距各为 3 厘米，左右页边距各为 3.5 厘米，应用于整篇文档；选择“文档网格”选项卡，在“行数”选项组中设置“每页”数值选择框为 44，应用于整篇文档，如图 5-109 所示，单击“确定”按钮。

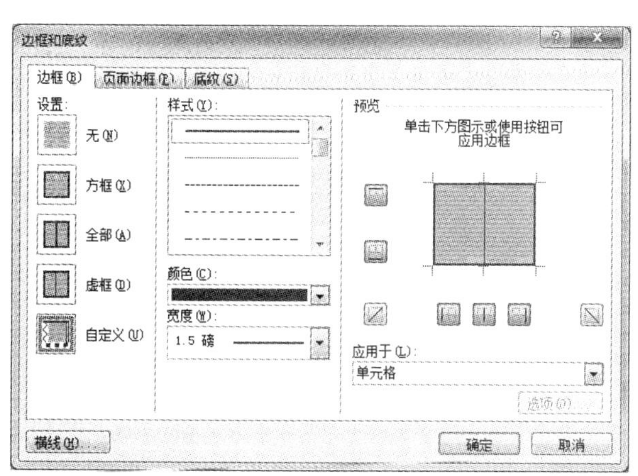

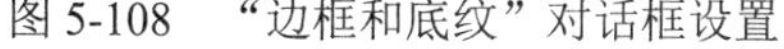

图 5-108 “边框和底纹”对话框设置

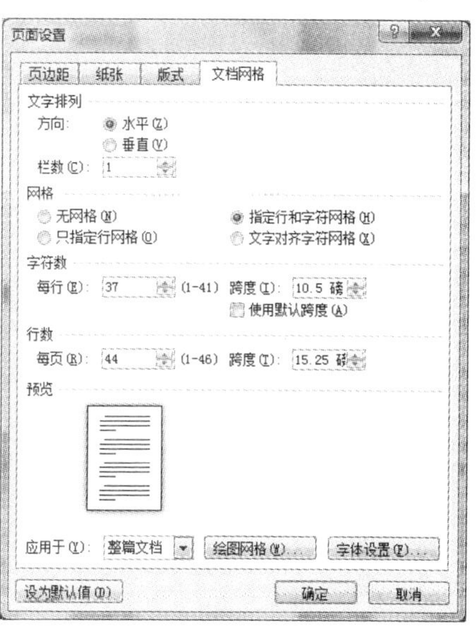

图 5-109 “文档网格”选项卡设置

14）设置页面颜色和水印文字。单击“页面布局”选项卡“页面背景”选项组中的“水印”下拉按钮，在弹出的下拉菜单中选择“自定义水印”命令，在弹出的“水印”对话框中选中“文字水印”单选按钮，并设置文字为“国情知识”，如图 5-110 所示，单击“确定”按钮。

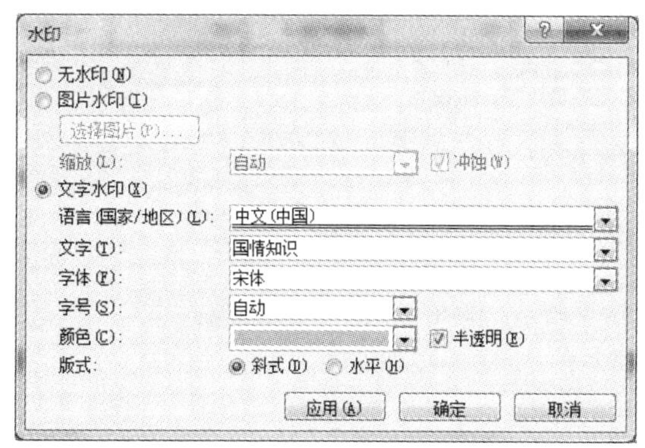

图 5-110 “水印”对话框设置

单击“页面布局”选项卡“页面背景”选项组中的“页面颜色”下拉按钮，在弹出的下拉菜单中选择“填充效果”命令，在弹出的“填充效果”对话框中选择“纹理”选项卡，在“纹理”列表中选择“羊皮纸”选项，如图5-111所示，单击“确定”按钮。

15）插入页眉和页脚。单击“插入”选项卡“页眉和页脚”选项组中的“页眉”下拉按钮，在弹出的下拉菜单中选择“编辑页眉”命令，在当前光标所在位置输入“中国人均GDP情况”，选中页眉文字，在“开始”选项卡“字体”选项组中设置字体为黑体，字号为小四。单击“开始”选项卡“段落”选项组中的“右对齐”按钮。单击“插入”选项卡“页眉和页脚”选项组中的“页码”下拉按钮，在弹出的下拉菜单中选择“设置页码格式”命令，在弹出的“页码格式”对话框中选中“起始页码”单选按钮，并设置为2，如图5-112所示，单击“确定”按钮。再次单击“插入”选项卡“页眉和页脚”选项组中的“页码”下拉按钮，在弹出的下拉菜单中选择“页面底端”命令，在弹出的子菜单中选择“普通数字2”样式，即在页面底端插入对应样式页码。

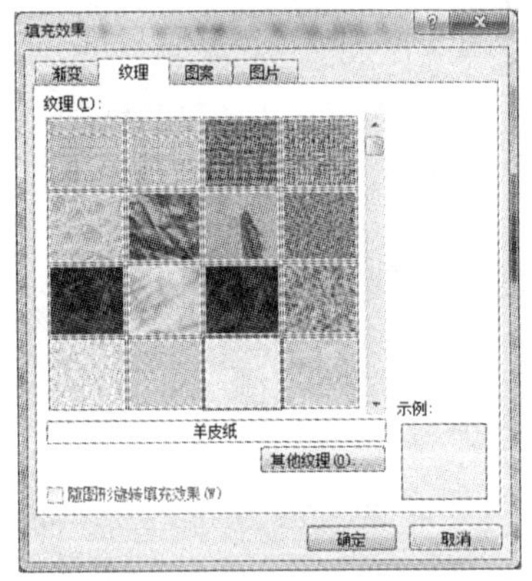

图5-111 填充效果设置

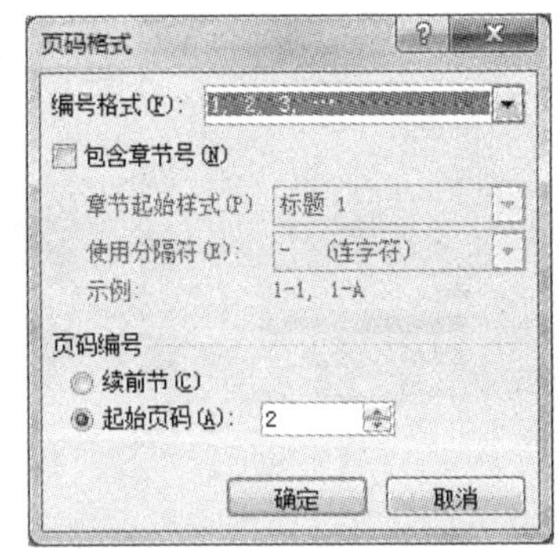

图5-112 “页码格式”对话框设置

最后按题目要求编辑排版好之后，文档有两页，效果如图5-113所示。

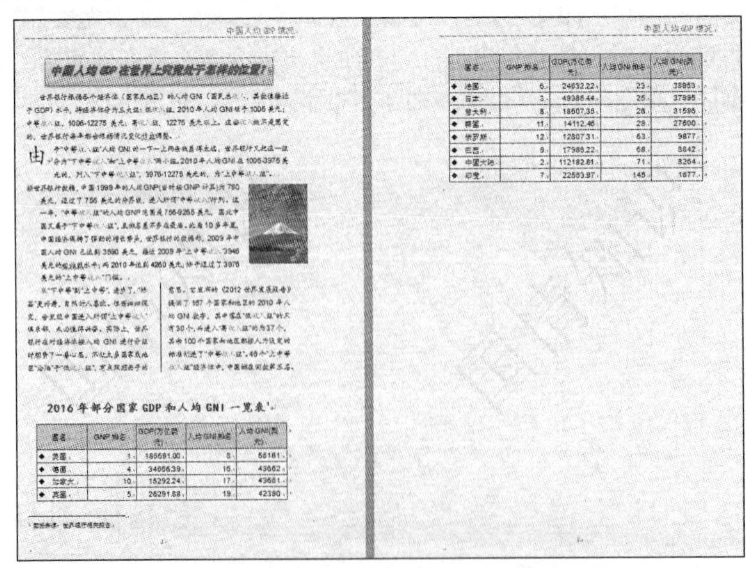

图5-113 “中国人均GDP.docx”排版后效果

思考与实践 5

一、单选题

1. Word 2010 程序启动后会自动打开一个名为（　　）的文档。
   A. Noname　B. Untitled　C. 文件 1　D. 文档 1
2. 可以显示水平标尺和垂直标尺的视图方式是（　　）。
   A. 普通视图　B. 页面视图　C. 大纲视图　D. 全屏显示方式
3. Word 2010 程序允许打开多个文档，用（　　）选项卡可以实现文档之间的切换。
   A. 编辑　B. 窗口　C. 视图　D. 工具
4. 在 Word 2010 的编辑状态，字号设置为四号字后，按新设置的字号显示的文字是（　　）。
   A. 光标所在的段落中的文字　B. 文档中被选择的文字
   C. 光标所在的行中的文字　D. 文档的全部文字
5. 在 Word 2010 中要将文档中一部分选中的文字移动到指定的位置，首先对它进行的操作是（　　）。
   A. 单击“插入”选项卡功能区的“复制”命令
   B. 单击“编辑”菜单下的“清除”命令
   C. 单击“开始”选项卡功能区“剪切”命令
   D. 单击“编辑”菜单下的“粘贴”命令
6. 下列各项（　　）可以设定打印纸张的大小。
   A.“文件”选项卡功能区中的“页面设置”
   B.“文件”菜单中的“页面设置”
   C.“页面布局”选项卡“页面设置”选项组中的“纸张大小”
   D.“视图”选项卡功能区中的“页面”
7. 在 Word 2010 的编辑状态下，当前文档中有一个表格，选中表格后按【Delete】键，则（　　）。
   A. 表格中的内容全部被删除，但表格还存在
   B. 表格和内容全部被删除
   C. 表格被删除，但表格中的内容未被删除
   D. 表格中光标所在的行被删除
8. 在 Word 2010 窗口中要自定义功能区，应当使用（　　）。
   A.“工具”选项卡中的按钮
   B.“文件”选项卡中的按钮
   C. 右击功能区，在弹出的快捷菜单中选择“自定义功能区”命令
   D.“视图”选项卡中的按钮
9. 艺术字的颜色可以利用“绘图工具-格式”选项卡中的（　　）按钮进行更改。
   A. 编辑艺术字　B. 形状填充　C. 艺术字形状　D. 艺术字库设置

10. 在 Word 2010 中，若要将一些文本内容设置为斜体，则应先（　　）。

A. 单击“B”按钮　　B. 单击“I”按钮

C. 单击“U”按钮　　D. 选中文本

11. 要使文字能够环绕图形编辑，可选择以下环绕方式（　　）。

A. 紧密型　　B. 浮在文字上方　　C. 无　　D. 浮在文字下方

12. 段落首行的缩进类型包括首行缩进和（　　）。

A. 插入缩进　　B. 悬挂缩进　　C. 文本缩进　　D. 整版缩进

13. 要想观察一个长文档的总体结构，应当使用（　　）方式。

A. 主控文档视图　　B. 页面视图

C. 全屏幕视图　　D. 大纲视图

14. 编辑文档时，常希望在每页的底部或顶部显示页码及一些其他信息，这些信息行出现在文件每页的顶部，称为（　　）。

A. 页码　　B. 分页符　　C. 页眉　　D. 页脚

15. 在编辑时，文字下面出现的绿色波浪下划线表示（　　）。

A. 可能有语法错误　　B. 可能有拼写错误

C. 自动对所输入文字的修饰　　D. 对输入的确认

16. 在 Word 2010 的编辑状态下，可以显示页面四角的视图方式是（　　）。

A. 普通视图方式　B. 页面视图方式　C. 大纲视图方式　D. 各种视图方式

17. 如果想要设置自动恢复时间间隔，应按下列步骤（　　）进行。

A.“文件”|“另存为”　　B.“文件”|“选项”|“保存”

C.“文件”|“属性”　　D.“工具”|“选项”|“保存”

18. 若全选整个文档，最快捷的方法是使用（　　）组合键。

A. Ctrl+A　　B. Ctrl+H　　C. Ctrl+O　　D. Ctrl+E

19. 在 Word 2010 中改变图片大小本质上是（　　）。

A. 改变图片内容　　B. 按比例放大或缩小

C. 只是一种显示效果　　D. 对图片裁剪

20. 在 Word 2010 编辑状态下，进行中英文输入状态切换的快捷键是（　　）。

A. Ctrl+Space　　B. Alt+Ctrl　　C. Shift+Ctrl　　D. Alt+ Space

二、操作题

1. 打开“WORD1.docx”，按照要求完成下列操作并以原文件名保存文档。

（1）将标题段（“深海通信技术”）文字设置为红色（标准色）、小二号、黑体、加粗、居中，文字效果设置为阴影/外部/向右偏移。

（2）设置正文各段落（“潜艇在深水中……潜艇发信。”）的中文文字为五号、宋体，西文文字为五号、Arial 字体；设置正文各段落悬挂缩进两个字符，行距为 18 磅，段前间距为 0.5 行。

（3）插入边线型页眉，并在页眉标题栏内输入小五号、宋体文字“通信技术”。设置页面纸张大小为 B5。

（4）将文中后 13 行文字转换成一个 13 行 5 列的表格，设置表格居中，并使用“根据内容调整表格”选项自动调整表格，设置表格所有文字水平居中。

（5）设置表格外框线为3磅蓝色（标准色）单实线，内框线为1磅蓝色（标准色）单实线；设置表格为黄色（标准色）底纹。

2．打开“WORD2.docx”，按照要求完成下列操作并以原文件名保存文档。

（1）将文中所有错词“偏食”替换为“片式”。设置页面纸张大小为16开（18.4厘米×26厘米）。页面底端插入“带状物”页码，起始页码设置为3。

（2）将标题段文字效果（“中国片式元器件市场发展态势”）设置为发光（红色，11pt发光，强调文字颜色2）、三号、黑体、居中，段后间距0.8行。

（3）将正文第一段（“90年代中期以来……片式二极管。”）移至第二段（“我国……新的增长点。”）之后，设置正文各段落（“我国……片式化率达80%。”）右缩进两个字符。设置正文第一段（“我国……新的增长点。”）首字下沉2行（距正文0.2厘米）；设置正文其余段落（“90年代中期以来……片式化率达80%。”）首行缩进两个字符。

（4）将文中最后9行文字转换成一个9行4列的表格，设置表格居中，并按“2015年”列升序排列表格内容。

（5）设置表格第一列列宽为4厘米，其余列列宽为1.6厘米，表格各行行高为0.5厘米；设置表格外框线为3磅蓝色（标准色）双窄线、内框线为1磅蓝色（标准色）单实线。设置表格底纹为“白色，背景1，深色25%”。

3．打开“WORD3.docx”，按照要求完成下列操作并以原文件名保存文档。

（1）创建一个6列11行、列宽为2.2厘米的表格，第1行的行高设置为2厘米。

（2）将第1列第2～5行拆分成4行2列，合并左列4个单元格，左列输入“上午”，右列依次输入“1、2、3、4”；将第1列第7～9行拆分成3行2列，合并左列3个单元格，左列输入“下午”，右列依次输入“1、2、3”。

（3）将第6行合并为一个单元格，输入“午间休息”；将第10行合并为一个单元格，输入“课外活动”；在第1列最后1个单元格中输入“晚自修”；在第1行第2～6列5个单元格中分别输入“星期一”至“星期五”。

（4）设置边框和底纹。设置整个表格外边框为红色3磅单实线，内边框为蓝色1磅单实线。设置表格第1行下框线为双实线、1/2磅、蓝色。为表格第6行和第10行设置底纹：填充色为绿色，图案样式为10%，颜色为黄色。

（5）设置表格中所有文本的对齐方式：水平和垂直都居中。设置表格在页面水平居中对齐。

（6）为表格第一个单元格绘制从左上到右下的斜线表头，设置斜线颜色为蓝色、1磅、单实线，行标题为“时间”，列标题为“节次”，调整标题文字到斜线表头合适的位置。

4．打开“WORD4.docx”，按照要求完成下列操作并以原文件名保存文档。

（1）将标题“论读书”设置为隶书、加粗、三号字，文字效果为“填充-无，轮廓-强调文字颜色2”，字符放大200%。将标题“论读书”转化为横排的文本框。设置文本框的格式为边框线蓝色，2磅线条，填充色为“白色，背景1，深色35%”，高度为1.65厘米、宽度5厘米，位置为顶端居中，四周型文字环绕。

（2）将正文最后4段文字的字体设置为黑体，并将这4段文字分为等宽4栏，加分隔线。对分栏之后的最后4段文字分别设置为首字下沉，下沉行数为2行。

（3）在正文前 3 段的段尾分别插入符号“☑”。

（4）在文中插入剪贴画中任一关键字为“书”的图片，并设置其格式为图片高度 4.5 厘米，图片宽度 2.5 厘米。图片与文字的环绕方式为四周型环绕，并适当调整图片的位置到第二段和第三段的最右侧。

（5）为文档添加页眉和页脚：页眉文字为“论读书”，右对齐；在页面底端加上“普通数字 2”样式的页码，设置页码格式为“一、二、三（简）”。

5．打开“WORD5.docx”，按照要求完成下列操作并以原文件名保存文档。

（1）设置标题文字“荷塘月色”的字号为小初，并将标题文字转换为横排文本框，设置文本框样式为“填充-橙色，强调文字颜色 6，暖色粗糙棱台”，文本效果转换为“波形 2”，去掉标题文本框的边框，设置文本框的环绕方式为“上下型环绕”，位置为相对于页边距水平居中对齐，垂直顶端对齐。

（2）将正文中所有字符“叶子”设置颜色为绿色，将正文文字“荷香月色”加着重号，“薄薄的青雾浮起在荷塘里”加双波浪型下划线。

（3）设置正文所有段落：首行缩进两个字符，设置正文第一段段前间距 1 行。

（4）设置正文第一段文字首字下沉效果，下沉行数 2 行，字体为黑体，距正文 0.5 厘米。

（5）将正文的第二段和第三段分为两栏，设置分隔线。

（6）插入与“WORD5.docx”文档同位置的图片“荷花.jpg”，设置图片高度为 6 厘米，宽度为 4.5 厘米，设置图片的位置为中间居右，四周型文字环绕。

（7）为文档设置页眉和页脚，页眉为“散文欣赏”，黑体、小三、右对齐，在页面底端插入“方框 2”样式页码，格式为“Ⅰ，Ⅱ，Ⅲ，…”。

第 6 章 Excel 2010 应用基础

本章知识点：

- 基本概念：工作簿、工作表和单元格。
- 工作簿的操作：工作簿的新建、保存等。
- 工作表的数据输入：单元格的选择、数据类型、换行输入、相同数据输入、自动填充输入等。
- 工作表的编辑操作：单元格的合并、拆分、插入、删除，以及行列的插入与删除、行列的显示隐藏、行高与列宽的调整等。
- 工作表的格式化：单元格格式化、条件格式、套用表格格式等。
- 工作表的管理操作：工作表的选择、插入、删除、复制、移动、重命名、标签颜色的设置拆分、冻结等操作。
- 公式和常用函数的使用：公式的组成、输入、复制和自动填充，单元格的引用，常用函数（Sum、Average、Count、Max、Min、If、Sumif、Countif、Rank、Int、Mod、Mid、And、Or 等）的使用。
- 数据管理及分析：数据的排序、筛选、分类汇总，数据透视表等。
- 图表操作：建立图表、编辑与格式化图表等。

Excel 2010 是微软公司出品的电子表格处理软件。它的核心功能是表格处理，同时还能进行统计计算、图表处理和数据分析等，可以制作成绩表、工资报表、项目预算表、客户资料表和简单的数据库等。因此，它广泛应用于管理、统计、财经和金融等众多领域。

6.1 Excel 2010 基础知识

6.1.1 Excel 2010 的启动和退出

1. *启动*

启动 Excel 2010 有多种方法，常见的 4 种方法如下。

1）选择“开始”|“所有程序”|“Microsoft Office”|“Microsoft Excel 2010”命令。

2）双击桌面上的 Excel 快捷方式图标。

3）直接在资源管理器或“计算机”窗口中双击指定的 Excel 文件名。

4）选择“开始”|“运行”命令，在弹出的“运行”对话框中输入“excel.exe”，单击“确定”按钮。

2. 退出

退出 Excel 2010 常见的 4 种方法如下。

1）单击 Excel 窗口右上角的“关闭”按钮。

2）选择“文件”|“退出”命令。

3）双击 Excel 窗口左上角的控制菜单图标。

4）直接按【Alt+F4】组合键。

在执行退出操作时，如果没有对文件进行修改，则可立即关闭并退出 Excel；如果有未保存的修改，则会弹出提示对话框询问是否保存修改，在给出选择后才可以退出 Excel。

6.1.2 Excel 2010 的窗口组成

启动 Excel 2010 后，其主界面如图 6-1 所示。

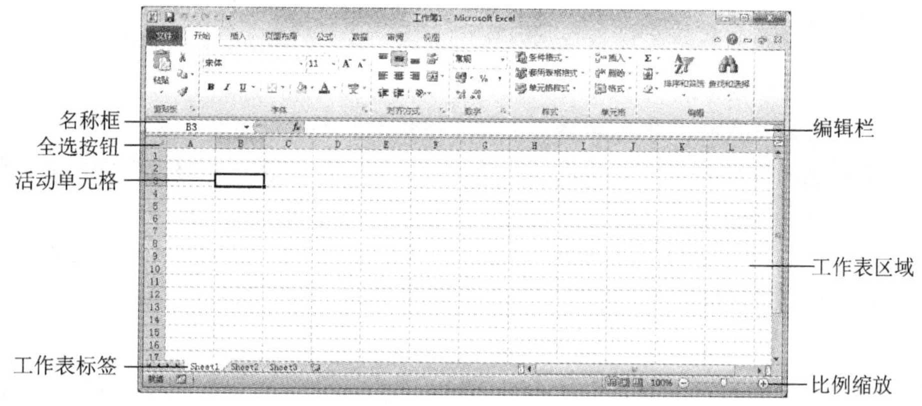

图 6-1 Excel 2010 的主界面

从图 6-1 中可以看出，Microsoft Excel 的窗口环境与 Word 类似，同样包括“文件”菜单（只是颜色不一样）和“开始”“插入”等选项卡。除此以外，还主要包括以下 4 部分。

1. 名称框

名称框又称活动单元格地址框，用来显示当前活动单元格的位置，如 B3 单元格。还可以利用名称框对单元格或区域进行命名，使操作更加简单。

2. 编辑栏

编辑栏用来显示和编辑活动单元格中的数据和公式。选中某单元格后，就可在编辑栏中向该单元格输入数据或编辑该单元格中的数据。当选中某个单元格时，只要查看编辑栏就可以知道其中的内容是公式还是常量。

3. 工作表标签

工作表标签用于表示工作表位置和工作表名称。Excel 默认显示 3 个工作表标签，当工作表数量很多时，可以使用其左侧的浏览按钮来查看。

4. 工作表区域

工作表区域占据屏幕面积最大，是记录数据的区域，所有数据都存放在这个区域中。

6.1.3 Excel 2010 的基本概念

1. 工作簿

工作簿是计算和储存数据的文件。一个工作簿就是一个 Excel 文件，其扩展名为.xlsx。Excel 启动后，自动打开一个名为“工作簿 1”的工作簿。一个工作簿由若干工作表组成（默认为 3 张）。

2. 工作表

工作表用于组织和分析数据，Excel 的工作表由 1 048 576 行和 16 384 列组成。一个工作簿可以包含多张工作表（其个数原则上受限于内存），这样可使一个文件中包含多种类型的相关信息，操作时不必打开多个文件，而直接在同一个文件的不同工作表中方便地切换。默认情况下，Excel 的一个工作簿中有 3 张工作表，名称分别为 Sheet1、Sheet2、Sheet3，当前工作表为 Sheet1，用户根据实际情况可以增减或选择工作表。

3. 单元格

单元格是组成工作表的最小单位。一张工作表由 1 048 576×16 384 个单元格组成，每一个单元格内最多可以存放 32 767 个字符。每一行列交叉处即为一单元格，可以用它所在的列号和行号来引用，列号用字母及字母组合 A～Z、AA～AZ、BA～BZ、…、ZA～ZZ、AAA～AAZ、…、XEA～XEZ、XFA～XFD 表示，行号用自然数 1～1 048 576 表示，如 A1、IV500、ABC12345、XFD1048576 等。

工作簿、工作表和单元格的关系如图 6-2 所示。

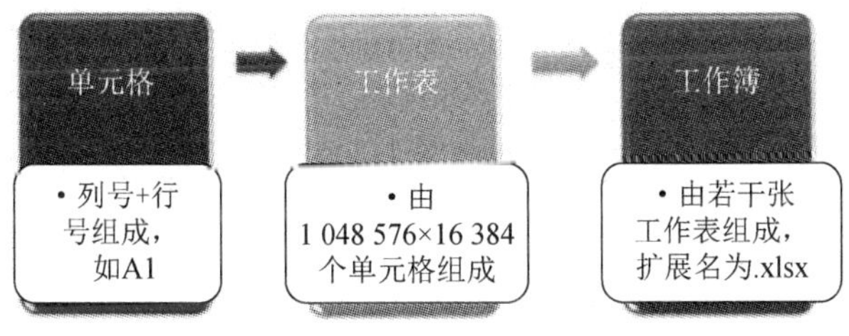

图 6-2 工作簿、工作表和单元格的关系

6.2 Excel 2010 基本操作

6.2.1 工作簿的创建与保存

1. 创建工作簿

启动 Excel 之后，系统自动创建一个空白的工作簿，默认文件名为“工作簿 1”。如果

要重新建立一个文件，可以选择“文件”|“新建”命令，在打开的“新建”面板中选择“空白工作簿”选项，单击界面右下角的“创建”按钮即可新建一个空白的工作簿，如图 6-3 所示。如果选择 Office.com 模板，则在选择相应模板后再单击“下载”按钮就可以根据模板创建表格，如图 6-4 所示。

图 6-3　新建空白工作簿

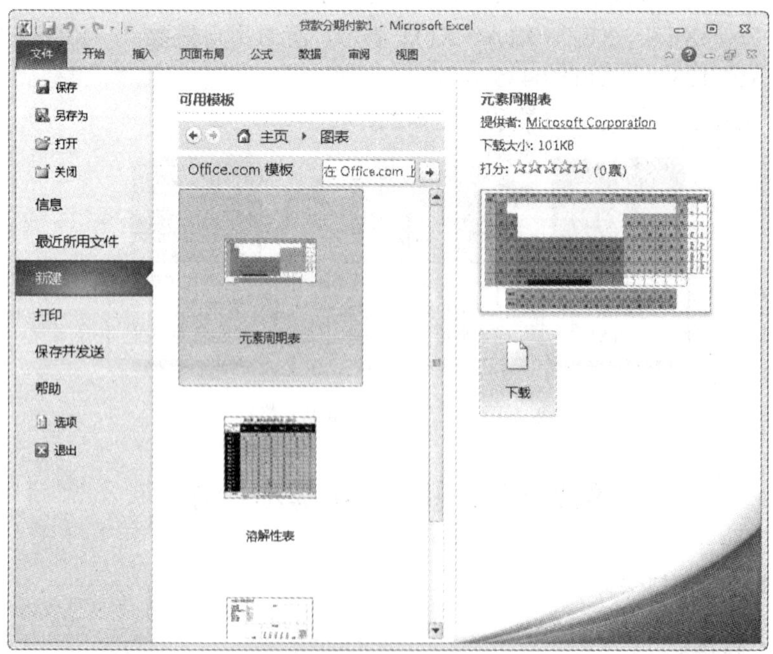

图 6-4　新建模板

2. 保存工作簿

在 Excel 工作表中将数据编辑完毕后就可以保存了。选择“文件”|“保存”命令，如果是第一次保存文件，将弹出“另存为”对话框，如图 6-5 所示，用户可以在对话框中选择保存路径、输入文件名、选择文件保存类型。Excel 默认的保存类型是“Excel 工作簿（*.xlsx）”。如果在“保存类型”下拉列表中选择“Excel 97-2003 工作簿（*.xls）”选项，可以将工作簿保存为早期版本。

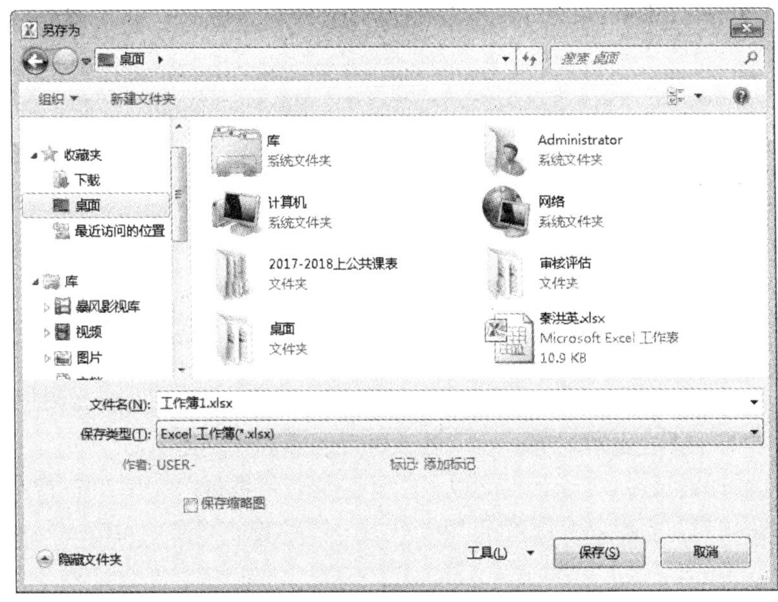

图 6-5 “另存为”对话框

6.2.2 工作表的数据输入

1. 数据输入方法

在 Excel 单元格中输入数据的方法通常有以下 3 种。

1）选中某一单元格后，即可在该单元格中输入数据，按【Enter】键、【Tab】键或使用【↑】【↓】【←】【→】方向键可定位到其他单元格继续输入数据。

2）双击选中的单元格，当鼠标指针变为 I 形状时，即可向该单元格输入数据。

3）选中某一单元格后，在编辑栏内输入数据，最后可以通过单击“取消”或“输入”按钮来决定是否输入数据。

2. 单元格的选定

在 Excel 中，要输入数据或对数据进行操作，必须先选中该单元格或单元格区域。

（1）选中单个单元格

单击某个单元格即可选中它，并且对应单元格的名称会出现在名称框中。

（2）选中单元格区域

单元格区域是一组单元格，若想选中工作表中的单元格区域，除了使用拖动鼠标的方法外，还可以采用先单击所选区域的左上角单元格，然后按住【Shift】键，再单击该区域对角线右下角单元格的方法。

（3）选中不连续的单元格

选中第一个单元格后，按住【Ctrl】键，再依次单击所要选中的单元格，即可选中多个不连续的单元格。

（4）选中整行或整列

单击某行或某列所在的行号或列号即可完成。

（5）选中整个工作表

单击工作表左上角的“全选”按钮，即可选中整个工作表。

3. 单元格的数据输入

（1）单元格的数据类型

Excel 单元格中的数据主要有数值型数据、文本型数据、日期时间型数据和逻辑型数据等。数值型数据表示数字，可以进行算术运算；文本型数据表示文本信息；日期时间型数据表示日期和时间；逻辑型数据有 True 和 False 两种状态，True 表示真，False 表示假。

（2）数值型数据的输入

数值包含 0～9、+、−、E、e、$、/（分号）、%及小数点和千分位符号（,）等特殊字符。数值默认的对齐方式是右对齐。输入数值时可参照如下规则。

1）当输入数据太长时，Excel 自动以科学计数法表示数据，如 1.23E+17；当单元格无法容纳一个格式化的数字时，会用若干“#”代替。可以通过调整单元格的列宽使数据正常显示。

2）Excel 的数字精度为 15 位，当数据长度超过 15 位时，Excel 会将多余的数字转换为 0。例如，输入“123456789123456789”时，在计算时以 123456789123456000 的形式参加计算。

3）如果要输入正数，直接输入数字即可。如果要输入负数，必须在数字前加一个负号“−”，或给数字加一个圆括号。例如，输入“−1”或“(1)”都会得到−1。

4）如果要输入百分数，可直接在数字后面加上百分号“%”。例如，要输入“50%”，则先在单元格中输入“50”，再输入“%”。

5）如果要输入小数，直接输入小数点即可，如 3.5。

6）如果要输入分数，如“2/3”，必须在单元格内输入“0 2/3”，即前面需要加“0”和空格，否则 Excel 会将用户输入的“2/3”自动转换成日期“2 月 3 日”；输入“0 5/3”，自动显示为分数“1 2/3”。

（3）文本型数据的输入

文本包括汉字、大小写英文字母、数字和特殊字符等。文本默认的对齐方式是左对齐。

对于全部由数字组成的字符串，如学号、电话号码、邮政编码、身份证号码等常作为文本处理，此时只需在输入数字前加上一个英文状态下的单引号（'），即当作文本左对齐。例如，输入电话号码“'15801234567”。

当输入的文字长度超出单元格宽度时，若右边单元格中无内容，则自动扩展到右边列显示，否则将截断显示。

（4）日期时间型数据的输入

Excel 内置了一些日期时间的格式，常见日期时间格式为“yyyy/mm/dd”“yyyy-mm-dd”“hh:mm（AM/PM）”。当输入数据与这些相匹配时，Excel 将自动识别。日期时间默认的对齐方式为右对齐。输入日期时间时可参照如下规则。

1）输入日期时，可用斜杠（/）或减号（-）分割日期的年、月、日。

2）输入时间时，按××时:××分:××秒的格式。若按 12 小时制输入时间，则应在时间数字的末尾空一格，随后输入字母“am”或“pm”。例如，输入“7:20 am”，显示为“07:20 AM”，缺少空格将被当作文本数据处理。

3）同时输入日期和时间，在中间用空格分隔。例如，若想输入 2017 年 7 月 15 日下午 4:30，则可输入“2017-7-15 16:30”或“2017-7-15 4:30 pm”（但时间均显示为 24 小时制）。

4）若要输入当天的日期，可按【Ctrl+;】。

5）若要输入当前时间，可按【Ctrl+Shift+;】组合键。

（5）逻辑型数据的输入

逻辑型数据只有 True 和 False 两个值，默认居中对齐。不同类型的数据的输入格式，如图 6-6 所示。

B5 fx 乐山有两大世界自然文化遗产

	A	B	C	D
1	输入数据实例			
2	数值型数据	文本型数据	日期时间型数据	逻辑型数据
3	1.23E+17	邮编	2017-7-15	TRUE
4	99	614004	2017年7月15日	FALSE
5	-99	乐山有两大世界	9:59 AM	
6	50%		2017-7-15 13:01	
7	3.5			
8	2/3			
9	2,100			

图 6-6 输入数据实例

4. 单元格的输入技巧

（1）换行输入

若要在一个单元格中换行输入数据，可以通过以下两种方法实现。

1）自动换行。单击“开始”选项卡“对齐方式”选项组中的“自动换行”按钮，如图 6-7 所示。

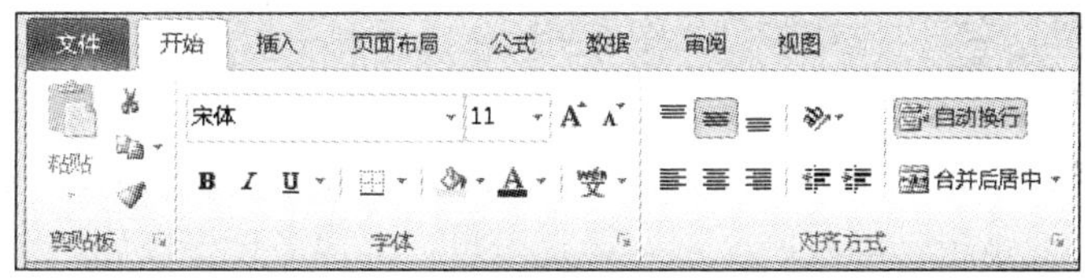

图 6-7 “自动换行”按钮

2）强制换行。定位到单元格内容中需要换行的位置，按【Alt+Enter】组合键实现强制换行。

（2）相同数据输入

若要在不同单元格中输入相同数据，可以先选中要输入相同数据的单元格，然后在编辑栏中输入数据内容，最后按【Ctrl+Enter】组合键。

（3）自动填充输入

利用 Excel 提供的自动填充功能，可以向表格中若干连续单元格快速填充一组有规律的数据，以减少录入工作量。可以用不同方法实现数据的快速自动填充输入。

1）使用填充柄的方法。首先，在某个单元格或单元格区域输入要填充的数据内容；其次，选中已输入内容的单元格或单元格区域，此时区域边框的右下角会出现一个小黑点，即填充柄；最后，将鼠标指针指向填充柄，当其变成黑色“+”形状时，按住鼠标左键并拖动填充柄经过相邻单元格，就会将选中区域的数据按照某种规律填充到相应单元格中。

填充效果有以下几种规律。

① 当单个单元格中的内容为纯字符、纯数字或公式时，自动填充相当于数据复制。

② 当单个单元格中的内容为文字、数字混合体时，填充时文字不变，最右边的数字递增。例如，初始值为“会计 001”，填充为“会计 002”“会计 003”…。

③ 当单个单元格中的内容为 Excel 预设的自动填充序列中的一员时，按预设序列填充。例如，初始值为“星期一”，自动填充为“星期二”“星期三”…。

④ 如果有连续单元格存在等差关系，则先选中该区域，再运用自动填充即可自动输入其余的等差值。

拖动填充柄可由上往下或由左往右拖动，也可反方向进行。图 6-8 是几种自动填充效果。

自动填充效果

效果一	效果二	效果三	效果四	效果五
1	会计001	星期一	1	100
1	会计002	星期二	2	200
1	会计003	星期三	3	300
1	会计004	星期四	4	400
1	会计005	星期五	5	500
1	会计006	星期六	6	600
1	会计007	星期日	7	700
1	会计008	星期一	8	800

图 6-8　自动填充效果

2）使用自动填充快捷菜单的方法。如果自动填充时要考虑是否带格式或区域中是等差序列还是等比序列，则在自动填充时按住鼠标右键，当拖动到填充的最后一个单元格时释放，将弹出“自动填充”快捷菜单，如图 6-9 所示，在其中可进行各种选择。图 6-10 所示为起始数据为数字 1，步长值为 3 的等比序列的设置及填充的效果。

3）使用自定义序列的方法。Excel 除本身提供的预定义序列外，还允许用户自定义序列。例如，可以把经常用到的时间序列、课程科目、部门名称等做成一个自定义序列。在 Excel 2010 中自定义序列步骤如下。

① 选择“文件”|“选项”命令，在弹出的“Excel 选项”对话框中选择“高级”选项卡，在“常规”选项组中单击“编辑自定义列表”按钮，弹出“自定义序列”对话框。

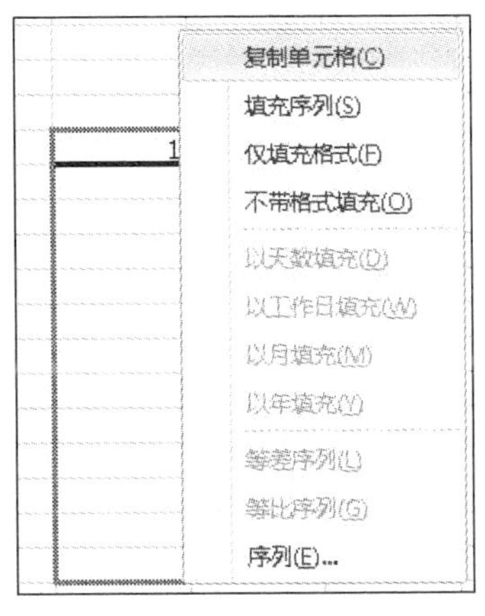

图 6-9　“自动填充”快捷菜单

图 6-10　等比序列填充

② 单击“输入序列”列表框，输入要填充的新序列，项与项之间用【Enter】键换行间隔，单击“添加”按钮，即可将新序列添加到左边的“自定义序列”列表框中，如图 6-11 所示，单击“确定”按钮。

③ 单击工作表中某一单元格，输入刚定义的某一序列项，然后向下、向右或反方向拖动填充柄，释放鼠标即可填充所定义的序列，效果如图 6-12 所示。

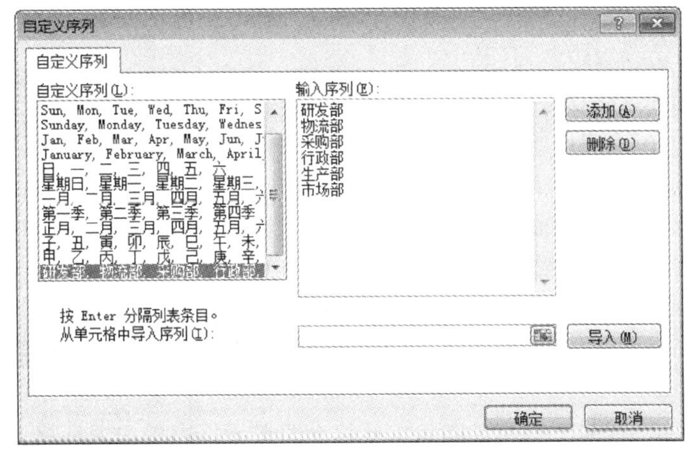

图 6-11　“自定义序列”对话框

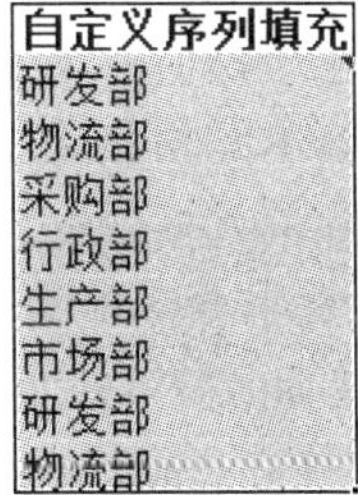

图 6-12　自定义序列填充效果

6.2.3　工作表的编辑操作

1. 单元格合并与拆分

（1）单元格合并后居中

合并后居中可以将选中的多个单元格合并为一个单元格并使内容自动居中，通常用于跨列标题的合并显示。这种格式可以使用“开始”选项卡“对齐方式”选项组中的“合并后居中”按钮完成。如图 6-6 所示，工作表的标题“输入数据实例”就采用了“合并后居中”格式，具体操作方法为先选中单元格区域 A1:D1，再单击“合并后居中”按钮即可。

（2）单元格拆分

若想将合并后的单元格重新拆分，可以直接再次单击“合并后居中”按钮，也可以选择“合并后居中”下拉菜单中的“取消单元格合并”命令，如图 6-13 所示。

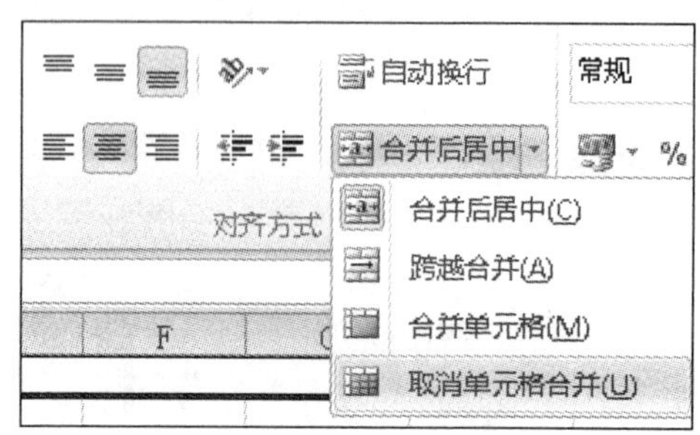

图 6-13 单元格拆分

2. 单元格插入与删除

（1）单元格插入

在编辑工作表内容时，如果发现某处遗漏了一个或一块连续区域内的数据，就需要先插入空白单元格，再添加遗漏的数据。具体操作步骤如下。

1）选中一个单元格并右击，在弹出的快捷菜单中选择“插入”命令，弹出“插入”对话框，如图 6-14 所示。

2）选择合适的插入方式，单击“确定”按钮。

① “活动单元格右移”：表示在选中单元格的左侧插入一个单元格。

② “活动单元格下移”：表示在选中单元格上方插入一个单元格。

③ “整行”：表示在选中单元格的上方插入一行。

④ “整列”：表示在选中单元格的左侧插入一列。

（2）单元格删除

删除单元格的操作与插入单元格的操作类似。具体操作步骤如下。

1）选中要删除的单元格并右击，在弹出的快捷菜单中选择“删除”命令，弹出“删除”对话框，如图 6-15 所示。

2）选择合适的删除方式，单击“确定”按钮。删除单元格会将单元格中的内容和格式全部删除。若想有选择地删除格式、内容或批注等，可以使用“开始”选项卡“编辑”选项组“清除”下拉菜单中的命令，如图 6-16 所示。

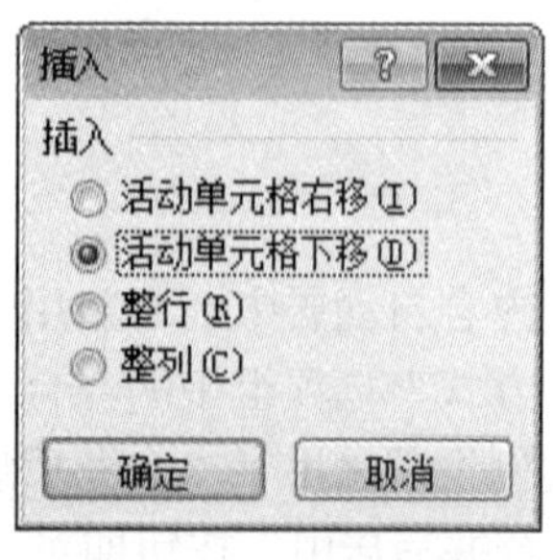

图 6-14 “插入”对话框

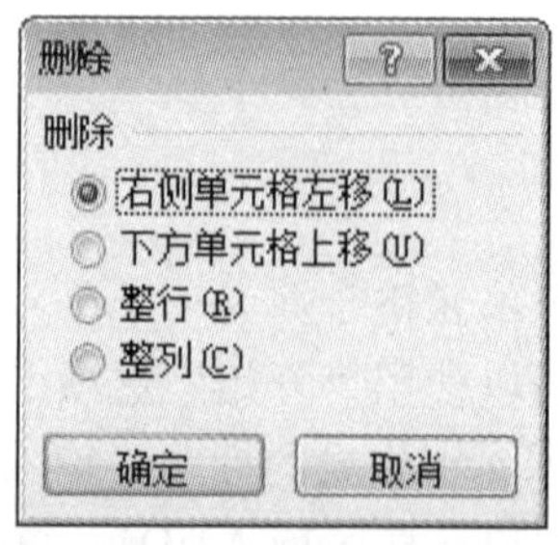

图 6-15 “删除”对话框

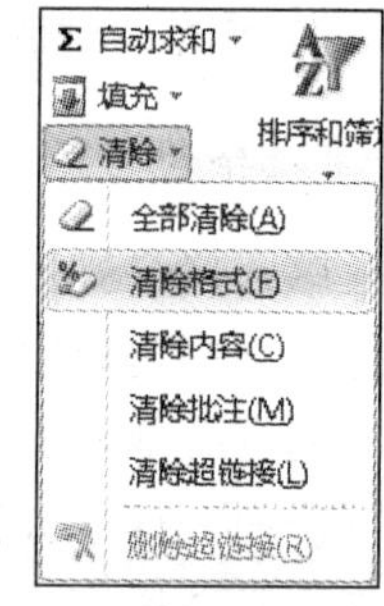

图 6-16 “清除”下拉菜单

3. 单元格复制与移动

在 Excel 中，单元格的复制与移动一般可以通过“开始”选项卡中的“剪贴板”选项组、快捷键和鼠标拖动法 3 种方式完成。其中，鼠标拖动法的操作步骤如下。

（1）在同一个工作表中移动或复制单元格

选中要移动的单元格，将鼠标指针放在单元格的边缘，当鼠标指针变成形状时，按住鼠标左键并拖动鼠标到目标位置即可完成移动；如果在拖动时同时按住【Ctrl】键，即可完成单元格的复制。

（2）在不同工作表中移动或复制单元格

选中要移动的单元格，将鼠标指针放在单元格的边缘，当鼠标指针变成形状时，按住【Alt】键，同时按住鼠标左键并拖动鼠标至目标工作表标签处，当切换到新工作表时，继续拖动鼠标到目标位置即可；如果在拖动的同时按住【Ctrl+Alt】组合键，即可完成单元格的复制。

4. 选择性粘贴

使用 Excel 提供的“选择性粘贴”功能可以实现一些特殊的复制和粘贴操作。例如，只粘贴数值、公式、批注或转置等。具体操作方法：单击“开始”选项卡“剪贴板”选项组中的“粘贴”下拉按钮，在弹出的下拉菜单中选择“选择性粘贴”命令，弹出如图 6-17 所示的“选择性粘贴”对话框，选择相应选项，单击“确定”按钮即可。

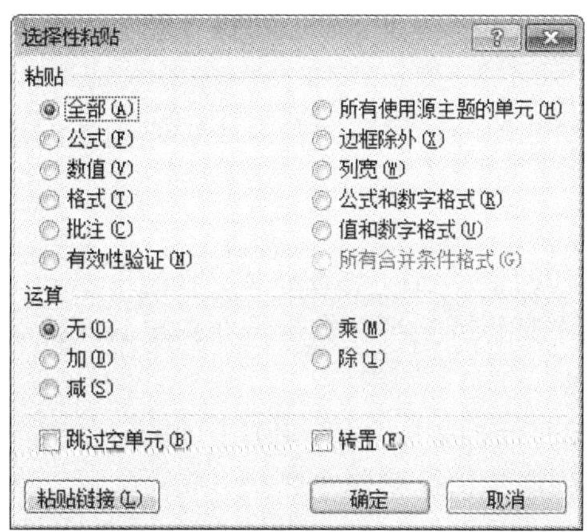

图 6-17 “选择性粘贴”对话框

【例 6-1】 图 6-18 所示为某汽车销售情况表，将单元格区域 A2:G4 中的数据复制到以单元格 A6 为左上角的单元格区域，要求只粘贴数值并转置显示所选内容。

	A	B	C	D	E	F	G
1	某汽车17年上半年销售情况表						
2	月份	1月	2月	3月	4月	5月	6月
3	销售数量	1312	925	1020	2035	2200	800
4	销售均价	85000	100000	93000	89000	91000	94000

图 6-18 汽车销售情况表

具体操作步骤如下。

1）选中单元格区域 A2:G4 并右击，在弹出的快捷菜单中选择“复制”命令。

2）选中目标单元格 A6，单击“开始”选项卡“剪贴板”选项组中的“粘贴”下拉按钮，在弹出的下拉菜单中选择“选择性粘贴”命令。

3）在弹出的“选择性粘贴”对话框中，选中“数值”单选按钮和“转置”复选框，单击“确定”按钮。最终效果如图 6-19 所示。

	A	B	C	D	E	F	G
1	某汽车17年上半年销售情况表						
2	月份	1月	2月	3月	4月	5月	6月
3	销售数量	1312	925	1020	2035	2200	800
4	销售均价	85000	100000	93000	89000	91000	94000
5							
6	月份	销售数量	销售均价				
7	1月	1312	85000				
8	2月	925	100000				
9	3月	1020	93000				
10	4月	2035	89000				
11	5月	2200	91000				
12	6月	800	94000				

图 6-19 选择性粘贴数值和转置后的效果

5. 插入或删除行列

（1）插入行列

Excel 规定，插入整行或整列时只能插入选中行的上方或选中列的左侧。具体操作方法：选中某行或某列并右击，在弹出的快捷菜单中选择“插入”命令。

（2）删除行列

具体操作方法：选中要删除的行或列并右击，在弹出的快捷菜单中选择“删除”命令。

6. 隐藏或显示行列

当工作表中某些行或列的信息暂时不需要显示时，可以进行隐藏，以便进行其他信息操作。具体操作方法：选中某行或某列并右击，在弹出的快捷菜单中选择“隐藏”命令即可实现信息的暂时隐藏。

当需要重新显示隐藏的行或列时，只需要选中隐藏行号前后的行号区域或隐藏列号左右的列号区域并右击，在弹出的快捷菜单中选择“取消隐藏”命令即可。

7. 调整列宽和行高

设置工作表的列宽和行高是改善工作表外观时经常使用的方法。输入的文本或数值内容太长会影响数据的正常显示，我们可以通过调整列宽来修正这类显示错误。

可以通过 3 种方法调整工作表的列宽和行高，下面以调整列宽为例，分别介绍 3 种方法的操作步骤，行高的调整方法与之类似，这里不再赘述。

1）将鼠标指针移至所选列列号的右边框上，当鼠标指针变为✛形状时，按住鼠标左键向左或向右拖动鼠标，即可调整该列的宽度，如图 6-20 所示。

2）选中该列，单击“开始”选项卡“单元格”选项组中的“格式”下拉按钮，在弹出的下拉菜单中选择“自动调整列宽”命令，Excel 2010 将根据单元格中的内容进行自动调整，如图 6-21 所示。若选择“列宽”命令，则弹出“列宽”对话框，在“列宽”文本框中输入新的列宽值即可，如图 6-22 所示。

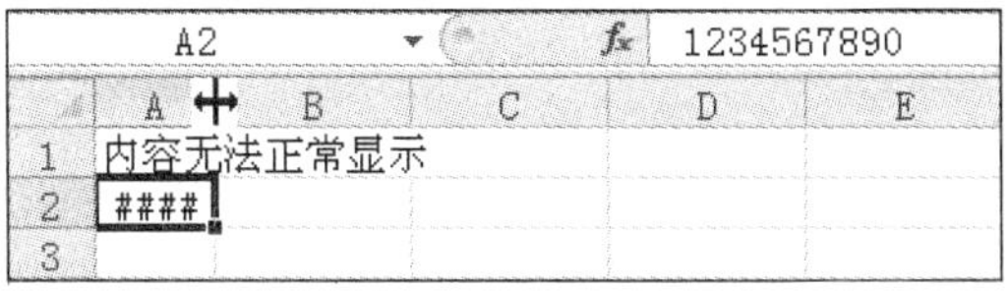

图 6-20 调整列宽

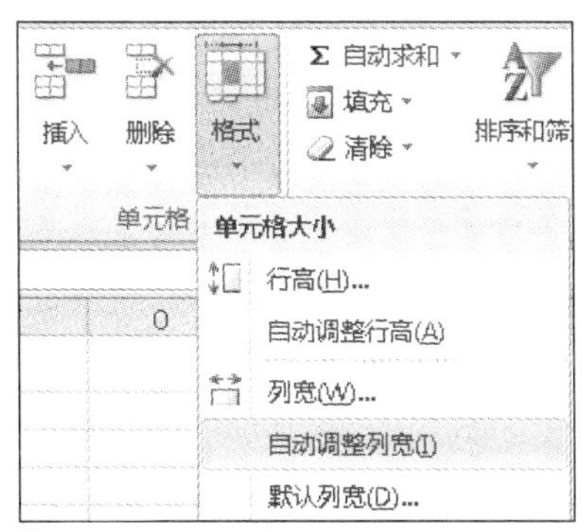

图 6-21 自动调整列宽

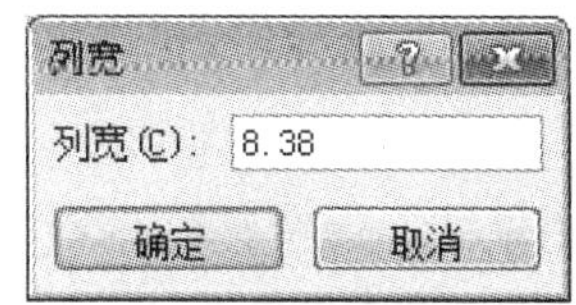

图 6-22 “列宽”对话框

3）选中该列并右击，在弹出的快捷菜单中选择“列宽”命令，也可以设置新的列宽值。

6.2.4 工作表的格式化

工作表的格式化是指对单元格的数字格式、对齐方式、字体和颜色、边框和填充进行设置。

1. 单元格格式化

要对单元格进行格式化，必须先选中这些单元格，然后单击“开始”选项卡“单元格”选项组中的“格式”下拉按钮，在弹出的下拉菜单中选择“设置单元格格式”命令，在弹出的“设置单元格格式”对话框中进行格式设置；也可以选中单元格并右击，在弹出的快捷菜单中选择“设置单元格格式”命令；还可以直接单击“开始”选项卡“字体”（或“对齐方式”选项组、“数字”选项组）选项组右下角的对话框启动按钮，在弹出的“设置单元格格式”对话框中进行格式设置。

（1）数字格式

数字格式可以通过“设置单元格格式”对话框中的“数字”选项卡来设置，如图 6-23 所示。

在“数字”选项卡中的“分类”列表框中选择“数值”选项，可以设置数值型数据的小数位数、千位分隔符及负数的显示格式；选择“货币”选项，可以设置货币数据的小数位数、货币符号及负数的显示格式；选择“日期”选项，可以设置日期数据的显示格式；还可以设置会计专用的数据格式、时间格式、百分比格式、分数格式、科学记数格式、文本格式、特殊格式及自定义格式等。

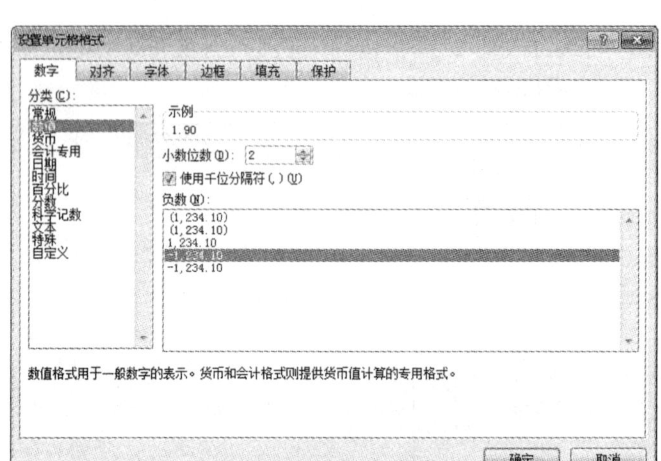

图 6-23 “数字”选项卡

【例 6-2】以图 6-24 所示“12 月第一周奶制品销售情况”为例，设置单元格区域 D3:D11 中的数据为货币格式，保留两位小数并添加人民币符号，设置单元格区域 F3:F11 中的数据为会计专用格式，保留整数并添加人民币符号。

	A	B	C	D	E	F
1	12月第一周奶制品销售情况					
2	商品名称	包装	生产日期	单价(元)	销售量	销售额(元)
3	蒙牛纯牛奶	250升	12-3-16	1.9	120	228
4	蒙牛纯牛奶	1000升	12-4-16	5.1	240	1224
5	伊利纯牛奶	250升	12-3-16	1.8	300	540
6	伊利纯牛奶	1000升	12-4-16	5	350	1750
7	雀巢纯牛奶	250升	12-3-16	2.1	290	609
8	雀巢纯牛奶	1000升	12-4-16	5.4	360	1944
9	达能草莓酸奶	盒	12-3-16	2.1	340	714
10	达能纯酸奶	盒	12-4-16	2.1	150	315
11	伊利酸奶	盒	12-3-16	2	180	360

图 6-24 奶制品销售情况表

具体操作步骤如下。

1）选中单元格区域 D3:D11，在“设置单元格格式”对话框中设置单元格格式，如图 6-25 所示。

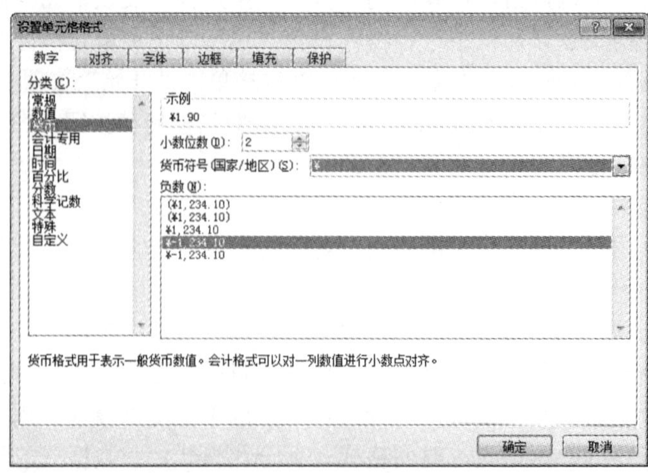

图 6-25 货币格式设置

2）选中单元格区域 F3:F11，在“设置单元格格式”对话框中设置单元格格式，如图 6-26 所示。

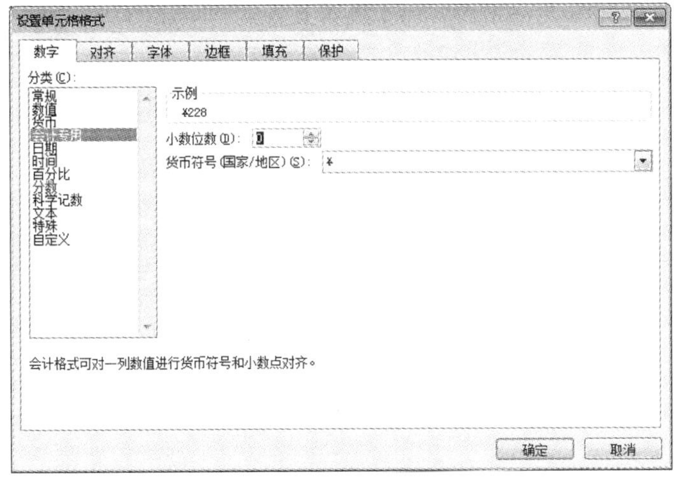

图 6-26　会计专用格式设置

设置后的效果如图 6-27 所示，注意货币格式和会计专用格式显示方式的区别。

	A	B	C	D	E	F
1	12月第一周奶制品销售情况					
2	商品名称	包装	生产日期	单价(元)	销售量	销售额(元)
3	蒙牛纯牛奶	250升	12-3-16	¥1.90	120	¥　228
4	蒙牛纯牛奶	1000升	12-4-16	¥5.10	240	¥　1,224
5	伊利纯牛奶	250升	12-3-16	¥1.80	300	¥　540
6	伊利纯牛奶	1000升	12-4-16	¥5.00	350	¥　1,750
7	雀巢纯牛奶	250升	12-3-16	¥2.10	290	¥　609
8	雀巢纯牛奶	1000升	12-4-16	¥5.40	360	¥　1,944
9	达能草莓酸奶	盒	12-3-16	¥2.10	340	¥　714
10	达能纯酸奶	盒	12-4-16	¥2.10	150	¥　315
11	伊利酸奶	盒	12-3-16	¥2.00	180	¥　360

图 6-27　设置后的效果

（2）对齐方式

对齐方式可以通过“设置单元格格式”对话框中的“对齐”选项卡来设置，如图 6-28 所示。

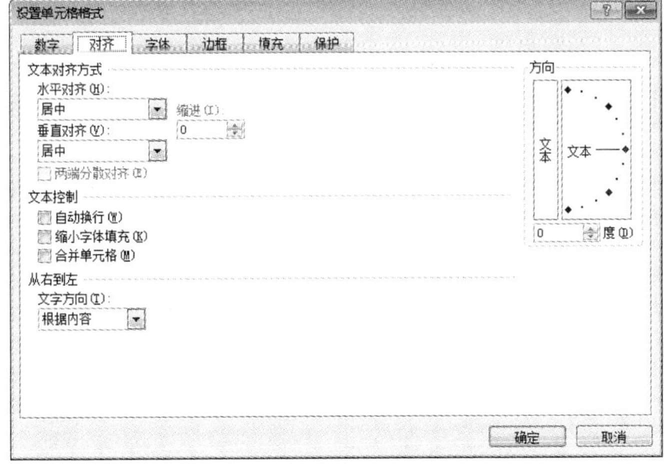

图 6-28　“对齐”选项卡

各选项意义如下。

1）水平对齐：设置单元格中内容的水平对齐方式。默认的水平对齐方式为“常规”。

2）垂直对齐：设置单元格中内容的垂直对齐方式。默认的垂直对齐方式为“常规”。

3）缩进：从单元格的某一侧缩进单元格内容，具体取决于“水平对齐”和“垂直对齐”中的选择。“缩进”数值选择框中的单位增量为一个字符的宽度。

4）方向：可更改所选单元格中的文本方向。

5）度：设置所选单元格中文本旋转的度数。

6）自动换行：当文本长度超过列宽时会自动将文本切换为多行，而列宽不变。

7）缩小字体填充：用减小字符的外观尺寸以适应列宽的方式显示所选单元格中的所有数据。

8）从右到左：在“文字方向”下拉列表中选择选项，以指定阅读顺序和对齐方式。

（3）字体和颜色

字体和颜色可通过“设置单元格格式”对话框中的“字体”选项卡来设置，如图 6-29 所示。Excel 中字体和颜色的设置方法与 Word 中的设置方法基本相同，此处不再赘述。

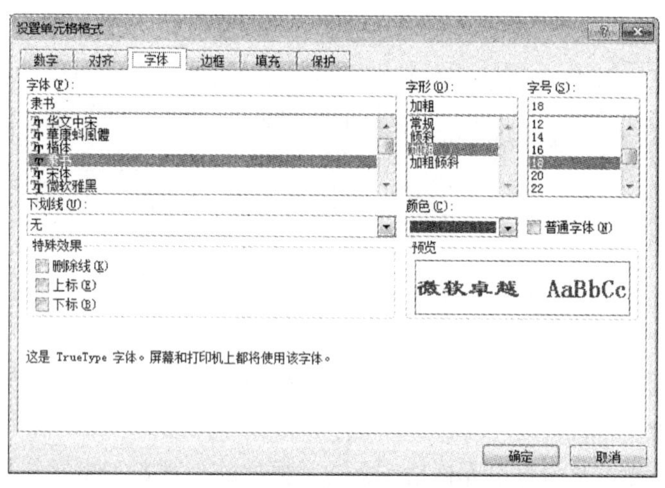

图 6-29 “字体”选项卡

（4）边框和填充

Excel 工作表中的单元格并不存在边框，利用“设置单元格格式”对话框中的“边框”选项卡可以为工作表添加各种类型的边框和填充效果，不仅能美化工作表，而且可以使工作表内容更加清晰。

【例 6-3】在例 6-2 的基础上，给单元格区域 A1:F11 设置蓝色边框，外边框为双线，内边框为单实线。具体操作步骤如下。

1）选中需要设置边框的区域。

2）打开“设置单元格格式”对话框，选择“边框”选项卡，如图 6-30 所示。

3）在“样式”列表中为边框选择一种线型，在“颜色”下拉列表中为边框选择一种颜色（默认为黑色）。

4）单击右边的“预置”选项组中的按钮，或在“边框”选项组中设置边框线的位置。

设置边框效果如图 6-31 所示。

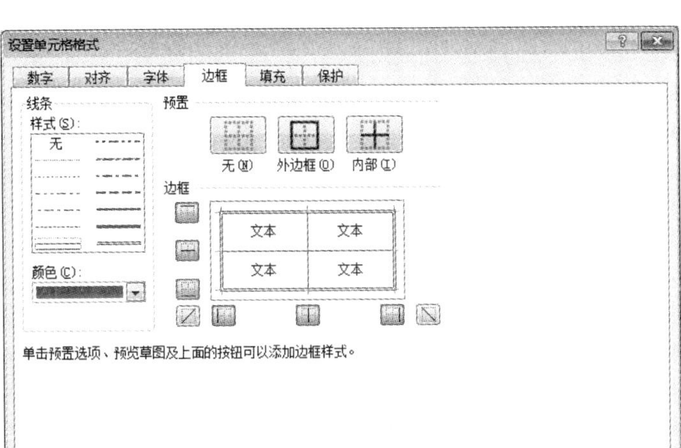

图 6-30　“边框”选项卡

	A	B	C	D	E	F
1	12月第一周奶制品销售情况					
2	商品名称	包装	生产日期	单价(元)	销售量	销售额(元)
3	蒙牛纯牛奶	250升	12/3/16	1.9	120	228
4	蒙牛纯牛奶	1000升	12/4/16	5.1	240	1224
5	伊利纯牛奶	250升	12/3/16	1.8	300	540
6	伊利纯牛奶	1000升	12/4/16	5	350	1750
7	雀巢纯牛奶	250升	12/3/16	2.1	290	609
8	雀巢纯牛奶	1000升	12/4/16	5.4	360	1944
9	达能草莓酸奶	盒	12/3/16	2.1	340	714
10	达能纯酸奶	盒	12/4/16	2.1	150	315
11	伊利酸奶	盒	12/3/16	2	180	360

图 6-31　设置边框效果

除了为工作表添加边框外，还可以为它填充背景颜色和图案。

【例 6-4】在例 6-3 的基础上，设置单元格区域 A1:F1 的背景色为浅绿色，图案颜色为 6.25%的灰色图案，图案颜色为深蓝色。具体操作步骤如下。

1）选中需要填充背景颜色和图案的单元格区域 A1:F1。

2）打开“设置单元格格式”对话框，选择“填充”选项卡，如图 6-32 所示。

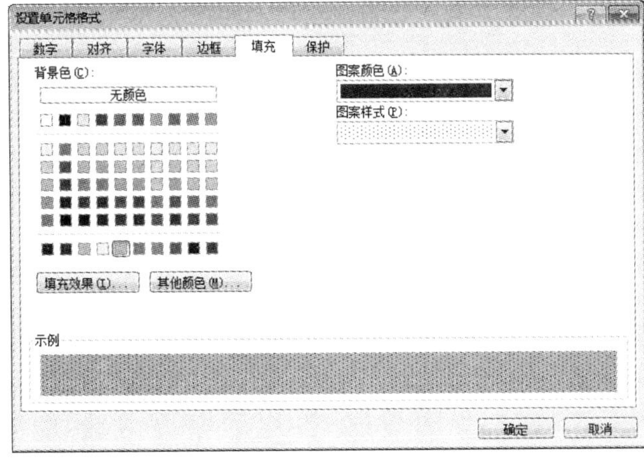

图 6-32　“填充”选项卡

3）在“背景色”列表中选择需要的底纹颜色，在“图案颜色”下拉列表中选择需要的图案颜色，在“图案样式”下拉列表中选择图案样式，单击“确定”按钮，即可得到如图 6-33 所示的设置效果。

	A	B	C	D	E	F
1	12月第一周奶制品销售情况					
2	商品名称	包装	生产日期	单价(元)	销售量	销售额(元)
3	蒙牛纯牛奶	250升	12-3-16	¥1.90	120	¥ 228
4	蒙牛纯牛奶	1000升	12-4-16	¥5.10	240	¥ 1,224
5	伊利纯牛奶	250升	12-3-16	¥1.80	300	¥ 540
6	伊利纯牛奶	1000升	12-4-16	¥5.00	350	¥ 1,750
7	雀巢纯牛奶	250升	12-3-16	¥2.10	290	¥ 609
8	雀巢纯牛奶	1000升	12-4-16	¥5.40	360	¥ 1,944
9	达能草莓酸奶	盒	12-3-16	¥2.10	340	¥ 714
10	达能纯酸奶	盒	12-4-16	¥2.10	150	¥ 315
11	伊利酸奶	盒	12-3-16	¥2.00	180	¥ 360

图 6-33　设置填充效果

【例 6-5】在例 6-4 的基础上，对工作表进行综合美化。具体要求如下。

1）将单元格区域 A1:F1 合并后居中显示，字体设置为隶书，字号大小为 18，加粗，颜色为标准紫色。

2）将单元格区域 C3:C11 的日期格式修改为“yyyy.mm.dd”。

3）将第一行行高设置为 30，其余行高为 18，将所有记录列宽设置为自动调整列宽。

4）设置单元格区域 A2:F2 和 A3:C11 中的内容水平居中对齐。

根据 6.2.3 节和 6.2.4 节所述工作表的编辑操作及单元格的格式化操作即可实现上述要求，其中，日期格式的修改需要用“设置单元格格式”对话框“数字”选项卡中的“自定义格式”来实现。单元格格式化效果如图 6-34 所示。

	A	B	C	D	E	F
1	12月第一周奶制品销售情况					
2	商品名称	包装	生产日期	单价(元)	销售量	销售额(元)
3	蒙牛纯牛奶	250升	2016.12.03	¥1.90	120	¥ 228
4	蒙牛纯牛奶	1000升	2016.12.04	¥5.10	240	¥ 1,224
5	伊利纯牛奶	250升	2016.12.03	¥1.80	300	¥ 540
6	伊利纯牛奶	1000升	2016.12.04	¥5.00	350	¥ 1,750
7	雀巢纯牛奶	250升	2016.12.03	¥2.10	290	¥ 609
8	雀巢纯牛奶	1000升	2016.12.04	¥5.40	360	¥ 1,944
9	达能草莓酸奶	盒	2016.12.03	¥2.10	340	¥ 714
10	达能纯酸奶	盒	2016.12.04	¥2.10	150	¥ 315
11	伊利酸奶	盒	2016.12.03	¥2.00	180	¥ 360

图 6-34　单元格格式化效果

2. 条件格式化

条件格式化是对满足条件的单元格进行格式化的一种方法，可以突出显示某些数据，起到强调和醒目的作用。

【例 6-6】在例 6-5 的基础上，将单元格区域 F3:F11 中所有单元格数值大于或等于 700 的设置为浅黄色填充的红色文本，并加粗、倾斜显示，如图 6-35 所示。

	A	B	C	D	E	F
1	12月第一周奶制品销售情况					
2	商品名称	包装	生产日期	单价(元)	销售量	销售额(元)
3	蒙牛纯牛奶	250升	2016.12.03	¥1.90	120	¥ 228
4	蒙牛纯牛奶	1000升	2016.12.04	¥5.10	240	***¥ 1,224***
5	伊利纯牛奶	250升	2016.12.03	¥1.80	300	¥ 540
6	伊利纯牛奶	1000升	2016.12.04	¥5.00	350	***¥ 1,750***
7	雀巢纯牛奶	250升	2016.12.03	¥2.10	290	¥ 609
8	雀巢纯牛奶	1000升	2016.12.04	¥5.40	360	***¥ 1,944***
9	达能草莓酸奶	盒	2016.12.03	¥2.10	340	***¥ 714***
10	达能纯酸奶	盒	2016.12.04	¥2.10	150	¥ 315
11	伊利酸奶	盒	2016.12.03	¥2.00	180	¥ 360

图 6-35 条件格式化效果

具体操作步骤如下。

1）选中单元格区域 F3:F11，单击“开始”选项卡“样式”选项组中的“条件格式”下拉按钮，在弹出的下拉菜单中选择“突出显示单元格规则”|“其他规则”命令，如图 6-36 所示。在弹出的“新建格式规则”对话框中输入相应条件，如图 6-37 所示。

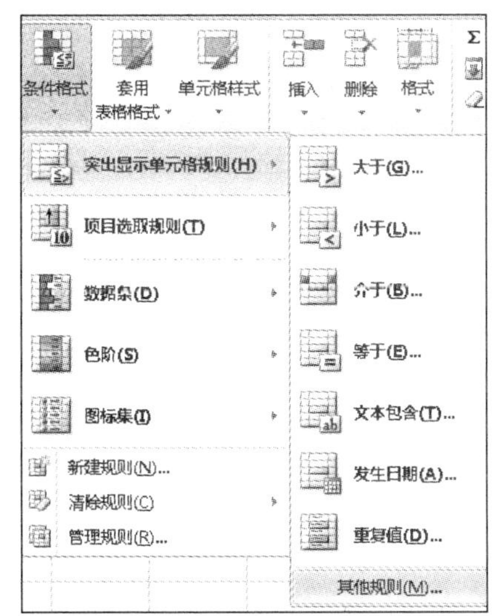

图 6-36 “条件格式”下拉菜单

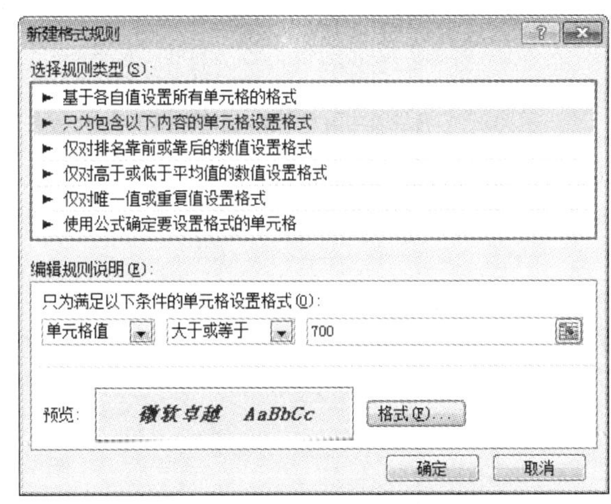

图 6-37 “新建格式规则”对话框

2）单击“格式”按钮设置相应字体和填充效果。单击“确定”按钮，完成操作。

条件格式除了“突出显示单元格规则”外，还有“项目选取规则”“数据条”“色阶”“图标集”格式，可以以多种形式突出显示相关单元格，强调异常值，实现数据的可视化效果。

3. 套用表格格式

Excel 2010 提供了多种预先定义好的表格格式，用户可以对一个单元格区域或整个工作表套用这些现成的格式。这样既可以美化工作表，又可以节省时间。

选中要套用格式的工作表区域，单击“开始”选项卡“样式”选项组中的“套用表格格式”下拉按钮，如图 6-38 所示，在弹出的下拉菜单中选择任意一种格式，即可将选定的格式套用到所选区域中。图 6-39 所示为图 6-24 中的单元格区域 A2:F11 使用“套用表格格式”下拉菜单中的“表样式浅色 17”后的效果。

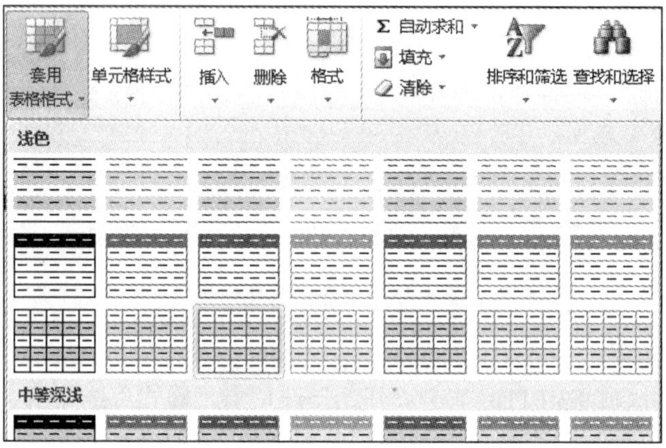

图 6-38 “套用表格格式”下拉菜单

	A	B	C	D	E	F
1	12月第一周奶制品销售情况					
2	商品名称	包装	生产日期	单价(元)	销售量	销售额(元)
3	蒙牛纯牛奶	250升	12-3-16	1.9	120	228
4	蒙牛纯牛奶	1000升	12-4-16	5.1	240	1224
5	伊利纯牛奶	250升	12-3-16	1.8	300	540
6	伊利纯牛奶	1000升	12-4-16	5	350	1750
7	雀巢纯牛奶	250升	12-3-16	2.1	290	609
8	雀巢纯牛奶	1000升	12-4-16	5.4	360	1944
9	达能草莓酸奶	盒	12-3-16	2.1	340	714
10	达能纯酸奶	盒	12-4-16	2.1	150	315
11	伊利酸奶	盒	12-3-16	2	180	360

图 6-39 单元格区域 A2:F11 套用表格格式后的效果

6.2.5 工作表的管理操作

1. 选中工作表

（1）选中单张工作表

要选中某张工作表，只需单击相应的工作表标签即可。

（2）选中多张工作表

要选中多张连续工作表，先单击第一张工作表，按住【Shift】键，再单击选取区域的最后一张工作表；要选中多张离散的工作表，先单击第一张工作表，按住【Ctrl】键，再依次单击要选中的各张工作表。

（3）工作表切换

如果要在各张工作表中进行切换，可以使用【Ctrl+Page Up】组合键切换到前一张工作表，或使用【Ctrl+Page Down】组合键切换到后一张工作表，也可以通过单击相应工作表直接切换。

2. 插入或删除工作表

（1）插入工作表

在编辑工作表的时候，经常需要在当前工作簿中插入一张新的工作表。通常有两种插入方法：一是选中当前工作表并右击，在弹出的快捷菜单中选择“插入”命令，即可在当前工作表前插入一张新的工作表。二是单击“开始”选项卡“单元格”选项组中的“插入”下拉按钮，在弹出的下拉菜单中选择“插入工作表”命令。若想在最后新建一张空白工作表，可以单击工作表标签右侧的“插入工作表”按钮。

（2）删除工作表

删除一张工作表时选中待删除的工作表并右击，在弹出的快捷菜单中选择“删除”命令。或单击“开始”选项卡“单元格”选项组中的“删除”下拉按钮，在弹出的下拉菜单中选择“删除工作表”命令。

3. 移动或复制工作表

Excel允许将某张工作表在同一个或多个工作簿中进行移动或复制。如果要在同一个工作簿中实现移动或复制，只需单击要移动或复制的工作表，将它拖动到目标位置即可实现移动；在拖动的同时按住【Ctrl】键即可完成复制操作，并且自动为复制的副本命名，如Sheet1的副本的默认名为Sheet1（2）。另外，也可以利用快捷菜单完成上述操作。选中要移动或复制的工作表并右击，在弹出的快捷菜单中选择“移动或复制”命令，弹出“移动或复制工作表”对话框，如图6-40所示。在“工作簿”下拉列表中选择目标工作簿，在“下列选定工作表之前”列表中选择相应工作表的目标位置，即可实现移动。如果进行复制操作，还需要选中“建立副本”复选框。

当然也可单击“开始”选项卡“单元格”选项组中的“格式”下拉按钮，在弹出的下拉菜单中选择“移动或复制工作表”命令，弹出“移动或复制工作表”对话框，完成相应操作。

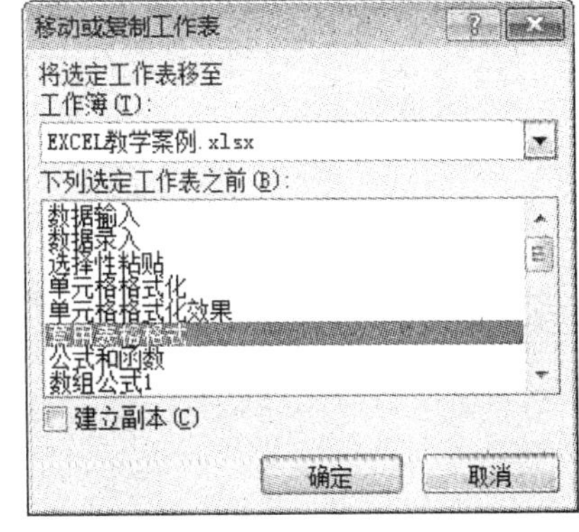

图6-40 “移动或复制工作表”对话框

4. 重命名工作表

为了便于用户对工作表的使用和管理，可以对工作表进行重命名，通常有如下3种方法可实现。

1）选中要更名的工作表并右击，在弹出的快捷菜单中选择“重命名”命令，输入新的名称后按【Enter】键确定。

2）双击要更名的工作表，工作表标签呈黑底白字时，输入新的名称后按【Enter】键确定。

3）单击“开始”选项卡“单元格”选项组中的“格式”下拉按钮，在弹出的下拉菜单中选择“重命名工作表”命令实现操作。

5. 设置工作表标签颜色

在 Excel 工作簿中，可以通过改变工作表的标签颜色使工作表显得格外醒目。通常有以下两种方法可实现。

1）在工作表标签上右击，在弹出的快捷菜单中选择“工作表标签颜色”命令，在弹出的子菜单中选择一种颜色即可。

2）单击“开始”选项卡“单元格”选项组中的“格式”下拉按钮，在弹出的下拉菜单中选择“工作表标签颜色”命令，在弹出的子菜单中选择某种颜色即可。

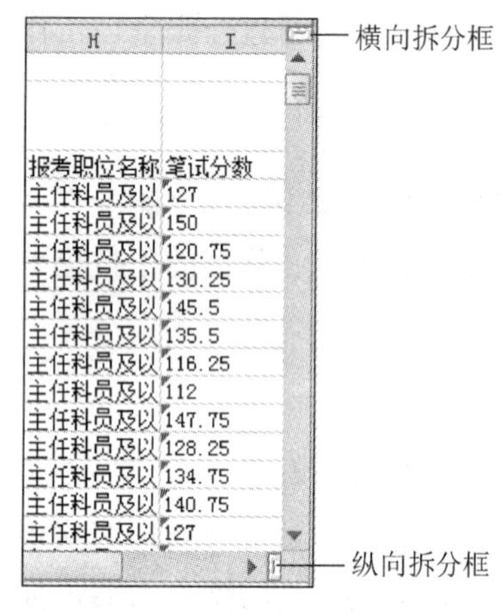

图 6-41　纵向横向拆分框

6. 拆分工作表

拆分工作表是指将工作表横向或纵向分成两个区域，被拆分的区域称为窗格。每个窗格可以显示该工作表的不同部位，以方便浏览和编辑数据。可通过以下两种方法实现。

1）单击“视图”选项卡“窗口”选项组中的“拆分”按钮，即可拆分工作表。

2）通过拖动如图 6-41 所示的横向拆分框和纵向拆分框也可实现工作表的拆分。拆分效果如图 6-42 所示。

图 6-42　拆分工作表

要取消拆分，再次单击“视图”选项卡“窗口”选项组中的“拆分”按钮即可。

7. 冻结和取消冻结窗口

为了在滚动屏幕时，始终能够看到数据清单的表头或记录的名称等内容，可以使用冻结窗口功能。冻结窗口后，当调整滚动条时，被冻结的部分保持不动，未被冻结的部分可以使用滚动条进行浏览。Excel 有 3 种冻结窗口的方式：冻结首行、冻结首列和冻结拆分窗格。下面通过实例说明冻结窗口的操作步骤。

【例 6-7】冻结图 6-43 所示表的前 3 行。

	A	B	C	D	E	F	G	H	I	J	K
1	2016年国家公务员考试面试名单（国务院各部委）										
2											
3	序号	准考证号	考生姓名	性别	部门代码	报考部门	报考职位代码	报考职位名称	笔试分数	面试分数	总成绩
4		11511116045	刘茜			财政部	0401005001	主任科员及以下	127	70	
5		11511176263	许玥柏			财政部	0801013003	主任科员及以下	150	52	
6		115111051523	尚冬			财政部	0801014001	主任科员及以下	120.75	87	
7		115111060329	王文			财政部	0401001001	主任科员及以下	130.25	100	
8		115111060903	张慈华			财政部	0401012001	主任科员及以下	145.5	69	
9		115111060922	司冲占			财政部	0401006001	主任科员及以下	135.5	92	

图 6-43 冻结窗口

具体操作步骤如下。

1）在要冻结的下一行选中第一个单元格 A4。

2）单击“视图”选项卡“窗口”选项组中的“冻结窗格”下拉按钮，在弹出的下拉菜单中选择“冻结拆分窗格”命令。

如果要同时冻结行和列，则定位在要冻结行和列相交处的第一个单元格。例如，同时冻结前 3 行和前 3 列，则选中单元格 D4，再选择“冻结拆分窗格”命令。

取消冻结的方法：单击“视图”选项卡“窗口”选项组中的“冻结窗格”下拉按钮，在弹出的下拉菜单中选择“取消冻结窗格”命令。

6.3 公式计算

在 Excel 中，可以利用公式和函数对数据进行分析和计算。

6.3.1 公式的组成

Excel 中的公式以“=”开头，“=”后面可以包括运算符、单元格引用、数值、文本和函数等元素。

Excel 的运算符包括算术运算符、关系运算符、连接运算符和引用运算符，如表 6-1 所示。

表 6-1 运算符

运算符	内容
算术运算符	%（百分比）、+（加）、-（减）、*（乘）、/（除）、^（乘方）
关系运算符	=（等于）、<（小于）、>（大于）、<=（小于等于）、>=（大于等于）、<>（不等于）
连接运算符	&（文本连接）
引用运算符	,（逗号）、:（冒号）

1. 算术运算符

算术运算符包括+（加）、-（减）、*（乘）、/（除）、^（乘方）和%（百分比），其运算结果为数值型。

2. 关系运算符

关系运算符包括=（等于）、>（大于）、<（小于）、>=（大于等于）、<=（小于等于）

和<>（不等于），其运算结果为逻辑值 True 或 False。

3. 连接运算符

连接运算符为&，其运算结果为连续的文本值。例如，“唐诗”&“宋词”的计算结果为“唐诗宋词”。

4. 引用运算符

引用运算符包括：①“:”区域运算符，完成单元格区域中的数据的引用；②“,”联合运算符，完成对单元格中的数据的引用。例如，A1:A4 表示由 A1、A2、A3 和 A4 共 4 个单元格组成的区域；SUM(A1,B3:B6)表示对 A1、B3、B4、B5 和 B6 共 5 个单元格中的数据求和。

5. 运算符的优先级

以上 4 类运算符的优先级从高到低依次为引用运算符、算术运算符、连接运算符、关系运算符。每类运算符根据优先级计算，当优先级相同时，按照自左向右的规则计算。

6.3.2 公式的输入

Excel 的公式以=（等号）开头，公式中所有的符号都是英文半角符号。

1. 公式的输入方法

1）选中输入公式的单元格。

2）输入等号“=”。

3）在单元格或编辑栏中输入公式。

4）按【Enter】键，或单击编辑栏处的输入按钮，完成公式的输入。

公式输入完毕后，单元格中将显示计算的结果，而公式本身只能在编辑栏中看到。

【例 6-8】计算图 6-44 中的“销售额”，计算公式为“销售额=销售数量×单价”。具体操作步骤如下。

1）选中单元格 D4。

2）输入计算公式“=C4*B2”，如图 6-44 所示。

FIND =C4*B2

	A	B	C	D
1	东四段商城34英寸电视销售表			
2	单价	￥3,200		
3		销售日期	销售数量	销售额
4		3月1日	31	=C4*B2
5		3月2日	31	
6		3月3日	30	
7		3月4日	47	
8		3月5日	38	
9		3月6日	7	
10		3月7日	49	
11		3月8日	24	
12		3月9日	1	
13		3月10日	25	

图 6-44 输入计算公式

3）输入完毕后，按【Enter】键，计算结果会显示在单元格 D4 中。

利用同样的方法可以计算出其他销售额。

2. 公式的复制和自动填充

为了提高输入的效率，减少不必要的重复操作，需要对单元格中输入的公式进行复制和自动填充，可以直接拖动公式所在单元格的填充柄进行复制与填充，也可以双击填充柄进行自动复制与填充。在图 6-44 中，向下拖动单元格 D4 的填充柄或双击填充柄，即可计算出其余单元格的销售额，如图 6-45 所示，但会发现此时的计算结果是不正确的，这与单元格地址的引用有关。在复制或自动填充公式时，计算结果会根据单元格地址引用的情况产生不同的变化。

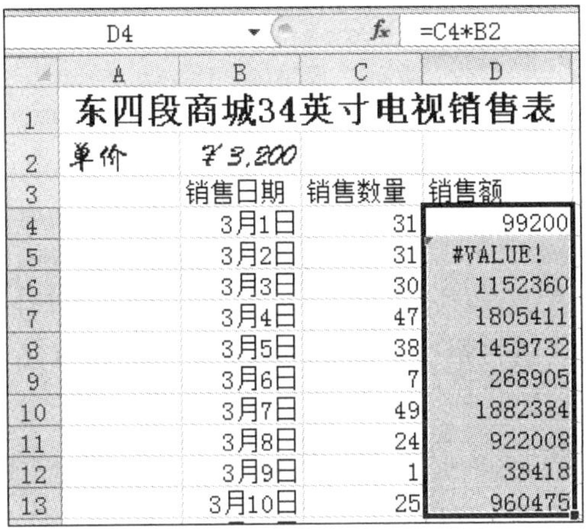

D4 fx =C4*B2

	A	B	C	D
1	东四段商城34英寸电视销售表			
2	单价	￥3,200		
3		销售日期	销售数量	销售额
4		3月1日	31	99200
5		3月2日	31	#VALUE!
6		3月3日	30	1152360
7		3月4日	47	1805411
8		3月5日	38	1459732
9		3月6日	7	268905
10		3月7日	49	1882384
11		3月8日	24	922008
12		3月9日	1	38418
13		3月10日	25	960475

图 6-45 公式的复制和自动填充

6.3.3 单元格地址引用

单元格地址引用有 3 种：相对地址引用、绝对地址引用和混合地址引用。

1. 相对地址引用

在复制或自动填充公式时，该地址相对目标单元格发生变化，相对引用地址由列号和行号表示。例如，在例 6-8 中，当单元格 D4 中的公式“=C4*B2”填充到 D5 时，公式随着目标位置自动变化为“=C5*B3”，即列号没变，行号发生了变化，但是例 6-8 中的单价是固定不变的，所以当填充时单价变成单元格 B3 中的值时，自然就出现了上面的错误。其他单元格的填充效果也是类似的，此时应采用绝对地址引用单元格 B3。

2. 绝对地址引用

绝对地址引用不随复制或填充的目标单元格的变化而变化。绝对地址引用的表示方法是在列号和行号之前添加一个“$”符号，如$B$2。如果把单元格 D4 中的公式改为“=C4*$B$2”，再执行自动填充操作，结果如图 6-46 所示，所有的销售额计算结果正确。可见“$”符号就像一把“锁”，锁住了参与运算的单元格，使它们不会随着复制或填充目标单元格的变化而变化。

FIND　=C5*$B$2

	A	B	C	D
1	东四段商城34英寸电视销售表			
2	单价	￥3,200		
3		销售日期	销售数量	销售额
4		3月1日	31	99200
5		3月2日	31	=C5*$B$2
6		3月3日	30	96000
7		3月4日	47	150400
8		3月5日	38	121600
9		3月6日	7	22400
10		3月7日	49	156800
11		3月8日	24	76800
12		3月9日	1	3200
13		3月10日	25	80000

图 6-46　绝对引用地址

3. 混合地址引用

如果单元格地址引用的一部分为绝对地址引用，另一部分为相对地址引用，如$B2 或 B$2，这类地址称为混合地址引用。如果“$”符号在行号前，则表示该行位置是绝对不变的，而列位置会随目标位置的变化而变化。反之，如果“$”符号在列号前，表示该列位置是绝对不变的，而行位置会随目标位置的变化而变化。图 6-47 所示为九九乘法表，在单元格 B3 中只需输入混合地址的引用公式“=$A3*B$2”，第一列变化的只是行号，所以在列号前加$，第二行变化的只是列号，所以在行号前加$，这样通过公式的复制和自动填充便可快速实现 81 个结果的计算。

FIND　=$A3*B$2

	A	B	C	D	E	F	G	H	I	J
1	九九乘法表									
2		1	2	3	4	5	6	7	8	9
3	1	=$A3*B$2	2	3	4	5	6	7	8	9
4	2	2	4	6	8	10	12	14	16	18
5	3	3	6	9	12	15	18	21	24	27
6	4	4	8	12	16	20	24	28	32	36
7	5	5	10	15	20	25	30	35	40	45
8	6	6	12	18	24	30	36	42	48	54
9	7	7	14	21	28	35	42	49	56	63
10	8	8	16	24	32	40	48	56	64	72
11	9	9	18	27	36	45	54	63	72	81

图 6-47　混合地址引用

3 种地址引用在输入时可互相转换，在公式中用鼠标或键盘选中引用单元格的部分，反复按【F4】键可进行引用间的转换。转换的规律如下：相对地址－绝对地址－列变混合地址－行变混合地址－相对地址，如 A1－$A$1－A$1－$A1－A1。

如果在不同工作表中引用单元格，为了加以区分，通常在单元格名称前加工作表名称。例如，Sheet2!D3 表示 Sheet2 工作表的单元格 D3。如果在不同的工作簿之间引用单元格，则在单元格名称前加相应的工作簿和工作表名称。例如，[工作簿 1]Sheet1!B5 表示工作簿 1Sheet1 工作表中的单元格 B5。

6.4 函数应用

函数是系统预定义的特殊公式，与直接使用公式进行计算相比较，使用函数进行计算的速度更快，同时避免了错误的发生。例如，使用公式“=D3+E3+F3+G3+H3+I3+J3”与使用函数“=SUM(D3:J3)”进行计算，其结果是相同的。

Excel 2010 提供了几百个具体函数供用户使用，按功能可将这些函数分为财务、逻辑、文本、日期和时间、查找与引用、数学与三角函数等。

6.4.1 函数的格式和输入方式

1. 函数的格式

在单元格内使用函数的基本格式为“=函数名(参数 1,参数 2,…)”。

1）函数名代表该函数的功能。例如，常用的 SUM 函数实现数值相加功能，MAX 函数用于计算最大值，MIN 函数用于计算最小值，AVERAGE 函数用于计算平均值。

2）不同类型的函数要求不同类型的参数，参数可以是常量、单元格、区域、区域名、公式或其他函数。

2. 函数的输入方式

用户输入函数的方式主要有 4 种：使用“插入函数”按钮、直接输入、使用“自动求和”按钮、使用“函数库”选项组。

（1）使用“插入函数”按钮

单击编辑栏处的“插入函数”按钮，或“公式”选项卡“函数库”选项组中的“插入函数”按钮，弹出“插入函数”对话框，再进行相关函数的选择。

【例 6-9】使用“插入函数”按钮计算“大学信息技术基础考试成绩表”中的总分，结果如图 6-48 所示。

	A	B	C	D	E	F	G	H	I	J	K	L
1	大学信息技术基础考试成绩表											
2	学号	姓名	性别	班级	单选	Windows	Word	Excel	PowerPoint	总分	名次	是否免修
3	1627140201	依妮	女		15	8.3	30	25	15	93.3		
4	1627140207	李佳	女		10	10	20	25	4.3	78.3		
5	1627140301	贾杰	男		17	8	30	25	7.5	87.5		
6	1627140212	李君容	女		19	8	26	23	6.8	82.8		
7	1627140313	曹春花	女		14	10	28.9	22.1	10.5	85.5		
8	1627140215	伍远杨	男		17	6	29	25	13.1	90.1		
9	1627140418	胡豪	男		13	10	26.1	25	15	89.1		
10	1627140221	王琳	女		18	10	26	25	4.3	83.3		
11	1627140422	包一凡	男		19	10	24.6	23.7	15	92.3		
12	1627140227	何宇	女		9	10	30	24	15	88		
13	1627140329	李艳	女		15	10	20	24.2	10	79.2		
14	1627140230	付于权	男		15	10	30	25	15	95		
15	1627140232	冯芸	女		10	10	27.8	23.6	12	83.4		
16	1627140433	李丽娇	女		13	8	19.2	24	15	79.2		
17	1627140239	沈芸宇	女		16	10	30	24.1	15	95.1		
18	平均分											
19	最高分											
20	最低分											
21	总人数											
22	总分在90分以上的人数											
23	女生的平均分											

图 6-48 “大学信息技术基础考试成绩表”总分计算结果

具体操作步骤如下。

1）选中单元格 J3。

2）单击编辑栏处的“插入函数”按钮，或“公式”选项卡“函数库”选项组中的“插入函数”按钮，弹出“插入函数”对话框，如图 6-49 所示。

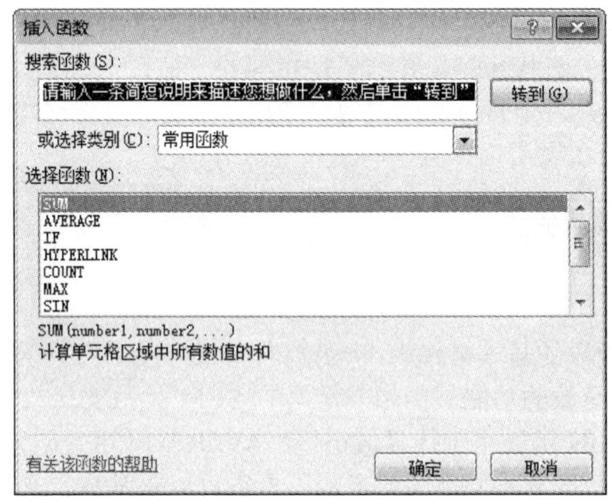

图 6-49 “插入函数”对话框

3）在“或选择类别”下拉列表中选择“常用函数”选项，在“选择函数”列表中选择“SUM”选项，单击“确定”按钮，弹出“函数参数”对话框，如图 6-50 所示。

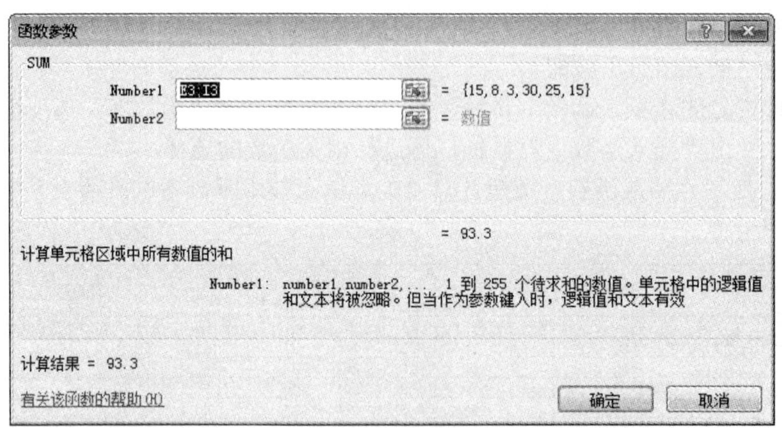

图 6-50 “函数参数”对话框

4）在“Number1”文本框中显示出求和的单元格区域 E3:I3，如果该区域符合要求，可直接单击“确定”按钮，计算结果立即显示在单元格 J3 中。如果不符合要求，可单击文本框右侧的“折叠对话框”按钮，在工作表中选取正确的区域。

5）选中单元格 J3，利用填充柄自动填充其余所有“总分”单元格。

（2）直接输入

如果对函数名和参数都很清楚，可直接输入函数。例如，在如图 6-48 所示的成绩表中选中单元格 E18，直接输入“=AVERAGE(E3:E17)”后按【Enter】键，即可计算出平均分。

（3）使用“自动求和”按钮

1）选中要输入函数的单元格，如 E19。

2）单击“开始”选项卡“编辑”选项组中的“自动求和”下拉按钮，或单击“公式”选项卡“函数库”选项组中的“自动求和”下拉按钮，弹出如图 6-51 所示的“自动求和”下拉菜单，选择所需的函数，如最大值。

3）选择参数所在的单元格（区域）地址，如 E3:E17。

4）按【Enter】键或单击编辑栏上的“输入”按钮。

（4）使用“函数库”选项组

在“公式”选项卡的“函数库”选项组中，如图 6-52 所示，查找相应函数类别，再选择所需的函数即可。

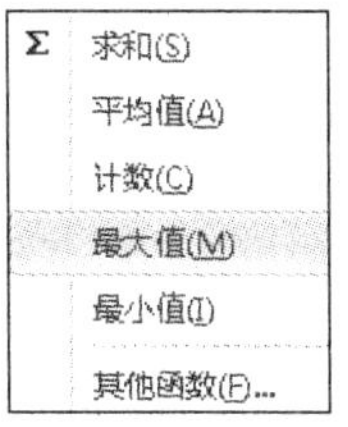

图 6-51 “自动求和”下拉菜单

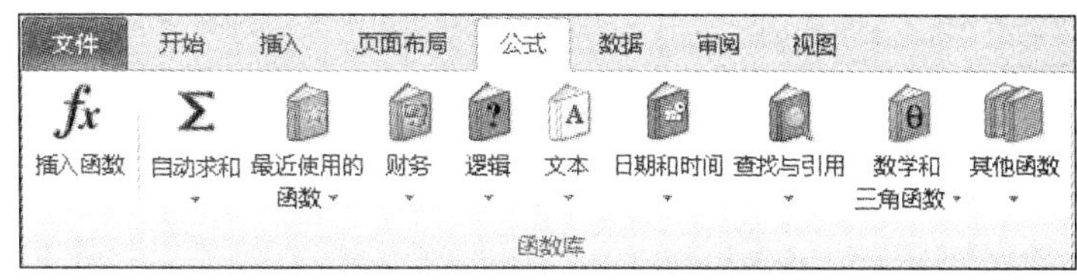

图 6-52 “函数库”选项组

6.4.2 常用函数的应用

1. 常用函数

日常工作中使用频率较高的函数如表 6-2 所示。

表 6-2 常用函数

函数名称	语法形式	函数功能	应用举例	函数说明
SUM	SUM(参数 1,参数 2,…)	计算参数的总和	SUM(D3,F3:H3)	计算单元格 D3、单元格区域 F3:H3 的总和
AVERAGE	AVERAGE(参数 1,参数 2,…)	计算参数的平均值	AVERAGE(D3,F3:H3)	计算单元格 D3、单元格区域 F3:H3 的平均值
COUNT	COUNT(参数 1,参数 2, …)	计算参数中数值的个数。参数中含有的文字、空白、逻辑值将不计算个数	COUNT(F3:F10)	计算单元格区域 F3:F10 中数值的个数
COUNTA	COUNTA(参数 1,参数 2,…)	计算参数中非空值的单元格个数	COUNTA(F3:F10)	计算单元格区域 F3:F10 中非空单元格的个数
MAX	MAX(参数 1,参数 2,…)	计算参数中数值的最大值	MAX(F3:F10)	计算单元格区域 F3:F10 中数值的最大值
MIN	MIN(参数 1,参数 2,…)	计算参数中数值的最小值	MIN(F3:F10)	计算单元格区域 F3:F10 中数值的最小值
RANK	RANK(查找值,查找范围)	计算查找值在指定范围内相对其他数值的名次排位	RANK(F3,$F$3:$F$10)	计算出单元格 F3 在单元格区域 F3:F10 中的排名
RAND	RAND()	返回一个[0,1)区间的一个随机小数	RAND()	返回一个随机小数

续表

函数名称	语法形式	函数功能	应用举例	函数说明
INT	INT(参数)	返回不大于参数的最大整数	INT(3.28)	结果为 3
MOD	MOD(参数 1,参数 2)	返回参数 1，参数 2 相除后的余数，结果的正负号与参数 2 相同	MOD(5,2) MOD(5,-2)	结果为 1 结果为-1
ROUND	ROUND(参数,n)	对参数四舍五入 n 位小数	ROUND(3.1456,2)	结果为 3.15
LEFT	LEFT(字符串,n)	从字符串左边取 n 个字符	LEFT("且行且珍惜",2)	结果为“且行”
RIGHT	RIGHT(字符串,n)	从字符串右边取 n 个字符	RIGHT("且行且珍惜",2)	结果为“珍惜”
MID	MID(字符串 x,,n)	从字符串的第 x 位置开始取 n 个字符	MID("且行且珍惜",2,3)	结果为“行且珍”
AND	AND(表达式 1,表达式 2,…,表达式 n)	只有所有表达式值为真，结果才为真，否则为假	AND(2+2=4,2>=3)	结果为假（False）
OR	OR(表达式 1,表达式 2,…,表达式 n)	只有所有表达式值为假，结果才为假，否则均为真	OR(2+2=4,2>=3)	结果为真（True）
IF	IF(条件,表达式 1,表达式 2)	条件为真，取表达式 1 的值，否则取表达式 2 的值	IF(L3>=60,"及格","不及格")	如果 L3>=60，取“及格”，否则取“不及格”
SUMIF	SUMIF(条件区域,条件,求和区域)	返回满足指定条件的单元格数值之和	SUMIF(C3:C17,"女",D3:D17)	计算出单元格区域C3:C17“女”的单元格区域D3:D17的数据总和
AVERAGEIF	AVERAGEIF(条件区域,条件,平均值区域)	返回满足指定条件的单元格数值的平均值	AVERAGEIF(C3:C17,"女",D3:D17)	计算 C3:C17 单元格区域“女”的 D3:D17 单元格区域的数据平均值
COUNTIF	COUNTIF（计数区域,条件）	计算某区域中符合指定条件的非空单元格的个数	COUNTIF(C3:C17,"女")	计算 C3:C17 单元格区域中“女”的个数

2. 常用函数综合应用

【例 6-10】在如图 6-48 所示的“大学信息技术基础考试成绩表”中，完成如下操作。

1）根据学号判断班级，学号的第 7、8 两位表示班级信息，在单元格区域 D3:D17 中填入相应班级编号。

2）对所有学生按照总分进行排名。

3）如果总分大于等于 90 分，同时 Word 和 Excel 成绩也大于 22 分，在“是否免修”的单元格区域 L3:L17 显示“是”，否则为空。

4）在单元格区域 E18:J18 分别计算各部分平均分，将计算结果保留一位小数。

5）在单元格区域 E19:J19 分别计算各部分最高分。

6）在单元格区域 E20:J20 分别计算各部分最低分。

7）在单元格 J21 统计总人数。

8）在单元格 J22 统计总分在 90 分以上的人数。

9）在单元格 J23 统计所有女生总分的平均分。

具体操作步骤如下。

1）选中单元格 D3，输入“=MID(A3,7,2)”，按【Enter】键，并自动填充单元格区域

D4:D17。

2）选中单元格 K3，输入“=RANK(J3,$J$3:$J$17)”，按【Enter】键，并自动填充单元格区域 K4:K17。需要注意的是，所有总分区域需用绝对地址引用。

3）因为需要同时满足 3 个条件才能免修，所以需要用到逻辑函数 AND 参与条件判断。选中单元格 L3，输入“=IF(AND(J3>=90,G3>22,H3>22)”,"是","")”，按【Enter】键，并自动填充单元格区域 L4:L17。

4）选中单元格 E18，输入“=AVERAGE(E3:E17)”，按【Enter】键，并向右自动填充 F18:J18 单元格区域。将所有平均分保留一位小数。

5）选中单元格 E19，输入“=MAX(E3:E17)”，按【Enter】键，并向右自动填充单元格区域 F19:J19。

6）选中单元格 E20，输入“=MIN(E3:E17)”，按【Enter】键，并向右自动填充单元格区域 F20:J20。

7）选中单元格 J21，输入“=COUNT(J3:J17)”，按【Enter】键。这时根据总分数值个数来统计人数。如果要按照学号来统计人数，则因为学号是文本类型，不能用 COUNT 函数直接统计，需用 COUNTA 函数来统计，需输入“=COUNTA(A3:A17)”。

8）选中单元格 J22，输入“=COUNTIF(J3:J17,">90")”，按【Enter】键。

9）选中单元格 J23，输入“=AVERAGEIF(C3:C17,"女",J3:J17)”，按【Enter】键。

常用函数应用结果如图 6-53 所示。

	A	B	C	D	E	F	G	H	I	J	K	L
1	大学信息技术基础考试成绩表											
2	学号	姓名	性别	班级	单选	Windows	Word	Excel	PowerPoint	总分	名次	是否免修
3	1627140201	依妮	女	02	15	8.3	30	25	15	93.3	3	是
4	1627140207	李佳	女	02	19	10	20	25	4.3	78.3	15	
5	1627140301	贾杰	男	03	17	8	30	25	7.5	87.5	8	
6	1627140212	李君容	女	02	19	8	26	23	6.8	82.8	12	
7	1627140313	曹春花	女	03	14	10	28.9	22.1	10.5	85.5	9	
8	1627140215	伍远杨	男	02	17	6	29	25	13.1	90.1	5	是
9	1627140418	胡豪	男	04	13	10	26.1	25	15	89.1	6	
10	1627140221	王琳	女	02	18	10	26	25	4.3	83.3	11	
11	1627140422	包一凡	男	04	19	10	24.6	23.7	15	92.3	4	是
12	1627140227	何宇	女	02	9	10	30	24	15	88	7	
13	1627140329	李艳	女	03	15	10	20	24.2	10	79.2	13	
14	1627140230	付于权	男	02	15	10	30	25	15	95	2	是
15	1627140232	冯芸	女	02	10	10	27.8	23.6	12	83.4	10	
16	1627140433	李丽娇	女	04	13	8	19.2	24	15	79.2	13	
17	1627140239	沈芸宇	女	02	16	10	30	24.1	15	95.1	1	是
18	平均分				15.3	9.2	26.5	24.2	11.6	86.8		
19	最高分				19	10	30	25	15	95.1		
20	最低分				9	6	19.2	22.1	4.3	78.3		
21	总人数									15		
22	总分在90分以上的人数									5		
23	女生的平均分									84.81		

图 6-53 常用函数应用结果

6.5 数据管理及分析

Excel 2010 具有强大的数据管理及分析功能，可以方便地组织、管理和分析大量的数据信息。用户可以通过排序、筛选、分类汇总、数据透视表和数据透视图等操作完成对数据的管理及分析。

6.5.1 排序

排序是指将数据按照某一特定的方式排列顺序（升序或降序）。通过排序管理可将表格中的数据按字母顺序、数值大小或时间顺序进行排列，也可以按行或按列、是否区分大小写等方式排序。在 Excel 2010 中，可以使用功能区中的“排序”按钮进行单一条件的排序，也可以使用“排序”命令进行多重条件的排序，还可以按照单元格背景颜色或字体颜色进行排序。

1. 单条件排序

如果仅仅需要对数据清单中的某列数据进行排序，则只需选中此列中的任意一个单元格，再单击“开始”选项卡“编辑”选项组中的“排序和筛选”下拉按钮，在弹出的下拉菜单中选择“升序”或“降序”命令，也可以单击“数据”选项卡“排序和筛选”选项组中的“升序”或“降序”按钮进行排序。

【例 6-11】在如图 6-54 所示的“电器产品销售情况表”中，按照“销售额排名”升序排列。

	A	B	C	D	E	F	G
1	季度	分公司	产品类别	产品名称	销售数量	销售额（万元）	销售额排名
2	1	北部3	D-2	电冰箱	43	23.80	2
3	3	东部2	K-1	空调	45	15.93	13
4	2	南部3	D-2	电冰箱	45	10.53	18
5	3	南部1	D-1	电视	46	12.65	17
6	2	北部3	D-2	电冰箱	48	15.41	14
7	3	北部2	K-1	空调	53	7.31	20
8	1	南部2	K-1	空调	54	19.12	6
9	3	北部3	D-2	电冰箱	54	17.33	12
10	2	东部1	D-1	电视	56	15.40	15
11	2	西部2	K-1	空调	56	7.73	19
12	3	西部3	D-2	电冰箱	57	18.30	9
13	1	西部3	D-2	电冰箱	58	18.62	7
14	2	南部2	K-1	空调	63	22.30	3
15	3	北部1	D-1	电视	64	22.30	3
16	1	南部1	D-1	电视	64	17.60	11
17	2	东部3	D-2	电冰箱	65	15.21	16
18	3	东部1	D-1	电视	66	18.15	10
19	1	东部1	D-1	电视	67	18.42	8
20	2	西部3	D-2	电冰箱	69	22.30	3
21	2	北部1	D-1	电视	73	32.56	1

图 6-54 “电器产品销售情况表”示意图

因为只有一个条件排序，所以只需选中单元格区域 G1:G21 中任意一个单元格，再单击“升序”按钮，即可按要求排列所有数据记录。其排序结果如图 6-55 所示。

	A	B	C	D	E	F	G
1	季度	分公司	产品类别	产品名称	销售数量	销售额（万元）	销售额排名
2	2	北部1	D-1	电视	73	32.56	1
3	1	北部3	D-2	电冰箱	43	23.80	2
4	2	南部2	K-1	空调	63	22.30	3
5	3	北部1	D-1	电视	64	22.30	3
6	2	西部3	D-2	电冰箱	69	22.30	3
7	1	南部2	K-1	空调	54	19.12	6
8	1	西部3	D-2	电冰箱	58	18.62	7
9	1	东部1	D-1	电视	67	18.42	8
10	3	西部3	D-2	电冰箱	57	18.30	9
11	3	东部1	D-1	电视	66	18.15	10
12	1	南部1	D-1	电视	64	17.60	11
13	3	北部3	D-2	电冰箱	54	17.33	12
14	3	东部2	K-1	空调	45	15.93	13
15	2	北部3	D-2	电冰箱	48	15.41	14
16	2	东部1	D-1	电视	56	15.40	15
17	2	东部3	D-2	电冰箱	65	15.21	16
18	3	南部1	D-1	电视	46	12.65	17
19	2	南部3	D-2	电冰箱	45	10.53	18
20	2	西部2	K-1	空调	56	7.73	19
21	3	北部2	K-1	空调	53	7.31	20

图 6-55　单条件排序结果

2. 多条件排序

在排序时，可以指定多个排序条件，即多个排序的关键字。首先按照“主要关键字”排序；对主要关键字相同的记录，再按照“次要关键字”排序；对于主要关键字和次要关键字相同的记录，还可以按照第三关键字排序，依次类推。

【例 6-12】在如图 6-54 所示的“电器产品销售情况表”中，按主要关键字“季度”的升序次序、次要关键字“产品名称”的升序次序及次要关键字“销售数量”的降序次序进行排序。多条件排序结果如图 6-56 所示。

	A	B	C	D	E	F	G
1	季度	分公司	产品类别	产品名称	销售数量	销售额（万元）	销售额排名
2	1	西部3	D-2	电冰箱	58	18.62	7
3	1	北部3	D-2	电冰箱	43	23.80	2
4	1	东部1	D-1	电视	67	18.42	8
5	1	南部1	D-1	电视	64	17.60	11
6	1	南部2	K-1	空调	54	19.12	6
7	2	西部3	D-2	电冰箱	69	22.30	3
8	2	东部3	D-2	电冰箱	65	15.21	16
9	2	北部3	D-2	电冰箱	48	15.41	14
10	2	南部3	D-2	电冰箱	45	10.53	18
11	2	北部1	D-1	电视	73	32.56	1
12	2	东部1	D-1	电视	56	15.40	15
13	2	南部2	K-1	空调	63	22.30	3
14	2	西部2	K-1	空调	56	7.73	19
15	3	西部3	D-2	电冰箱	57	18.30	9
16	3	北部3	D-2	电冰箱	54	17.33	12
17	3	东部1	D-1	电视	66	18.15	10
18	3	北部1	D-1	电视	64	22.30	3
19	3	南部1	D-1	电视	46	12.65	17
20	3	北部2	K-1	空调	53	7.31	20
21	3	东部2	K-1	空调	45	15.93	13

图 6-56　多条件排序结果

具体操作步骤如下。

1）选中数据清单中任意一个单元格，如 E7，单击“数据”选项卡“排序和筛选”选项组中的“排序”按钮，或单击“开始”选项卡“编辑”选项组中的“排序和筛选”下拉按钮，在弹出的下拉菜单中选择“自定义排序”命令，弹出“排序”对话框，如图 6-57 所示。

2）在“排序”对话框中设置“主要关键字”为“季度”，单击“添加条件”按钮添加两个“次要关键字”并分别设置为“产品名称”和“销售数量”，通过“删除条件”按钮可以删除关键字，通过“复制条件”按钮可以复制关键字，通过“上移”和“下移”按钮可以调整关键字的前后顺序，单击“选项”按钮，可在弹出的“排序选项”对话框中设置排序的方向和方法，如图6-58所示。

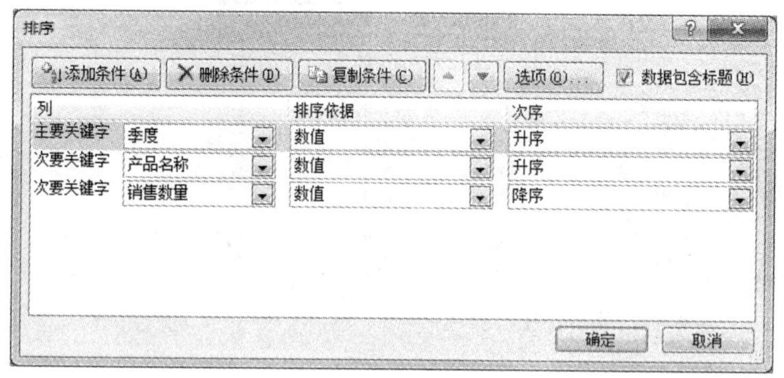

图6-57 “排序”对话框

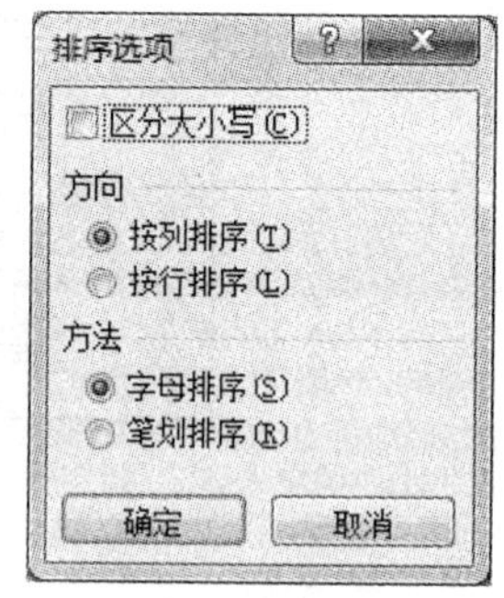

图6-58 “排序选项”对话框

按照图6-57和图6-58设置相应主要关键字、次要关键字及排序依据和次序即可实现多条件排序。

6.5.2 筛选

数据筛选是指从数据清单中提炼出满足某个条件的数据，而不满足条件的数据只是被暂时隐藏起来，并未真正被删除，一旦筛选条件被取消，这些数据又后重新出现。Excel 提供了自动筛选和高级筛选两种筛选命令。

1. 自动筛选

自动筛选是指按照选定内容自定义筛选，它适合简单条件的筛选。以如图6-56所示的多条件排序结果为例，自动筛选出所有电视产品，结果如图6-59所示。

	A	B	C	D	E	F	G
1	季度	分公司	产品类别	产品名称	销售数量	销售额（万元）	销售额排名
4	1	东部1	D-1	电视	67	18.42	8
5	1	南部1	D-1	电视	64	17.60	11
11	2	北部1	D-1	电视	73	32.56	1
12	2	东部1	D-1	电视	56	15.40	15
17	3	东部1	D-1	电视	66	18.15	10
18	3	北部1	D-1	电视	64	22.30	3
19	3	南部1	D-1	电视	46	12.65	17

图6-59 自动筛选结果

具体操作步骤如下。

1）选中数据清单中任意一个单元格。

2）单击“数据”选项卡“排序和筛选”选项组中的“筛选”按钮，或单击“开始”选项卡“编辑”选项组中的“排序和筛选”下拉按钮，在弹出的下拉菜单中选择“筛选”命令，此时在数据清单中，每一列的列标题右侧都会出现“自动筛选”按钮。

3）单击“自动筛选”下拉按钮，在弹出的下拉菜单中按需要选择相应的值，就会在数据清单中显示满足条件的数据，而其他数据将被暂时隐藏起来。

本例在“产品名称”列的下拉菜单中选中“电视”复选框，如图6-60所示，筛选后显示出来的记录只有电视的相关信息。

如果要取消筛选条件，只需再次单击“数据”选项卡“排序和筛选”选项组中的“筛选”按钮，或再次单击“开始”选项卡“编辑”选项组中的“排序和筛选”下拉按钮，在弹出的下拉菜单中选择“筛选”命令即可。

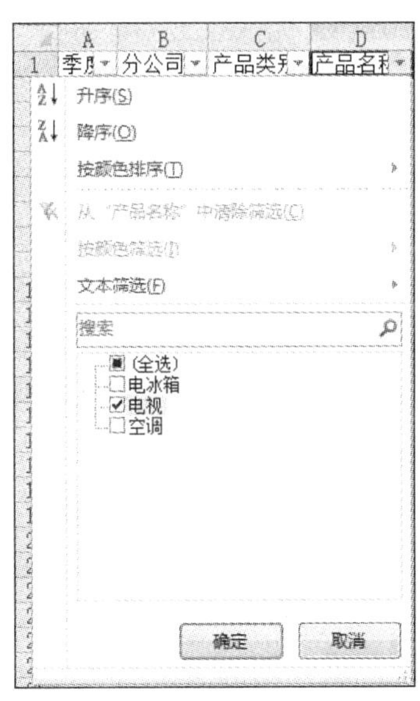

图6-60 “筛选”下拉菜单

2. 高级筛选

自动筛选不能完成的操作，可通过设置复杂条件用高级筛选来实现。进行高级筛选时，需要先列出筛选条件，筛选条件至少包含两行，第一行是列标题，列标题必须和数据列表区域标题一致，第二行或其他行是筛选的条件。

【例6-13】在如图6-56所示的工作表中进行高级筛选，先在工作表前面插入4行，再将条件区域设置在单元格区域A1:G3对应字段列单元格，筛选条件是产品名称为“空调”或“电视”且销售额排名为前10名，在原有区域显示筛选结果。

具体操作步骤如下。

1）在工作表前面插入4行空行。

2）输入筛选条件。在D列和G列分别输入所要求的条件，如图6-61所示。

	A	B	C	D	E	F	G
1				产品名称			销售额排名
2				空调			<=10
3				电视			<=10
4							
5	季度	分公司	产品类别	产品名称	销售数量	销售额（万元）	销售额排名

图6-61 输入筛选条件

3）选中工作表中任意一个单元格，单击“数据”选项卡“排序和筛选”选项组中的“高级”按钮，如图6-62所示，弹出“高级筛选”对话框，如图6-63所示。在该对话框中，设置“方式”为“在原有区域显示筛选结果”，“列表区域”和“条件区域”都可以通过单击“折叠对话框”按钮，在数据清单中选择相应的区域。

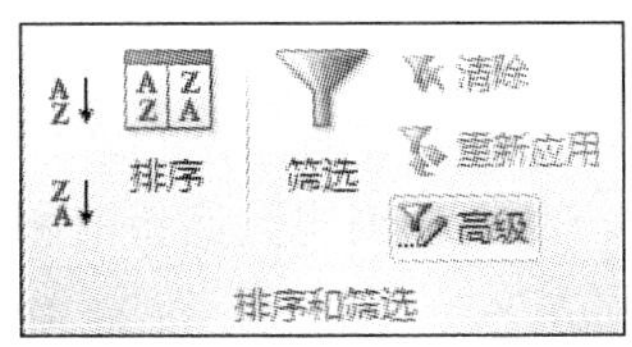

图6-62 “高级”按钮

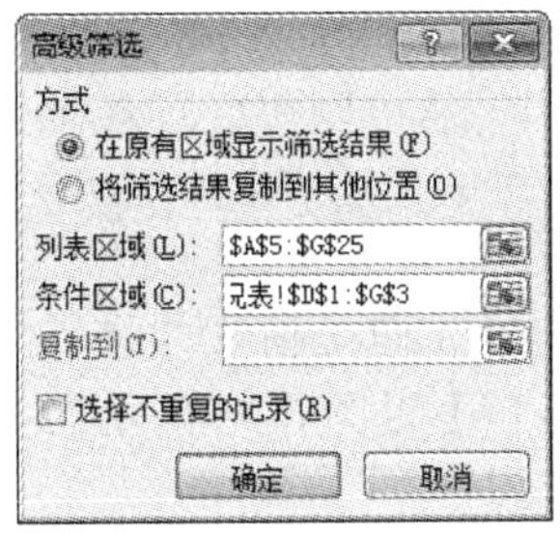

图6-63 “高级筛选”对话框方式（一）

4）完成设置后，单击“确定”按钮，结果如图 6-64 所示。

	A	B	C	D	E	F	G
1				产品名称			销售额排名
2				空调			<=10
3				电视			<=10
4							
5	季度	分公司	产品类别	产品名称	销售数量	销售额（万元）	销售额排名
8	1	东部1	D-1	电视	67	18.42	8
10	1	南部2	K-1	空调	54	19.12	6
15	2	北部1	D-1	电视	73	32.56	1
17	2	南部2	K-1	空调	63	22.30	3
21	3	东部1	D-1	电视	66	18.15	10
22	3	北部1	D-1	电视	64	22.30	3

图 6-64 高级筛选结果

如果要取消高级筛选，只需单击“数据”选项卡“排序和筛选”选项组中的“清除”按钮，即可恢复显示所有数据。

说明：

1）“筛选条件”区域其实是工作表中一部分单元格形成的表格。表格中第一行输入数据清单标题行中的标题，其余行输入条件。同一行列出的条件是“与”的关系，不同行列出的条件是“或”的关系。例如，例 6-13 中“空调”和“<=10”，“电视”和“<=10”在同一行，是“与”的关系，表示同时满足条件，而“空调”和“电视”放在不同的行，则为“或”的关系，表示只要满足条件的其中之一即可。

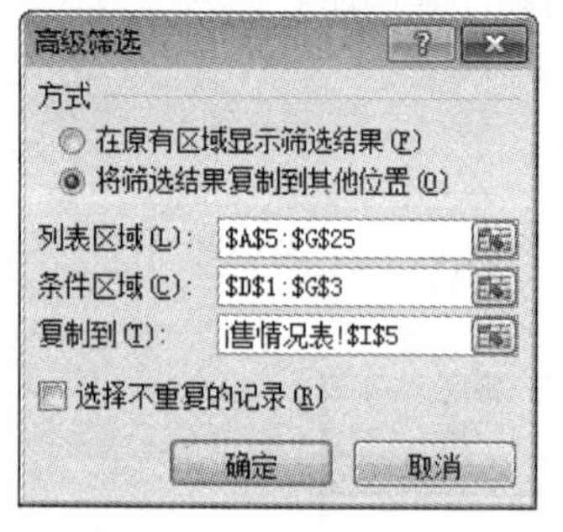

图 6-65 “高级筛选”对话框方式（二）

2）在“高级筛选”对话框中，如果将“方式”设置为“将筛选结果复制到其他位置”，则“复制到”文本框变为可用，此时可以选择合适的空白区域左上角单元格放置筛选的结果，如选择单元格 I5，如图 6-65 所示，则原数据清单保持不变。

3）在“高级筛选”对话框中，输入的单元格地址可以是相对地址，也可以是绝对地址。如果用鼠标选中单元格，则在对话框中显示的是绝对地址。

4）在“高级筛选”对话框中，如果选中“选择不重复的记录”复选框，则多个相同的记录在筛选结果中只显示一次。

6.5.3 分类汇总

分类汇总是指将某一字段作为分类项，再按照此分类项对整个数据区域进行各种汇总分析，如求和、平均值、计数、最大值和最小值等。所以分类汇总分为两个步骤进行：①利用排序功能对分类字段进行排序（升序或降序均可）；②利用“分类汇总”对话框进行汇总。分类汇总可以使数据清单中的大量数据更加明确化和条理化。

1. 简单分类汇总

简单分类汇总是指只对一个字段分类，且只采用一种汇总方式的分类汇总。

【例 6-14】以图 6-56 所示的工作表为例，统计各类产品总的销售数量和销售额。具体操作步骤如下。

1）以“产品名称”为主关键字，对记录进行升序排列。

2）选中数据区域中任意一个单元格，单击“数据”选项卡“分级显示”选项组中“分类汇总”按钮，如图6-66所示，弹出“分类汇总”对话框，如图6-67所示。

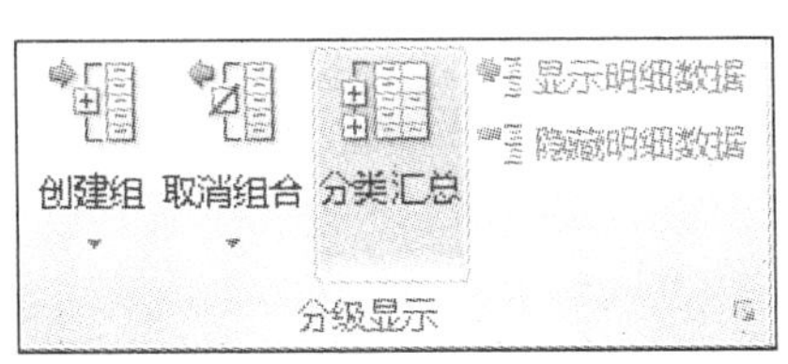

图6-66 “分类汇总”按钮

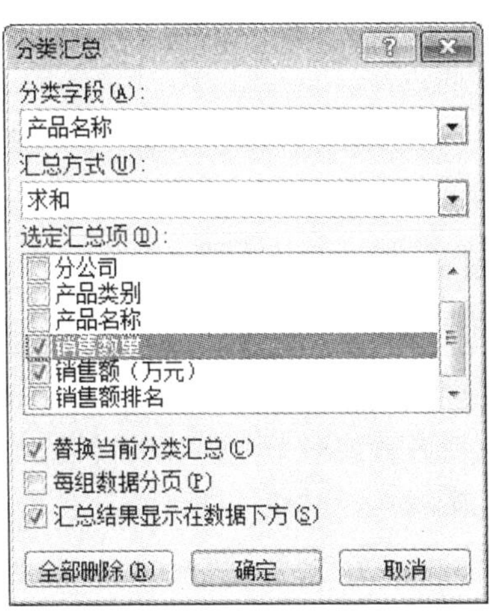

图6-67 “分类汇总”对话框

3）单击“分类字段”下拉按钮，在弹出的下拉列表中选择“产品名称”选项，表示数据是按“产品名称”进行排序分类的。

4）单击“汇总方式”下拉按钮，在弹出的下拉列表中选择“求和”选项。

5）在“选定汇总项”列表中选中分类汇总的计算对象“销售数量”和“销售额（万元）”复选框。

6）其余选项默认，设置完成后单击“确定”按钮，分类汇总结果如图6-68所示。

	A	B	C	D	E	F	G
1	季度	分公司	产品类别	产品名称	销售数量	销售额（万元）	销售额排名
2	1	西部3	D-2	电冰箱	58	18.62	9
3	1	北部3	D-2	电冰箱	43	23.80	4
4	2	西部3	D-2	电冰箱	69	22.30	5
5	2	东部3	D-2	电冰箱	65	15.21	18
6	2	北部3	D-2	电冰箱	48	15.41	16
7	2	南部3	D-2	电冰箱	45	10.53	20
8	3	西部3	D-2	电冰箱	57	18.30	11
9	3	北部3	D-2	电冰箱	54	17.33	14
10				**电冰箱 汇总**	439	141.50	
11	1	东部1	D-1	电视	67	18.42	10
12	1	南部1	D-1	电视	64	17.60	13
13	2	北部1	D-1	电视	73	32.56	3
14	2	东部1	D-1	电视	56	15.40	17
15	3	东部1	D-1	电视	66	18.15	12
16	3	北部1	D-1	电视	64	22.30	5
17	3	南部1	D-1	电视	46	12.65	19
18				**电视 汇总**	436	137.08	
19	1	南部2	K-1	空调	54	19.12	8
20	2	南部2	K-1	空调	63	22.30	5
21	2	西部2	K-1	空调	56	7.73	21
22	3	北部2	K-1	空调	53	7.31	22
23	3	东部2	K-1	空调	45	15.93	15
24				**空调 汇总**	271	72.39	
25				**总计**	1146	350.97	

图6-68 简单分类汇总结果

分级显示说明：

1）如图6-68所示，在数据清单的左侧有“隐藏明细数据符号”（-）的标记。单击“-”

号，可隐藏原始数据清单数据而只显示汇总后的数据结果，同时“-”号变成“+”号，单击“+”号即可显示明细数据。

2）单击汇总表左上角“1”“2”“3”分级显示数字，也可实现分级显示总计、小计和明细数据。

3）也可通过“数据”选项卡“分级显示”选项组中的“显示明细数据”和“隐藏明细数据”两个按钮来显示或隐藏数据。如果要取消分类汇总效果，需要再次打开“分类汇总”对话框，单击“全部删除”按钮。

2. 多重分类汇总

多重分类汇总是在简单分类汇总的基础上再次嵌套分类汇总，是指有多个分类字段、多个汇总方式或多个汇总项的情况，有时是多种情况的组合。遇到对多个字段排序时，要使用“排序”对话框。遇到统计多种汇总方式时，因为一次只能统计一个汇总方式，所以要分多次汇总操作才能完成。

【例 6-15】在例 6-14 分类汇总的基础上，找出每类产品的最高销售量。

具体操作步骤如下。

选中数据清单中任意一个单元格，单击“数据”选项卡“分级显示”选项组中的“分类汇总”按钮，弹出“分类汇总”对话框，设置汇总方式为“最大值”，在“选定汇总项”列表框中选中“销售数量”复选框，取消“替换当前分类汇总”复选框的选中状态，然后单击“确定”按钮，如图 6-69 所示。汇总结果如图 6-70 所示。

分类汇总
分类字段(A)：产品名称
汇总方式(U)：最大值
选定汇总项(D)：分公司、产品类别、产品名称、销售数量（已选中）、销售额（万元）、销售额排名
替换当前分类汇总(C)
每组数据分页(P)
汇总结果显示在数据下方(S)
全部删除(R)　确定　取消

图 6-69　第二次分类汇总

	A	B	C	D	E	F	G
1	季度	分公司	产品类别	产品名称	销售数量	销售额（万元）	销售额排名
2	1	西部3	D-2	电冰箱	58	18.62	9
3	1	北部3	D-2	电冰箱	43	23.80	4
4	2	西部3	D-2	电冰箱	69	22.30	5
5	2	东部3	D-2	电冰箱	65	15.21	18
6	2	北部3	D-2	电冰箱	48	15.41	16
7	2	南部3	D-2	电冰箱	45	10.53	20
8	3	西部3	D-2	电冰箱	57	18.30	11
9	3	北部3	D-2	电冰箱	54	17.33	14
10				**电冰箱 最大值**	69		
11				**电冰箱 汇总**	439	141.50	
12	1	东部1	D-1	电视	67	18.42	10
13	1	南部1	D-1	电视	64	17.60	13
14	2	北部1	D-1	电视	73	32.56	3
15	2	东部1	D-1	电视	56	15.40	17
16	3	东部1	D-1	电视	66	18.15	12
17	3	北部1	D-1	电视	64	22.30	5
18	3	南部1	D-1	电视	46	12.65	19
19				**电视 最大值**	73		
20				**电视 汇总**	436	137.08	
21	1	南部2	K-1	空调	54	19.12	8
22	2	南部2	K-1	空调	63	22.30	5
23	2	西部2	K-1	空调	56	7.73	21
24	3	北部2	K-1	空调	53	7.31	22
25	3	东部2	K-1	空调	45	15.93	15
26				**空调 最大值**	63		
27				**空调 汇总**	271	72.39	
28				**总计最大值**	73		
29				**总计**	1146	350.97	

图 6-70　多重分类汇总结果

说明：随着分类汇总次数的增加，分级显示的级数也会相应增加。例如，第二次汇总后，汇总表左上角会变成“1”“2”“3”“4”4 级数字，依次类推。

6.5.4 数据透视表和数据透视图

数据透视表是包含数据汇总的交互式报表，它结合了数据排序、筛选、分类汇总等数据分析的特点，可以快速实现分类汇总、改变页、行和列字段、修改其布局、重新组建数据、创建数据透视图等。数据透视表在统计数据时，不需要对数据区域进行排序，这是优于分类汇总的特点。

1. 数据透视表

【例 6-16】 以图 6-56 所示的数据表为数据源创建数据透视表。要求以“季度”为报表筛选字段，行标签为“分公司”，列标签为“产品名称”，数值为“销售数量”，统计“销售数量”的最大值。数据透视表位于以单元格 I1 为左上角的区域中。

具体操作步骤如下。

1）选中数据表中任意一个单元格。

2）单击“插入”选项卡“表格”选项组中的“数据透视表”按钮，如图 6-71 所示，弹出“创建数据透视表”对话框，如图 6-72 所示，在其中设置好分析的数据和放置数据透视表的位置，单击“确定”按钮。

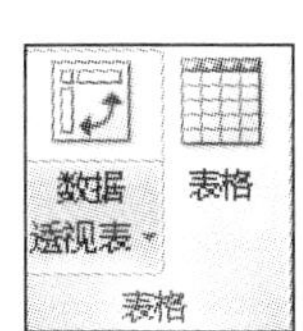

图 6-71 “数据透视表”按钮

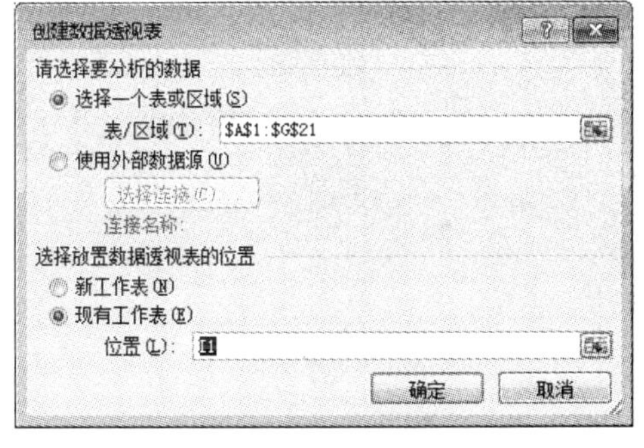

图 6-72 “创建数据透视表”对话框

3）在弹出的“数据透视表字段列表”任务窗格（图 6-73）中布局，分别将“季度”字段拖放至“报表筛选”区，“产品名称”拖放至“列标签”区，“分公司”拖放至“行标签”区，“销售数量”拖放至“数值”区，如图 6-74 所示。

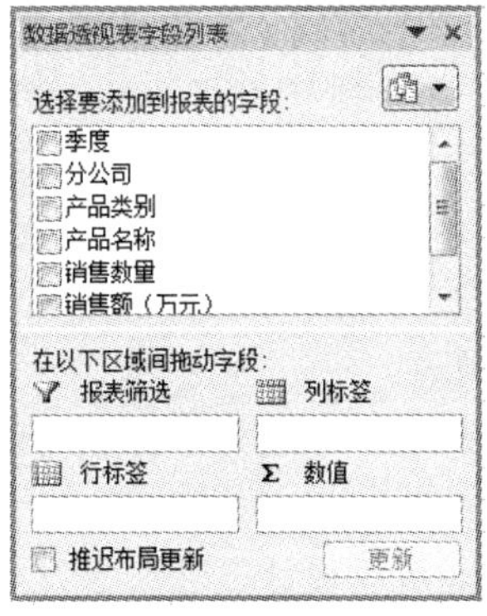

图 6-73 “数据透视表字段列表”任务窗格

4）如果需要设置汇总方式，单击“数值”下拉按钮，在弹出的下拉列表中选择“值字段设置”选项，在弹出的“值字段设置”对话框中进行相应设置，如图 6-75 所示。最终数据透视表的布局效果如图 6-76 所示。

图 6-74　拖动字段到相应区域

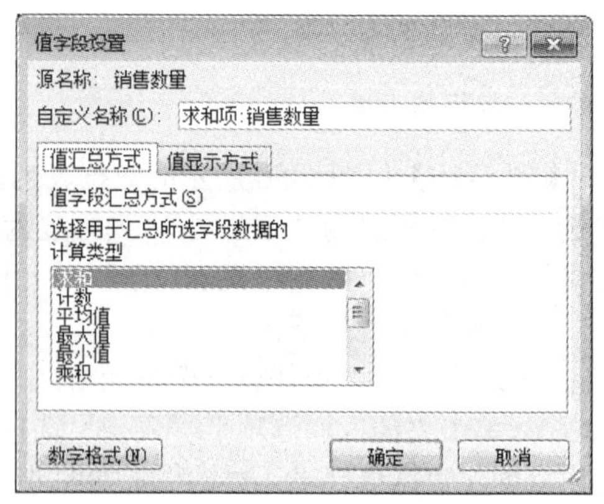

图 6-75　“值字段设置”对话框

季度	(全部)			
求和项:销售数量	列标签			
行标签	电冰箱	电视	空调	总计
北部1		137		137
北部2			53	53
北部3	145			145
东部1		189		189
东部2			45	45
东部3	65			65
南部1		110		110
南部2			117	117
南部3	45			45
西部2			56	56
西部3	184			184
总计	439	436	271	1146

图 6-76　数据透视表的布局效果

说明：

1）在执行步骤 3）后，主选项卡加载了两个数据透视表工具“选项”和“设计”。单击“选项”选项卡“数据透视表”选项组中的“选项”按钮，如图 6-77 所示，弹出“数据透视表选项”对话框，如图 6-78 所示，可以重命名数据透视表，对格式、数据、汇总和筛选进行设置等。

2）在步骤 2）的图 6-72 中，如果选择数据透视表的显示位置为“新工作表”，则会在一个单独的工作表中显示数据透视表。

3）生成数据透视表后，可以在表中通过各个标签旁的下拉按钮，对数据进行筛选、排序显示等。

4）生成数据透视表后，可以通过“设计”选项卡设置数据透视表样式、样式选项、布局等。

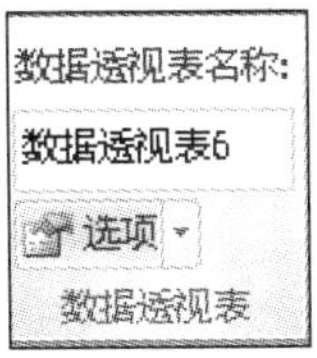

图 6-77 数据透视表“选项”按钮

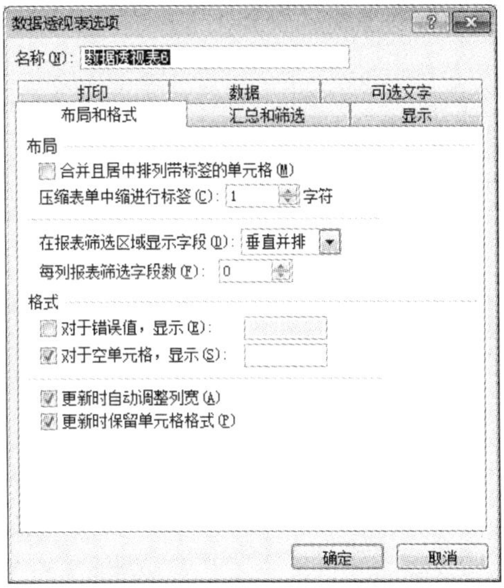

图 6-78 “数据透视表选项”对话框

2. 数据透视图

当生成数据透视表后，若要以更直观的方式显示数据，则可以直接生成数据透视图。单击“数据透视表工具-选项”选项卡“工具”选项组中的“数据透视图”按钮即可生成数据透视图，如图 6-79 所示。

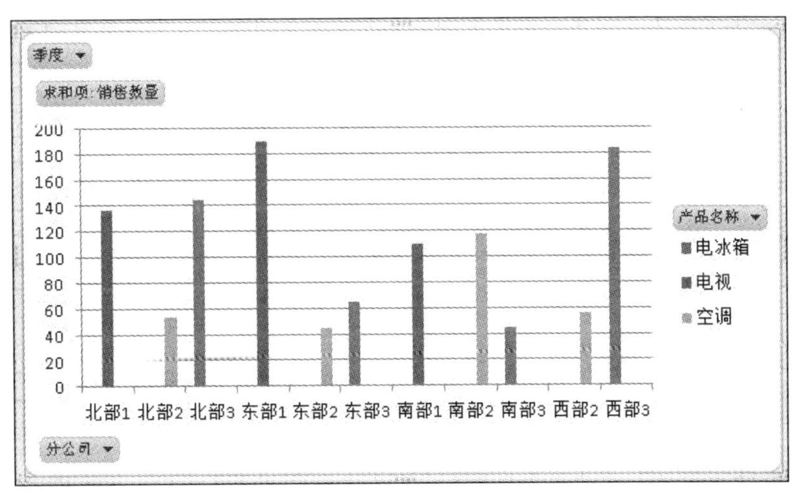

图 6-79 数据透视图

6.6 图 表 操 作

6.6.1 图表概述

Excel 2010 内置了大量的图表类型，主要包括柱形图、折线图、饼图、条形图、面积图和散点图等 11 种主要图表类型。图表是 Excel 重要的功能，在实际工作和生活中经常利用图表直观、形象地表现工作表数据的差异、变化趋势等。

6.6.2 创建图表

在 Excel 中建立图表，可以选择“插入”选项卡“图表”选项组中相应图表按钮进行创建，如图 6-80 所示。

图 6-80 “图表”选项组

【例 6-17】以图 6-81 所示的“某地区水果产量情况表”为例，介绍创建图表的方法。

	A	B	C	D	E
1	某地区水果产量情况表（单位：吨）				
2	地区	苹果	橘子	西瓜	芒果
3	A001	232	340	220	299
4	A002	174	328	112	120
5	A003	212	456	512	203
6	A004	189	534	50	180
7	A005	709	253	180	406
8	A006	256	412	802	70
9	平均值	295	387	313	213

图 6-81 “某地区水果产量情况表”示意

具体操作步骤如下。

1）选中创建图表的数据区域，这里选中单元格区域 A2:E9，单击图 6-80 中的相应图表按钮。

2）本例中单击“柱形图”下拉按钮，在弹出的下拉菜单中选择一种子图类型，如图 6-82 所示，本例中选择“簇状柱形图”命令，生成的图表效果如图 6-83 所示。

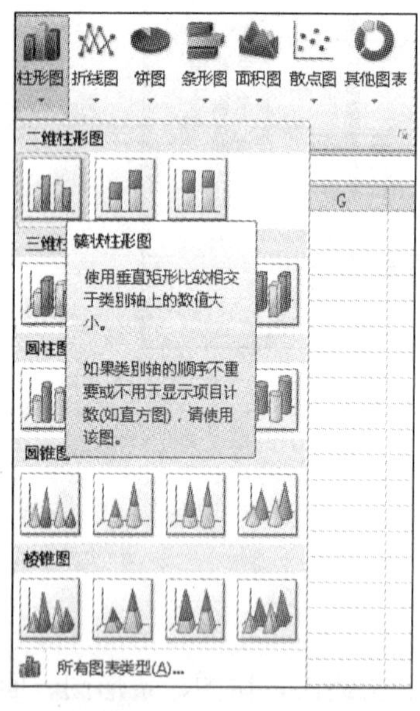

图 6-82 子图类型

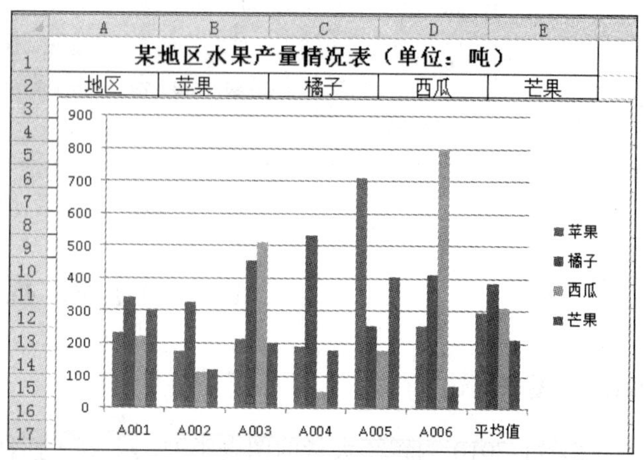

图 6-83 生成的图表效果

6.6.3 编辑与格式化图表

当图表创建完成后，Excel 会自动加载“图表工具”选项卡，其中包含“设计”“布局”“格式”3 个选项卡，如图 6-84 所示。可以利用“图表工具”对图表中各个内容进行修改编辑与格式化处理。要修改与美化图表，首先要选中图表，然后根据需要选择“图表工具”3 个选项卡中的不同按钮对图表进行编辑修改与格式化处理。

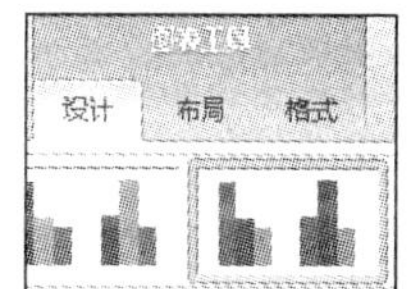

图 6-84 图表工具

1. “设计”选项卡

“图表工具-设计”选项卡包括“类型”“数据”“图表布局”“图表样式”“位置”5 个选项组，如图 6-85 所示，可以改变图表的类型、快速切换行列、改变图表布局及图表样式、移动图表位置等。

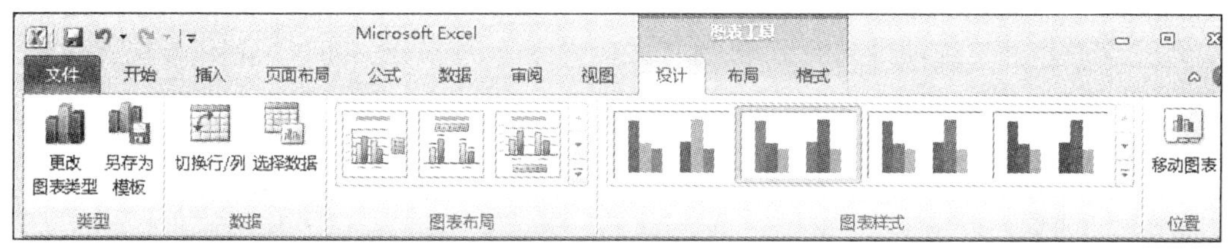

图 6-85 “设计”选项卡

1）单击“更改图表类型”按钮，弹出“更改图表类型”对话框，如图 6-86 所示，可以根据需要任意选择一种图表。

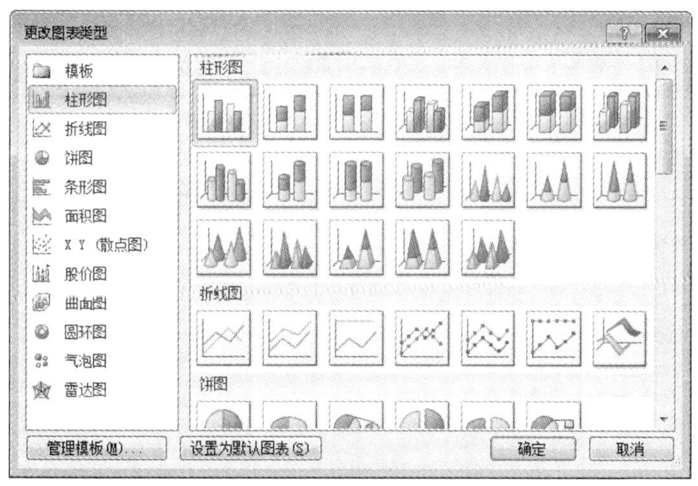

图 6-86 “更改图表类型”对话框

2）单击“切换行/列”按钮，可以直接快速切换图表中的行和列数据。单击“选择数据”按钮，弹出“选择数据源”对话框，如图 6-87 所示，可以对“图表数据区域”文本框中的内容进行更改，对“图例项（系列）”列表框中的内容进行添加、编辑、删除、上移、下移操作，以及编辑“水平（分类）轴标签”。

3）“图表布局”选项组中有 11 种布局方式，如图 6-88 所示，可以根据需要选择任意一种布局方式。

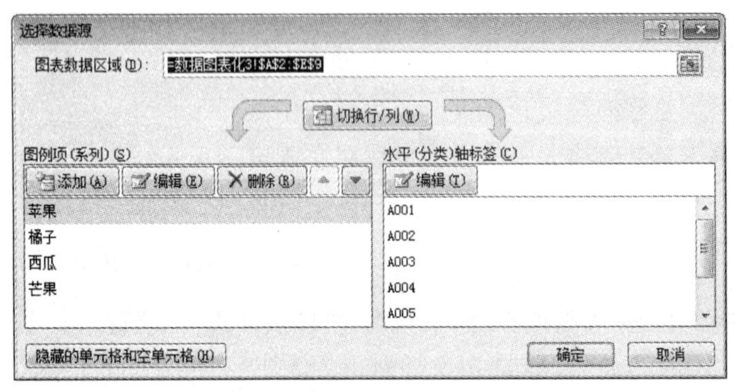

图 6-87 “选择数据源”对话框

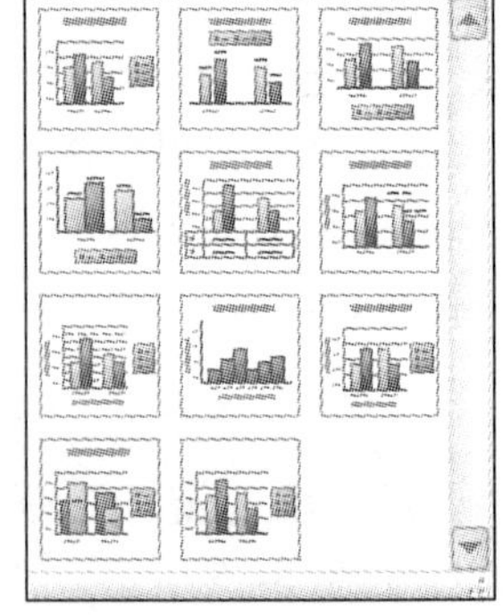

图 6-88 图表布局方式

4）“图表样式”选项组提供了 48 种样式，如图 6-89 所示，可以根据需要选择任意一种样式。

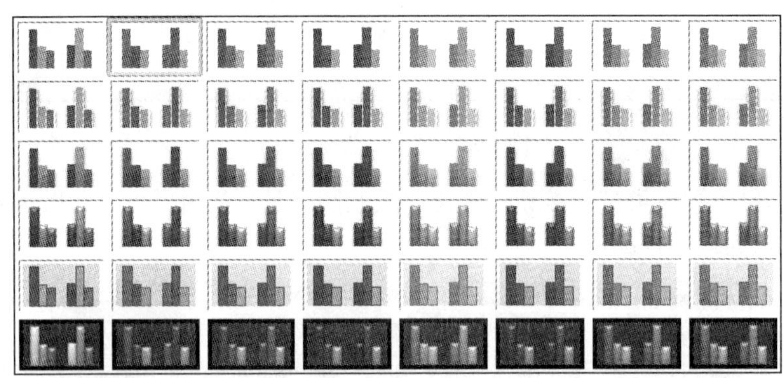

图 6-89 图表样式

5）单击“位置”选项组中的“移动图表”按钮，弹出“移动图表”对话框，如图 6-90 所示。该对话框中有两种图表位置，一种是“对象位于”，表示产生的图表和工作表位于同一张工作表中；另一种是“新工作表”，表示产生的图表单独放在一张新的工作表中。

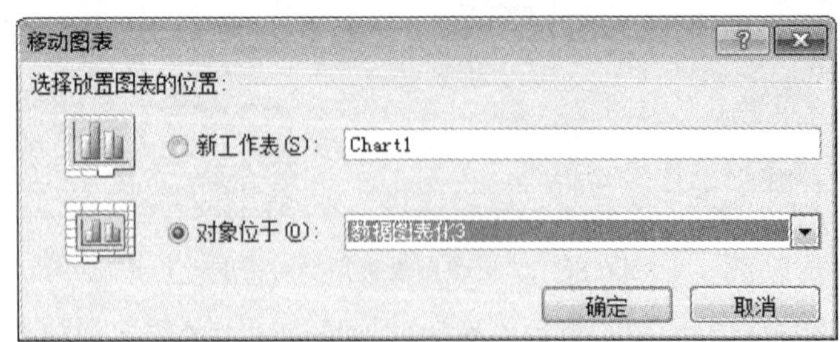

图 6-90 “移动图表”对话框

【例 6-18】对图 6-83 中的图表进行编辑修改，更改图表类型为“三维圆锥图”，切换行/列，将图表布局设置为“布局 4”，图表样式设置为“样式 34”，移动图表到新的工作表。

图表编辑修改效果如图6-91所示。

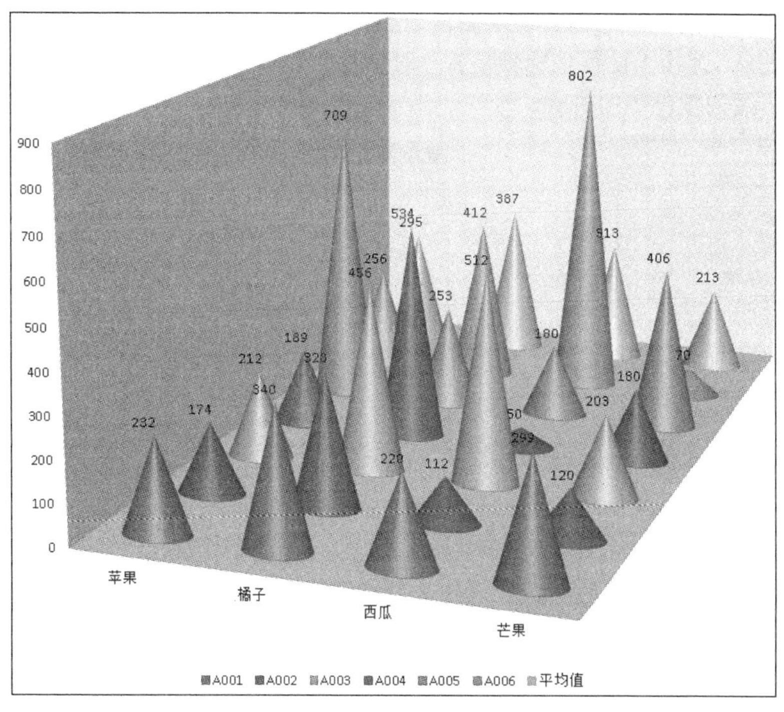

图6-91 图表编辑修改效果（一）

2. “布局”选项卡

“布局”选项卡包括“当前所选内容”“插入”“标签”“坐标轴”“背景”“分析”“属性”7个选项组，如图6-92所示，可以对图表区、图标标题、坐标轴、背景等进行编辑修改。

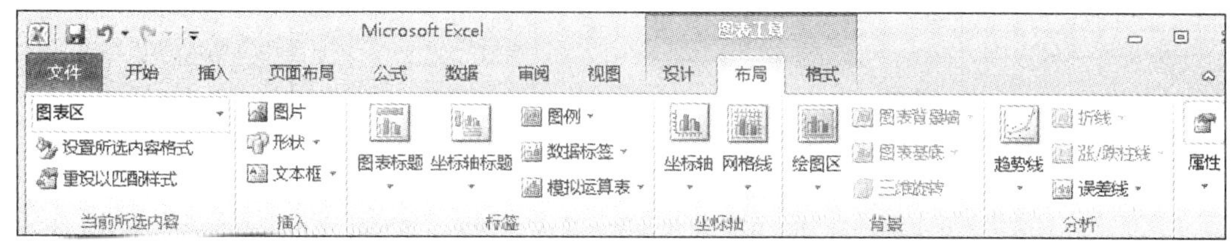

图6-92 “布局”选项卡

1）单击“当前所选内容”选项组中的“图表元素”下拉按钮，弹出如图6-93所示的下拉列表，可以选择图表中相应内容，也可在图表所在区域直接单击对应部分，选择相应内容。当内容选中后，可以单击“设置所选内容格式”按钮，弹出为所选内容设置格式的对话框。例如，选择“图表区”选项，弹出“设置图表区格式”对话框，如图6-94所示。

2）单击“插入”选项组中的“图片”“形状”“文本框”按钮可以分别在图表中插入图片、各种形状和横排/竖排文本框。

3）在“标签”选项组中，可以添加、删除或设置图表标题、坐标轴标题、图例和数据标签等。

4）在“坐标轴”选项组中，可以更改坐标轴的格式和布局，启用或取消网络线。单击

“坐标轴”下拉按钮，在弹出的下拉菜单中选择“主要横坐标轴”“主要纵坐标轴”或“竖坐标轴”子菜单中的“其他主要横坐标轴选项”、“其他主要纵坐标轴选项”或“其他竖坐标轴选项”命令，弹出“设置坐标轴格式”对话框，如图6-95所示，可以设置坐标轴刻度、数字、填充、线条颜色等的格式。

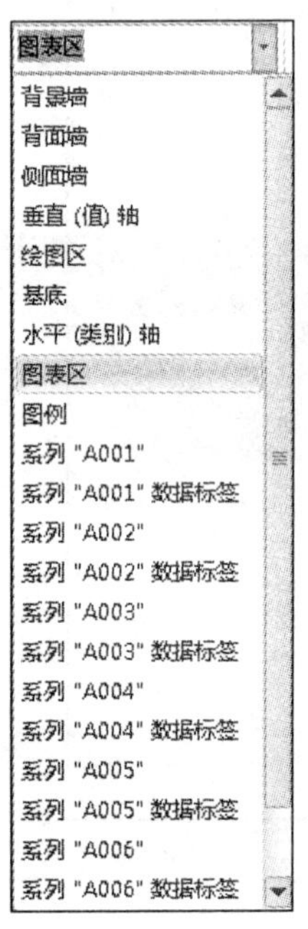

图6-93 “图表元素”下拉列表

图6-94 “设置图表区格式”对话框

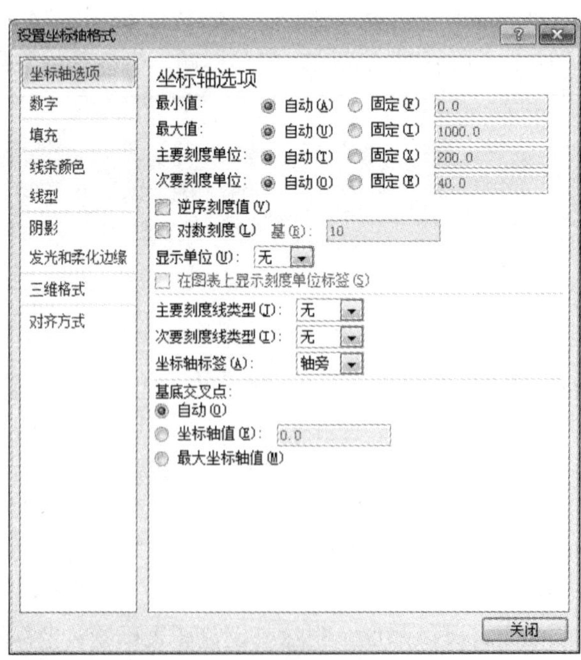

图6-95 “设置坐标轴格式”对话框

5）在“背景”选项组中，可以打开或关闭绘图区，也可以设置绘图区格式。单击“绘图区”下拉按钮，在弹出的下拉菜单中选择“其他绘图区选项”命令，弹出“设置绘图区格式”对话框，如图6-96所示。在此对话框中，可以设置绘图区的填充效果、边框颜色和边框样式等。如果是三维图表，还可以设置“图表背景墙”“图表基底”“三维旋转”效果。

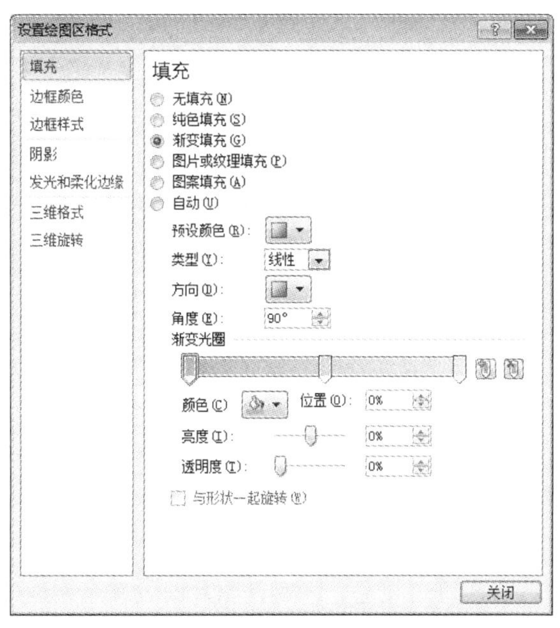

图6-96 “设置绘图区格式”对话框

6）在“分析”选项组中，可以设置各个系列的趋势线、折线、涨/跌柱线、误差线。

7）在“属性”选项组中，可以修改图表的名称。

【例6-19】对图6-83中的图表进行编辑修改。切换行/列，更改“平均值”数据系列图表类型为“带数据标记的折线图”，为“平均值”添加位于上方的数据标签，为“平均值”添加“线性趋势线”，并修改趋势线颜色为标准红色；在图表上方添加标题“某地区水果产量分析”；设置纵坐标轴标题为竖排标题“产量（吨）”；修改图表主要坐标刻度单位为150；在绘图区填充标准黄色。

具体操作请读者自行完成，这里不再介绍。图表编辑修改效果如图6-97所示。

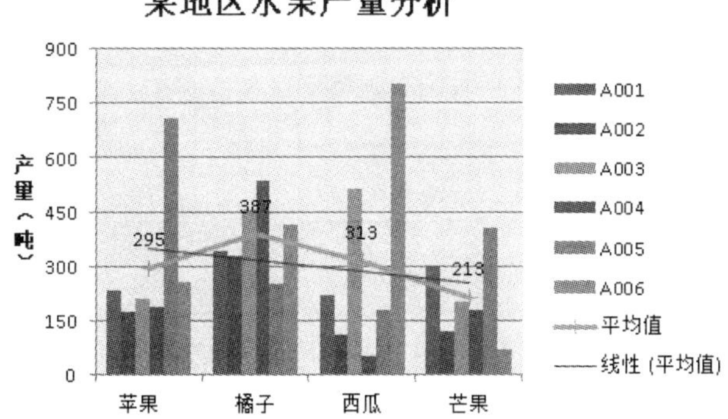

图6-97 图表编辑修改效果（二）

3. “格式”选项卡

“格式”选项卡包括“当前所选内容”“形状样式”“艺术字样式”“排列”“大小”5个选项组，如图6-98所示，可以对图表区、图表边框、图表中文字等进行格式化处理。下面介绍“形状样式”选项组和“艺术字样式”选项组的功能。

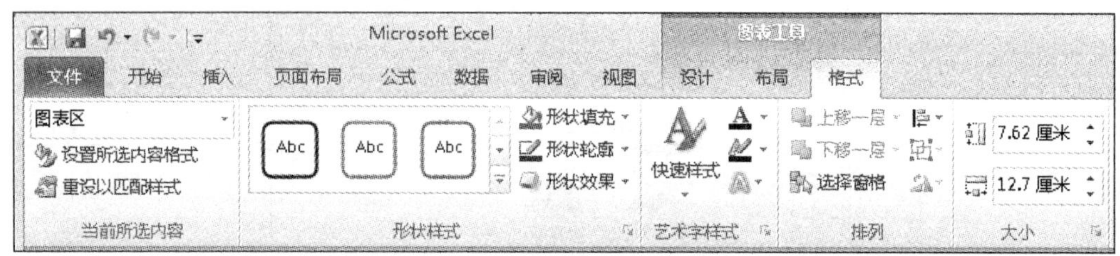

图6-98 “格式”选项卡

1）利用“形状样式”选项组中的按钮，可以设置形状或线条的外观样式，如图6-99所示。单击“形状填充”下拉按钮，可用纯色、渐变、图片或纹理填充选定形状；单击“形状轮廓”下拉按钮，可指定选中形状的颜色、宽度和线型；单击“形状效果”下拉按钮，可设置选中形状的外观效果（阴影、发光和旋转等）。

2）利用“艺术字样式”选项组中的按钮，可以设置文本的外观样式，如图6-100所示。单击“文本填充”下拉按钮，可用纯色、渐变、图片或纹理填充选中文本；单击“文本轮廓”按钮，可指定选中文本的颜色、宽度和线型；单击“文本效果”下拉按钮，可设置选中文本的外观效果（阴影、发光和旋转等）。

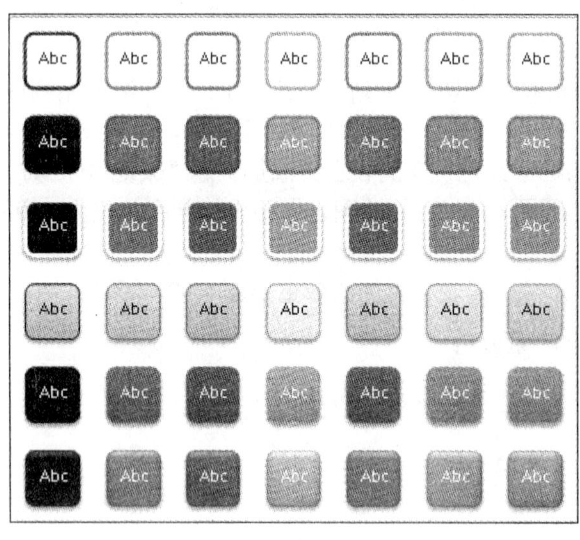

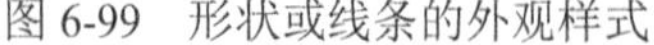
图6-99 形状或线条的外观样式

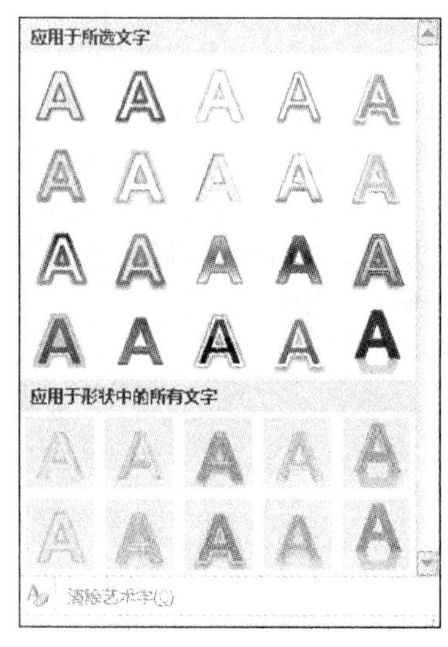

图6-100 “文本”的外观样式

【例6-20】对图6-83中的图表进行格式化处理，设置形状样式为“细微效果-水绿色，强调颜色5”，设置艺术字样式为“渐变填充-紫色，强调文字颜色4，映像”。

具体操作请读者自行完成，这里不再介绍。图表编辑格式化效果如图6-101所示。

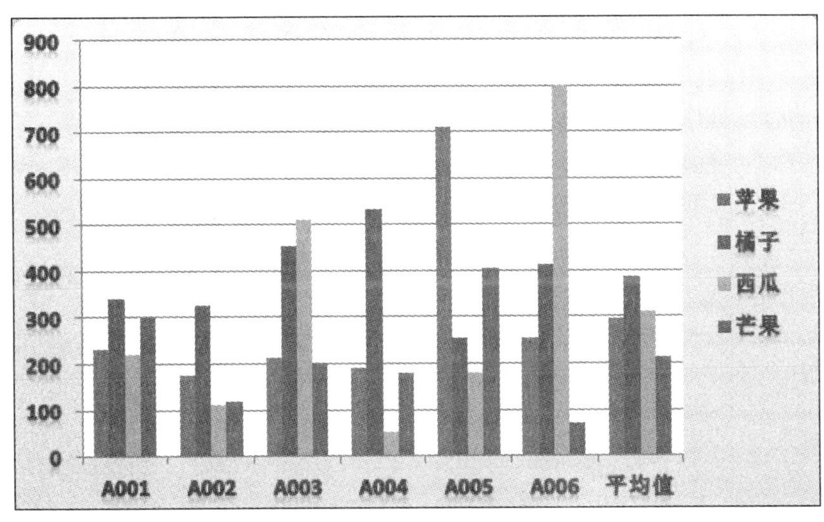

图 6-101 图表编辑格式化效果

6.7 Excel 2010 文档的打印

6.7.1 打印设置

当创建一张工作表，并对其进行相应的修饰后，就可以通过打印机打印输出了。在工作表打印之前，还需要做一些必要的设置，如设置页面、设置页边距、添加页眉和页脚、设置打印区域等。

1. 页面设置

1）选择“页面布局”选项卡，在“页面设置”选项组中可以设置页边距、纸张方向/大小、打印区域、分隔符、背景、打印标题等，如图 6-102 所示。

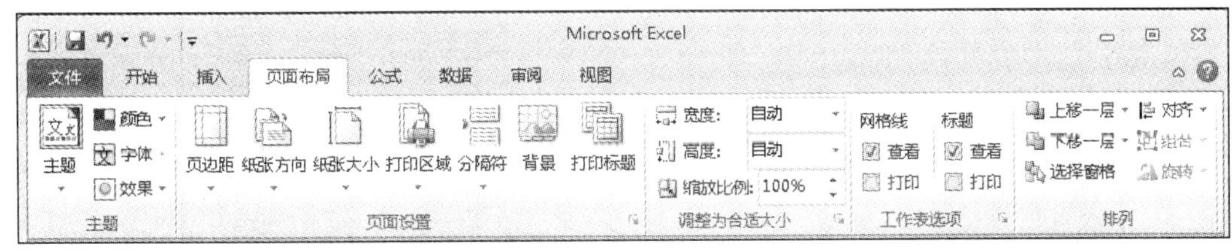

图 6-102 “页面布局”选项卡

2）单击“页面设置”选项组中的对话框启动按钮，弹出“页面设置”对话框，如图 6-103 所示。在此对话框中可以设置相关参数，或选择“文件”|“打印”命令，在打开的“打印”面板中单击“页面设置”链接，也可弹出“页面设置”对话框。在“页面设置”对话框中可进行以下操作。

① 利用“页面”选项卡可以设置纸张方向、缩放比例、纸张大小等。

② 利用“页边距”选项卡可以设置工作表距打印纸边界上、下、左、右的距离，还可以设置工作表的居中方式及页眉和页脚距边界的距离。

③ 利用“页眉/页脚”选项卡可以编辑页眉和页脚的内容及插入位置。

④ 利用“工作表”选项卡可以重新定义打印区域，编辑打印标题，以实现在每一页中都打印相同的行或列作为表格标题，也可以设置打印顺序等。

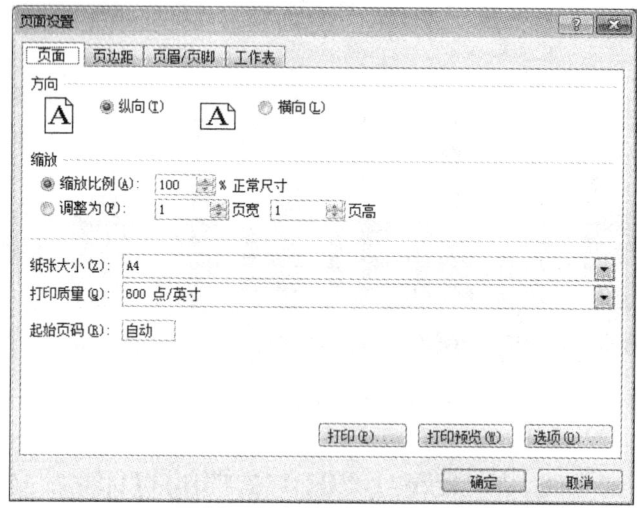

图 6-103 “页面设置”对话框

2. 打印预览

在打印工作表之前通过打印预览功能可以查看打印效果。选择“文件”|“打印”命令，在打开的“打印”面板中会显示打印预览效果，如图 6-104 所示。

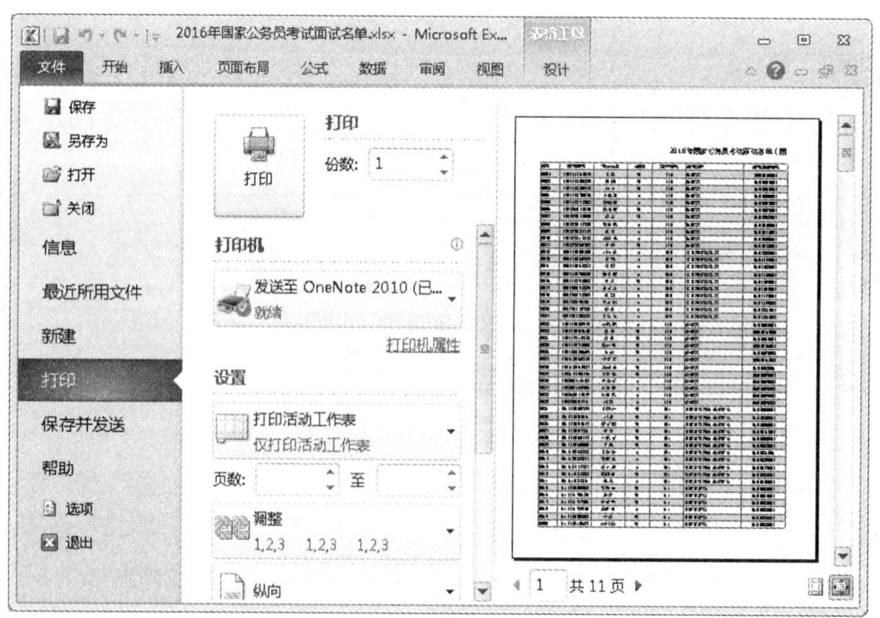

图 6-104 “打印”面板

在“打印”面板中，可以配置所有类型的打印设置。例如，对页数、页面范围、单面打印/双面打印、纵向和页面大小进行设置。

说明：在 Excel 2010 中，打印预览时，可以在通过“页面布局”视图查看工作表打印效果的同时对其进行编辑。单击“视图”选项卡“工作簿视图”选项组中的“页面布局”按钮，可以看到表格的打印效果，此时表格周围的空白区域也会显示出来，可直接设置页眉和页脚。

6.7.2 打印输出

工作表格式设置完成后就可以进行打印了，选择“文件”|“打印”命令，在打开的“打印”面板中单击“打印”按钮，完成工作表的打印输出。

6.8 Excel 2010 综合应用

下面以拆分工作表用到的“名单”工作表为例，综合实现 Excel 2010 数据输入、工作表格式化、公式函数计算、数据统计分析、图表制作等功能，以此解决工作、生活中一些常见的问题。

【例 6-21】在如图 6-105 所示的“名单”工作表中，按照下列要求进行相关数据的整理、统计和分析工作。

	A	B	C	D	E	F	G	H	I	J	K
1	2016年国家公务员	考生姓名经过处理，分数仅为模拟计算方法，与实际考试无关									
2											
3	序号	准考证号	考生姓名	性别	部门代码	报考部门	报考职位代码	报考职位名称	笔试分数	面试分数	总成绩
4		115111161019	王夏	男		财政部	0801015001	主任科员及以下	147.75	69	
5		115111200329	隋翔	男		财政部	0401001001	主任科员及以下	134.75	47	
6		115111220912	朱学	男		财政部	0401001001	主任科员及以下	140.75	75	
7		115111270518	于蓉惠	女		财政部	0401005001	主任科员及以下	127	50	
8		115111271203	任晓敏	女		财政部	0401001001	主任科员及以下	146	78	
9		115136011015	赵旭琪	男		财政部	0401007001	主任科员及以下	146.75	55	
10		115137011008	鲁奇	男		财政部	0401002001	主任科员及以下	122.5	86	
11		115137011720	翟建凤	女		财政部	0401010001	主任科员及以下	148.5	95	
12		115137021117	崔春	女		财政部	0401011001	主任科员及以下	126.25	31	
13		115137341312	郭银梅	女		财政部	0401008001	主任科员及以下	146	48	
14		115137360707	李征	男		财政部	0401012001	主任科员及以下	128.75	99	
15		108111050128	刘冉余	女		工业和信息	0401203001	通信发展处主任	139	62	
16		108111060927	雷炳	女		工业和信息	0401119001	网络与数据安全	127.5	78	
17		108111061221	莫岱	女		工业和信息	0401102001	综合处主任科员	113.5	69	
18		108111090520	张芳政	女		工业和信息	0401118001	市场处主任科员	137.5	67	
19		108111391802	李未	男		工业和信息	0401109001	节能处主任科员	120	86	
20		108170071229	蒋文奇	女		工业和信息	0401101001	机要督办处主任	140.75	59	
21		108170071309	崔韵	女		工业和信息	0401117001	政策标准处主任	130	90	
22		108170090104	李云麟	女		工业和信息	0401119002	重要通信处主任	112.25	45	
23		108170110720	颜灏	女		工业和信息	0401224001	信息通信管理处	111.25	77	
24		108170130222	王乔飞	女		工业和信息	0401124002	综合处主任科员	110.25	30	
25		110111050919	朱瑞鹏	女		公安部	0401002001	指挥中心主任科	142.25	43	
26		110111051615	黄钰	男		公安部	0801014005	毒品分析室主任	138.5	66	
27		110111942912	徐薇	男		公安部	0401001001	机关直属单位纪	126	43	
28		110111971008	赵坤湛	男		公安部	0801016001	办公室主任科员	140.75	85	
29		110112030609	孟婷	男		公安部	0401007002	毒品新型犯罪侦	132	43	
30		110143060315	许雯宇	女		公安部	0801014003	情报三室主任科	126	32	
31		110143061027	杨加涵	男		公安部	0401002004	统计处主任科员	131.5	98	
32		110241195116	王新凯	男		公安部	0601009001	监管处主任科员	139.5	68	

名单

图 6-105 公务员考试面试名单

1）在“序号”列中输入格式为“0001、0002、0003、…”的顺序号。

2）在“部门代码”列中填入相应的部门代码，其中准考证号的前 3 位为部门代码。

3）计算每个人的总成绩，总成绩=笔试成绩 60%+面试成绩 40%。

4）隐藏第 1 行标题中的批注内容。

5）使第 1 行标题文字位于所有数据上方且合并居中排列，文字格式设置为微软雅黑、14 磅、不加粗。

6）将“总成绩”列中数据设置为保留两位小数的数值格式。

7）为整个数据区域套用任意一个表格格式。

8）适当增加数据区域行高，并自动调整各列列宽至合适的大小。

9）锁定工作表的第 1～3 行，使之始终可见。

10）将已完成的工作表复制一份放到“名单”工作表右侧，并重命名为“筛选”。在“筛选”工作表中，自动筛选出所有性别为“女”的记录。

11）将按 1）～9）完成的工作表复制一份放到“筛选”工作表右侧，并重命名为“分类汇总”。在“分类汇总”工作表中，依据面试分数统计各报考部门的面试分数平均分和面试分数最高分。

12）在分类汇总的基础上，只对各部门平均值生成二维簇状柱形图。

13）将按 1）～9）完成的工作表复制一份放到“分类汇总”工作表右侧，并重命名为“数据透视表”。用数据透视表分析各部门男女考生报考各职位的人数。设置报表筛选字段为报考部门，行标签为报考职位名称，列标签为性别。将数据透视表放置在工作表中以单元格 L1 开始的单元格区域中，并使生成的数据透视表只显示“教育部”的统计结果。

具体操作说明如下。

要求 1），输入技巧的应用。选中单元格 A4，在输入数字前加一个英文状态单引号，如'0001，再双击填充柄往下填充其余单元格。

要求 2），函数的应用。选中单元格 E4，输入函数公式“=LEFT(B4,3)”后按【Enter】键，但因此列格式是“文本”类型，所以需要先将此列格式由原本的“文本”类型改为“数值”类型，再用 LEFT 函数提取，最后双击填充柄自动填充其余单元格。

要求 3），公式的应用。选中单元格 K4，输入公式“=I4*60%+J4*40%”后按【Enter】键，再双击填充柄自动填充其余单元格。

要求 4），批注的应用。单击“审阅”选项卡“批注”选项组中的“显示所有批注”按钮，即隐藏批注。

要求 5），单元格格式的应用。选中单元格区域 A1:K1，单击“开始”选项卡“对齐方式”选项组中的“合并后居中”按钮进行合并，再设置相应字体、字号。

要求 6），单元格格式的应用。选中所有总成绩列数据区域并右击，在弹出的快捷菜单中选择“设置单元格格式”命令，在弹出的“设置单元格格式”对话框中设置相应数值格式。选中所有总成绩区域，可以选中单元格 K4 后，用鼠标拖动选择，也可以用【Ctrl+Shift+↓】组合键选择。

要求 7），工作表的格式化。选中整个数据区域，任意套用一种表格格式即可。

要求 8），工作表的编辑操作。选中第 3 行开始的所有数据行并右击，在弹出的快捷菜单中选择“行高”命令，在弹出的“行高”对话框中设置相应的值；选中 A～K 列所有列，单击“开始”选项卡“单元格”选项组中的“格式”下拉按钮，在弹出的下拉菜单中选择“自动调整列宽”命令。

要求 9），工作表的管理操作。锁定前 3 行即冻结操作。选中单元格 A4，单击“视图”选项卡“窗口”选项组中的“冻结窗格”下拉按钮，在弹出的下拉菜单中选择“冻结拆分窗格”命令。至此，工作表设置完成，效果（部分截图）如图 6-106 所示。

要求 10），工作表的管理操作及数据筛选分析。先右击“名单”工作表，在弹出的快捷菜单中选择“复制”命令，复制一张表并重命名；再筛选出性别为女的所有记录。因为前面已套用工作表格式，所以可以直接筛选。

	A	B	C	D	E	F	G	
1	2016年国家公务员考试面试名单（国务院各部委）							
2								
3	序号	准考证号	考生姓名	性别	部门代码	报考部门	报考职位代码	报考职位名称
4	0001	5111161019	王夏	男	115	财政部	0801015001	主任科员及以下
5	0002	115111200329	隋翔	男	115	财政部	0401001001	主任科员及以下
6	0003	115111220912	朱学	男	115	财政部	0401001001	主任科员及以下
7	0004	115111270518	于蓉惠	女	115	财政部	0401005001	主任科员及以下
8	0005	115111271203	任晓敏	女	115	财政部	0401001001	主任科员及以下
9	0006	115136011015	赵旭琪	男	115	财政部	0401007001	主任科员及以下
10	0007	115137011006	鲁奇	男	115	财政部	0401002001	主任科员及以下
11	0008	115137011720	翟建凤	女	115	财政部	0401010001	主任科员及以下
12	0009	115137021117	崔春	女	115	财政部	0401011001	主任科员及以下
13	0010	115137341312	郭银梅	女	115	财政部	0401008001	主任科员及以下

图 6-106 公务员考试面试名单效果（一）

要求 11)，工作表的管理操作及数据汇总统计。操作同上复制一份工作表并重命名为“分类汇总”。先进行区域转换，选中所有数据区域，单击“表格工具-设计”选项卡“工具”选项组中的“转换为区域”按钮，如图 6-107 所示，将区域转换为普通区域。再依据“报考部门”进行升序或降序排序，并进行分类汇总。第一次汇总时，依据“报考部门”分类，汇总方式为“平均值”统计，汇总项为“面试分数”；第二次汇总时，依据“报考部门”分类，汇总方式为“最大值”统计，汇总项为“面试分数”，并取消“替换当前分类汇总”复选框的选中状态。

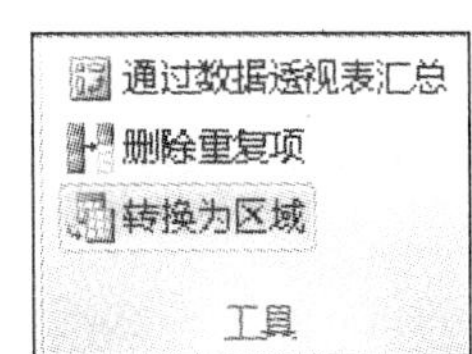

图 6-107 区域转换工具

要求 12)，图表制作。单击分类汇总左上角分级显示数字“2”，只显示各部门平均值，再选中报考部门平均值汇总项区域及面试分数平均值区域，单击“插入”选项卡“图表”选项组中的“柱形图”下拉按钮，在弹出的下拉菜单中选择“簇状柱形图”命令。效果如图 6-108 所示。

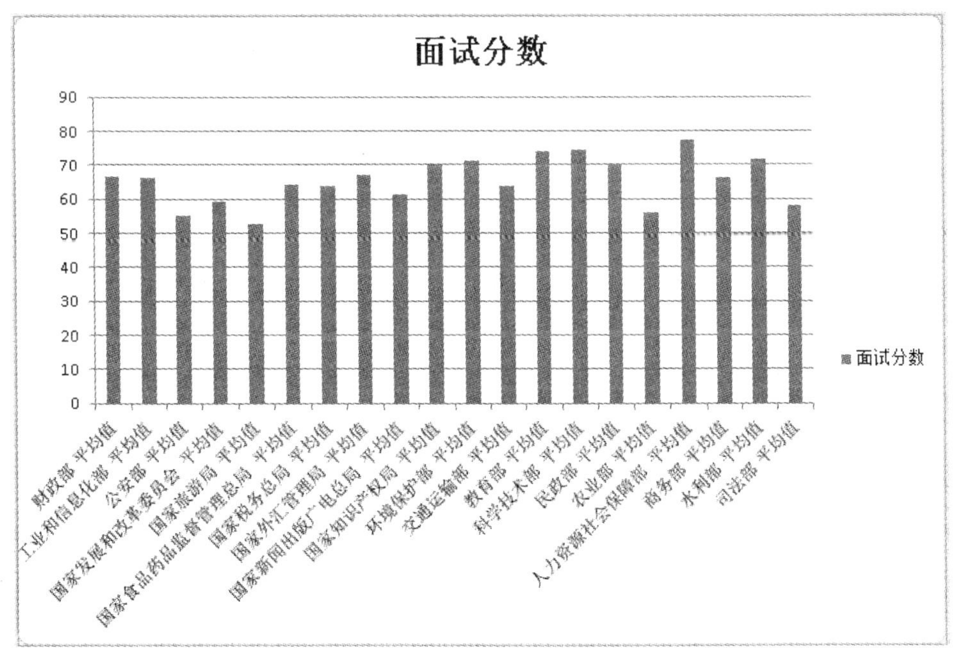

图 6-108 公务员考试面试名单效果（二）

要求 13），数据透视表分析。单击数据区域中的任意单元格，再单击“插入”选项卡“表格”选项组中的“数据透视表”按钮，选中现有工作表的单元格 L1，在打开的“数据透视表字段列表”任务窗格中设置相应报表筛选字段、行/列标签及数值，如图 6-109 所示。再对生成的数据透视表按照“报考部门”为“教育部”进行筛选，结果如图 6-110 所示。

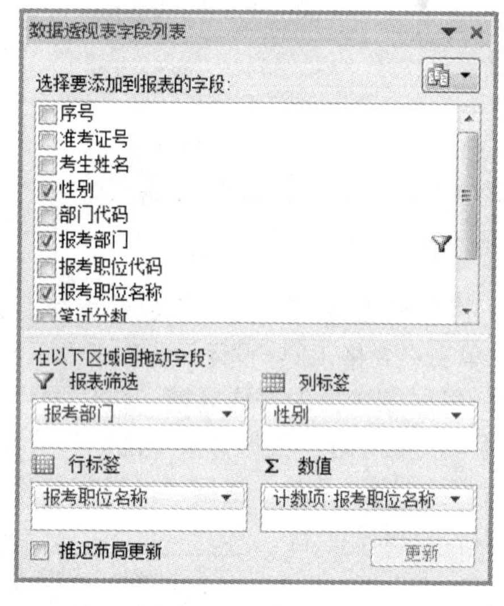

图 6-109 “数据透视表字段列表”任务窗格

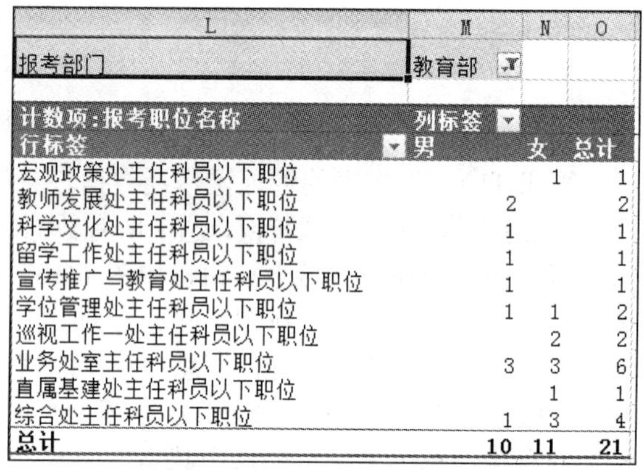

报考部门	教育部		
计数项:报考职位名称	列标签		
行标签	男	女	总计
宏观政策处主任科员以下职位		1	1
教师发展处主任科员以下职位	2		2
科学文化处主任科员以下职位	1		1
留学工作处主任科员以下职位	1		1
宣传推广与教育处主任科员以下职位	1		1
学位管理处主任科员以下职位	1	1	2
巡视工作一处主任科员以下职位		2	2
业务处室主任科员以下职位	3	3	6
直属基建处主任科员以下职位		1	1
综合处主任科员以下职位	1	3	4
总计	10	11	21

图 6-110 数据透视表筛选结果

思考与实践 6

一、单选题

1. 在 Excel 2010 中，对工作表的数据进行一次排序，排序主要关键字（　　），次要关键字（　　）。

A. 只能一列，可以多列　　B. 只能两列，可以多列

C. 最多三列，可以多列　　D. 任意多列，可以多列

2. 以下操作中不属于 Excel 2010 的是（　　）。

A. 自动排版　　B. 自动填充数据　　C. 自动求和　　D. 自动筛选

3. 在 Excel 2010 中，以下叙述中不正确的是（　　）。

A. 单元格中输入的内容可以是文字、数字、公式

B. 输入的字符不能超过单元格宽度

C. 每个工作表有 1 048 576 行，16 384 列

D. 每个工作簿可以由多个工作表组成

4. 公式“=SUM(C2:C6)”的作用是（　　）。

A. 求 C2 到 C6 这 5 个单元格数据之和

B. 求 C2 和 C6 这两个单元格数据之和

C. 求 C2 和 C6 这两个单元格的比值

D. 以上说法都不对

5．在 Excel 2010 中，字符型和数值型数据的默认显示方式分别是（　　）。

A．中间对齐、左对齐　　B．右对齐、中间对齐

C．左对齐、右对齐　　D．自定义、左对齐

6．在 Excel 2010 中，工作簿存盘时默认的文件扩展名为（　　）。

A．.xlsx　　B．.xls　　C．.doc　　D．.gib

7．以下单元格引用中，属于混合引用的是（　　）。

A．E3　　B．$CE$18　　C．C$20　　D．$D$13

8．在 Excel 2010 公式中，用来进行乘方的标记为（　　）。

A．×　　B．（　）　　C．^　　D．*

9．在 Excel 2010 中，当鼠标指针移到自动填充柄上时，鼠标指针变为（　　）。

A．双箭头　　B．双十字　　C．黑十字　　D．黑矩形

10．默认的图表类型是二维的（　　）图。

A．饼　　B．折线　　C．条型　　D．柱型

11．以下图标中，（　　）是“自动求和”按钮。

A．Σ　　B．S　　C．f　　D．fx

12．以下函数中，功能是计算工作表中数据区数值个数的是（　　）。

A．SUM(A1:A10)　　B．AVG(A1:A10)

C．MIN(A1:A10)　　D．COUNT(A1:A10)

13．以下各项中全部属于 Excel 2010 中的运算符号的一项是（　　）。

A．数字运算符、关系运算符、逻辑运算符

B．算术运算符、文本运算符、关系运算符

C．逻辑运算符、算术运算符、函数运算符

D．比较运算符、算术运算符、文本运算符

14．在 Excel 2010 中，以下关于“选择性粘贴”的叙述中不正确的是（　　）。

A．选择性粘贴可以只粘贴格式

B．选择性粘贴可以只粘贴公式

C．选择性粘贴可以将源数据的排序旋转 90°，即“转置”粘贴

D．选择性粘贴只能粘贴数值型数据

15．在 Excel 2010 中，以下关于分类汇总的叙述中正确的是（　　）。

A．分类汇总前必须按汇总项排序数据库

B．汇总方式只能是求和

C．分类汇总的汇总项只能是一个字段

D．分类汇总可以被删除，但删除汇总后排序操作不会撤销

16．在 Excel 2010 中，以下关于“筛选”的叙述中正确的是（　　）。

A．自动筛选和高级筛选都可以将结果筛选至另外的区域中

B．不同字段之间进行“或”运算必须使用高级筛选

C．自动筛选的条件只能是一个，高级筛选的条件可以是多个

D．如果所选的条件出现在多列中，并且条件间有“与”的关系，必须使用高级筛选

17．在 Excel 2010 中，以下关于图表的叙述中不正确的是（　　）。

A．修改数据区数据，图表也会随着变化

B．可以更改图表的标题

C．不能更改图表的类型

D．图表项目可以删除

18．在 Excel 2010 中，以下关于打印区域的叙述中不正确的是（　　）。

A．可以打印活动工作表　　B．不能忽略打印区域

C．可以打印整个工作簿　　D．可以打印选定的区域

19．以下序列中，不能直接利用自动填充快速输入的是（　　）。

A．Jan、Feb、Mar…　　B．Mon、Tue、Wed…

C．第一名、第二名、第三名…　　D．子、丑、寅…

20．清除单元格中的内容后（　　）。

A．单元格的格式、边框、批注都不被清除

B．单元格的边框也被清除

C．单元格的批注也被清除

D．单元格的格式也被清除

二、操作题

1．打开工作簿文件 EXC1.xlsx，完成下列操作，最后原名保存 EXC1.xlsx 文件。

在 Sheet1 工作表中：

（1）将单元格区域 A1:G1 合并为一个单元格，内容水平居中。

（2）计算“已销售出数量”(已销售出数量=进货数量-库存数量)，计算“销售额(元)”，给出“销售额排名”（按销售额降序排列，利用 RANK 函数）列的内容。

（3）利用“单元格样式”下拉菜单中的“标题 2”修饰表的标题，利用“输出”修饰表的单元格区域 A2:G14。

（4）利用条件格式将“销售排名”列中数值小于等于 5 的数字的颜色设置为红色（标准色）。

（5）选中“商品编号”和“销售额（元）”两列数据区域的内容并建立“三维簇状柱形图”，设置图表标题为“商品销售额统计图”，图例位于底部，将图表移动到工作表的单元格区域 A16:F32。

（6）将工作表命名为“统计表”。

在 Sheet2 工作表中：

（1）对数据清单中的内容进行筛选，条件是属于计算机、信息或自动控制系，且总成绩为 80 分及以上的数据。

（2）将工作表命名为“名单筛选”。

2．打开工作簿文件 EXC2.xlsx，完成下列操作，最后原名保存 EXC2.xlsx 文件。

在 Sheet1 工作表中：

（1）将单元格区域 A1:F1 合并为一个单元格，文字居中对齐。

（2）计算“同比增长”行内容［同比增长=(2016 年销售值-2015 年销售值)/2015 年销

售值]，百分比型，保留两位小数，计算“年最高值”列的内容（利用MAX函数，置于单元格F3和F4内）。

（3）将单元格区域A2:F5设置为自动套用格式“表样式浅色5”（取消筛选）。

（4）选取“季度”行（A2:E2）和“同比增长”行（A5:E5）数据区域的内容建立“簇状柱形图”，图表标题在图表上方，图表标题为“销售同比增长统计图”，清除图例，将图表移动到工作表的单元格区域A7:F17。

（5）将工作表命名为“销售统计表”。

在Sheet2工作表中：

（1）对工作表内数据清单的内容按主要关键字“季度”的升序次序和次要关键字“产品型号”的降序次序进行排序，完成对各季度销售额总和的分类汇总，汇总结果显示在数据下方。

（2）将工作表命名为“分类汇总”。

3．打开工作簿文件EXC3.xlsx，完成下列操作，最后原名保存EXC3.xlsx文件。

在Sheet1工作表中：

（1）将单元格区域A1:G1合并为一个单元格，内容水平居中。

（2）计算“总计”列和“专业总人数所占比例”列（百分比型，保留两位小数）的内容。

（3）利用“条件格式”中的“绿-黄-红色阶”修饰表中的单元格区域G3:G10。

（4）选择“专业”和“专业总人数所占比例”两列数据区域的内容建立“分离型三维饼图”，图表标题为“专业总人数所占比例统计图”，图例位置靠左，在饼图上添加数据标签，并将图表移动到工作表中的单元格区域A12:G28。

（5）将工作表命名为“专业统计表”。

在Sheet2工作表中：

（1）在单元格N1处创建数据透视表，分析各部门中各种等级的男女生人数。以“性别”为报表筛选字段，行标签为“部门”，列标签为“等级”，数值为“员工编号”，进行男女生人数的计数统计分析。

（2）筛选“男生”统计结果，并根据筛选结果生成二维簇状柱形图。

（3）将工作表命名为“成绩单”，并设置标签颜色为标准红色。

4．打开工作簿文件EXC4.xlsx，完成下列操作，最后原名保存EXC4.xlsx文件。

（1）通过合并单元格，将表名“某公司2016年3月员工工资表”置于整个表的上端并居中，调整字体、字号。

（2）在“序号”列中分别填入1～15，将其数据格式设置为数值、保留整数、居中。

（3）将“基础工资”（含）往右各列设置为会计专用格式，保留2位小数，无货币符号。

（4）调整表格各列宽度、对齐方式，使得显示更加美观，并设置纸张大小为A4、横向，需将整个工作表调整在1个打印页内。

（5）利用公式计算“实发工资”列，公式为“实发工资=应付工资合计-扣除社保-应交个人所得税”。

（6）复制工作表“2016年3月”，将副本放置到原表的右侧，并命名为“工资分类汇总”。

（7）在“工资分类汇总”工作表中通过分类汇总功能求出各部门“应付工资合计”和“实发工资”的和，每组数据分页显示。

5．打开工作簿文件 EXC5.xlsx，完成下列操作，最后原名保存 EXC5.xlsx 文件。

（1）在工作表“公式函数”中，按工作表中说明要求完成各个计算结果。

（2）在工作表“筛选”中，筛选出销售地区是西南或销售额大于等于 1000 的所有记录。筛选条件建立在以单元格 G2 为左上角的区域中，筛选结果显示在以单元格 A29 为左上角的区域中。

（3）在工作表“分类汇总”中，对产品名称（升序）分类，统计各类产品的平均销售额，在此基础上再统计各类产品的最高销售额，汇总结果显示在数据的下方。

（4）在工作表“透视表”中创建数据透视表。要求报表筛选字段为“年级”，行字段为“学院”，列字段为“性别”，数值字段为“总分”，汇总“总分”的最高分。取消“行总计”和“列总计”。数据透视表显示在以单元格 J1 为左上角的区域里。

（5）在工作表“图表”中，按工作表说明要求创建、编辑、美化图表。

第 7 章
PowerPoint 2010 应用基础

本章知识点：

- 基本概念：演示文稿、视图。
- 演示文稿的操作：创建、打开、关闭和保存。
- 演示文稿的管理：选择、插入、复制、移动和删除幻灯片。
- 编辑幻灯片内容：添加文字，设置版式，插入图片、图形、艺术字、表格、声音、视频。
- 美化演示文稿：设置背景、配色方案、母版和主题模板。
- 设置幻灯片动画效果：对象的动画设置。
- 设置演示文稿的交互效果：设置超链接和动作按钮。
- 设置演示文稿的切换、放映方式，打印和打包发布。

PowerPoint 2010 是微软公司出品的演示文稿制作软件。它可以帮助用户制作出图文并茂、生动美观、极富感染力的演示文稿。本章以 PowerPoint 2010 为对象，系统地介绍 PowerPoint 的基本操作、演示文稿的外观设置、动画与超链接和演示文稿的放映与打印等内容。

7.1 PowerPoint 2010 基础知识

7.1.1 PowerPoint 2010 的启动和退出

1. 启动

启动 PowerPoint 2010 有多种方法，常用的有如下 4 种。

1）选择“开始”|“所有程序”|“Microsoft Office”|“Microsoft PowerPoint 2010”命令。

2）双击桌面上的快捷方式图标。

3）直接在资源管理器或“计算机”窗口中双击指定的 PowerPoint 文件名。

4）选择“开始”|“运行”命令，在弹出的“运行”对话框中输入“powerpnt.exe”，单击“确定”按钮即可执行文件。

2. 退出

退出 PowerPoint 2010 常用的有如下 4 种方法。

1）选择“文件”|“退出”命令。

2）双击窗口左上角的控制菜单图标。

3）单击窗口右上角的“关闭”按钮。

4）使用【Alt+F4】组合键。

在执行退出操作时，如果没有对文件进行修改，则可立即关闭并退出 PowerPoint 2010；如果有未保存的修改，则会弹出提示对话框询问是否对修改进行保存，在给出选择后才可以退出 PowerPoint 2010。

7.1.2 PowerPoint 2010 的主界面

PowerPoint 2010 的主界面如图 7-1 所示。

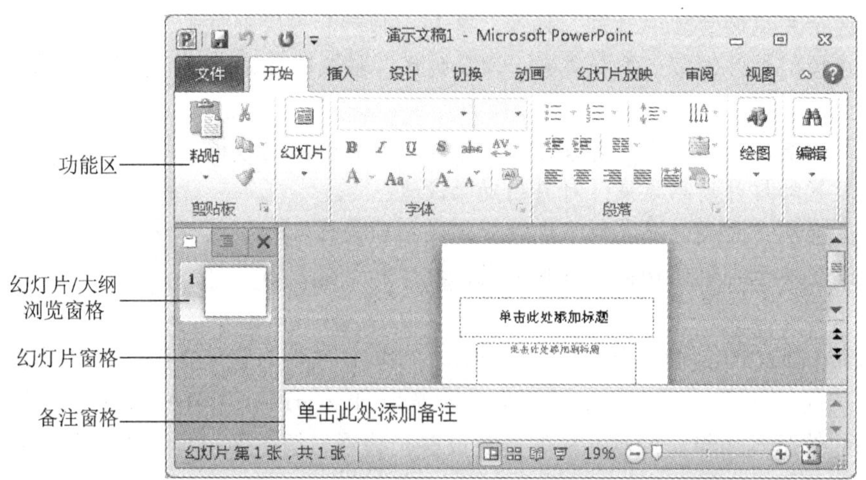

图 7-1 PowerPoint 2010 的主界面

7.1.3 PowerPoint 2010 视图种类

视图是呈现工作效果的一种方式。为了便于制作者以不同的方式观看自己制作的幻灯片的内容和效果，PowerPoint 提供了 6 种视图模式：普通视图、幻灯片浏览视图、备注页视图、母版视图、幻灯片放映视图和阅读视图。

可以在两个位置找到 PowerPoint 视图（图 7-2）：一是“视图”选项卡中的“演示文稿视图”选项组、“母版视图”选项组，二是 PowerPoint 窗口底部状态栏（普通视图、幻灯片浏览视图、阅读视图和幻灯片放映视图）。

切换视图十分简单，只要单击相应视图按钮即可进入幻灯片的各个视图。

1. 普通视图

普通视图是最主要的编辑视图，可用于撰写和设计演示文稿。一般 PowerPoint 启动后直接进入普通视图模式。普通视图有两种显示模式：幻灯片模式和大纲模式，分别如图 7-3 和图 7-4 所示。

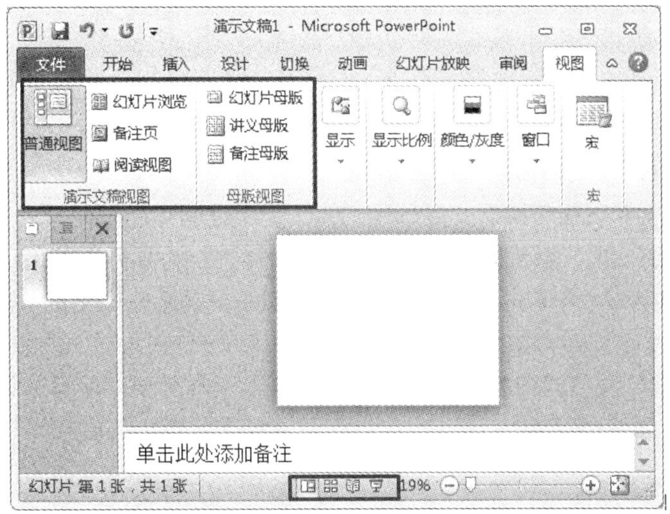

图 7-2 PowerPoint 视图

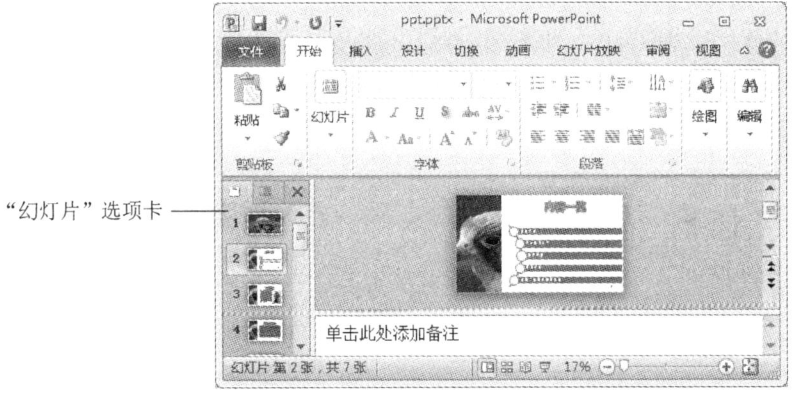

图 7-3 "幻灯片"选项卡

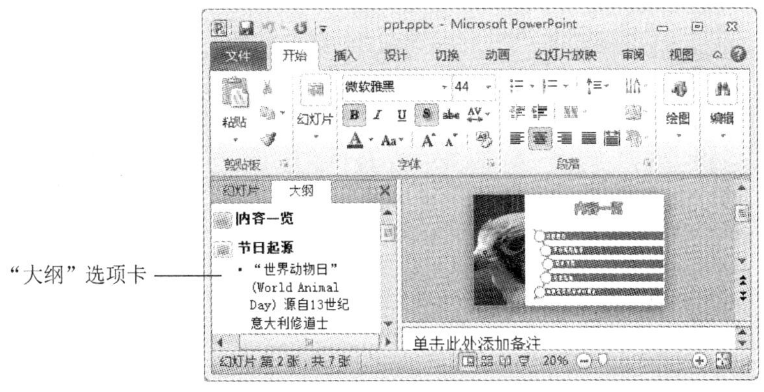

图 7-4 "大纲"选项卡

如图 7-3 和图 7-4 所示，在普通视图的两种模式中窗口都被分成 3 个区域：幻灯片窗格、"幻灯片/大纲"窗格和备注窗格。拖动窗格分隔线，可以调整窗格的尺寸。

幻灯片窗格位于功能区右下方，用于显示当前幻灯片的大视图。利用幻灯片窗格可以在当前幻灯片中添加文本，插入图片、表格、图形对象、文本框、电影、声音、超链接和动画等。在该窗格中一次只能编辑一张幻灯片。

备注窗格在幻灯片窗格下方，可以输入要应用于当前幻灯片的备注信息。备注信息只出现在这个窗格中，在文稿演示中不会出现。

“幻灯片”选项卡以缩略图形式显示幻灯片。使用缩略图能方便地遍历演示文稿，并观看任何设计更改的效果。在这里还可以轻松地重新排列、添加或删除幻灯片。

“大纲”选项卡以大纲形式显示幻灯片文本，即主要显示每张幻灯片的标题和正文。它是组织和创建演示文稿文字内容的理想模式。在“大纲”选项卡中可以方便地移动整张幻灯片、重新排列幻灯片中的内容、编辑标题和正文等。需要说明的是，该选项卡中显示的文字是在默认占位符中输入的文字，用户自行建立的文本框中的文字不会显示出来。

2. 幻灯片浏览视图

在幻灯片浏览视图中可以查看缩略图形式的幻灯片，如图 7-5 所示。在该视图中，可以统观全局，演示文稿中的所有幻灯片整齐地排列在一起，可以清楚地看到它们之间的过渡及前后呼应关系。在幻灯片浏览视图中，不能更改单张幻灯片中的内容，但可以删除幻灯片、复制幻灯片或调整幻灯片的前后次序。在普通视图中注重的是细节，而在幻灯片浏览视图中注重的是全局。

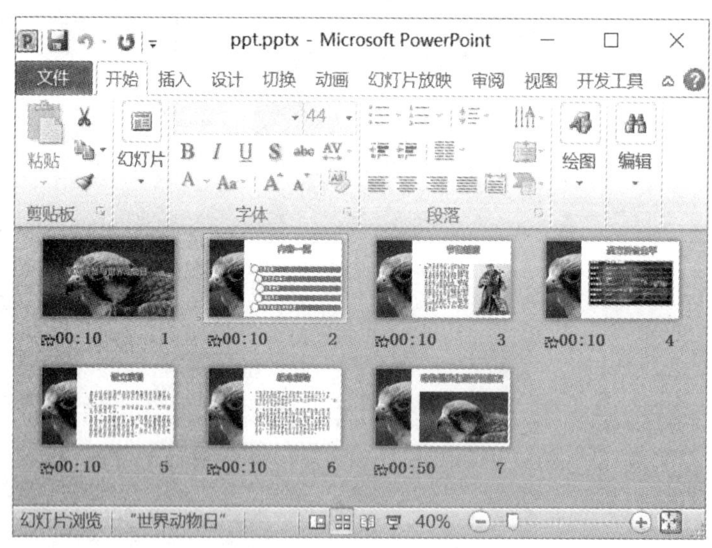

图 7-5 幻灯片浏览视图

3. 备注页视图

单击“视图”选项卡“演示文稿视图”选项组中的“备注页”按钮，即可切换到备注页视图。备注页视图以整页格式查看和使用备注。

4. 母版视图

演示文稿中的各个页面经常会有重复的内容，使用母版可以统一控制整个演示文稿的某些文字安排、图形外观及风格等，一次制作出整个演示文稿中所有页面通用的部分，可极大地提高工作效率。母版视图包括幻灯片母版视图、讲义母版视图和备注母版视图。它们是存储有关演示文稿信息的主要幻灯片，包括背景、颜色、字体、效果、占位符大小和位置。使用母版视图的一个主要优点是可以对与演示文稿关联的每张幻灯片、备注页或讲义的样式进行全局更改。

5. 幻灯片放映视图

幻灯片放映视图模拟幻灯片放映的真实情况，用于检查演示文稿的效果。进入幻灯片放映视图后演示文稿会占据整个计算机屏幕，这与观众观看大屏幕上显示的演示文稿完全一样，可以看到图形、计时、电影、动画效果和切换效果在实际演示中的具体效果。若要退出幻灯片放映视图，则可按【Esc】键。

6. 阅读视图

阅读视图用于个人放映演示文稿。如果希望在一个设有简单控件以方便审阅的窗口中查看演示文稿，而不想使用全屏的幻灯片放映视图，则可以使用阅读视图。当需要更改演示文稿时，可随时从阅读视图切换至某个其他视图。

7.2 PowerPoint 2010 基本操作

利用 PowerPoint 2010 制作的文件，称为演示文稿，扩展名为.pptx。一个演示文稿是由多张幻灯片组成的，幻灯片就是演示文稿中的每一页。

7.2.1 演示文稿的创建

根据演示文稿使用情况的不同，新建演示文稿的方法有 3 种。

（1）创建空白演示文稿

创建空白演示文稿即从空白幻灯片开始，自己设计演示文稿的图案、思路及内容。使用这种方法，用户有着绝对的自由，可以随意发挥，但要想制作出专业水平的演示文稿，需要很大的工作量。具体操作步骤如下。

在 PowerPoint 2010 中，选择“文件”|“新建”命令，在打开的“新建”面板中选择“空白演示文稿”选项，单击“创建”按钮，如图 7-6 所示。

（2）根据样本模板创建演示文稿

样本模板是 PowerPoint 已经建立的近乎完美的演示文稿，用户只需在模板的帮助下输入一些相应的内容即可。使用样本模板最为便捷，但可发挥空间小，演示文稿的外观、思路甚至建议内容都已经被规定好。另外，演示文稿包含的主题也是有限的，只能是培训、相册和项目测试报告等普通的主题。使用样本模板创建演示文稿的操作步骤如下。

选择“文件”|“新建”命令，在打开的“新建”面板中选择“样本模板”选项，打开的界面如图 7-7 所示，在各种样本模板中选择一种模板，单击“创建”按钮。

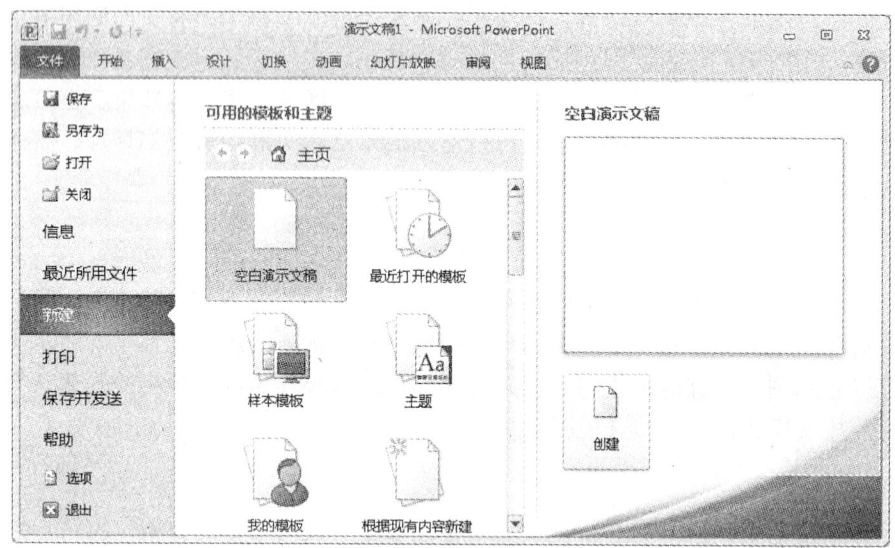

图 7-6 新建空白演示文稿

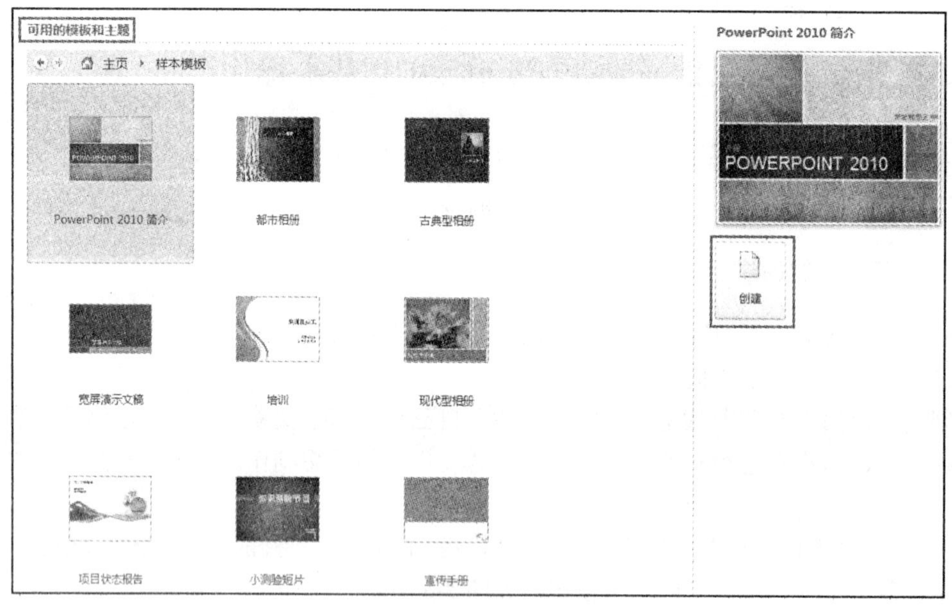

图 7-7 样本模板选择窗格

PowerPoint 会自动创建一份演示文稿。用户可以向其中添加自己需要的文本或图片。

(3) 使用 PowerPoint 提供的主题（背景模板）创建文稿

PowerPoint 中的主题提供了演示文稿的背景、标题样式等图案性的元素。根据主题模板创建演示文稿的操作步骤如下。

1）选择“文件”|“新建”命令，在打开的“新建”面板中选择“主题”选项。屏幕显示如图 7-8 所示。

2）查看所有的文件主题，选择所需要的主题，再单击“创建”按钮。

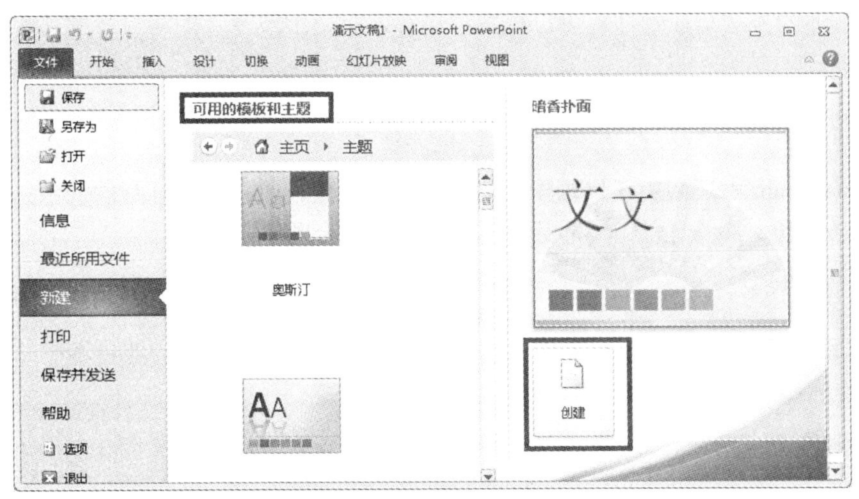

图 7-8 主题模板（背景模板）选择窗格

7.2.2 演示文稿的打开、关闭和保存

1. 打开

打开已存在的演示文稿通常有如下两种方法。

1）选择“文件”|“打开”命令，在弹出的“打开”对话框中选择所需的文件，单击“打开”按钮。

2）单击快速访问工具栏中的“打开”按钮，也可以弹出“打开”对话框，其余步骤同 1)。

2. 关闭

若要关闭演示文稿，则可选择“文件”|“退出”命令。

3. 保存

如果需要保存演示文稿，通常有如下两种方法。

1）选择“文件”|“另存为”命令，在弹出的“另存为”对话框中，输入演示文稿的名称，单击“保存”按钮。

2）单击快速访问工具栏中的“保存”按钮。

注意：默认情况下，PowerPoint 2010 将文件保存为 PowerPoint 演示文稿（.pptx）文件格式。如果要以其他格式保存演示文稿，可在“保存类型”下拉列表中选择所需的文件格式。

7.3 演示文稿的管理

使用 PowerPoint 制作的演示文稿一般由多张幻灯片组成，在编辑演示文稿时，常需要对演示文稿进行添加幻灯片、复制幻灯片、调整幻灯片顺序及删除幻灯片等操作。完成这些操作最方便的方法是在幻灯片浏览视图中进行，小范围或少量的幻灯片操作也可在普通视图中进行。

7.3.1 选择幻灯片

在 PowerPoint 中所做的任何操作都需要先选中对象，包括对幻灯片的选中。操作者可以一次选中一张或多张幻灯片，再对选中的幻灯片进行操作。

1. 选择单张幻灯片

在普通视图或幻灯片浏览视图模式下，单击需要选择的幻灯片，即可选中它。此时，该幻灯片外侧出现一个黄色外边框。

2. 选择多张连续的幻灯片

首先选中起始位置的幻灯片，然后按住【Shift】键，再单击结束位置的幻灯片，即可选中多张连续的幻灯片。

3. 选择多张不连续的幻灯片

按住【Ctrl】键，依次单击需要选择的幻灯片，即可同时选中多张不连续的幻灯片。

7.3.2 插入幻灯片

插入幻灯片通常有如下两种方法。

1）单击“开始”选项卡“幻灯片”选项组中的“新建幻灯片”下拉按钮（图 7-9），在弹出的下拉菜单中显示了各种幻灯片版式的缩略图，如图 7-10 所示，从其中选择一种即可插入一张对应布局的幻灯片。

图 7-9 “新建幻灯片”按钮

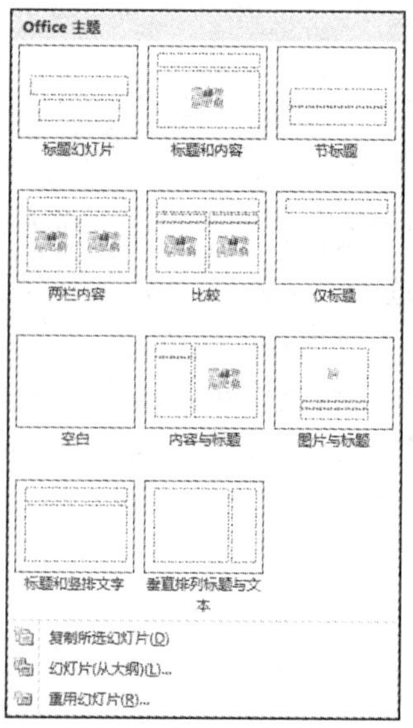

图 7-10 “新建幻灯片”下拉菜单

若希望新幻灯片具有与上一张幻灯片相同的布局，只需单击“新建幻灯片”按钮。

2）在普通视图中包含“大纲”和“幻灯片”选项卡窗格的空白处右击，在弹出的快捷菜单中选择“新建幻灯片”命令。

7.3.3 复制幻灯片

PowerPoint 2010支持以幻灯片作为整体对象的复制操作，方法同复制对象的一般方法。首先选中需要复制的幻灯片，单击“开始”选项卡“剪切板”选项组中的“复制”按钮，或者右击，在弹出的快捷菜单中选择“复制幻灯片”命令，然后在需要插入幻灯片的位置单击，单击“开始”选项卡“剪切板”选项组中的“粘贴”按钮，或者右击，在弹出的快捷菜单中选择“粘贴”命令，即可完成幻灯片的复制粘贴操作。

7.3.4 移动幻灯片

当对幻灯片编排顺序不满意时，可随时对其顺序进行调整。选中需要调整顺序的幻灯片，按住并拖动鼠标，直接将其拖放至适当的位置即可。幻灯片被移动后，软件会自动对所有的幻灯片进行重新编号。

7.3.5 删除幻灯片

在大纲视图、普通视图或浏览视图方式下，选中需要删除的幻灯片，按【Delete】键，即可删除多余的幻灯片。

7.4 幻灯片内容的编辑

7.4.1 在幻灯片中添加文字

在幻灯片中添加文字的操作可以在普通视图的幻灯片窗格中进行。

1. 使用文本占位符

在普通视图的幻灯片窗格中，单击文本占位符后即可输入文本，如图7-11所示。

2. 通过设置幻灯片版式、调整占位符的位置、个数

幻灯片版式包括要在幻灯片中显示的全部内容的格式设置、位置和占位符，其中占位符是版式中的容器，可容纳如文本、表格、图表、图形、影片和声音等内容。图7-10所示为PowerPoint 中内置的幻灯片版式。

创建新幻灯片时，就可以从多种预先设计好的幻灯片版式中进行选择，也可以在创建幻灯片之后修改其版式。应用一个新的版式时，所有的文本和对象都保留在幻灯片中，但是需要重新排列以使其适应新版式。

修改版式的操作步骤如下。

1）单击要修改版式的幻灯片。

2）单击“开始”选项卡“幻灯片”选项组中的“版式”下拉按钮（图7-12）。

3）在弹出的下拉菜单中选择所需版式。这样幻灯片上就会有不同位置、个数的占位框。

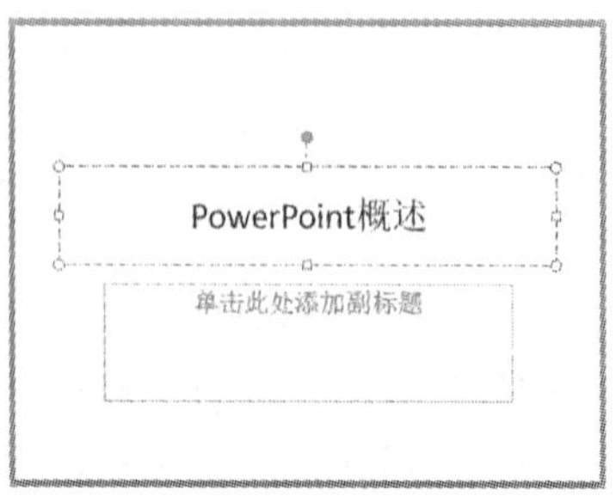

图 7-11 使用文本占位符

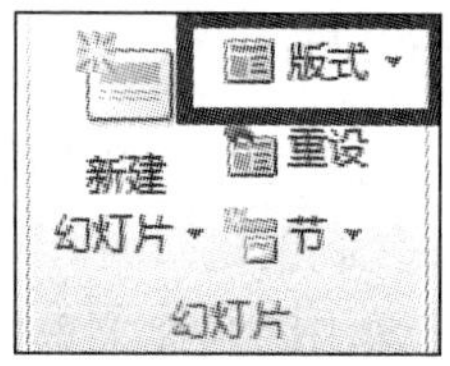

图 7-12 幻灯片“版式”按钮

3. 插入文本框

如果要在文本占位符位置外添加文字，可单击“插入”选项卡“文本”选项组中的“文本框”按钮，创建文本框后，在文本框内添加文本即可。

注意：所有文本内容都可以像 Word 中一样进行格式设置。

7.4.2 在幻灯片中插入图片

1. 插入“剪辑库”中的剪贴画

插入“剪辑库”中的剪贴画的操作步骤如下。

1）选中要添加图片的幻灯片。

2）单击“插入”选项卡“图像”选项组中的“剪贴画”按钮（图 7-13），打开“剪贴画”任务窗格。

3）在“搜索文字”文本框中输入要插入的剪贴画的相关文字，单击“搜索”按钮，在任务窗格中的图片列表框中将出现相关的所有剪贴画，如图 7-14 所示。

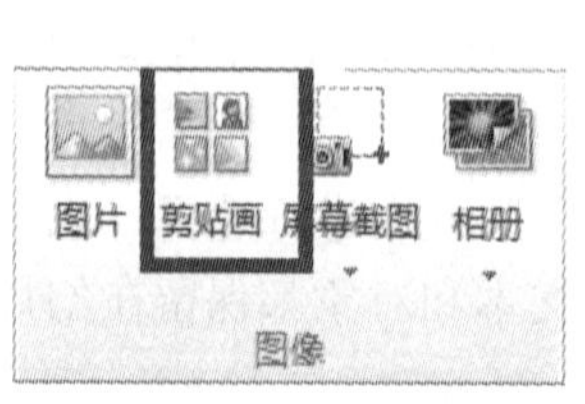

图 7-13 “剪贴画”按钮

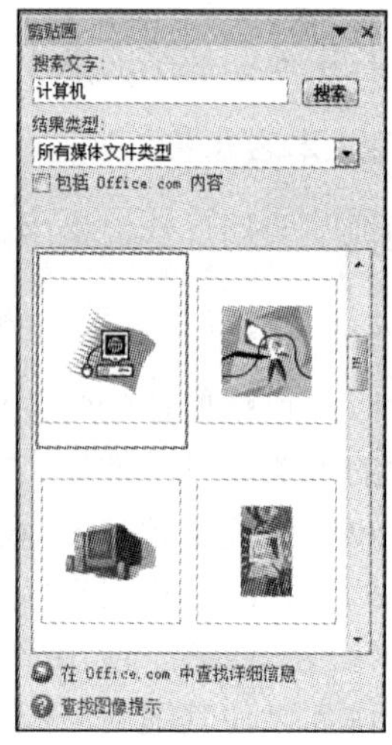

图 7-14 “剪贴画”任务窗格

4）单击所需的图片，或将图片从列表框中拖到幻灯片中。

5）结束使用“剪贴画”任务窗格时，单击“剪贴画”任务窗格标题栏上的“关闭”按钮。

2. 插入来自文件的图片

插入来自文件的图片的操作步骤如下。

1）选中要添加图片的幻灯片。

2）单击“插入”选项卡“图像”选项组中的“图片”按钮（图 7-15）。

3）在弹出的“插入图片”对话框中找到要插入的图片，再双击该图片，如图 7-16 所示。

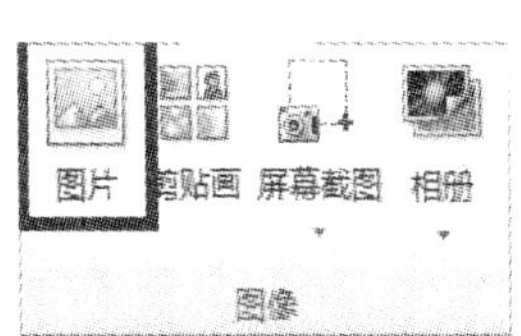

图 7-15 “图片”按钮

图 7-16 “插入图片”对话框

注意：对于插入的图片，可以通过使用“图片工具”选项卡裁剪图片，调整图片亮度、对比度和颜色等。

3. 插入自选图形

插入自选图形的操作步骤如下。

1）选中要插入图形的幻灯片。

2）单击“插入”选项卡“插图”选项组中的“形状”下拉按钮（图 7-17）。

3）在弹出的下拉菜单（图 7-18）中选择需要的形状并单击，在幻灯片上拖出一个形状区域。

图 7-17 “形状”下拉按钮

图 7-18 “形状”下拉菜单

7.4.3 在幻灯片中插入艺术字

在幻灯片中插入艺术字的操作如下。

1）在演示文稿中，选中要添加艺术字的幻灯片。

2）单击“插入”选项卡“文本”选项组中的“艺术字”下拉按钮（图 7-19），在弹出的下拉菜单中选择一种艺术字样式。

3）在幻灯片中会出现“请在此放置您的文字”文本框，在该文本框中单击并输入文本。

4）在“格式”选项卡“艺术字样式”选项组（图 7-20）中对艺术字样式进行进一步设置（和前面学习的 Word 中的艺术字的设置类似）。

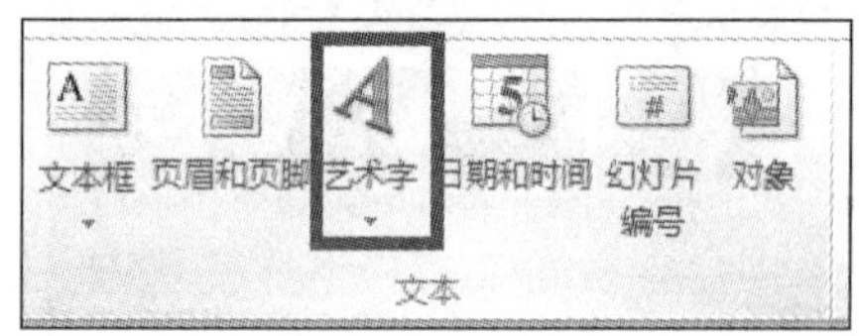

图 7-19 “艺术字”按钮

图 7-20 “艺术字样式”选项组

7.4.4 在幻灯片中插入表格

用户可以先在 Word 或 Excel 中创建并处理表格，再将其粘贴到当前幻灯片中，也可以使用 PowerPoint 本身带有的常用的表格处理功能，直接在演示文稿中创建并处理表格。具体操作为单击“插入”选项卡“表格”选项组中的“表格”下拉按钮，在弹出的下拉菜单中拖动鼠标选择行列数生成表格，然后在单元格中输入文本，如图 7-21 和图 7-22 所示。

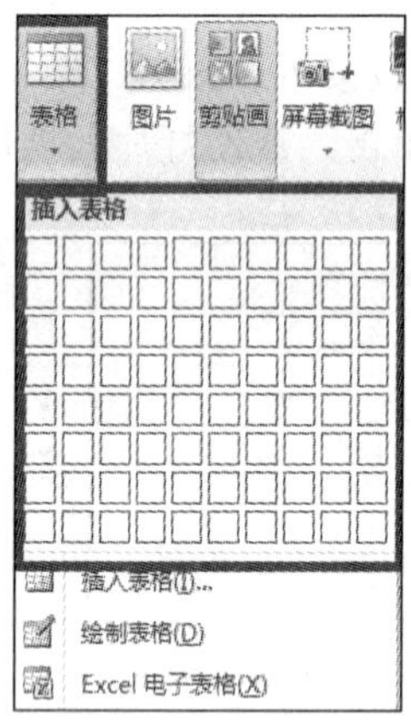

图 7-21 “表格”下拉菜单

季度	分公司	产品类别	产品名称	销售数量
1	西部 2	K-1	空调	89
1	南部 3	D-2	电冰箱	89
1	北部 2	K-1	空调	89
1	东部 3	D-2	电冰箱	86
1	北部 1	D-1	电视	86

图 7-22 在幻灯片中插入的表格

7.4.5 在幻灯片中插入声音

在幻灯片中可以方便地插入声音，从而使演示文稿变得具体生动，富有感染力。PowerPoint 2010 支持多种格式的声音文件，如 WAV、MID、WMA、MP3 等。WAV 文件播放的是实际的声音，MID 文件表示的是 MIDI 电子音乐，WMA 文件是微软公司推出的音频格式。

插入音频的方法与插入图片相似，可以从“剪辑库”中插入音频，也可以从文件中插入。具体操作步骤如下。

1）单击要添加音频剪辑的幻灯片。

2）单击“插入”选项卡“媒体”选项组中的“音频”下拉按钮（图7-23）。

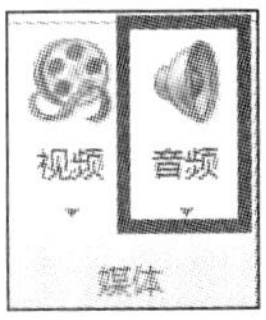

3）在弹出的下拉菜单中选择“文件中的音频”命令，找到包含所需文件的文件夹，然后双击要添加的文件。或选择“剪贴画音频”命令，在“剪贴画”任务窗格中找到所需的音频，然后单击该剪辑以将其添加到幻灯片中。

图7-23 音频按钮

7.4.6 在幻灯片中插入视频

PowerPoint可播放多种格式的视频文件。视频文件容量较大，通常以压缩的形式存储，不同的压缩/解压算法可生成不同的视频文件格式。例如，AVI是采用英特尔公司的有损压缩技术生成的视频文件，MPEG是一种全屏幕运动视频标准文件，DAT是VCD专用的视频文件格式。如果想让带有视频文件的演示文稿在其他计算机上也可以播放，首选是AVI格式。在幻灯片中插入视频的方法与插入声音的方法类似。具体操作步骤如下。

1）在普通视图中，选中要插入视频的幻灯片。

2）单击“插入”选项卡“媒体”选项组中的“视频”下拉按钮，在弹出的下拉菜单中选择“文件中的视频”命令，弹出“插入视频文件”对话框，选择需要的视频文件。如果选择“剪贴画视频”命令，则打开“剪贴画”任务窗格，从中选取所需要的视频文件。

7.5 演示文稿的美化

PowerPoint 的一大特色是可以使演示文稿中所有的幻灯片具有一致的外观。设置幻灯片外观的常用方法有设置幻灯片背景、配色方案、母版和应用设计主题等。

7.5.1 设置幻灯片背景

在PowerPoint中，单一颜色、颜色过渡、纹理、图案或图片都可以作为演示文稿幻灯片的背景，不过每张幻灯片或母版上只能使用其中一种背景类型。当选择或更改幻灯片背景时，可以使之仅应用于当前幻灯片，也可以使之应用于所有的幻灯片及幻灯片母版。

纯色填充的背景是指用单一的颜色块作为幻灯片的背景。

渐变填充的背景是指用一种或两种颜色的灰度按照一定的形式连续地变化，所形成的灰度不同的颜色图作为幻灯片的背景。

纹理背景模仿现实世界中可以作为背景的事物，如花岗石、沙滩、羊皮纸等。

图案填充是指将由色线或色块组成的几何图案作为背景。

如果希望得到更逼真的效果，还可以使用图片作为幻灯片的背景。图片的来源可以是剪贴画或照片。

具体操作步骤如下。

1）选中要添加背景的幻灯片。如果要选择多张幻灯片，可单击某张幻灯片，然后按住

【Ctrl】键并单击其他要选择幻灯片。

2）单击“设计”选项卡“背景”选项组中的“背景样式”下拉按钮（图 7-24），在弹出的下拉菜单中选择“设置背景格式”命令，弹出“设置背景格式”对话框（图 7-25）。

图 7-24 “背景样式”下拉按钮

图 7-25 “设置背景格式”对话框

3）选择任意一种填充效果进行设置，若单击“全部应用”按钮，则可将设置应用到整个演示文稿；若单击“关闭”按钮，则将设置应用到当前选中幻灯片。

7.5.2 幻灯片配色方案

配色方案是预先设置好的一套搭配协调的颜色设置，可自动应用于幻灯片中的对象，如背景、线条、文本、阴影、标题文本、填充、强调和超链接。

在 PowerPoint 中每个主题模板都包含一个标准的配色方案，配色方案中提供的 8 种默认颜色可以应用到所有幻灯片中，也可以只应用到某张选中的幻灯片中。用户可根据需要应用或更改主题模板中原有的配色方案。

1. 使用标准配色方案更改主题颜色

主题颜色指文件中使用的颜色的集合。主题颜色、主题字体和主题效果三者构成一个主题。通过选择一种新主题颜色来更改文档中的颜色，但保留该文档原有主题。当选择新的主题颜色时，PowerPoint 2010 将自动使用颜色来设置演示文稿中各部分的格式。具体操作步骤如下。

1）单击“设计”选项卡“主题”选项组中的“颜色”下拉按钮，如图 7-26 所示。

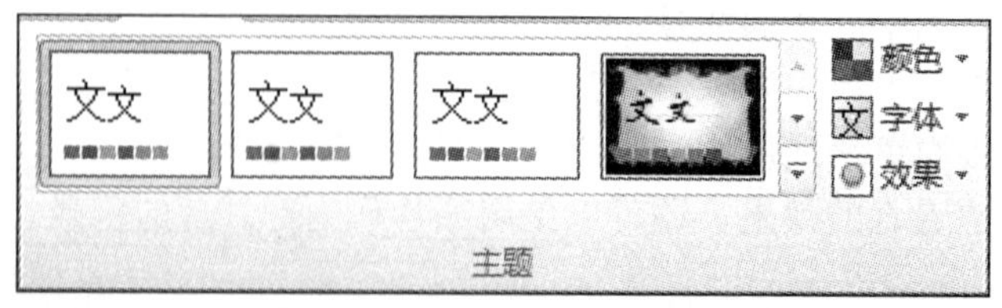

图 7-26 “主题”选项组“颜色”下拉按钮

2）在弹出的“颜色”下拉菜单的“内置”列表中，单击要使用的主题颜色，如图 7-27 所示。

2. 创建自定义主题颜色

如果对现有的配色方案不满意，则在“颜色”下拉菜单中选择“新建主题颜色”命令，弹出如图 7-28 所示的对话框，在该对话框中设置合适的自定义主题颜色。

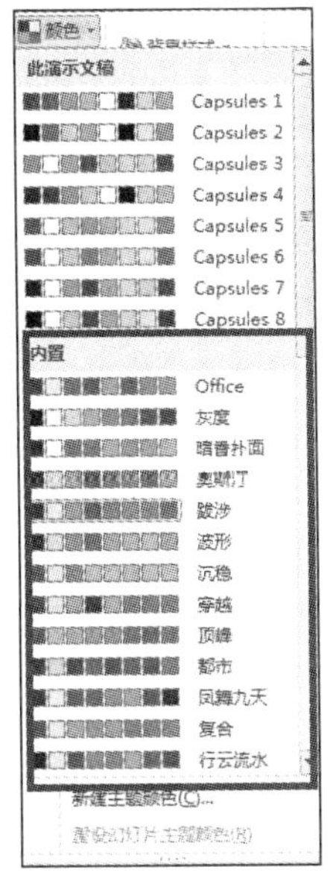

图 7-27 “颜色”下拉菜单

图 7-28 “新建主题颜色”对话框

7.5.3 设置母版

在幻灯片母版视图中可以确定所有标题及文本的样式，同时可以添加在每张幻灯片上都出现的图形及标志。选择“视图”选项卡，在“母版视图”选项组中可以看到 3 种母版视图，如图 7-29 所示。

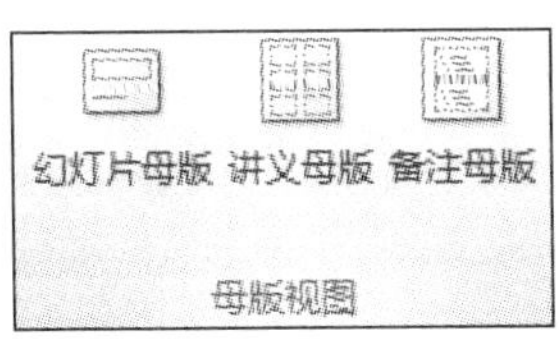

图 7-29 “母版视图”选项组

在 PowerPoint 中，幻灯片母版控制在幻灯片中输入的标题和文本的格式与类型，讲义母版用于添加或修改幻灯片在讲义视图中每页讲义上出现的页眉或页脚信息，备注母版用来控制备注页版式和备注页文字格式。这里具体介绍常用的幻灯片母版。

以下是幻灯片母版应用举例。新建一个演示文稿，将所有幻灯片的右下角添加一张计算机图片，左下角加上文字“好好学习”，标题文本设置为华文彩云字体。具体操作步骤如下。

1）单击“视图”选项卡“母版视图”选项组中的“幻灯片母版”按钮，打开母版视图。

2）在母版视图中选择“标题和内容”页，进入标题和内容母版的编辑窗口。

3）单击“插入”选项卡“图像”选项组中的“剪贴画”按钮，打开“剪贴画”任务窗格，选择一张计算机图片，放置到幻灯片母版右下角，调整其尺寸和位置，在母版左下角输入文字“好好学习”，并对标题字体进行格式设置，如图 7-30 所示。

4）设置完成后，返回普通视图，可观察到所有基于该母版的幻灯片都会套用修改后的母版格式，幻灯片母版上设计的图片和文字出现在每张幻灯片的相同位置上，标题文本字体也都会自动变成华文彩云，效果如图 7-31 所示。

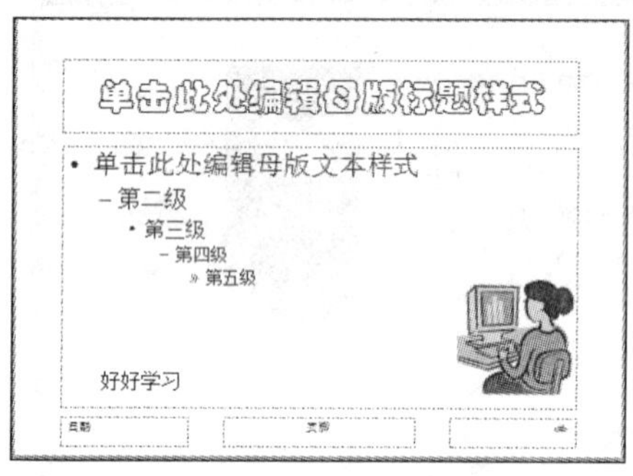

图 7-30　在母版中设置格式

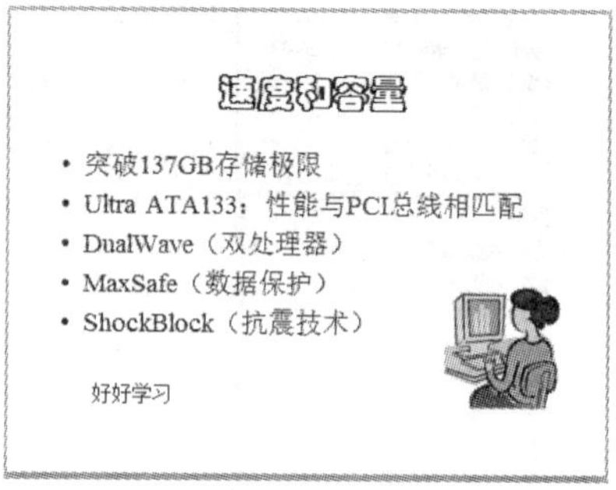

图 7-31　修改母版后的幻灯片效果

7.5.4　创建和应用主题模板

主题模板是控制演示文稿具有统一外观最快捷的一种方法。在 PowerPoint 2010 中，系统提供了多种预设主题模板，可以轻松制作出有专业效果的演示文稿。向演示文稿应用主题模板时，新主题的幻灯片母版、标题母版和配色方案将取代原演示文稿的幻灯片母版、标题母版和配色方案。应用主题模板后，添加的每张新幻灯片都会拥有相同的自定义外观。

打开要应用或重新应用主题模板的演示文稿，在“设计”选项卡“主题”选项组中，如图 7-32 所示，单击要应用的文档主题，则可将主题应用于演示文稿。若没有找到合适的主题，可以单击现有主题右边滚动条上的下拉按钮，则会弹出“主题”下拉菜单，如图 7-33 所示。

图 7-32　“主题”选项组

在“主题”下拉菜单中选择“市镇”主题，“市镇”主题立即应用于演示文稿，变化过程如图 7-34 所示。

PowerPoint 提供了大量专业设计的主题模板，用户也可以创建自定义的主题模板。创建自定义模板的方法如下。

1）打开已完成的原始文件，选择“文件”|“另存为”命令，弹出“另存为”对话框。在“保存类型”下拉列表中选择“PowerPoint 模板”选项，然后在“文件名”文本框中输入模板的名称，并保存。模板文件的扩展名为.potx，默认保存的位置为“C:\Program

Files\Microsoft Office\Templates”下。

图 7-33 “主题”下拉菜单

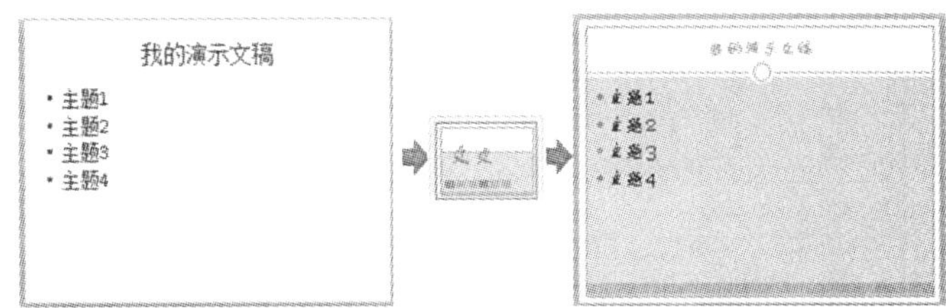

图 7-34 幻灯片应用主题的变化过程

2）以后创建新演示文稿时，选择“文件”|“新建”命令，在“新建”面板中选择“我的模板”选项，弹出“新建演示文稿”对话框，选择刚才创建的模板，单击“确定”按钮，就可以用自定义模板的格式新建一个演示文稿，再根据具体要求向其中添加内容即可，如图 7-35 所示。

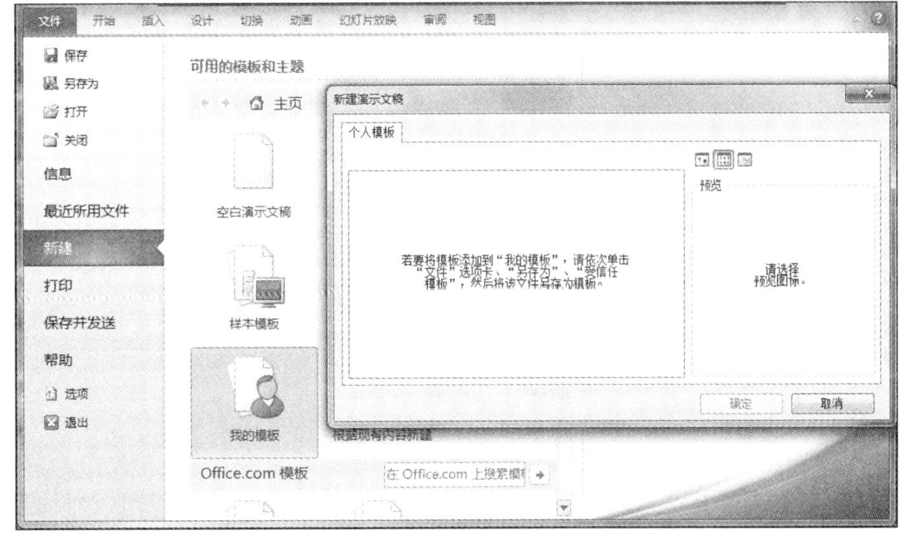

图 7-35 新建的模板

7.6 幻灯片的动画效果设置

我们可以将幻灯片中的文本、图片、形状和表格等其他对象制作成动画，赋予它们进入、退出、大小或颜色变化甚至移动等视觉效果。

1. 选择动画种类

选中要添加动画效果的图片或文字，再单击“动画”选项卡“高级动画”选项组中的“添加动画”下拉按钮，可以进行 4 种动画设置，分别是进入、强调、退出和动作路径。进入是指对象从无到有时的动画效果（图 7-36），强调是指对象直接显示后再出现的动画效果（图 7-37），退出是指对象从有到无时的动画效果（图 7-38），动作路径是指对象沿着已有的或自己绘制的路径运动（图 7-39）。

图 7-36 “进入”动画

图 7-37 “强调”动画

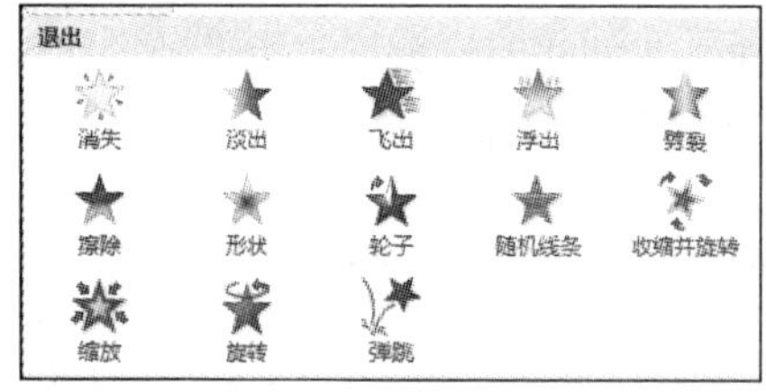

图 7-38 “退出”动画

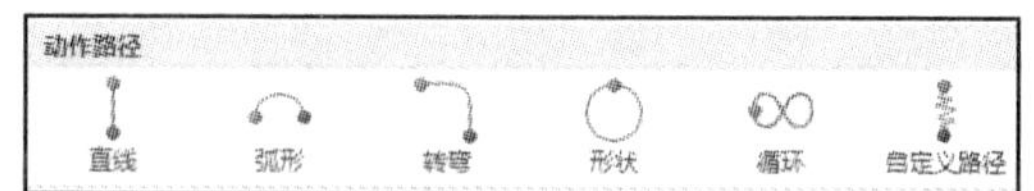

图 7-39 “动作路径”列表

单击图 7-40 最左边的“预览”按钮可以查看动画效果，如果不满意，可以再选择其他动画方式。

图 7-40 “动画”选项组

2. 方向序列设置

单击“动画”选项卡“动画”选项组中的“效果选项”下拉按钮，可以对动画出现的方向、序列等进行调整（图 7-41）。

3. 开始时间设置

开始时间默认为“单击时”，如果单击“动画”选项卡“计时”选项组中的“开始”下拉按钮，则可在弹出的下拉列表中选择“与上一动画同时”和“上一动画之后”选项，如图 7-42 所示。若选择“与上一动画同时”，则此动画就会和同一张幻灯片中的前一个动画同时出现（包括过渡效果在内）；若选择后者，就表示上一动画结束后下一动画立即出现。如果有多个动画，建议选择后两种开始方式，这样有利于把握幻灯片的总体时间。

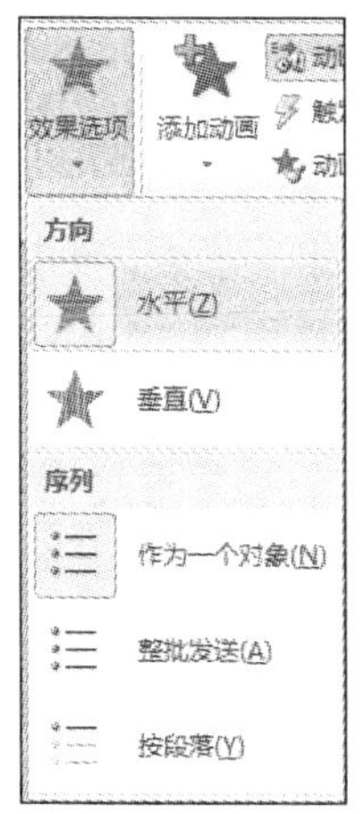

图7-41 “效果选项”下拉菜单

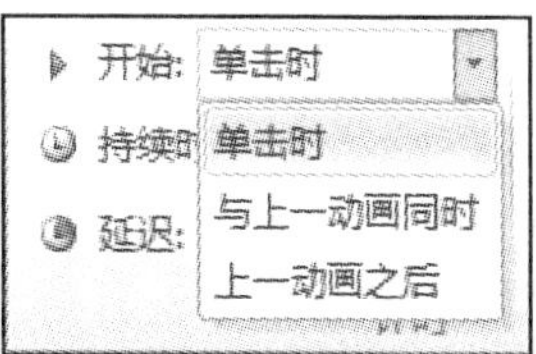

图7-42 开始时间设置

4. 动画速度设置

调整“动画”选项卡“计时”选项组中的“持续时间”数值选择框中的数值，可以改变动画出现的快慢。

5. 延迟时间设置

调整“动画”选项卡“计时”选项组中的“延迟”数值选择框中的数值，可以让动画在设置的延迟时间到达后才开始出现。这对于动画之间的衔接特别重要，便于观众看清楚前一个动画的内容。

6. 调整动画顺序

如果需要调整一张幻灯片中多个动画的播放顺序，则单击一个对象，在“对动画重新排序”选项组（图7-43）中单击“向前移动”或“向后移动”按钮。更为直接的办法是，单击“动画窗格”按钮，打开“动画窗格”任务窗格（图7-44），拖动每个动画改变其上下位置即可调整出现顺序。

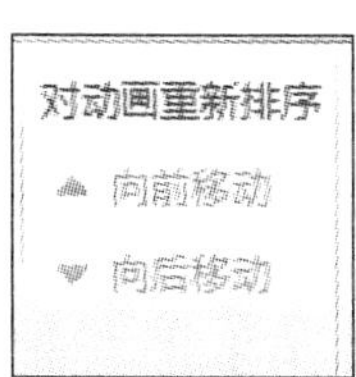

图7-43 “对动画重新排序”选项组

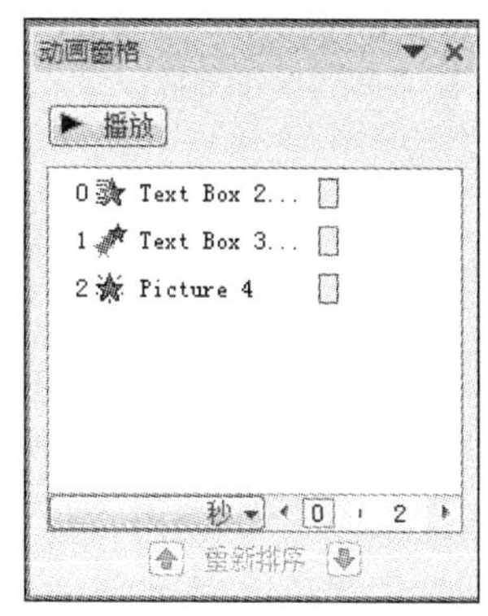

图7-44 使用动画窗格排序

7. 取消某动画效果

若取消动画效果，只需在“动画窗格”任务窗格中选中相应的动画，单击其右边的下拉按钮，在弹出的下拉菜单中选择“删除”命令即可。

8. 设置相同动画

如果希望在多个对象上使用同一个动画，则先在已有动画的对象上单击，再单击“动画”选项卡“高级动画”选项组中的“动画刷”按钮，如图 7-45 所示，此时鼠标指针旁边会出现一个小刷子图标。此时，单击另一个对象（文字图片均可），则相应对象的动画设置与已有动画的对象的设置完全相同。这样可以节约很多时间，但动画重复太多会显得单调。

9. 添加多个动画

同一个对象，可以添加多个动画，如进入动画、强调动画、退出动画和路径动画。例如，设置好一个对象的进入动画后，单击“添加动画”按钮，可以添加强调动画、退出动画或路径动画。

10. 添加路径动画

路径动画可以让对象沿着一定的路径运动，PowerPoint 2010 中提供了几十种路径。如果没有满足需求的，可以选择“动画路径”列表中的“自定义路径”选项，此时，鼠标指针变成一支铅笔，可以用这支铅笔绘制自己想要的动画路径。如果想要让绘制的路径更加完善，可以在路径的任一点上右击，在弹出的快捷菜单中选择“编辑顶点”命令，通过拖动线条上的顶点或线段上的任一点调节曲线的弯曲程度。

11. 测试动画效果

单击“动画”选项卡“预览”选项组中的“预览”按钮（图 7-46），可以测试设置的动画效果。

图 7-45 “动画刷”按钮

图 7-46 “预览”按钮

7.7 演示文稿的交互效果设置

在 PowerPoint 中，超链接是控制演示文稿播放的一种重要手段。用户可以为幻灯片的文本、图片等对象添加超链接，并将链接的目的位置指向演示文稿内指定的幻灯片、另一个演示文稿或某个应用程序，甚至某个网络资源地址。当放映幻灯片时，在添加了超链接的文本或图片上单击，程序将自动跳转到指定的对象。这种方法使演示文稿不再只是从头到尾以单一线性模式播放，而是具有一定的交互性。

7.7.1 设置超链接

1. 超链接到同一演示文稿中的幻灯片

1）在普通视图中，选中要用作超链接的文本或对象。

2）单击“插入”选项卡“链接”选项组中的“超链接”按钮，弹出“插入超链接”对话框，如图 7-47 所示。

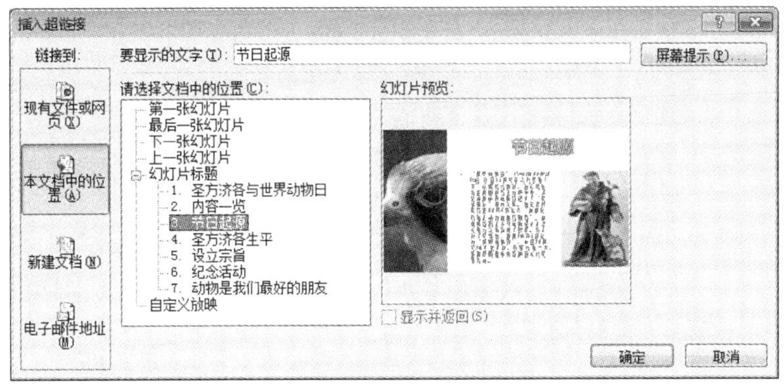

图 7-47 “插入超链接”对话框

3）在“链接到”列表中，选择“本文档中的位置”选项。

4）在“请选择文档中的位置”列表中，单击要用作超链接目标的幻灯片，再单击“确定”按钮。

2. 链接到不同演示文稿中的幻灯片

1）在普通视图中，选中要用作超链接的文木或对象。

2）单击“插入”选项卡“链接”选项组中的“超链接”按钮，弹出“插入超链接”对话框。

3）在“链接到”列表中，选择“现有文件或网页”选项。

4）找到包含要链接到的幻灯片的演示文稿（图 7-48）。

图 7-48 链接到现有文件

5）单击“书签”按钮，弹出“在文档中选择位置”对话框（图 7-49），单击要链接到的幻灯片的标题即可。

图 7-49　在文档中选择位置

3. 链接到电子邮件地址

1）在普通视图中，选择要用作超链接的文本或对象。

2）单击“插入”选项卡“链接”选项组中的“超链接”按钮，弹出“插入超链接”对话框。

3）在“链接到”列表中选择“电子邮件地址”选项（图 7-50）。

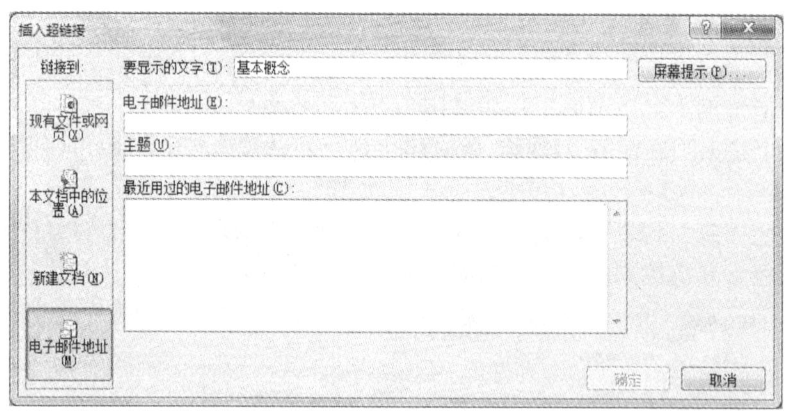

图 7-50　链接到电子邮件

4）在“电子邮件地址”文本框中，输入要链接到的电子邮件地址，或在“最近用过的电子邮件地址”列表框中，单击要链接到的电子邮件地址。

5）在“主题”文本框中，输入电子邮件的主题。

4. 链接到新文件

1）在普通视图中，选择要用作超链接的文本或对象。

2）单击“插入”选项卡“链接”选项组中的“超链接”按钮，弹出“插入超链接”对话框。

3）在“链接到”列表中选择“新建文档”选项（图7-51）。

4）在“新建文档名称”文本框中输入要创建并链接到的文件的名称。

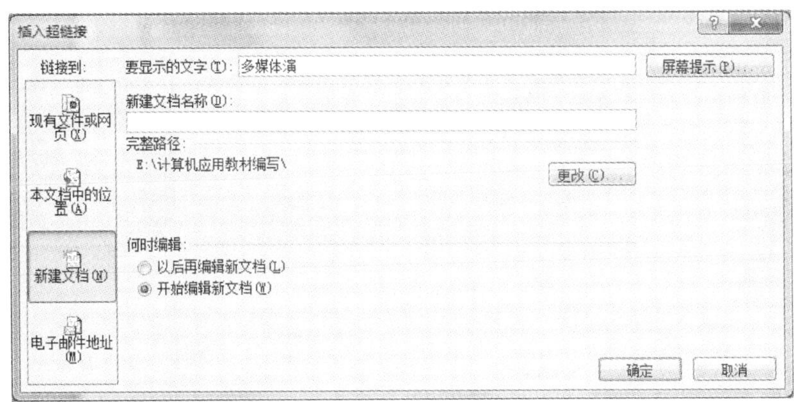

图7-51 链接到新建文档

5. 编辑和删除演示文稿中的超链接

只有在放映幻灯片时，超链接才能激活。在同一个对象上可以指定不同的动作或声音，并根据单击对象或鼠标移过等不同的事件来选择要执行的动作。使用PowerPoint可以编辑或更改超链接的目标，也可以改变代表超链接的对象，这些操作都不会破坏超链接。但是，删除所有文本或整个对象时将破坏超链接。

若要编辑或更改超链接的目标，可以选择代表超链接的文本或对象，在超链接上右击，在弹出的快捷菜单中选择“编辑超链接”命令，弹出如图7-52所示的“编辑超链接”对话框，在该对话框中进行编辑即可。

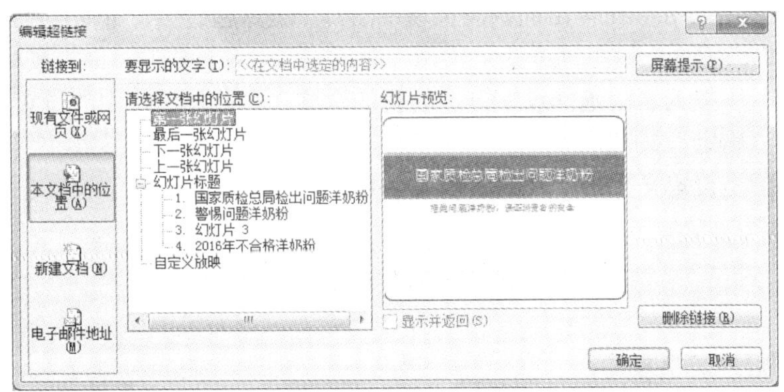

图7-52 “编辑超链接”对话框

若要删除超链接，选中代表要删除的超链接的文本或对象并右击，在弹出的快捷菜单中选择“取消超链接”命令即可。若要将演示文稿中的超链接和代表超链接的文本或对象同时删除，则选中该对象或所有的文本，再按【Delete】键即可。

7.7.2 使用动作超链接

在普通视图中，选择要用作超链接的文本或对象，单击“插入”选项卡“链接”选项组中的"动作"按钮，弹出"动作设置"对话框（图 7-53），就可以为所选对象创建一个"单击鼠标"或"鼠标移过"时发生的操作。

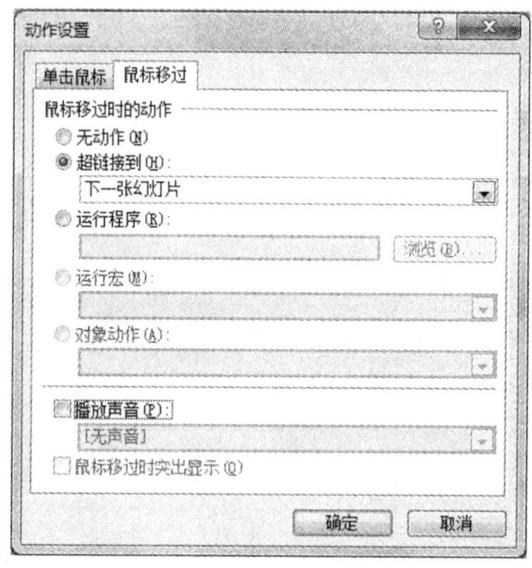

图 7-53　"动作设置"对话框

7.7.3　使用动作按钮

动作按钮是超链接的一种应用形式。使用动作按钮的具体操作如下。

1）在幻灯片上插入设置超链接的自定义按钮图标，其方法是单击"插入"选项卡"插图"选项组中的"形状"下拉按钮，在弹出的下拉菜单中选择"动作按钮"列表中的某一个按钮。

2）选中图标并右击，在弹出的快捷菜单中选择"编辑超链接"命令，弹出"动作设置"对话框，如图 7-53 所示。这里同样提供了两种激活交互动作的选项：单击鼠标和鼠标移过。在"超链接到"下拉列表中选择设置链接的目的位置。和其他链接中的设置是一样的，设置完毕后单击"确定"按钮。

如果选择的是自定义按钮，在其上输入需要的文字即可。

7.8　演示文稿的放映设置

7.8.1　设置幻灯片切换方式

用户可以设置幻灯片切换时的效果，使观众在观看演示文稿时保持好奇心，从而增强表达效果。

1. 向幻灯片添加切换效果

1）选中要向其添加切换效果的幻灯片。

2）在"切换"选项卡"切换到此幻灯片"选项组中选择要应用于该幻灯片的幻灯片切换效果，如图 7-54 所示。

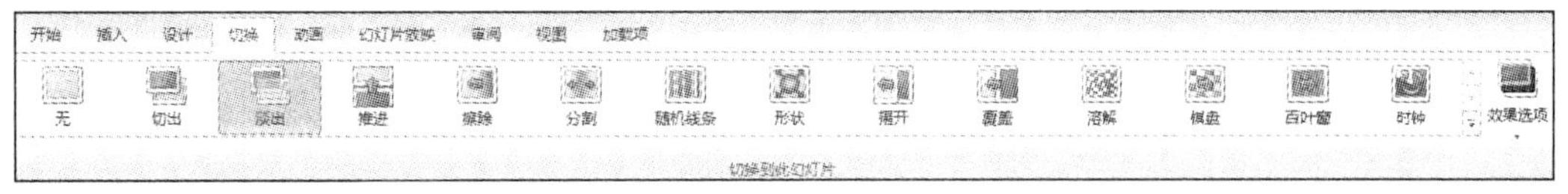

图 7-54 “切换到此幻灯片”选项组

在图 7-54 中，已选择了“淡出”切换效果。若要查看更多切换效果，应单击“其他”下拉按钮。

如果需要设置演示文稿中的所有幻灯片应用相同的幻灯片切换效果，则在执行以上步骤后单击“切换”选项卡“计时”选项组中的“全部应用”按钮，如图 7-55 所示。

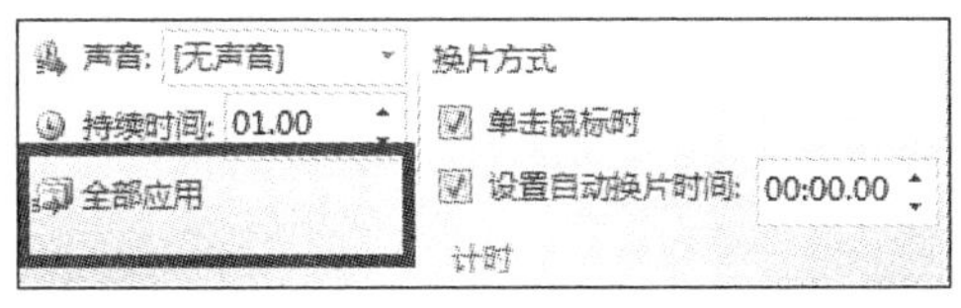

图 7-55 “计时”选项组

2. 设置切换效果的计时

如果要设置上一张幻灯片与当前幻灯片之间切换效果的持续时间，则执行下列操作。

在“切换”选项卡“计时”选项组中的“持续时间”数值选择框中输入或选择所需的时间，如图 7-56 所示。

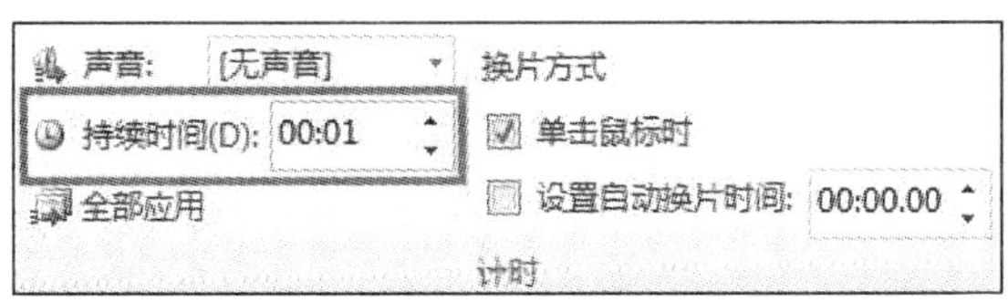

图 7-56 “持续时间”数值选择框

如果要指定当前幻灯片的换片方式，在图 7-56 中可采用下列方式之一。

1）如果要在单击时切换幻灯片，则选中“单击鼠标时”复选框。

2）如果要在经过指定时间后切换幻灯片，则选中“设置自动换片时间”复选框，并输入时间。

3. 向幻灯片切换效果添加声音

1）选择要向其添加声音的幻灯片的缩略图。

2）在“切换”选项卡“计时”选项组中（图 7-57），单击“声音”下拉按钮，然后执行下列操作之一。

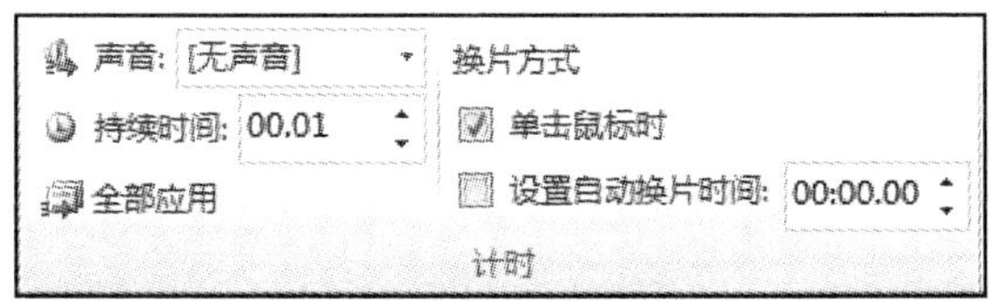

图 7-57 设置切换声音

① 若要添加下拉列表中的声音，则选择所需的声音即可。

② 若要添加下拉列表中没有的声音，则选择“其他声音”选项，弹出“添加音频”对话框，找到要添加的声音文件，单击“确定”按钮。

7.8.2 设置放映方式

不同的放映场合对演示文稿放映的要求是不同的。例如，在一个学术报告中，演示者应该能够控制演示文稿的放映并能添加备注等；在一个展览上，需要自动放映演示文稿，同时在放映过程中不响应观众的键盘或鼠标操作。在 PowerPoint 2010 中可以根据需要选择演讲者放映、观众自行浏览及展台浏览 3 种不同的方式放映幻灯片。要选择不同的放映方式，应单击“幻灯片放映”选项卡中的“设置幻灯片放映”按钮，在弹出的“设置放映方式”对话框（图 7-58）的“放映类型”选项组中选择相应的方式。

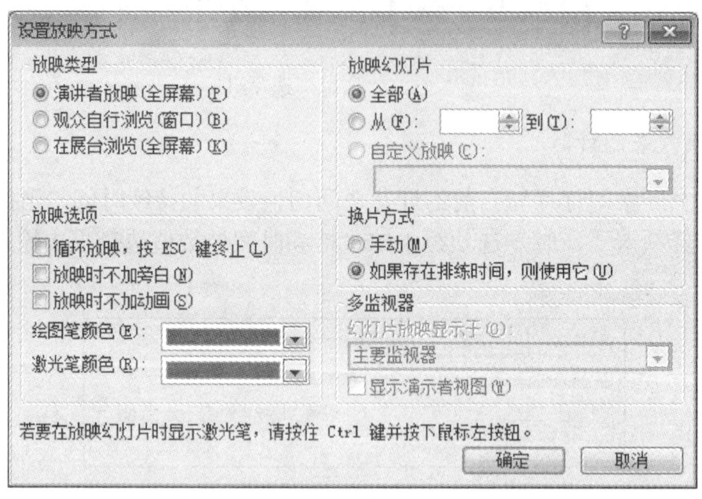

图 7-58 “设置放映方式”对话框

演讲者放映（全屏幕）：可运行全屏显示的演示文稿。这是最常用的方式，通常用于演讲者播放演示文稿。在演讲者放映方式下，演讲者对演示文稿的放映具有完全的控制权，可以采用自动或人工方式运行放映，可以将演示文稿暂停、添加会议细节或即席反应，还可以在放映过程中录下旁白。需要将幻灯片投射到大屏幕上或用于演示文稿会议时，也可以使用此方式。

观众自行浏览（窗口）：可运行小规模的演示。例如，个人通过公司的网络浏览，可以将演示文稿设置为该种放映方式。在观众自行浏览方式下，演示文稿会显示在小型的窗口内，观众可以使用命令在放映时移动、编辑、复制和打印幻灯片。在此方式中，可以使用滚动条从一张幻灯片移到另一张幻灯片，同时打开其他程序；也可以显示“Web”工具栏，以便浏览其他的演示文稿和 Office 文档。

在展台浏览（全屏幕）：可自动运行演示文稿。例如，在展览会场或会议中，如果摊位、展台或其他地点需要运行无人管理的幻灯片放映，可以将演示文稿设置为该种放映方式。在这种放映方式下，演示文稿放映时大多数的菜单和命令不可用，计算机不响应键盘（【Esc】键除外）和鼠标操作，并且在每次放映完毕后重新播放。

7.8.3 设置放映时间

设置幻灯片的放映时间有两种方法：一种是人工为每张幻灯片设置放映时间，然后进行幻灯片放映并查看所设置的时间是否合适；另一种是使用排练计时功能，在排练时使PowerPoint自动记录时间。

1. 人工设置放映时间

设置幻灯片放映时间时，用户可以人工为每张幻灯片设置放映时间。具体操作步骤如下。

1）切换到幻灯片浏览视图，选中要设置放映时间的幻灯片。

2）选中“切换”选项卡“计时”选项组中的“设置自动换片时间”复选框，在其右侧的数值选择框中输入希望此幻灯片在屏幕上显示的秒数；若希望下一张幻灯片在单击或时间达到输入的秒数时显示，则需要选中“单击鼠标时”复选框。

3）单击“全部应用”按钮，可以将以上的放映设置应用到演示文稿的每一张幻灯片中，否则设置的放映时间只对当前幻灯片有效。用户也可以为每一张幻灯片设置不同的放映时间。

此时，在幻灯片的浏览视图中，每张幻灯片缩略图的左下角将显示每张幻灯片的放映时间。

2. 使用排练计时

幻灯片放映时，用户可以用排练计时功能为其设置自动演示，即幻灯片根据预先设置的显示时间一张一张地自动演示。具体操作步骤如下。

1）切换至演示文稿的第一张幻灯片。

2）单击“幻灯片放映”选项卡“设置”选项组中的“排练计时”按钮，进入演示文稿的放映视图，同时打开“录制”任务窗格，如图7-59所示。

图7-59 “录制”任务窗格

使用“录制”任务窗格中的不同按钮可以暂停幻灯片放映、重新播放幻灯片，以及换到下一张幻灯片。

放映到幻灯片末尾时会弹出一个提示对话框，提示幻灯片的放映时间及是否保留新的幻灯片放映时间。单击“是”按钮，则接受排练时间；单击“否”按钮，则取消本次排练的时间设置。

7.9 演示文稿的设置、打印、打包和发布

PowerPoint除了具备一般Office文档的打印功能外，还可以打印成胶片在投影机上放映。PowerPoint允许将演示文稿按讲义的方式在一页纸张上打印多页幻灯片，以便阅读。

7.9.1 演示文稿的设置

打印演示文稿之前，首先要进行页面设置。

1）单击“设计”选项卡“页面设置”选项组中的“页面设置”按钮，弹出“页面设置”对话框，如图 7-60 所示。

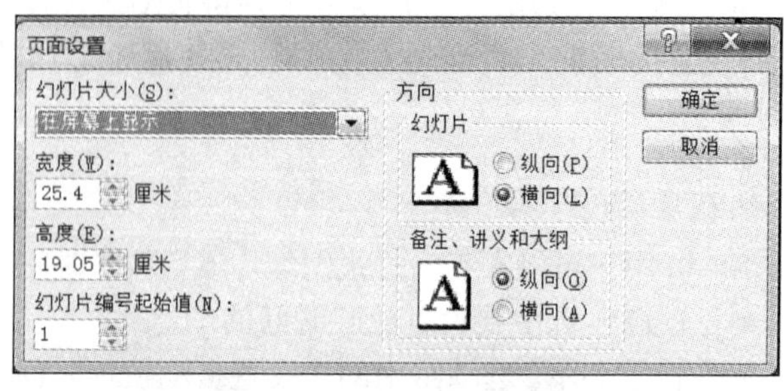

图 7-60　“页面设置”对话框

设置参数如下。

①“幻灯片大小”：在下拉列表中选择幻灯片实际打印的尺寸。

②“幻灯片编号起始值”：设置打印文稿的编号起始页。

③“方向”：设置幻灯片、讲义、备注和大纲的打印方向。

2）设置完成后，单击“确定”按钮即可。

7.9.2 演示文稿的打印

通过打印设备可以输出多种形式的演示文稿。打印前应先进行打印的相关设置。

在幻灯片视图、大纲视图、备注页视图和幻灯片浏览视图中都可以进行打印设置，具体操作步骤如下。

1）打开准备打印的演示文稿。

2）选择“文件”|“打印”命令，打开如图 7-61 所示的“打印”面板。

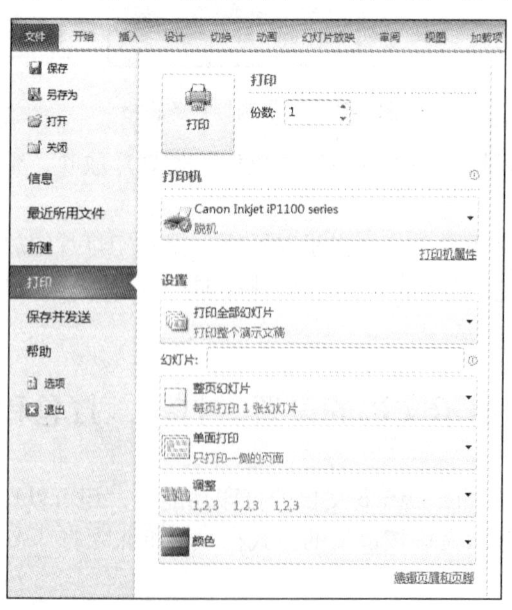

图 7-61　“打印”面板

3）在“打印”选项组中的“份数”数值选择框中输入要打印的份数。

4）在“打印机”下拉列表中选择要使用的打印机。

5）在“设置”选项组中执行以下操作之一。

① 若要打印所有幻灯片，则选择“打印全部幻灯片”选项。

② 若要打印所选的一张或多张幻灯片，则选择“打印所选幻灯片”选项。

③ 若要仅打印当前显示的幻灯片，则选择“当前幻灯片”选项。

④ 若要按编号打印特定幻灯片，则选择“自定义范围”选项，然后输入要打印幻灯片的编号。在输入幻灯片编号时使用无空格的逗号或连字符将各个编号隔开，如 1,3,5-12。

6）利用“单面打印”下拉列表，即可选择在纸张上单面打印还是双面打印。

7）在“整页幻灯片”下拉列表中可执行下列操作。

① 若要在一整页上打印一张幻灯片，则在“打印版式”列表中选择“整页幻灯片”选项。

② 若要以讲义格式在一页上打印一张或多张幻灯片，则在“讲义”列表中单击每页所需的幻灯片数，以及按垂直还是水平顺序显示这些幻灯片。

③ 若要在幻灯片周围打印一个细边框，则选择“幻灯片加框”选项。

④ 若要在为打印机选择的纸张上打印幻灯片，则选择“根据纸张调整大小”选项。

⑤ 若要增大分辨率、混合透明图形及在打印作业上打印柔和阴影，则选择“高质量”选项。

8）利用“颜色”下拉列表即可设置打印幻灯片的颜色。若要包括或更改页眉和页脚，则单击“编辑页眉和页脚”链接，然后在弹出的“页眉和页脚”对话框中进行选择。

9）单击“打印”按钮，即可开始打印。

7.9.3 演示文稿的打包和发布

在制作好一个演示文稿后，如果要将其放到另外一台计算机上进行演示，可以利用 PowerPoint 的打包功能，将演示文稿及其所链接的图片、声音和影片等进行打包，这样即使其他计算机上没有安装 PowerPoint 软件，演示文稿也可以运行。打包演示文稿之前需要删除备注、墨迹注释和标记。演示文稿打包的主要步骤如下。

1）在 PowerPoint 中，打开要打包的演示文稿，如“家长会.pptx”。

2）将光盘插入计算机中。

3）选择“文件”|“保存并发送”命令，打开“保存并发送”面板，选择“将演示文稿打包成 CD”选项，打开“将演示文稿打包成 CD”面板，单击“打包成 CD”按钮，弹出“打包成 CD”对话框，如图 7-62 所示。

4）在该对话框的“将 CD 命名为”文本框中可输入自定义的光盘名称。

除了当前打开的演示文稿外，如果用户想指定添加其他演示文稿或文件，可单击如图 7-62 所示对话框中的“添加”按钮进行添加。

若要更改默认的设置，则可单击“选项”按钮，弹出“选项”对话框，如图 7-63 所示。

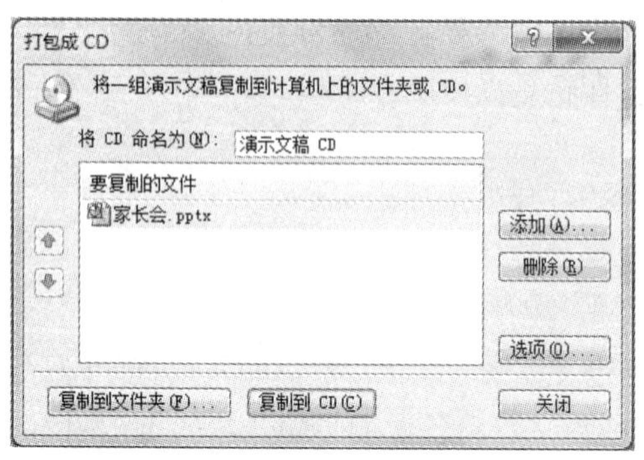

图 7-62 “打包成 CD”对话框

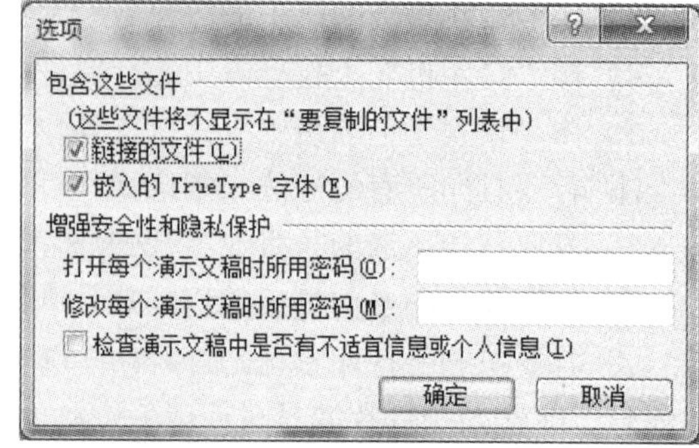

图 7-63 “选项”对话框

在“选项”对话框中，可执行如下操作。

① 如果在打包演示文稿时，不想包括链接的文件，可取消“链接的文件”复选框的选中。

② 若要包括 TrueType 字体，可选中“嵌入的 TrueType 字体”复选框。

③ 如果需要增强安全性和保护隐私，可在“增强安全性和隐私保护”选项组中的“打开每个演示文稿时所用密码”和“修改每个演示文稿时所用密码”文本框中分别设置相应的密码。

5）设置完成后，单击“确定”按钮，返回“打包成 CD”对话框，单击“复制到 CD”按钮，即可开始将演示文稿打包成光盘。

如果用户想将一个或多个演示文稿打包到计算机或某个网络位置上的文件夹中，而不打包成光盘，可在步骤 7）中单击“复制到文件夹”按钮，弹出“复制到文件夹”对话框，如图 7-64 所示。在该对话框中，可设置要打包到的文件夹的名称和位置。

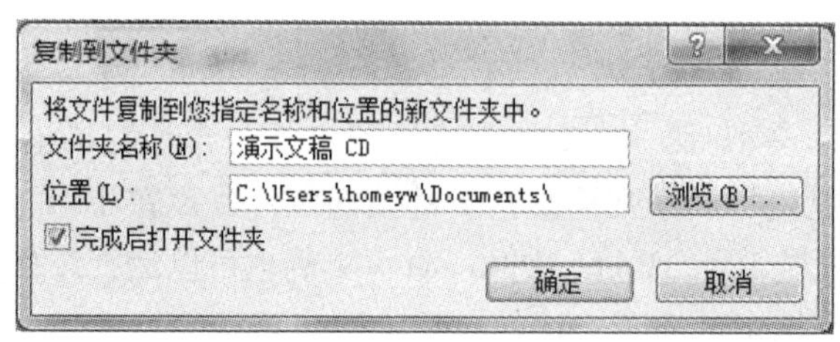

图 7-64 “复制到文件夹”对话框

7.10 PowerPoint 2010 综合应用

制作课件“计算机系统的组成”，要求此课件有 10 张幻灯片，在课件中应用主题模板，设计母版格式、动画效果、切换效果，第 2 张幻灯片中设置两个超链接，第 7 张和第 10 张幻灯片右下角设置一个返回按钮。具体制作步骤如下。

1）打开 PowerPoint 2010，选择“文件”|“新建”命令，在打开的“新建”面板中双击“空白演示文稿”按钮，新建一个空白演示文稿。

2）在“设计”选项卡“主题”选项组中选择主题为“流畅”，并将该主题应用于当前幻灯片。

3）单击“视图”选项卡“母版视图”选项组中的“幻灯片母版”按钮，打开母版视图，在左侧的列表框选中“标题幻灯片”页，进入标题母版编辑窗口。选中标题母版上的“单击此处编辑母版标题样式”虚线框，如图 7-65 所示，设置标题动画。在“动画”选项卡“高级动画”选项组中设置其进入效果为“飞入”，方向为“自底部”，如图 7-66 所示。设置完成后关闭母版视图。

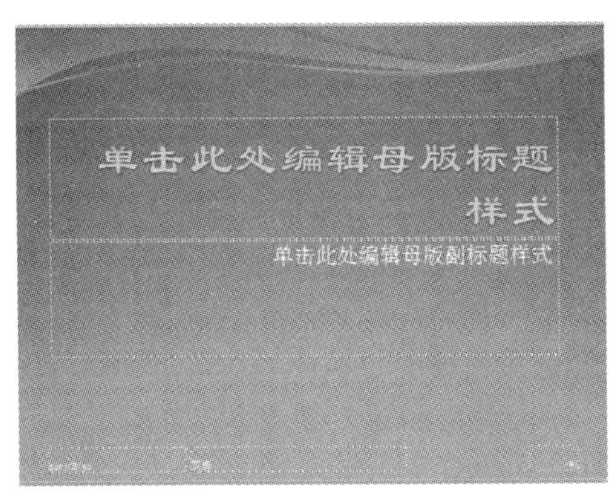

图 7-65 在母版中选中对象

图 7-66 动画参数设置

4）单击“开始”选项卡“幻灯片”选项组中的“新建幻灯片”下拉按钮，在弹出的下拉菜单中选择“标题幻灯片”命令，插入一张新幻灯片。在主标题占位符处输入文字“计算机系统的组成”，在副标题占位符处输入文字“硬件系统、软件系统”，并设置适当的字体、字号。单击“插入”选项卡“图像”选项组中的“剪贴画”按钮，在幻灯片中插入一张和计算机有关的剪贴画，调整图片位置与大小，效果如图 7-67 所示。

5）单击“开始”选项卡“幻灯片”选项组中的“新建幻灯片”下拉按钮，在弹出的下拉菜单中选择“标题和内容”命令，插入一张新幻灯片。在标题占位符处输入文字“计算机系统的组成”。双击内容占位符中的“插入 SmartArt 图形”图标，在弹出的“选择 SmartArt 图形”对话框中选择“层次结构”面板中的“组织结构图”选项，如图 7-68 所示。在组织结构图的方框中添加文字，效果如图 7-69 所示。

图 7-67 标题幻灯片效果

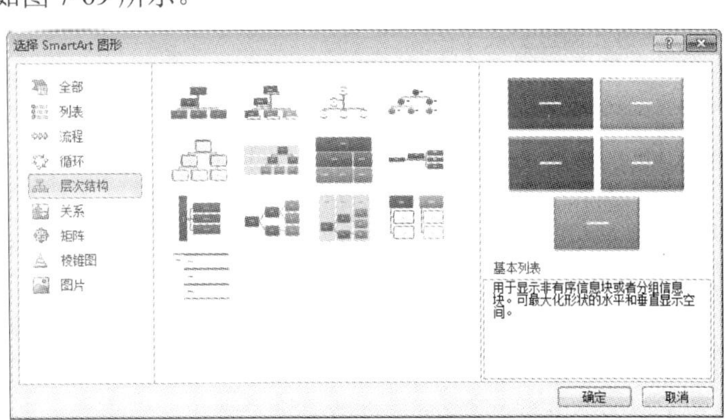

图 7-68 选择图示类型

6）插入一张“标题和内容”幻灯片。在标题占位符处输入文字“硬件系统的组成”，并在下面的文本框中输入相关概念。在右边的空白处插入一张图片，效果如图 7-70 所示。选中插入的图片，在“动画”选项卡中设置图片的进入效果为“向内溶解”，其他参数设置如图 7-71 所示。

7）插入一张“标题和内容”幻灯片。在标题占位符处输入文字“输入设备”，在文本框输入相应文字，并在右侧插入一张图片。图片的动画效果与步骤 6）中的设置相同。效果如图 7-72 所示。

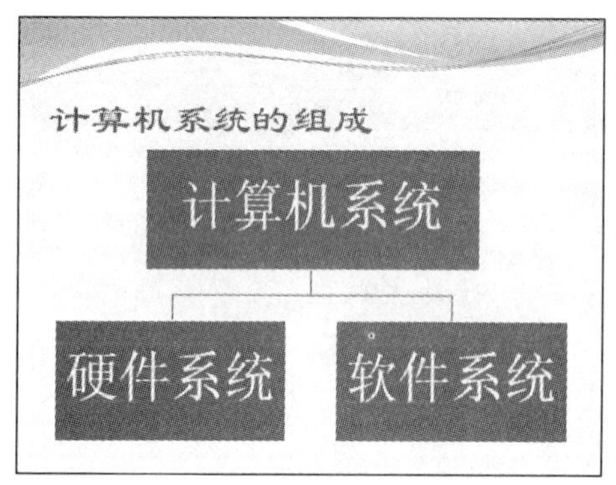

图 7-69 第 2 张幻灯片效果

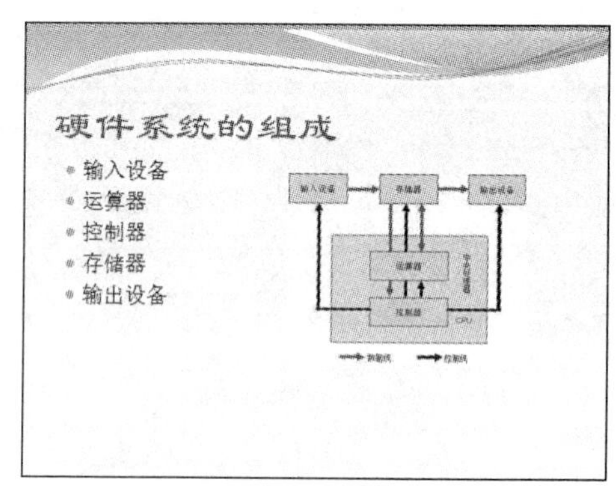

图 7-70 第 3 张幻灯片内容

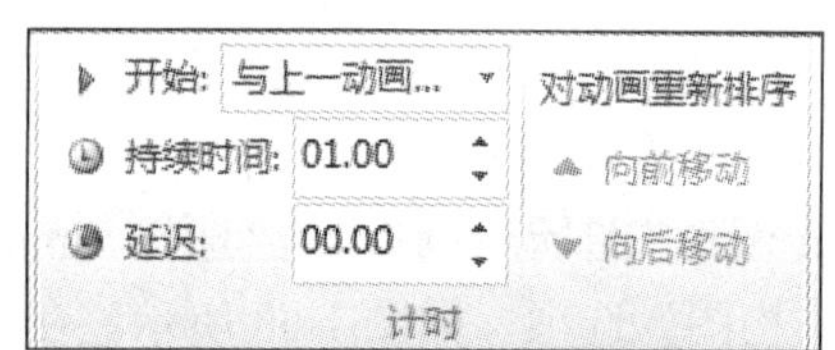

图 7-71 动画参数设置

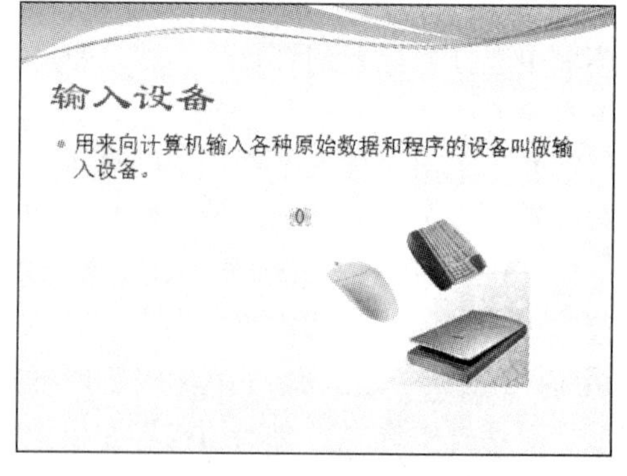

图 7-72 第 4 张幻灯片效果

8）插入一张“标题和内容”幻灯片。在标题占位符处输入文字“中央处理器”，在文本框输入相应文字并在右侧插入一张图片。图片的动画效果与步骤 6）中的设置相同。效果如图 7-73 所示。

9）插入一张“标题和内容”幻灯片。在标题占位符处输入文字“存储器”，在文本框输入相应文字并在右侧插入图片。设置图片的进入动画效果为“飞入”，方向为“自底部”，其他采用默认设置。效果如图 7-74 所示。

10）插入一张“标题和内容”幻灯片。在标题占位符处输入文字“输出设备”，单击“插入”选项卡“表格”选项组中的“表格”下拉按钮，在幻灯片右边的空白处插入一个 4 行 1 列的表格，输入内容，并适当调整表格和内容格式。效果如图 7-75 所示。

11）插入一张“标题和内容”幻灯片。在标题占位符处输入文字“软件系统”，在文本框输入相应文字。效果如图 7-76 所示。

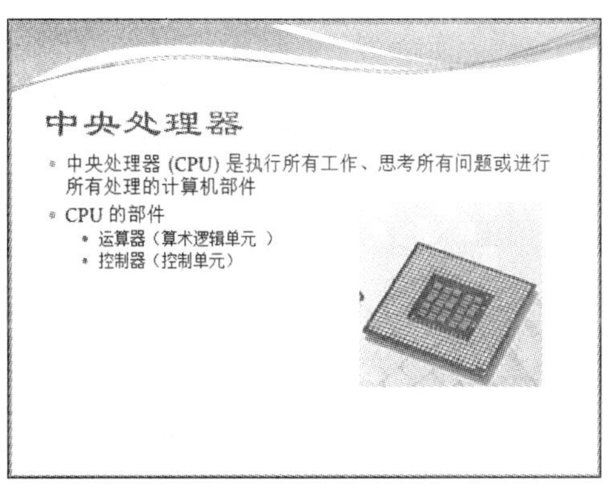

图 7-73　第 5 张幻灯片效果

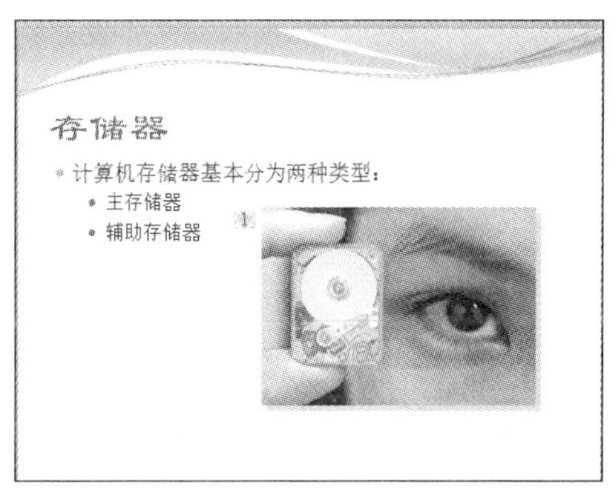

图 7-74　第 6 张幻灯片效果

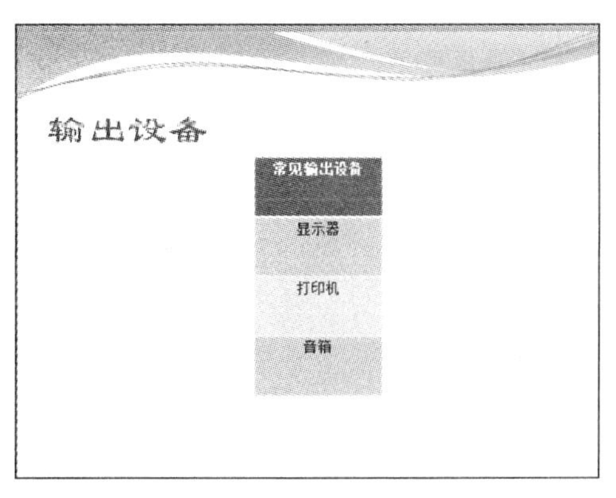

图 7-75　第 7 张幻灯片效果

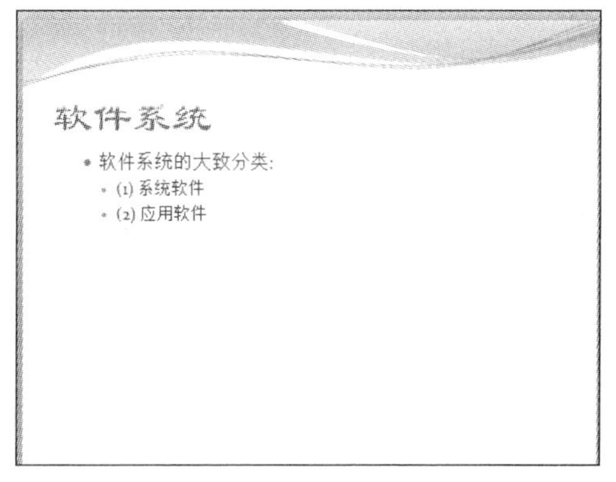

图 7-76　第 8 张幻灯片效果

12）插入一张“标题和内容”幻灯片。在标题占位符处输入文字“系统软件”，在文本框中输入相应内容。效果如图 7-77 所示。

13）插入一张“标题和内容”幻灯片。在标题占位符处输入文字“应用软件”，在文本框中输入相应内容。效果如图 7-78 所示。

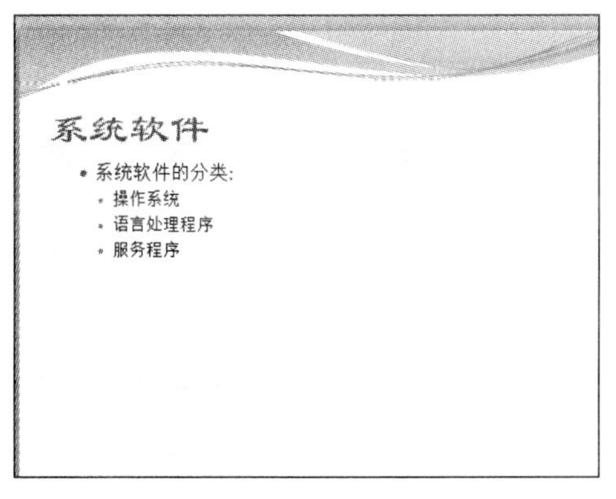

图 7-77　第 9 张幻灯片效果

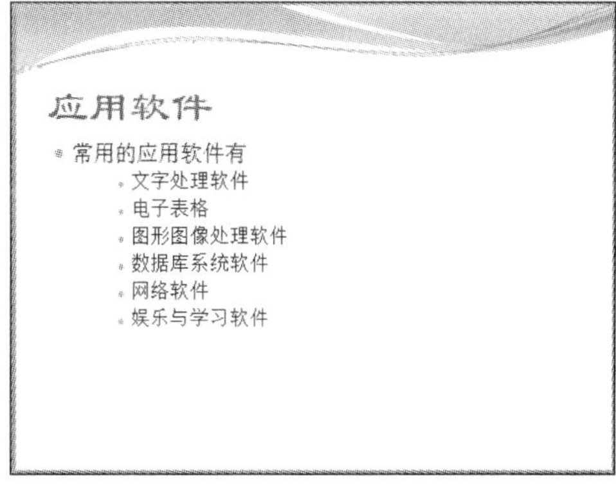

图 7-78　第 10 张幻灯片效果

14）选中第 2 张幻灯片，在组织结构图中子结构第一个方框内的文字处右击，在弹出的快捷菜单中选择“超链接”命令，弹出“插入超链接”对话框，将其链接到第 3 张幻灯片如图 7-79 所示。用相同的方法，设置另一个子结构方框的超链接，将其链接到第 8 张幻灯片。设置完成后放映这张幻灯片，单击设置超链接的文字时，将跳转到相应的幻灯片中。

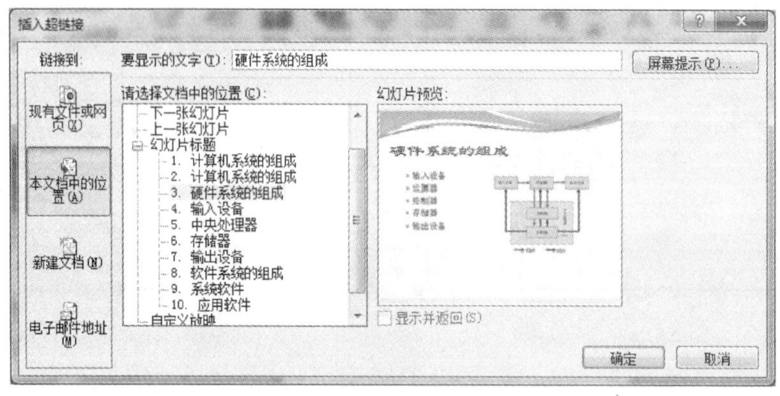

图 7-79 设置超链接

15）打开演示文稿的第 7 张幻灯片，单击“插入”选项卡“插图”选项组中的“形状”下拉按钮，在弹出的下拉菜单中选择“动作按钮：自定义”命令，在幻灯片右下角绘制一个按钮。选中该图形并右击，在弹出的快捷菜单中选择“编辑文字”命令，添加文字“返回”。选中该图形，并为其设置超链接，使其链接到第 2 张幻灯片，效果如图 7-80 所示。

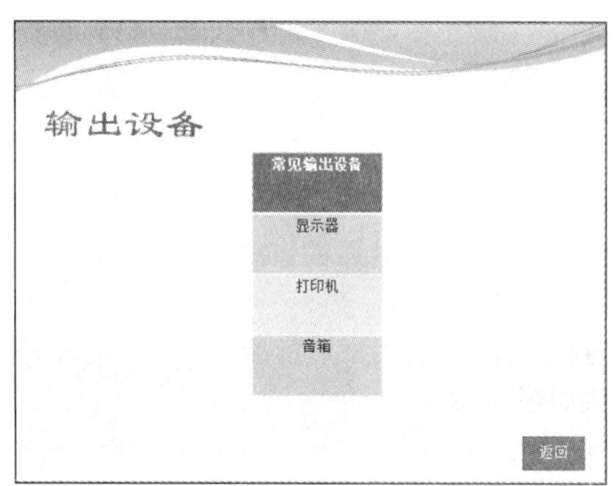

图 7-80 设置“返回”按钮效果

16）选中该图形，复制并粘贴到第 10 张幻灯片中。

17）选中第 2 张幻灯片，使其显示在当前窗口中。在“切换”选项卡的“切换到此幻灯片”选项组中，设置切换方式为“百叶窗”，效果选项为“垂直”，持续时间为 2 秒，如图 7-81 所示。

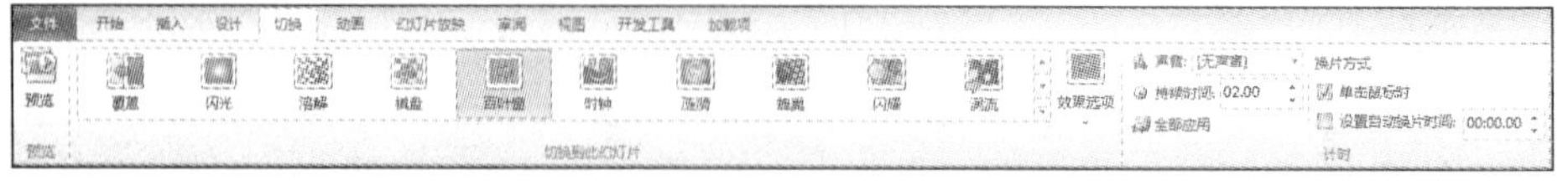

图 7-81 设置第 2 张幻灯片的切换方式

18）分别选中演示文稿的第 3～10 张幻灯片，依照以上方法，设置不同的切换方式。

19）至此，整个课件已制作完毕，按【F5】键预览课件运行效果。

20）选择“文件”|“另存为”命令，弹出“另存为”对话框，输入课件名为“计算机系统的组成”，保存到计算机中指定的位置。

思考与实践 7

一、单选题

1．PowerPoint 2010 演示文稿的默认扩展名是（　　）。
A．.ppt　　B．.pwt　　C．.xsl　　D．.pptx

2．在 PowerPoint 2010 中，下列创建幻灯片的说法中正确的是（　　）。
A．打开演示文稿，为幻灯片的每一个所需的主题创建自定义放映
B．在幻灯片浏览视图中不能同时选择多个幻灯片
C．按【F5】键播放幻灯片
D．在幻灯片视图中，选择“插入”选项卡，在功能区中应用“新幻灯片”工具插入幻灯片

3．在 PowerPoint 2010 中，新建空白演示文稿时，默认的幻灯片版式是（　　）。
A．标题幻灯片　　B．标题与内容幻灯片
C．两栏幻灯片　　D．文本框幻灯片

4．在 PowerPoint 2010 中，下列有关主题模板的说法中错误的是（　　）。
A．它是控制演示文稿统一外观最快捷的一种方法
B．它是通用于各种演示文稿的模型，可直接应用于用户的演示文稿
C．用户不可以修改
D．模板主要有两种：主题模板和样本模板

5．在 PowerPoint 2010 中，下列说法中错误的是（　　）。
A．可以动态显示文本和对象
B．可以更改动画对象的出现顺序
C．图表中的元素不可以设置动画效果
D．可以设置幻灯片切换效果

6．在 PowerPoint 2010 中，下列说法中错误的是（　　）。
A．可以将演示文稿转成 PDF 文档
B．可以将演示文稿发送到电子邮箱
C．可以广播幻灯片
D．可以应用“更改文件类型”将演示文稿转成 Word 文档

7．在 PowerPoint 2010 中，（　　）视图可以精确设置幻灯片的格式。
A．备注页视图　　B．浏览视图
C．普通视图　　D．黑白视图

8．在 PowerPoint 2010 中，为了使所有幻灯片具有一致的外观，可以使用幻灯片母版，用户可进入的母版视图有幻灯片母版和（　　）。

A．备注母版　　B．讲义母版　　C．普通母版　　D．A 和 B 都对

9．在 PowerPoint 2010 中，“开始”选项卡“幻灯片”选项组中的（　　）按钮可以用来改变某一幻灯片的布局。

A．背景　　B．版式

C．幻灯片配色方案　　D．字体

10．在 PowerPoint 2010 母版视图中，要返回普通视图，应单击（　　）按钮。

A．关闭母版视图　　B．链接

C．预览　　D．保存

11．在 PowerPoint 2010 中，下列说法中错误的是（　　）。

A．允许插入在其他图形程序中创建的图片

B．为了将某种格式的图片插入 PowerPoint 2010 中，必须安装相应的图形过滤器

C．单击“插入”选项卡中的“图片”按钮，插入相应图片

D．在插入图片前，不能预览图片

12. 在 PowerPoint 2010 中，下列有关在应用程序间复制数据的说法中错误的是（　　）。

A．只能使用复制和粘贴的方法实现信息共享

B．可以将幻灯片复制到 Word 2010 中

C．可以将幻灯片移动到 Excel 工作簿中

D．可以将幻灯片拖动到 Word 2010 中

13．在 PowerPoint 2010 中，下列有关幻灯片背景的说法中错误的是（　　）。

A．可以为幻灯片设置不同的颜色、阴影、图案或纹理的背景

B．可以使用图片作为幻灯片背景

C．可以为单张幻灯片进行背景设置

D．不可以同时对多张幻灯片设置背景

14．在 PowerPoint 2010 中，下列关于在幻灯片中插入多媒体内容的说法中错误的是（　　）。

A．可以插入声音（如掌声）　　B．可以插入音乐（如 CD 乐曲）

C．可以插入影片　　D．不能引入 Flash 动画

15．在 PowerPoint 2010 中，要设置幻灯片切换效果，下列步骤中错误的是（　　）。

A．单击“切换”选项卡中的按钮设置幻灯片切换

B．先选择要添加切换效果的幻灯片

C．选择“编辑”选项卡中的“幻灯片切换”命令

D．幻灯片切换效果与对象动画效果不一样

二、操作题

1．打开演示文稿文件“PPT1.pptx”，完成下列操作，最后以原名保存文件。

（1）为整个演示文稿应用“暗香扑面”主题，切换方案为“百叶窗”，效果选项为“水平”。

（2）将第 1 张幻灯片的主标题设置为 Times New Roman、47 磅、蓝色（RGB 模式：红色 0，绿色 0，蓝色 230）；副标题字体设置为 Arial Black、加粗、55 磅，进入效果为“旋转”，效果选项为文本“按字/词”。将幻灯片的背景设置为“白色大理石”。将第 2 张幻灯片的版式改为“两栏内容”，并将原有信号灯图片移入左侧内容区。将第 4 张幻灯片的图片移到第 2 张幻灯片的右侧内容区，并删除第 4 张幻灯片。将第 3 张幻灯片的标题改为“Open-loop Control”，47 磅，移动第 3 张幻灯片，使之成为第 2 张幻灯片。

2．打开演示文稿文件 PPT2.pptx，完成下列操作，最后以原名保存文件。

（1）为整个演示文稿应用“精装书”主题，切换方案为“蜂巢”。

（2）第 2 张幻灯片前插入版式为“两栏内容”的新幻灯片，将第 3 张幻灯片的标题移到第 2 张幻灯片左侧，将图片 PPT2.png 插入第 2 张幻灯片的右侧内容区，图片的进入效果为“螺旋飞入”，文字进入效果为“飞入”，效果选项为“自左下部”。动画顺序为“先文本后图片”。将第 3 张幻灯片的版式改为“标题幻灯片”，主标题为“Module 4”，黑体、55 磅；副标题为“Second Order Systems”，楷体、33 磅。移动第 3 张幻灯片，使之成为第 1 张幻灯片。

3．打开演示文稿文件 PPT3.pptx，完成下列操作，最后以原名保存文件。

（1）为整个演示文稿应用“都市”主题。

（2）将第 2 张幻灯片的版式改为“两栏内容”，标题为“项目计划过程”。将第 4 张幻灯片的左侧图片移到第 2 张幻灯片的右侧内容区，并插入备注内容“细节将另行介绍”。将第 1 张幻灯片版式改为“比较”，将第 4 张幻灯片的左侧图片移到第 1 张幻灯片的右侧内容区，图片进入效果设置为“基本旋转”，文字进入效果设置为“浮入”，且动画开始选项设置为上一动画之后，并移动该幻灯片到最后。删除第 2 张幻灯片的标题文字，并将其版式改为“空白”，在水平为 6.67 厘米、自左上角，垂直为 8.24 厘米、自左上角的位置插入样式为“渐变填充-橙色，强调文字颜色 4，映像”的艺术字“个体软件过程”，文字效果为“转换-弯曲-波形 1”，移动该幻灯片，使之成为第 1 张幻灯片。删除第 3 张幻灯片。

4．打开演示文稿文件 PPT4.pptx，完成下列操作，最后以原名保存文件。

（1）为整个演示文稿应用“茅草”主题，切换方案为“切出”。

（2）第 5 张幻灯片的标题为“软件项目管理”。在第 1 张幻灯片前插入版式为“比较”的新幻灯片，将第 3 张幻灯片的标题和图片部分移到第 1 张幻灯片左侧的小标题和内容区，将第 4 张幻灯片的标题和图片部分移到第 1 张幻灯片右侧的小标题和内容区；两张图片的进入效果均设置为“缩放”，效果选项为“幻灯片中心”。删除第 3 张幻灯片和第 4 张幻灯片。在第 2 张幻灯片前插入版式为“标题与内容”的新幻灯片，标题为“项目管理的主要任务与测量的实践”，内容区插入 3 行 2 列表格，第 1 列的第 2、3 行内容依次为“任务”和“测试”，第 1 行第 2 列的内容为“内容”，将第 3 张幻灯片内容区的文本移到表格的第 2 行第 2 列，将第 4 张幻灯片内容区的文本移到表格的第 3 行第 2 列。删除第 3 张幻灯片和第 4 张幻灯片。移动第 3 张幻灯片，使之成为第 1 张幻灯片。

5．打开演示文稿文件 PPT5.pptx，完成下列操作，最后以原名保存文件。

（1）为整个演示文稿应用“极目远眺”主题，切换方案为“擦除”，效果选项为“自顶部”。

（2）在第 1 张幻灯片前插入一张版式为“空白”的新幻灯片，在水平为 5.3 厘米、自左上角，垂直为 8.2 厘米、自左上角的位置插入样式为“填充-无轮廓-强调文字颜色 2”的艺术字“数据库原理与技术”，文字效果为“转换-弯曲-双波形 2”。将第 4 张幻灯片的版式改为“两栏内容”，将第 5 张幻灯片的左侧图片插入第 4 张幻灯片的右侧内容区，图片进入效果设置为“旋转”。将第 5 张幻灯片的图片插入第 2 张幻灯片的右侧内容区，第 2 张幻灯片主标题为“数据模型”，移动第 2 张幻灯片，使之成为第 4 张幻灯片。将第 3 张幻灯片的文本设置为 27 磅。删除第 5 张幻灯片。

思考与实践参考答案

思考与实践 1

略。

思考与实践 2

一、判断题

1. × 2. √ 3. × 4. × 5. √ 6. × 7. ×

二、单选题

1. C 2. C 3. B 4. B 5. D 6. B 7. B 8. D 9. D 10. D
11. D 12. B 13. A 14. C 15. A 16. A 17. C 18. D 19. D 20. D
21. B 22. D 23. C 24. D 25. D

三、多选题

1. AD 2. ABCD 3. BD

思考与实践 3

一、单选题

1. C 2. A 3. C 4. D 5. B

二、操作题

略。

思考与实践 4

一、判断题

1. × 2. √ 3. √ 4. × 5. √
6. √ 7. √ 8. × 9. × 10. √

二、单选题

1. C 2. C 3. A 4. C 5. B 6. C 7. A 8. D 9. C 10. B
11. C 12. C 13. C 14. A 15. D

三、多选题

1. ABD 2. ABCD 3. ABC 4. CD 5. BD

思考与实践 5

一、单选题

1. D　2. B　3. C　4. B　5. C　6. C　7. A　8. C　9. B　10. D
11. A　12. B　13. D　14. C　15. A　16. B　17. B　18. A　19. B　20. A

二、操作题

1．WORD1.docx 按照要求排版之后的效果图如附图 5-1 所示。

说明：文字效果设置为“阴影/外部/向右偏移”可以通过“开始”选项卡“字体”选项组中的“文本效果”下拉按钮来实现。

2．WORD2.docx 按照要求排版之后的效果图（不包含页码）如附图 5-2 所示。

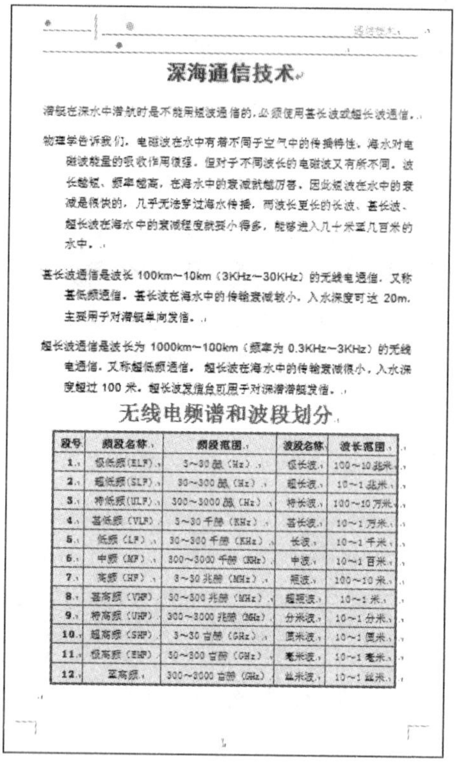

深海通信技术

潜艇在深水中潜航时是不能用短波通信的，必须使用甚长波或超长波通信。

物理学告诉我们，电磁波在水中有着不同于空气中的传播特性。海水对电磁波能量的吸收作用很强。但对于不同波长的电磁波又有所不同。波长越短、频率越高，在海水中的衰减就越厉害。因此短波在水中的衰减是很快的，几乎无法穿过海水传播，而波长更长的长波、甚长波、超长波在海水中的衰减程度就要小得多，能够进入几十米至几百米的水中。

甚长波通信是波长 100km～10km（3KHz～30KHz）的无线电通信，又称甚低频通信。甚长波在海水中的传输衰减较小，入水深度可达 20m，主要用于对潜艇单向发信。

超长波通信是波长为 1000km～100km（频率为 0.3KHz～3KHz）的无线电通信，又称超低频通信。超长波在海水中的传输衰减很小，入水深度超过 100 米。超长波发信台可用于对深潜潜艇发信。

无线电频谱和波段划分

段号	频段名称	频段范围	波段名称	波长范围
1	极低频(ELF)	3～30 赫（Hz）	极长波	100～10 兆米
2	超低频(SLF)	30～300 赫（Hz）	超长波	10～1 兆米
3	特低频(ULF)	300～3000 赫（Hz）	特长波	100～10 万米
4	甚低频（VLF）	3～30 千赫（KHz）	甚长波	10～1 万米
5	低频（LF）	30～300 千赫（KHz）	长波	10～1 千米
6	中频（MF）	300～3000 千赫（KHz）	中波	10～1 百米
7	高频（HF）	3～30 兆赫（MHz）	短波	100～10 米
8	甚高频（VHF）	30～300 兆赫（MHz）	超短波	10～1 米
9	特高频（UHF）	300～3000 兆赫（MHz）	分米波	10～1 分米
10	超高频（SHF）	3～30 吉赫（GHz）	厘米波	10～1 厘米
11	极高频（EHF）	30～300 吉赫（GHz）	毫米波	10～1 毫米
12	至高频	300～3000 吉赫（GHz）	丝米波	10～1 丝米

附图 5-1　WORD1.docx 排版效果图

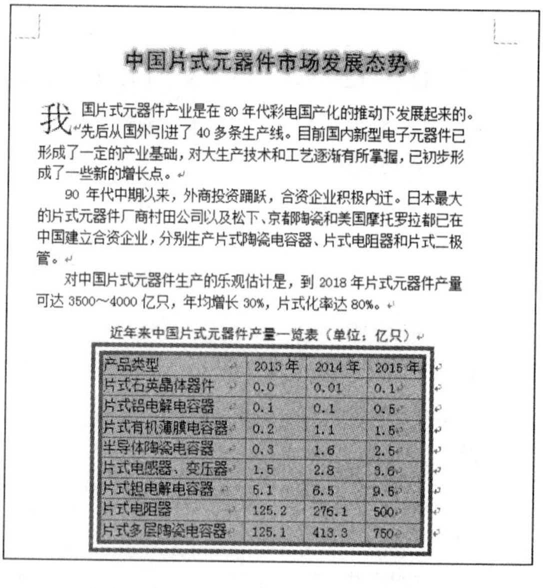

中国片式元器件市场发展态势

我国片式元器件产业是在 80 年代彩电国产化的推动下发展起来的。先后从国外引进了 40 多条生产线。目前国内新型电子元器件已形成了一定的产业基础，对大生产技术和工艺逐渐有所掌握，已初步形成了一些新的增长点。

90 年代中期以来，外商投资踊跃，合资企业积极内迁。日本最大的片式元器件厂商村田公司以及松下、京都陶瓷和美国摩托罗拉都已在中国建立合资企业，分别生产片式陶瓷电容器、片式电阻器和片式二极管。

对中国片式元器件生产的乐观估计是，到 2018 年片式元器件产量可达 3500～4000 亿只，年均增长 30%，片式化率达 80%。

近年来中国片式元器件产量一览表（单位：亿只）

产品类型	2013 年	2014 年	2015 年
片式石英晶体器件	0.0	0.01	0.1
片式铝电解电容器	0.1	0.1	0.5
片式有机薄膜电容器	0.2	1.1	1.5
半导体陶瓷电容器	0.3	1.6	2.5
片式电感器、变压器	1.5	2.8	3.6
片式钽电解电容器	5.1	6.5	9.5
片式电阻器	125.2	276.1	500
片式多层陶瓷电容器	125.1	413.3	750

附图 5-2　WORD2.docx 排版效果图

说明：页面底端插入“带状物”页码，可以单击“插入”选项卡“页眉和页脚”选项组中的“页码”下拉按钮，在弹出的下拉菜单中选择“页面底端”命令，在出现的子菜单中选择“带状物”页码样式即可（本题中不再展示效果）。

3．WORD3.docx 按照要求排版之后的效果图如附图 5-3 所示。

说明：绘制蓝色、1 磅、单实线的斜线表头时，先通过“表格工具-设计”选项卡“绘图边框”选项组设置好线条的样式、颜色、粗细，然后单击“表格样式”选项组中的“边框”下拉按钮，在弹出的下拉菜单中选择“斜下框线”命令，即可制作指定样式的斜线表头。输入列标题和行标题后需要通过【Space】键和【Enter】键来调整到合适的位置。制作斜线表头也可以通过绘制自选图形及添加文本框的方式来完成。

时间 节次		星期一	星期二	星期三	星期四	星期五
上午	1					
	2					
	3					
	4					
午间休息						
下午	1					
	2					
	3					
课外活动						
晚自修						

附图 5-3　WORD3.docx 排版效果图

4．WORD4.docx 按照要求排版之后的效果图如附图 5-4 所示。

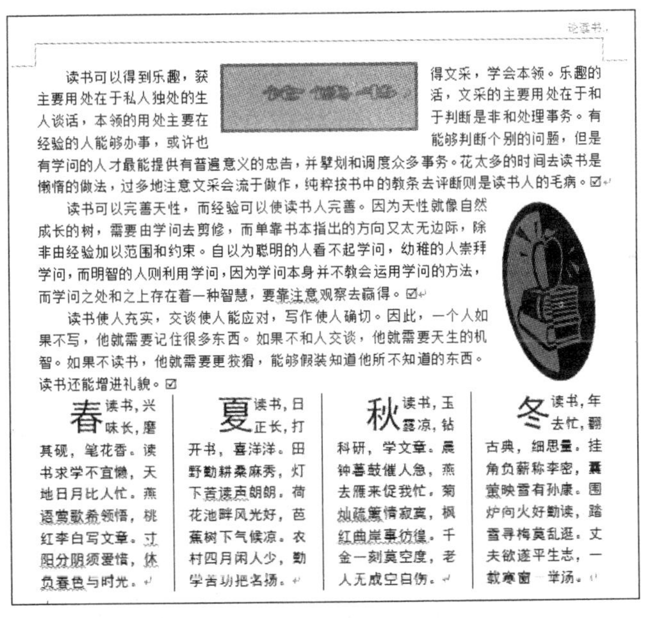

论读书

读书可以得到乐趣，获得文采，学会本领。乐趣的主要用处在于私人独处的生活，文采的主要用处在于和人谈话，本领的用处主要在于判断是非和处理事务。有经验的人能够办事，或许也能够判断个别的问题，但是有学问的人才最能提供有普遍意义的忠告，并擘划和调度众多事务。花太多的时间去读书是懒惰的做法，过多地注意文采会流于做作，纯粹按书中的教条去评断则是读书人的毛病。

读书可以完善天性，而经验可以使读书人完善。因为天性就像自然成长的树，需要由学问去剪修，而单靠书本指出的方向又太无边际，除非由经验加以范围和约束。自以为聪明的人看不起学问，幼稚的人崇拜学问，而明智的人则利用学问，因为学问本身并不教会运用学问的方法，而学问之处和之上存在着一种智慧，要靠注意观察去赢得。

读书使人充实，交谈使人能应对，写作使人确切。因此，一个人如果不写，他就需要记住很多东西。如果不和人交谈，他就需要天生的机智。如果不读书，他就需要更狡猾，能够假装知道他所不知道的东西。读书还能增进礼貌。

春读书，兴味长，磨其砚，笔花香。读书求学不宜懒，天地日月比人忙。燕语莺歌希领悟，桃红李白写文章。寸阳分阴须爱惜，休负春色与时光。

夏读书，日正长，打开书，喜洋洋。田野勤耕桑麻秀，灯下苦读声朗朗。荷花池畔风光好，芭蕉树下气候凉。农村四月闲人少，勤学苦功把名扬。

秋读书，玉露凉，钻科研，学文章。晨钟暮鼓催人急，燕去雁来促我忙。烛疏篱情寂寞，枫红曲岸事彷徨。千金一刻莫空度，老人无成空自伤。

冬读书，年去忙，翻古典，细思量。挂角负薪称李密，囊萤映雪有孙康。围炉向火好勤读，踏雪寻梅莫乱逛。丈夫欲遂平生志，一载寒窗一举汤。

附图 5-4　WORD4.docx 排版效果图

说明：字符放大 200%设置，可以通过“字体”对话框“高级”选项卡来实现，在“缩放”下拉列表中选择放大的比例即可。设置文本框的位置为顶端居中四周型文字环绕，可通过“绘图工具-格式”选项卡“排列”选项组中的“位置”下拉按钮来实现。

5．WORD5.docx 按照要求排版之后的效果图如附图 5-5 所示。

说明：去掉文本框的边框，可通过“绘图工具-格式”选项卡“形状样式”选项组中的“形状轮廓”下拉按钮来实现。设置文本框的具体位置，可单击“绘图工具-格式”选项卡“排列”选项组中的“位置”下拉按钮，在弹出的下拉菜单中选择“其他布局选项”命令，在弹出的“布局”对话框中按要求设置即可。

散文欣赏

荷塘月色

这几天心里颇不宁静。今晚在院子里坐着乘凉，忽然想起日日走过的荷塘，在这满月的月光里，总该另有一番样子吧。月亮渐渐地升高了，墙外马路上孩子们的欢笑，已经听不见了；妻在屋里拍着闰儿，迷迷糊糊地哼着眠歌。我悄悄地披了大衫，带上门出去。

沿着荷塘，是一条曲折的小煤屑路。这是一条幽僻的路；白天也少人走，夜晚更加寂寞。荷塘四面，长着许多树，蓊蓊郁郁的。路的一旁，是些杨柳，和一些不知道名字的树。没有月光的晚上，这路上阴森森的，有些怕人。今晚却很好，虽然月光也还是淡淡的。

路上只我一个人，背着手踱着。这一片天地好像是我的；我也像超出了平常的自己，到了另一世界里。我爱热闹，也爱冷静；爱群居，也爱独处。像今晚上，一个人在这苍茫的月下，什么都可以想，什么都可以不想，便觉是个自由的人。白天里一定要做的事，一定要说的话，现在都可不理。这是独处的妙处，我且受用这无边的荷香月色好了。

曲曲折折的荷塘上面，弥望的是田田的叶子。叶子出水很高，像亭亭的舞女的裙。层层的叶子中间，零星地点缀着些白花，有袅娜地开着的，有羞涩地打着朵儿的；正如一粒粒的明珠，又如碧天里的星星，又如刚出浴的美人。微风过处，送来缕缕清香，仿佛远处高楼上渺茫的歌声似的。这时候叶子与花也有一丝的颤动，像闪电般，霎时传过荷塘的那边去了。叶子本是肩并肩密密地挨着，这便宛然有了一道凝碧的波痕。叶子底下是脉脉(mò)的流水，遮住了，不能见一些颜色；而叶子却更见风致了。

月光如流水一般，静静地泻在这一片叶子和花上。薄薄的青雾浮起在荷塘里。叶子和花仿佛在牛乳中洗过一样；又像笼着轻纱的梦。虽然是满月，天上却有一层淡淡的云，所以不能朗照；但我以为这恰是到了好处——酣眠固不可少，小睡也别有风味的。月光是隔了树照过来的，高处丛生的灌木，落下参差的斑驳的黑影，峭楞楞如鬼一般；弯弯的杨柳的稀疏的倩影，却又像是画在荷叶上。塘中的月色并不均匀；但光与影有着和谐的旋律，如梵婀(ē)玲(英语 violin 小提琴的译音)上奏着的名曲。

忽然想起采莲的事情来了。采莲是江南的旧俗，似乎很早就有，而六朝时为盛；从诗歌里可以约略知道。采莲的是少年的女子，她们是荡着小船，唱着艳歌去的。采莲人不用说很多，还有看采莲的人。那是一个热闹的季节，也是一个风流的季节。梁元帝《采莲赋》里说得好：于是妖童媛(yuàn)女，荡舟心许；鹢(yì)首徐回，兼传羽杯；棹(zhào)将移而藻挂，船欲动而萍开。尔其纤腰束素，迁延顾步；夏始春余，叶嫩花初，恐沾裳而浅笑，畏倾船而敛裾(jū)。

可见当时嬉游的光景了。这真是有趣的事，可惜我们现在早已无福消受了。

于是又记起《西洲曲》里的句子：

采莲南塘秋，莲花过人头；低头弄莲子，莲子清如水。今晚若有采莲人，这儿的莲花也算得“过人头”了；只不见一些流水的影子，是不行的。这令我到底惦着江南了。

这样想着，猛一抬头，不觉已是自己的门前；轻轻地推门进去，什么声息也没有，妻已睡熟好久了。

附图 5-5　WORD5.docx 排版效果图

思考与实践 6

一、单选题

1. A　2. A　3. B　4. A　5. C　6. A　7. C　8. C　9. C　10. D

11. A　12. D　13. B　14. D　15. D　16. B　17. C　18. B　19. C　20. A

二、操作题

1. Sheet1 工作表效果如附图 6-1 和附图 6-2 所示。

	A	B	C	D	E	F	G
1	某网店商品销售情况表						
2	商品编号	商品单价（元）	进货数量	库存数量	已销售出数量	销售额（元）	销售排名
3	G019	111	400	231	169	18759	10
4	G020	219	400	321	79	17301	12
5	G021	236	400	234	166	39176	8
6	G022	323	400	345	55	17765	11
7	G023	431	400	123	277	119387	3
8	G024	198	400	126	274	54252	6
9	G025	341	400	89	311	106051	4
10	G026	457	400	98	302	138014	1
11	G027	412	400	75	325	133900	2
12	G028	297	400	111	289	85833	5
13	G029	154	400	121	279	42966	7
14	G030	98	400	109	291	28518	9

附图 6-1　“统计表”效果（一）

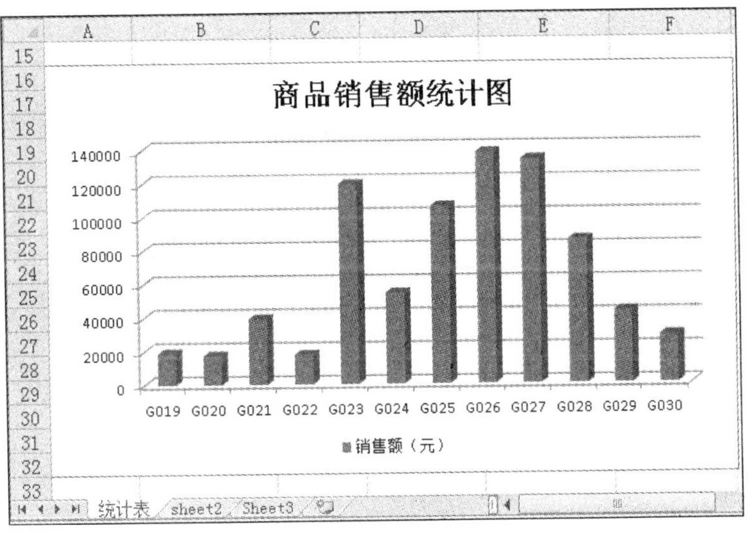

附图 6-2 “统计表”效果（二）

Sheet2 工作表效果如附图 6-3 所示。

	A	B	C	D	E	F
1	系别	学号	姓名	考试成绩	实验成绩	总成绩
2	信息	991021	李新	74	16	90
3	计算机	992032	王文辉	87	17	104
4	自动控制	993023	张磊	65	19	84
6	信息	991076	王力	91	15	106
9	计算机	992089	金翔	73	18	91
10	计算机	992005	扬海东	90	19	109
11	自动控制	993082	黄立	85	20	105
12	信息	991062	王春晓	78	17	95
16	自动控制	993026	钱民	66	16	82
19	自动控制	993053	李英	93	19	112
21						

统计表 名单筛选 Sheet3

附图 6-3 “名单筛选”效果

2．Sheet1 工作表效果如附图 6-4 所示。

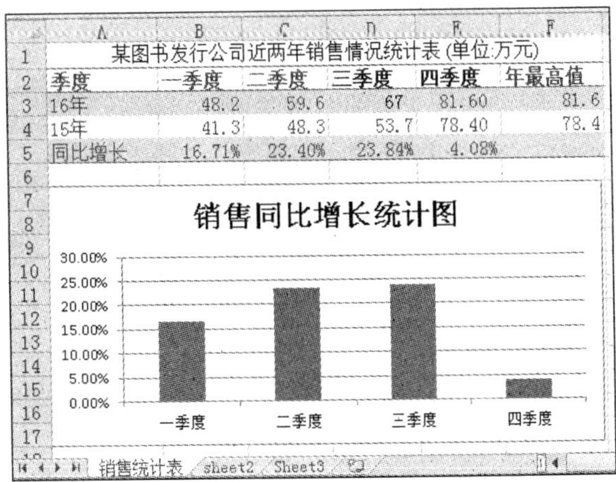

某图书发行公司近两年销售情况统计表 (单位:万元)					
季度	一季度	二季度	三季度	四季度	年最高值
16年	48.2	59.6	67	81.60	81.6
15年	41.3	48.3	53.7	78.40	78.4
同比增长	16.71%	23.40%	23.84%	4.08%	

附图 6-4 “销售统计表”效果

说明：表格套用格式后“取消筛选”只需转换为普通区域即可。

Sheet2 工作表效果如附图 6-5 所示。

	A	B	C	D	E	F	G	H
1	产品销售情况表							
2	分店名称	季度	产品型号	产品名称	单价（元）	数量	销售额（万元）	销售排名
3	第1分店	1	S02	手机	3210	56	17.98	12
4	第2分店	1	S02	手机	3210	96	30.82	3
5	第3分店	1	S02	手机	3210	57	18.30	10
6	第1分店	1	S01	手机	1380	87	12.01	23
7	第2分店	1	S01	手机	1380	65	8.97	32
8	第3分店	1	S01	手机	1380	84	11.59	25
9	第1分店	1	K02	空调	4460	8	3.57	37
10	第2分店	1	K02	空调	4460	24	10.70	27
11	第3分店	1	K02	空调	4460	76	33.90	2
12	第1分店	1	K01	空调	2340	43	10.06	29
13	第2分店	1	K01	空调	2340	33	7.72	34
14	第3分店	1	K01	空调	2340	39	9.13	31
15	第1分店	1	D02	电冰箱	3540	12	4.25	36
16	第2分店	1	D02	电冰箱	3540	75	26.55	5
17	第3分店	1	D02	电冰箱	3540	45	15.93	15
18	第1分店	1	D01	电冰箱	2750	35	9.63	30
19	第2分店	1	D01	电冰箱	2750	65	17.88	13
20	第3分店	1	D01	电冰箱	2750	66	18.15	11
21		1 汇总					267.11	
22	第1分店	2	S02	手机	3210	34	10.91	26

销售统计表 分类汇总 Sheet3

附图 6-5 “分类汇总”效果

3．Sheet1 工作表效果如附图 6-6 所示。

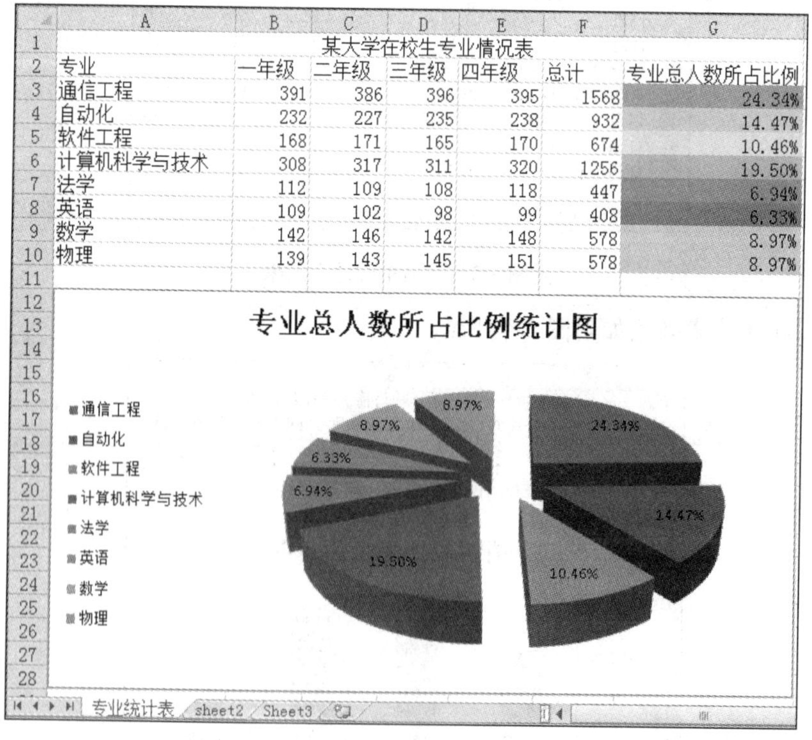

	A	B	C	D	E	F	G
1	某大学在校生专业情况表						
2	专业	一年级	二年级	三年级	四年级	总计	专业总人数所占比例
3	通信工程	391	386	396	395	1568	24.34%
4	自动化	232	227	235	238	932	14.47%
5	软件工程	168	171	165	170	674	10.46%
6	计算机科学与技术	308	317	311	320	1256	19.50%
7	法学	112	109	108	118	447	6.94%
8	英语	109	102	98	99	408	6.33%
9	数学	142	146	142	148	578	8.97%
10	物理	139	143	145	151	578	8.97%

附图 6-6 “专业统计表”效果

Sheet2 工作表效果如附图 6-7 所示。

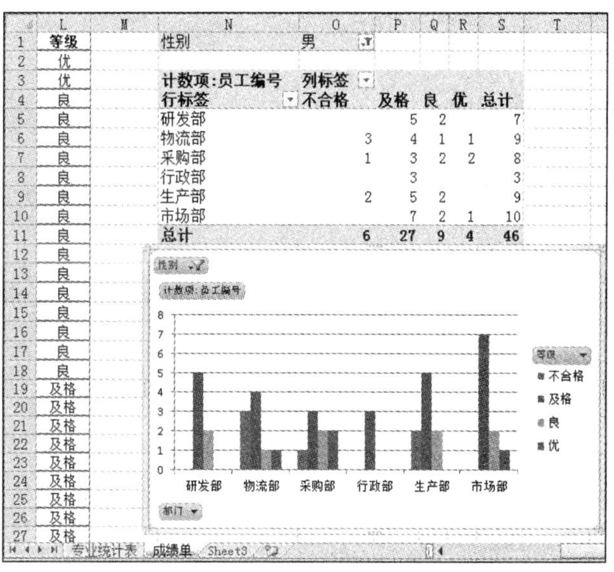

性别	男				
计数项:员工编号	列标签				
行标签	不合格	及格	良	优	总计
研发部		5	2		7
物流部	3	4	1	1	9
采购部	1	3	2	2	8
行政部		3			3
生产部	2	5	2		9
市场部		7	2	1	10
总计	6	27	9	4	46

附图 6-7 “成绩单”效果

4．“2016 年 3 月”工作表效果如附图 6-8 所示。

某公司2016年3月员工工资表

序号	员工工号	姓名	部门	基础工资	奖金	补贴	扣除病事假	应付工资合计	扣除社保	应纳税所得额	应交个人所得税	实发工资
1	DF001	包宏伟	管理	40,600.00	500.00	260.00	230.00	41,130.00	460.00	37,170.00	8,396.00	32,274.00
2	DF002	陈万地	管理	3,500.00		260.00	352.00	3,408.00	309.00	-	-	3,099.00
3	DF003	张惠	行政	12,450.00	500.00	260.00		13,210.00	289.00	9,421.00	1,350.25	11,570.75
4	DF004	闫朝霞	人事	6,050.00		260.00	130.00	6,180.00	360.00	2,320.00	127.00	5,693.00
5	DF005	吉祥	研发	6,150.00		260.00		6,410.00	289.00	2,621.00	157.10	5,963.90
6	DF006	李燕	管理	6,350.00	500.00	260.00		7,110.00	289.00	3,321.00	227.10	6,593.90
7	DF007	李娜娜	管理	10,550.00		260.00		10,810.00	206.00	7,104.00	865.80	9,738.20
8	DF008	刘康锋	研发	15,550.00	500.00	260.00	155.00	16,155.00	308.00	12,347.00	2,081.75	13,765.25
9	DF009	刘鹏举	销售	4,100.00		260.00		4,360.00	289.00	571.00	17.13	4,053.87
10	DF010	倪冬声	研发	5,800.00		260.00	25.00	6,035.00	289.00	2,246.00	119.60	5,626.40
11	DF011	齐飞扬	销售	5,050.00		260.00		5,310.00	289.00	1,521.00	47.10	4,973.90
12	DF012	苏解放	研发	3,000.00		260.00		3,260.00	289.00	-	-	2,971.00
13	DF013	孙玉敏	管理	12,450.00	500.00	260.00		13,210.00	289.00	9,421.00	1,350.25	11,570.75
14	DF014	王清华	行政	4,850.00		260.00		5,110.00	289.00	1,321.00	39.63	4,781.37
15	DF015	谢如康	管理	9,800.00		260.00		10,060.00	309.00	6,251.00	695.20	9,055.80

2016年3月　工资分类汇总　Sheet2　Sheet3

附图 6-8 “2016 年 3 月”工作表效果

“工资分类汇总”工作表效果如附图 6-9 所示。

某公司2016年3月员工工资表

序号	员工工号	姓名	部门	基础工资	奖金	补贴	扣除病事假	应付工资合计	扣除社保	应纳税所得额	应交个人所得税	实发工资
1	DF001	包宏伟	管理	40,600.00	500.00	260.00	230.00	41,130.00	460.00	37,170.00	8,396.00	32,274.00
2	DF002	陈万地	管理	3,500.00		260.00	352.00	3,408.00	309.00	-	-	3,099.00
6	DF006	李燕	管理	6,350.00	500.00	260.00		7,110.00	289.00	3,321.00	227.10	6,593.90
7	DF007	李娜娜	管理	10,550.00		260.00		10,810.00	206.00	7,104.00	865.80	9,738.20
13	DF013	孙玉敏	管理	12,450.00	500.00	260.00		13,210.00	289.00	9,421.00	1,350.25	11,570.75
15	DF015	谢如康	管理	9,800.00		260.00		10,060.00	309.00	6,251.00	695.20	9,055.80
			管理 汇总					85,728.00				72,331.65
3	DF003	张惠	行政	12,450.00	500.00	260.00		13,210.00	289.00	9,421.00	1,350.25	11,570.75
14	DF014	王清华	行政	4,850.00		260.00		5,110.00	289.00	1,321.00	39.63	4,781.37
			行政 汇总					18,320.00				16,352.12
4	DF004	闫朝霞	人事	6,050.00		260.00	130.00	6,180.00	360.00	2,320.00	127.00	5,693.00
			人事 汇总					6,180.00				5,693.00
9	DF009	刘鹏举	销售	4,100.00		260.00		4,360.00	289.00	571.00	17.13	4,053.87
11	DF011	齐飞扬	销售	5,050.00		260.00		5,310.00	289.00	1,521.00	47.10	4,973.90
			销售 汇总					9,670.00				9,027.77
5	DF005	吉祥	研发	6,150.00		260.00		6,410.00	289.00	2,621.00	157.10	5,963.90
8	DF008	刘康锋	研发	15,550.00	500.00	260.00	155.00	16,155.00	308.00	12,347.00	2,081.75	13,765.25
10	DF010	倪冬声	研发	5,800.00		260.00	25.00	6,035.00	289.00	2,246.00	119.60	5,626.40
12	DF012	苏解放	研发	3,000.00		260.00		3,260.00	289.00	-	-	2,971.00
			研发 汇总					31,860.00				28,326.55
			总计					151,758.00				131,731.09

2016年3月　工资分类汇总　Sheet2　Sheet3

附图 6-9 “工资分类汇总”工作表效果

说明：分类汇总前需要先按部门排序（升序或降序均可），然后执行分类汇总。

5．“公式函数”工作表效果如附图 6-10 所示。

某系统招录公务员考试成绩表

编号	姓名	性别	公共基础知识（40%）	行政职业能力（30%）	专业知识考核（30%）	笔试成绩	面试成绩	综合成绩	综合名次	是否录用
001	李建	男	78	78	98	84	87	85.5	6	是
002	王晓娜	女	89	89	92	89.9	90	90	2	是
003	刘绪	女	79	81	95	84.4	84	84.2	9	
005	郑莉	女	86	93	94	90.5	89.7	90.1	1	是
008	申志刚	男	82	88	92	86.8	85.5	86.2	4	是
009	张永辉	男	83	97	94	90.5	81	85.8	5	
010	付艳丽	女	75	84	84	80.4	86.5	83.5	11	是
011	马红丽	女	82	90	92	87.4	83	85.2	7	
019	刘俊	男	85	77	96	85.9	79	82.5	12	
021	张峰	男	72	96	88	84	84.5	84.3	8	
024	黄学胡	男	90	90	89	89.7	84	86.9	3	
027	周宇	男	82	90	89	86.5	81.3	83.9	10	
	最高分							90.1	1	
	最低分							82.5	12	
	总人数							12		
	女生人数							5		

说明：

1、计算出所有“笔试成绩”。笔试成绩=公共基础知识（40%）+行政职业能力（30%）+专业知识考核（30%）。

2、计算出所有“综合成绩”。综合成绩=笔试成绩（50%）+面试成绩（50%）。

3、对所有人员进行综合排名（用RANK函数降序排名）。

4、“面试成绩>=85”的人员，在“是否录用”显示“是”，否则为空。

5、在I15计算综合成绩最高分。

6、在I16计算综合成绩最低分。

7、在I17依据面试成绩个数统计总人数。

8、在I18统计所有女生人数（用COUNTIF函数）。

附图 6-10 “公式函数”工作表效果

“筛选”工作表效果如附图 6-11 所示。

“分类汇总”工作表效果如附图 6-12 所示。

建筑产品销售情况 万元

日期	产品名称	销售员	销售地区	销售额		销售地区	销售额
17-5-2	木材	李明	西北	33		西南	
17-5-3	木材	张小平	东北	175.6			>=1000
17-5-4	水泥	王丽丽	东北	200			
17-5-6	钢材	高洋	西北	90			
17-5-9	木材	张小平	东北	60.4			
17-5-10	塑料	赵岩巍	东北	143.85			
17-5-11	铝合金	郑和平	西南	95			
17-5-13	钢材	胡竣	东北	150			
17-5-15	钢材	曾帆	华南	1540.5			
17-5-15	钢材	杨柳	华北	65.7			
17-5-16	木材	张小明	华北	1355.4			
17-5-17	木材	李小光	西南	80.2			
17-5-18	木材	王小林	东北	15.3			
17-5-18	木材	赵岩	华北	12.5			
17-5-19	钢材	朱丙二	西南	902			
17-5-20	铝合金	张运	华北	88.1			
17-5-21	木材	林海	华南	678			
17-5-21	铝合金	陈东东	东北	45.1			
17-5-22	塑料	吴天昊	东北	93.2			
17-5-22	铝合金	郑英	西南	68.9			
17-5-23	塑料	伍雄英	西北	2324			
17-5-23	钢材	曾平	东北	78.3			
17-5-24	铝合金	张捷龙	华南	32.1			
17-5-30	水泥	杨玉环	西北	180.3			
17-5-31	水泥	黄惠	西南	95.8			
日期	**产品名称**	**销售员**	**销售地区**	**销售额**			
17-5-11	铝合金	郑和平	西南	95			
17-5-15	钢材	曾帆	华南	1540.5			
17-5-16	木材	张小明	华北	1355.4			
17-5-17	木材	李小光	西南	80.2			
17-5-19	钢材	朱丙二	西南	902			
17-5-22	铝合金	郑英	西南	68.9			
17-5-23	塑料	伍雄英	西北	2324			
17-5-31	水泥	黄惠	西南	95.8			

附图 6-11 “筛选”工作表效果

建筑产品销售情况 万元

日期	产品名称	销售员	销售地区	销售额
17-5-6	钢材	高洋	西北	90
17-5-13	钢材	胡竣	东北	150
17-5-15	钢材	曾帆	华南	1540.5
17-5-15	钢材	杨柳	华北	65.7
17-5-19	钢材	朱丙二	西南	902
17-5-23	钢材	曾平	东北	78.3
	钢材 最大值			1540.5
	钢材 平均值			471.0833
17-5-11	铝合金	郑和平	西南	95
17-5-20	铝合金	张运	华北	88.1
17-5-21	铝合金	陈东东	东北	45.1
17-5-22	铝合金	郑英	西南	68.9
17-5-24	铝合金	张捷龙	华南	32.1
	铝合金 最大值			95
	铝合金 平均值			65.84
17-5-2	木材	李明	西北	33
17-5-3	木材	张小平	东北	175.6
17-5-9	木材	张小平	东北	60.4
17-5-16	木材	张小明	华北	1355.4
17-5-17	木材	李小光	西南	80.2
17-5-18	木材	王小林	东北	15.3
17-5-18	木材	赵岩	华北	12.5
17-5-21	木材	林海	华南	678
	木材 最大值			1355.4
	木材 平均值			301.3
17-5-4	水泥	王丽丽	东北	200
17-5-30	水泥	杨玉环	西北	180.3
17-5-31	水泥	黄惠	西南	95.8
	水泥 最大值			200
	水泥 平均值			158.7
17-5-10	塑料	赵岩巍	东北	143.85
17-5-22	塑料	吴天昊	东北	93.2
17-5-23	塑料	伍雄英	西北	2324
	塑料 最大值			2324
	塑料 平均值			853.6833
	总计最大值			2324
	总计平均值			344.13

附图 6-12 “分类汇总”工作表效果

“透视表”工作表效果如附图 6-13 所示。

说明：在设置数值项总分的最高分时，需要在数值项总分下拉列表选择“值字段设置”

选项，进入对话框进行相应设置，如附图 6-14 所示。

成绩表							
学院	年级	姓名	性别	普通话	英语	计算机	总分
化生	大二	白亮飞	男	85	67	89	241
教育	大二	吴琼	女	89	84	84	257
教育	大二	王文山	男	83	80	85	248
旅经	大二	曹克强	男	90	85	90	265
旅经	大一	向红	女	78	90	60	228
旅经	大一	赵小桐	女	88	80	75	243
美术	大一	肖玲	女	80	85	87	252
数学	大一	李静瑶	女	85	85	90	260
数学	大二	范松涛	男	75	80	80	235
体育	大一	周丽美	女	78	70	80	228
体育	大一	赵波	男	89	80	86	255
外语	大一	孙千山	男	89	88	90	267
外语	大一	李明	男	90	95	80	265
文新	大一	彭刚	男	95	90	86	271
文新	大一	陈燕	女	90	85	78	253
物电	大二	张晓京	男	80	85	83	248
音乐	大二	潘峰	男	89	80	78	247
音乐	大一	周玉	女	80	75	85	240

年级	(全部)	
最高分:总分	列标签	
行标签	男	女
化生	241	
教育	248	257
旅经	265	243
美术		252
数学	235	260
体育	255	228
外语	267	
文新	271	253
物电	248	
音乐	247	240

附图 6-13 “透视表”工作表效果

附图 6-14 “总分”值字段设置

“图表”工作表效果如附图 6-15 所示。

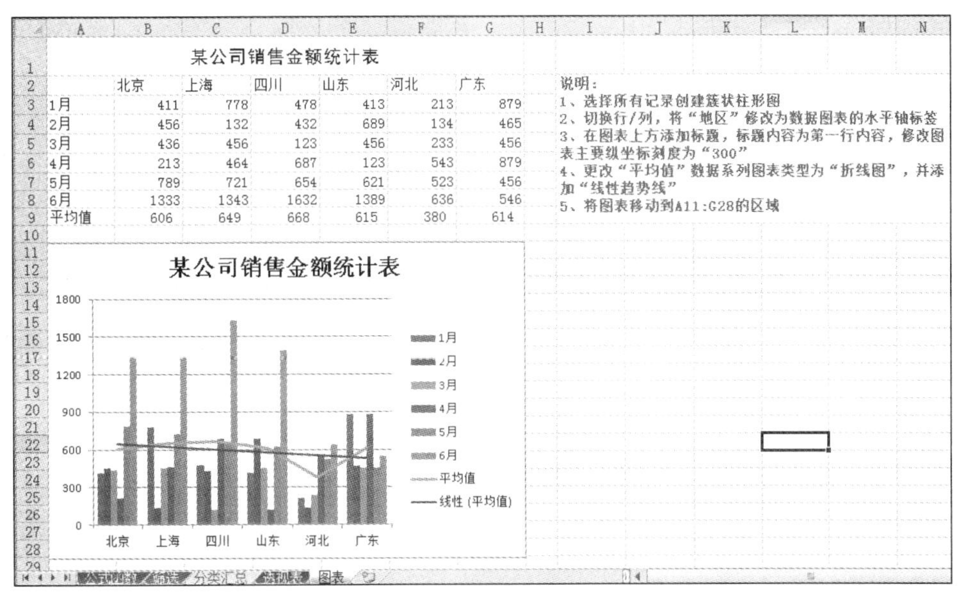

某公司销售金额统计表						
	北京	上海	四川	山东	河北	广东
1月	411	778	478	413	213	879
2月	456	132	432	689	134	465
3月	436	456	123	456	233	456
4月	213	464	687	123	543	879
5月	789	721	654	621	523	456
6月	1333	1343	1632	1389	636	546
平均值	606	649	668	615	380	614

说明：
1、选择所有记录创建簇状柱形图
2、切换行/列，将“地区”修改为数据图表的水平轴标签
3、在图表上方添加标题，标题内容为第一行内容，修改图表主要纵坐标刻度为“300”
4、更改“平均值”数据系列图表类型为“折线图”，并添加“线性趋势线”
5、将图表移动到A11:G28的区域

附图 6-15 “图表”工作表效果

说明：图表标题随着某一单元格中的内容的变化而变化，可以选中图表标题后，在编辑栏直接输入等于某单元格地址公式即可。例如，本题选中图表标题后在编辑栏输入的公式是“=图表!$A$1”。

思考与实践 7

一、单选题

1．D　2．C　3．A　4．C　5．C　6．D　7．C　8．D　9．B　10．A
11．D　12．A　13．D　14．D　15．C

二、操作题

1．PPT1.pptx 效果如附图 7-1～附图 7-3 所示。

2．PPT2.pptx 效果如附图 7-4～附图 7-6 所示。

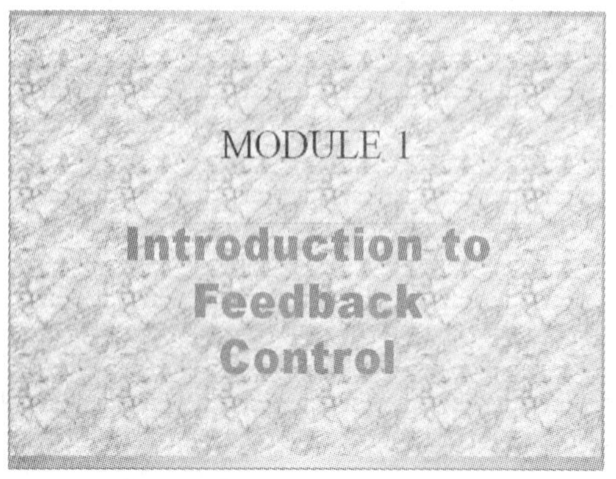

附图 7-1 PPT1.pptx 效果（一）

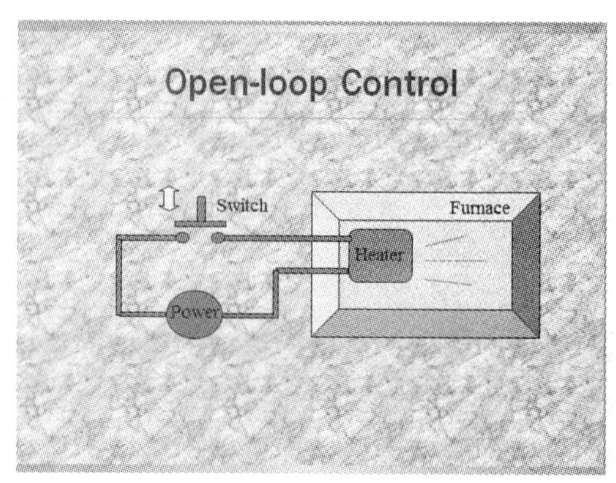

附图 7-2 PPT1.pptx 效果（二）

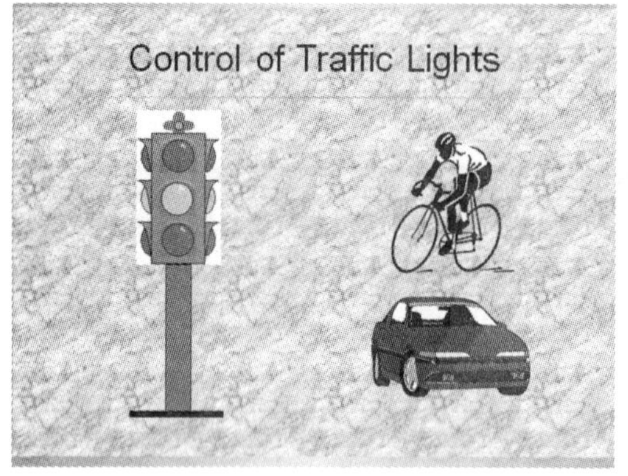

附图 7-3 PPT1.pptx 效果（三）

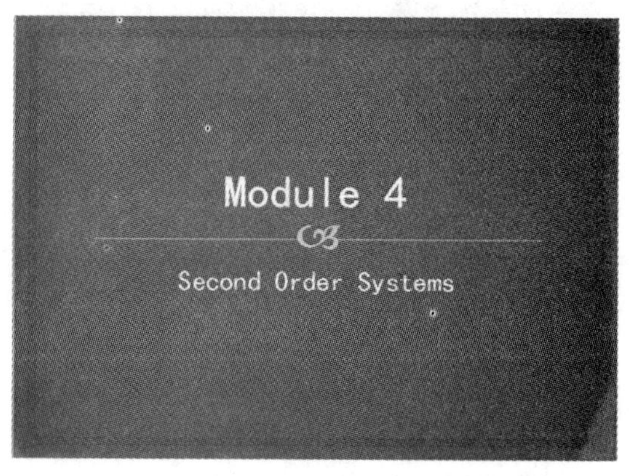

附图 7-4 PPT2.pptx 效果（一）

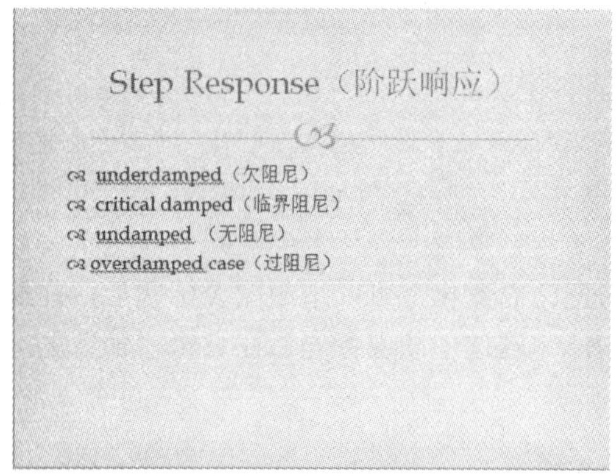

附图 7-5 PPT2.pptx 效果（二）

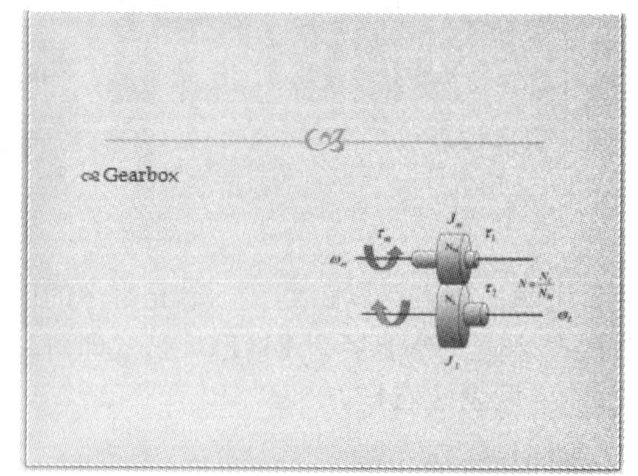

附图 7-6 PPT2.pptx 效果（三）

3．PPT3.pptx 效果如附图 7-7～附图 7-9 所示。

4．PPT4.pptx 效果如附图 7-10～附图 7-12 所示。

附图 7-7　PPT3.pptx 效果（一）

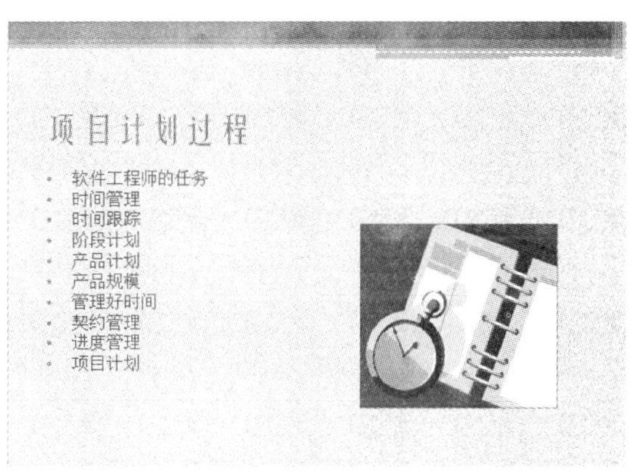

附图 7-8　PPT3.pptx 效果（二）

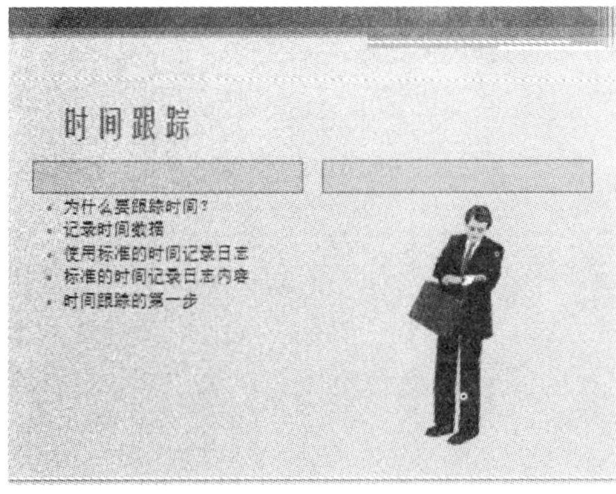

附图 7-9　PPT3.pptx 效果（三）

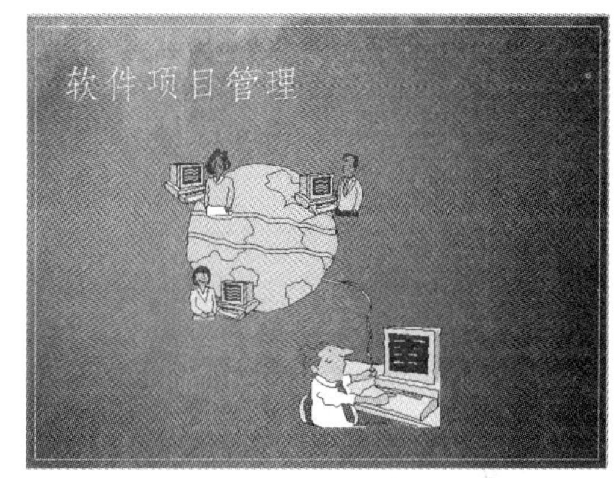

附图 7-10　PPT4.pptx 效果（一）

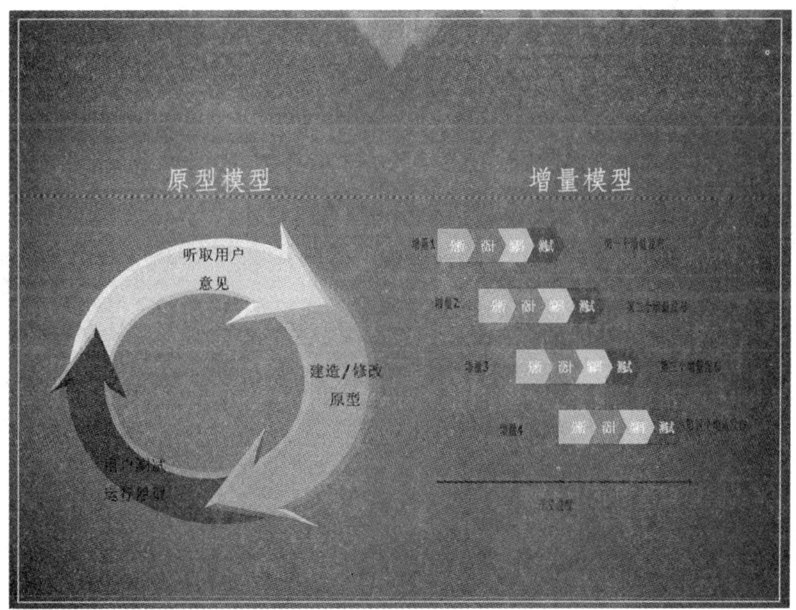

附图 7-11　PPT4.pptx 效果（二）

项目管理的主要任务与测量的实践

	内容
任务	软件开发计划 软件规模估算 风险分析 度量 项目跟踪与监控
测试	项目管理者的责任 资源和成本的测量 项目进度与进展状态的测量 增长和稳定性测量 产品质量的测量

附图 7-12 PPT4.pptx 效果（三）

5．PPT5.pptx 效果如附图 7-13～附图 7-16 所示。

附图 7-13 PPT5.pptx 效果（一）

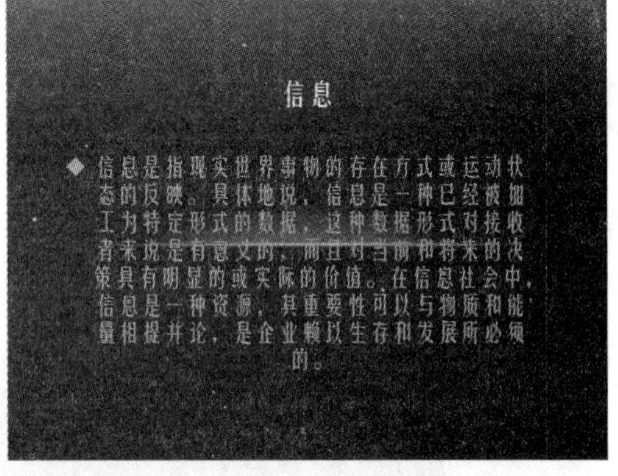

附图 7-14 PPT5.pptx 效果（二）

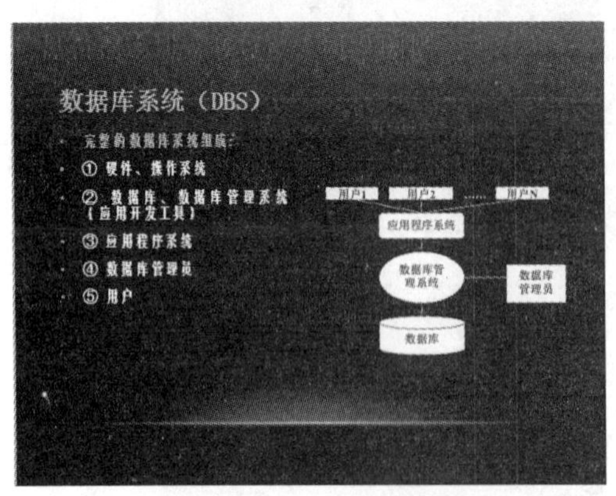

附图 7-15 PPT5.pptx 效果（三）

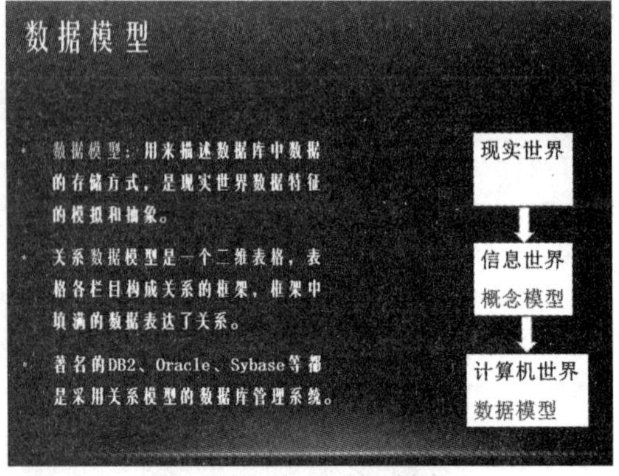

附图 7-16 PPT5.pptx 效果（四）

参 考 文 献

柴欣，史巧硕，2014．大学计算机基础教程[M]．6 版．北京：中国铁道出版社．
陈建国，李勤，2012．大学信息技术基础[M]．北京：科学出版社．
高万萍，吴玉萍，2013．计算机应用基础教程（Windows 7，Office 2010）[M]．北京：清华大学出版社．
教育部高等学校大学计算机课程教学指导委员会，2016．大学计算机基础课程教学基本要求[M]．北京：高等教育出版社．
金秋萍，卢鹏飞，2015．大学信息技术基础[M]．3 版．北京：国防工业出版社．
匡松，陈建国，袁继敏，2013．大学计算机基础[M]．北京：电子工业出版社．
李波，2013．大学计算机：信息、计算与智能[M]．北京：高等教育出版社．
李凤霞，2013．大学计算机实验[M]．北京：高等教育出版社．
梁栋，赵中文，2014．大学信息技术基础教程[M]．北京：科学出版社．
刘文平，2012．大学计算机基础（Windows 7+Office 2010）[M]．北京：中国铁道出版社．
满昌勇，崔学鹏，2015．计算机网络基础[M]．2 版．北京：清华大学出版社．
秦洪英，赖娟，2013．计算机应用技能基础（Windows 7+Office 2010+维护维修基础）[M]．北京：中国水利水电出版社．
孙淑霞，陈立潮，2013．大学计算机基础[M]．3 版．北京：高等教育出版社．
徐明，等，2006．网络信息安全[M]．西安：西安电子科技大学出版社．
战德臣，聂兰顺，2014．大学计算机：计算与信息素养[M]．2 版．北京：高等教育出版社．
张青，2014．大学计算机基础教程（Windows 7+Office 2010）[M]．西安：西安交通大学出版社．
张赵管，李应勇，刘经天，2013．计算机应用基础（Windows 7+Office 2010）[M]．天津：南开大学出版社．